Informatik aktuell

Herausgeber: W. Brauer
im Auftrag der Gesellschaft für Informatik (GI)

Springer
Berlin
Heidelberg
New York
Barcelona
Budapest
Hongkong
London
Mailand
Paris
Santa Clara
Singapur
Tokio

Rüdiger Dillmann   Ulrich Rembold
Tim Lüth (Hrsg.)

Autonome Mobile Systeme 1995

11. Fachgespräch
Karlsruhe, 30. November - 1. Dezember 1995

Springer

Herausgeber und Tagungsleitung

Rüdiger Dillmann
Ulrich Rembold
Tim Lüth
Universität Karlsruhe
Institut für Prozeßrechentechnik und Robotik
Gebäude 40.28, D-76128 Karlsruhe

Fachgesprächsbeirat

Prof. Dr.-Ing. habil. R. Dillmann, Universität Karlsruhe
Prof. Dr.-Ing. G. Färber, TU München
Prof. Dr. rer. nat. habil. P. Levi, Universität Stuttgart
Prof. Dr.-Ing. U. Rembold, Universität Karlsruhe
Prof. Dr.-Ing. G. Schmidt, TU München

Die Deutsche Bibliothek - CIP-Einheitsaufnahme

Autonome mobile Systeme ... : ... Fachgespräch / Hrsg. und
Tagungsleitung: Universität Stuttgart, Institut für Parallele und
Verteilte Höchstleistungsrechner (IPVR), Abteilung Praktische
Informatik, Bildverstehen. – Berlin ; Heidelberg ; New York ;
London ; Paris ; Tokyo ; Hong Kong ; Barcelona ; Budapest :
Springer.
(Informatik aktuell)
11. 1995. Karlsruhe, 30. November – 1. Dezember 1995. – 1995
  ISBN-13:978-3-540-60657-4

CR Subject Classification (1995): C3 (J7)

ISBN-13:978-3-540-60657-4   e-ISBN-13:978-3-642-80064-1
DOI: 10.1007/978-3-642-80064-1

Satz: Reproduktionsfertige Vorlage vom Autor/Herausgeber

SPIN: 10514051   33/3142-543210 – Gedruckt auf säurefreiem Papier

Vorwort

Vor zehn Jahren fand im November 1985 in Karlsruhe erstmals das Fachgespräch über "Autonome Mobile Systeme" statt. Seither findet es regelmäßig jedes Jahr alternierend einmal in München und dann wieder in Karlsruhe statt. Diese Tradition entwickelte sich insbesondere durch die Forschungsaktivitäten des SFB 331 "Informationsverarbeitung in autonomen mobilen Handhabungssystemen" in München und des SFB 314 "Künstliche Intelligenz" in Karlsruhe, die beide die Entwicklung autonomer Systeme zum Gegenstand hatten. Im letzten Jahr wurde das Fachgespräch erstmals in Stuttgart abgehalten, wo intensiv an der Entwicklung von Servicerobotern gearbeitet wird. 1995 ist das 11. Fachgespräch im November wieder in Karlsruhe.

Das Fachgespräch ist ein Forum im deutschsprachigen Raum auf dem Universitäten, Forschungseinrichtungen und Firmen ihre Arbeiten auf dem Gebiet der autonomen Systeme vorstellen, diskutieren und neue Ideen aufgreifen. Dabei hat sich gezeigt, daß Begriffe wie Autonomie oder Robotik ständigen Bedeutungsveränderungen unterworfen sind. Zu Beginn der Fachgesprächsreihe standen autonome Fahrzeuge in Produktionsbetrieben im Vordergrund. 1995 zeigt das Spektrum der Beiträge, daß Autonomie auch eine feste Eigenschaft von Straßen- und Wasserfahrzeugen sowie Flug- oder Raumfahrtsystemen werden wird. Neben klassischen Transport- oder Handhabungsaufgaben treten immer mehr andere Dienstleistungen wie Überwachung, Reinigung, Gebäudeerstellung, etc. in den Vordergrund. Es steigt das Interesse an komplexeren Systemen, in denen mehrere autonome Roboter mit Menschen interagieren. Mehr und mehr werden auch industrielle Anwendungen vorgestellt, die aufzeigen, wo sich in Zukunft der Bedarf für autonome Systeme am schnellsten entwickeln wird.

Das Fachgespräch hat sich darüber hinaus zum festen Treffpunkt der Fachgruppen zum Thema "Robotersysteme" innerhalb der Gesellschaft für Informatik entwickelt.

Wie auch im letzten Jahr werden die Beiträge des diesjährigen Fachgesprächs im Springer-Verlag herausgegeben. Die Anzahl der ausgewählten Fachbeiträge liegt dieses Jahr mit 32 deutlich niedriger als die Zahl der insgesamt eingereichten Beiträge. Letztere ist in den letzten zwei Jahren von 40 auf inzwischen 63 angestiegen und verdeutlicht das stark wachsende Interesse der deutschen "Robotiker", das Fachgespräch als Diskussionsforum zu nutzen.

Um die Vorgabe einer nur zweitägigen Veranstaltung einzuhalten, müssen die Vorträge in zwei parallel stattfindenden Sitzungen gehalten werden. Die große Anzahl der eingereichten Beiträge erforderte es leider, auch gute Aufsätze zurückzustellen. Die Auswahl der Beiträge erfolgte aufgrund der Beurteilungen der Fachgesprächsleitung. Wir bedanken uns bei ihnen für diese Hilfe bei der Tagungsvorbereitung. Dank gilt auch den Autoren, die sich alle bemüht haben, ihre druckfertigen Beiträge rechtzeitig zum vorverlegten Abgabetermine bei der Tagungsleitung abzuliefern. In diesem Zusammenhang möchten wir uns noch bei Herrn Dipl.-Ing. Ales Ude für seinen Einsatz bei der Vorbereitung des Tagungsbands und des Fachgesprächs bedanken.

Die Herausgeber:
R. Dillmann, U. Rembold, T. Lüth

Karlsruhe, September 1995

Inhaltsverzeichnis

Umweltmodellierung

Auswertung von Sensordaten

Navigation

Kooperation und dezentrale Planung

MOBILE AUTONOME ROBOTER
ZUM TRANSPORT VON CONTAINERN

Thomas Cord, Sheng Li, Andrzej Hanczak
Forschungszentrum Informatik (FZI)
Abteilung Technische Expertensysteme und Robotik
Haid-und-Neu-Straße 10-14
76131 Karlsruhe

Kurzfassung

Transportaufgaben in Produktion und Fertigung werden heute erfolgreich durch den Einsatz von fahrerlosen Transportsystemen automatisiert. Die Bewegungsbahnen der Fahrzeuge sind dabei in der Regel durch aktive oder passive Leitsysteme fest vorgegeben. Durch eine flexiblere Nutzung der Fahrtrassen, einen reduzierten Aufwand für die Installation der Leitsysteme sowie durch ein intelligenteres Verhalten der Fahrzeuge in Störsituationen eröffnen sich neue Einsatzgebiete für mobile Roboter im industriellen wie nichtindustriellen Bereich. Eine solche Anwendung ist die Handhabung von Gütern in modernen Logistikzentren.

Moderne intermodale Umschlagsysteme für Container, die beispielsweise in Seehäfen, auf Flughäfen oder in Güterverkehrszentren eingesetzt werden, können nur dann funktionieren, wenn eine größere Anzahl fahrerloser Transportfahrzeuge autonom und koordiniert interagieren. Im Rahmen des ESPRIT III Projekts MARTHA (Mobile Autonomous Robots for Transportation and Handling Applications) wurde ein solches Transportsystem entwickelt, das eine Flotte autonomer Roboter steuert. Den Fahrzeugen soll eine größtmögliche Unabhängigkeit ohne aufwendige Vorbereitung der Einsatzumgebung, wie sie bei der Installation von Leitsystemen erforderlich sind, gegeben werden. Die Roboter treffen aufgrund von Sensordaten ihrer Umgebung selbständig Entscheidungen und agieren autonom. Die direkte Kommunikation zwischen einzelnen Robotern dient der Koordination ihrer Bewegungen.

1. Einführung

Nach der VDI-Richtlinie 2510 sind fahrerlose Transportsysteme (FTS) innerbetriebliche flurgebundene Fördersysteme mit automatisch geführten Fahrzeugen. Sie bestehen im wesentlichen aus Transportfahrzeugen, einer Bodenanlage und einer Steuerung [1]. Der innerbetriebliche Materialfluß, wie der Transport von Stückgütern, wird seit langem durch FTS automatisiert. Vorteile der FTS sind die Entkopplung der einzelnen Transportvorgänge und damit der Wegfall starrer Taktzeiten in der Fließfertigung.

Weltweit waren bis Mitte des vergangenen Jahres 350.000 Roboter im Einsatz, in Deutschland allein rund 40.000 [2]. Die meisten Roboter sind allerdings in industrielle Fertigungsprozesse eingebunden und besitzen nur einen geringen Grad an Anpassungs- und Kooperationsfähigkeit. Die wichtigsten Gründe dafür sind:

    1) Die Struktur derzeitiger Fertigungssysteme basiert auf einer hierarchischen, zentralen Steuerung. In dieser Struktur ist die lokale, autonome Planung der Transportfahrzeuge eines FTS nicht erwünscht [3], [4].

    2) Aktive oder passive Leitsysteme schränken die Flexibilität und Autonomie der einzelnen Fahrzeuge ein.

3) Verfahren zur Koordination und Kooperation von mobilen Robotern werden bisher nicht eingesetzt.

Selbst in neuen Verladeanlagen, wie dem Containerterminal von Europe Combined Terminals BV (ECT) in Rotterdam, sind kooperatives Verhalten und Autonomie nicht vorhanden. 50 fahrerlose Dieselfahrzeuge transportieren Schiffscontainer von den Kaikränen zum Flächenlager. Eine Zentralstation im Kontrollturm gibt jede Trajektorie und die Geschwindigkeitsprofile vor. Die Fahrzeuge sind reine Befehlsempfänger ohne jegliche Autonomie [5].

Die zentrale Steuerung der Aufgabenausführung und der Wegplanung sowie die Koordination der Wechselwirkung zwischen Robotern leidet unter folgenden Nachteilen:

- Die zentrale Planung mit heuristischen Methoden ist bei einer großen Anzahl von Fahrzeugen nicht mehr effizient zu berechnen.
- Die Kommunikation zwischen den mobilen Robotern und dem Leitrechner erfolgt meist durch ein drahtloses Kommunikationssystem, das die gesamte Arbeitsumgebung abdeckt. Da ein solches System Nachrichten durch Rundruf an alle Fahrzeuge versendet, muß ein FTS beim Senden zuerst auf die Freigabe des Mediums warten und aus den empfangenen Nachrichten die relevanten Informationen aussortieren. Die Kommunikationsverzögerungen und die Bearbeitungszeit der ausgetauschten Informationen sind proportional zur Anzahl der mobilen Roboter.
- Fehlertoleranz ist in einem solchen System, das auf einem Planer beruht, schwer zu erreichen.
- Dynamische Änderungen der Einsatzumgebung oder der Fahrzeuge sind nur mit großem Aufwand zu berücksichtigen.

Freund [6] stellt einen zentralen, hierarchischen Lösungsansatz zur Führung und Koordination autonomer mobiler Roboter vor. Zyklisch erfaßt eine globale Systeminstanz den aktuellen Verkehrszustand, erkennt mögliche Konfliktsituationen und plant eine sog. koordinierte beste Manöveralternative für alle Fahrzeuge. Voraussetzung für dieses Verfahren ist, daß die zentrale Instanz über möglichst detaillierte Informationen der einzelnen Fahrzeugbewegungen verfügt.

Gegenüber den zentralen Ansätzen besitzen verteilte Ansätze die Vorteile der Flexibilität und der Adaption an dynamische Veränderungen der Umgebung. Die Optimierung der Planung und der Kontrolle auf Systemebene ist jedoch nicht möglich. Mit dezentralen Ansätzen ist es schwierig, die Konsistenz des Gesamtsystems zu gewährleisten und eine Gruppe von Robotern, die ein gemeinsames Ziel haben, explizit zu steuern. Ein vollkommen verteilter Ansatz ist demnach nicht für Aufgaben geeignet, bei denen eine direkte Kooperation erforderlich ist.

Um die Anforderungen eines modernen FTS zu erfüllen, ist eine adäquate Dezentralisierung der Steuerung unvermeidbar, die die Vorteile zentraler und verteilter Paradigmen vereinigt. Die Herausforderungen für eine solche Steuerung sind:

- Der Kommunikationsaufwand soll minimiert werden, d. h. nur die notwendigen Daten sollen ausgetauscht werden.
- Es müssen Aufgaben statt Pläne an die Fahrzeuge delegiert werden. Von den mobilen Roboter wird gefordert, daß sie selbständig Pläne zur Bearbeitung der Aufgaben erstellen. Dadurch kann der Roboter beim Auftreten abnormaler Situationen autonom reagieren.
- Das Steuerungssystem des FTS soll möglichst einfachgestaltet werden und kooperatives Verhalten der Roboter ermöglichen.

FTS, die diese Eigenschaften erfüllen, können neue Einsatzgebiete im industriellen wie nichtindustriellen Bereich erschließen. Eine solche Anwendung ist die Handhabung von Gütern in modernen Logistikzentren. Im Rahmen des ESPRIT III Projekts MARTHA wurde ein FTS für den Containertransport im intermodalen Güterverkehr entwickelt, das eine Flotte autonomer Roboter steuert.

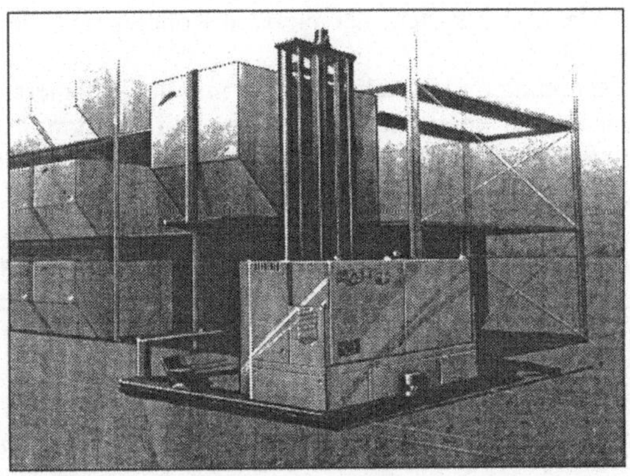

Abb. 1:   Das dreirädrige Testfahrzeug des MARTHA-Projekts zum Transport von Luft-fracht-Containern auf einem Flughafen. (Mit freundlicher Genehmigung der Firma INDUMAT GmbH & CO. KG)

2.   Architektur des Gesamtsystems von MARTHA

Die Architektur des Gesamtsystems wurde in zwei Hierarchieebenen aufgeteilt, um die Vorteile von zentralen und verteilten Steuerungskonzepten auszunutzen. Auf übergeordneter Ebene befindet sich eine Zentralstation, die Transportaufträge in Teilaufgaben zerlegt und diese einzelnen Robotern mit entsprechenden Zeitvorgaben zuweist. An Bord der mobilen Roboter befindet sich die zweite Ebene. Sie steuert das Fahrzeug, plant Trajektorien und gewährleistet eine autonome Aufgabenausführung. Jeder Roboter führt aufgrund seines lokalen Wissens seine Bewegungen aus, ohne Kenntnisse über mögliche Konfliktsituationen mit anderen Fahrzeugen. Die bei der Planausführung entstehenden Konflikte werden zwischen den Robotern gelöst. Um diese Systemstruktur zu unterstützen, wurden zwei unterschiedliche Kommunikationssysteme in die Gesamtarchitektur einbezogen. Ein Funkkommunikationssystem gewährleistet die Verbindung zwischen der Zentralstation und den mobilen Robotern. Die Bewegungskoordination zwischen Robotern wird durch ein Inter-Roboter-Kommunikationssystem, das mit Infrarot-Modems realisiert wird, ermöglicht.

3.   Systemstruktur der mobilen Roboter

Das lokale Steuerungssystem der mobilen Roboter ist für die Entgegennahme eines neuen Transportauftrages und dessen Ausführung verantwortlich. Ein wichtiges Ziel bei der Entwicklung der Robotersteuerung war eine Verbesserung der Fähigkeit, unvorhergesehene Ereignisse und Veränderungen der Umwelt zu beherrschen. Somit wurde eine Steigerung der Flexibilität mobiler Systeme bei Transportaufgaben durch Erhöhung ihrer Autonomie erreicht. Durch den Einsatz leistungsfähiger Sensoren und Navigationssysteme kann auf aktive und passive Leitspuren verzichtet werden. Hierdurch wird eine flexiblere Nutzung von Fahrtrassen und Rangierflächen bei reduziertem Aufwand für Hallen- und Bodeninstallationen möglich. Den Fahrzeugen wird so eine größtmögliche Unabhängigkeit und Flexibilität gegeben.

Das Navigations- und Steuerungssystem der mobilen Roboter muß die folgenden Aufgaben durchführen (siehe auch [7]):

- Positionsbestimmung und Lokalisation des mobilen Roboters.
- Lokale Planung einer kontinuierlichen Route von der Startposition zu einer gegebenen Zielposition, auf der Kollisionen mit vorab bekannten Hindernissen vermieden werden und die gewissen Optimalitätskriterien gerecht wird.
- Erkennung von Gefahrensituationen, die durch
  - stehende und nicht vorhersehbare Hindernisse hervorgerufen werden, die sich auf der vorgesehenen Bewegungsbahn des Fahrzeugs befinden oder durch
  - bewegliche Hindernisse hervorgerufen werden, beispielsweise durch andere Fahrzeuge, welche die Bewegungsbahn kreuzen oder durch Menschen, die sich im Arbeitsbereich des Roboters befinden.
- Bewältigung solcher Störsituationen durch die Bestimmung von sicheren Ausweichrouten.
- Aktualisierung und Fortschreibung eines Umweltmodells, das die Einsatzumgebung des mobilen Roboters beschreibt.
- Koordination der mobilen Roboter, die sich in einem gemeinsamen Aktionsbereich befinden.

Die Struktur des Navigations- und Steuerungssystems der mobilen Roboter in MARTHA ist in Abb. 2 schematisch dargestellt.

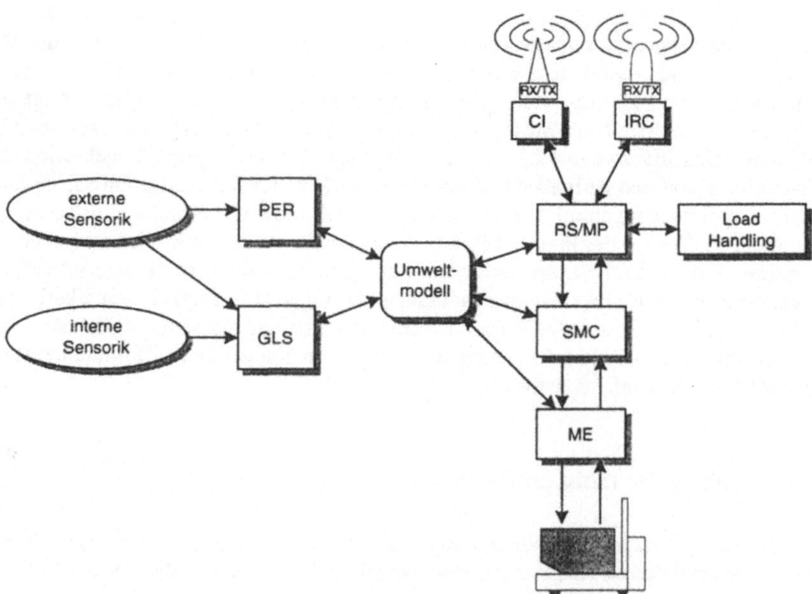

Abb. 2:   Struktur des Steuerungssystems der mobilen Roboter in MARTHA

Das *Communication Interface* (CI) hat die Aufgabe, den Nachrichtenaustausch mit der Zentralstation zu gewährleisten. *Robot Supervision* (RS) bildet das zentrale Modul des Navigations- und Steuerungssystems. Es überwacht die internen Zustände und koordiniert bzw. verteilt die Aufgaben an die anderen Teilsysteme. Daneben kontrolliert die RS die Kommunikation mit der Zentralstation und interpretiert empfangene Aufträge. Für die lokale Bewegungsplanung ist das Modul *Motion Planning* (MP) zuständig. Die Erfassung der Einsatzumgebung wird vom *Perception System* (PER) durchgeführt. *Global Localisation Sensing* (GLS) ermittelt die absolute Position des Fahrzeugs in Weltkoordinaten aufgrund der von einem Laser-Scanner (*Scanning Laser Sensor* SLS) gelieferten Abstands- und Intensitätsdaten und der internen Sensorik des Roboters. *Sensor-based Motion Control* (SMC) ermöglicht das kollisionsfreie Befahren geplanter Trajektorien. Hierzu werden bewegliche und stationäre Hindernisse erkannt und entsprechende Ausweichbewegungen bestimmt. Die *Motion Execution* (ME) setzt die von SMC berechneten Trajektoriensegmente auf die Antriebe des Fahrzeugs um. Die *Inter-Roboter-Communication* (IRC) ermöglicht eine direkte Kommunikation zwischen einzelnen Robotern im Nahbereich zur Koordination ihrer Bewegungen.

Die Module der Robotersteuerung wurden auf einem VMEbus-System unter dem Echtzeitbetriebssystem VxWorks implementiert. Die Kommunikation der Tasks des verteilten Multitasking-Mehrprozessorsystems erfolgt über den VMEbus und wird vom Betriebssystem unterstützt. Die Schnittstellen der MARTHA-Module wurden standardisiert und durch Kommunikationsstrukturen (Semaphore, Queues, Shared Memory) von VxWorks implementiert.

3.1 Laser-Scanner zur Wahrnehmung der Roboterumgebung

Die Erfassung von räumlichen Strukturen des Roboterumfeldes ist die Voraussetzung für eine effiziente und sichere Bewegungsplanung und Navigation in wenig strukturierten oder dynamisch veränderlichen Einsatzumgebungen. Die Genauigkeit und Aktualität der vom Sensorsystem zur Verfügung gestellten Daten bestimmen das Fahrzeugverhalten maßgeblich. Die schwierigen Umgebungsverhältnisse des Anwendungsszenarios von MARTHA (outdoor Einsatz mit wechselnden Lichtbedingungen) und die gewünschten Fahrzeugeigenschaften erforderten die Entwicklung eines Laser-Scanners, der auf einem Impuls-Laufzeit-Meßverfahren beruht. Die Integration von passiven Sensoren, wie beispielsweise eines Stereosichtsystems, kam deshalb nicht in Betracht.

Abb. 3:   *Scanning Laser Sensor* (SLS)

Der *Scanning Laser Sensor* (SLS) ermöglicht die Erfassung von Abstandsdaten in einem Bereich von bis zu 30 m (Abb. 3). Der Blickwinkel umfaßt 360° bei einer maximalen Winkelauflösung von 0,045°. Die Rotationsfrequenz von 10 Hz und die Meßrate des Entfernungsmeßmodules von 120 kHz erlauben eine schnelle Abtastung des Sichtfeldes. Der Scanner liefert gleichzeitig zu den Abstandsdaten auch Intensitätswerte der reflektierten Impulse, was die Detektion von künstlichen Landmarken ermöglicht. Diese Landmarken aus retroreflektivem Material gestatten eine schnelle und genaue Positionsbestimmung des Fahrzeugs bei Andockmanövern. Abb. 4 zeigt den mechanischen Aufbau der Ablenkeinheit des SLS.

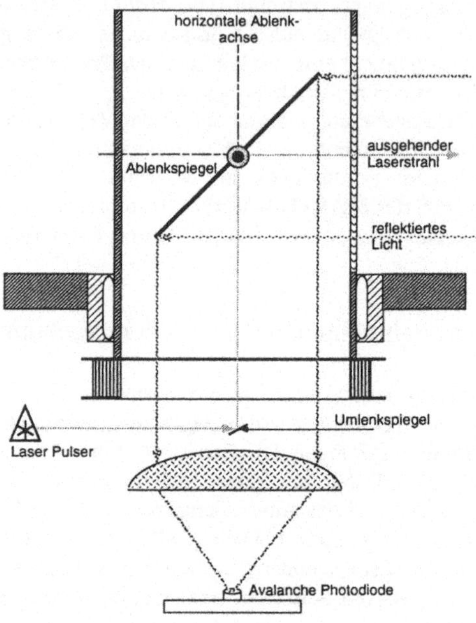

Abb. 4:   Mechanischer Aufbau der Ablenkeinheit des SLS

Die Elektronik des SLS besteht aus einer PEP VM30 CPU-Karte, die über eine CXC Schnittstelle mit dem Abstandsmeßmodul (AMM) verbunden ist (Abb. 5). Das AMM liefert Abstands- und Intensitätsdaten, die mit den Inkrementwerten der Encoder (horizontaler Ablenkwinkel) synchronisiert sind. Die Meßwertaufnahme mit einer Frequenz von 120 kHz wird von einer speziell entwickelten FPGA gesteuert und über DMA-Zugriff in den Speicher der CPU-Karte geschrieben. Zur Berechnung des Mittelwertes der Meßwerte wurde ein Algorithmus in die FPGA integriert, der auf dem Verfahren zur exponentiellen Glättung beruht.

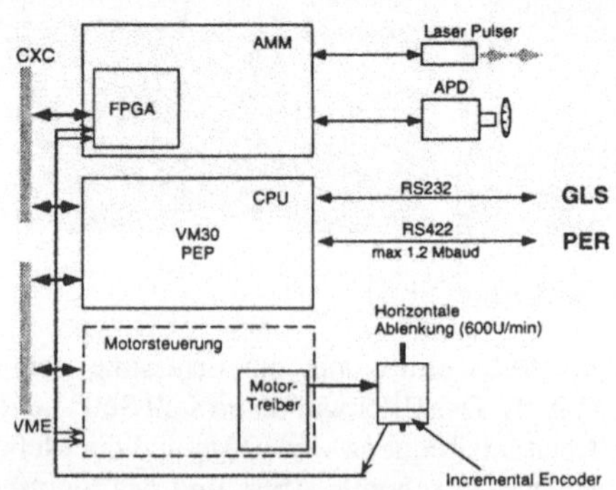

Abb. 5:   Hardware-Architektur des SLS

Die Datenvolumina für die Lokalisation (Intensitätswerte) und die Perzeption (Abstandswerte) sind unterschiedlich. Während zur absoluten Positionsbestimmung eine Datenrate von 100 Byte/sec ausreicht, erfordert die Wahrnehmung der Fahrzeugumgebung mehr als 30 kByte/sec. Der Scanner wurde aus diesem Grund mit zwei seriellen Schnittstellen ausgestattet. Eine RS232-Schnittstelle dient zur Steuerung des SLS und wird auch zur Lokalisation verwendet. Die zweite Schnittstelle, die als RS232 oder als RS422-Interface konfiguriert werden kann, wird zur Übertragung der Abstandsdaten zum *Perception-Modul* benötigt. Die Daten der Abstandsmessung sind nahezu gaußverteilt und weisen eine Fehler von ±6 cm unabhängig von der Zielentfernung auf (Abb. 6).

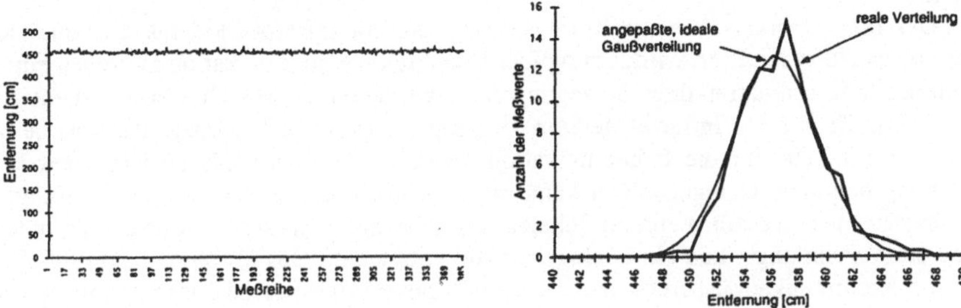

Abb. 6:   Verteilung der Meßwerte (1000 Meßwerte, Abstand 456 cm)

Die Software des Scanners unterstützt sowohl die Positionsbestimmung, basierend auf der Detektion von künstlichen Landmarken, als auch die Erkennung von Hindernissen. Zur Lokalisation wird eine Karte der Landmarken verwendet. Die Zuordnung der gemessenen Intensitätswerte zu den Elementen der Karte wird in zwei Stufen durchgeführt. Zuerst wird überprüft, ob eine starke Reflexion durch ein helles Objekt, das sich nahe am Sensor befindet oder durch eine künstliche Landmarke aus retroreflektivem Material verursacht wird. Im zweiten Schritt wird die horizontale Ausdehnung des detektierten Bereichs mit der Breite der modellierten Landmarken verglichen, um fehlerhafte Zuordnungen zu verhindern. Die Orientierung α der identifizierten Landmarken wird unter Berücksichtigung ihrer Ungenauigkeiten $\Delta\theta$ bestimmt. Abb. 7 zeigt wie der Scanner mit einer aktuellen Orientierung β eine Landmarke in der Entfernung d unter dem Winkel γ erfaßt. Zur Bestimmung der absoluten Position des Scanners im Weltkoordinatensystem sind mindestens vier Landmarken erforderlich.

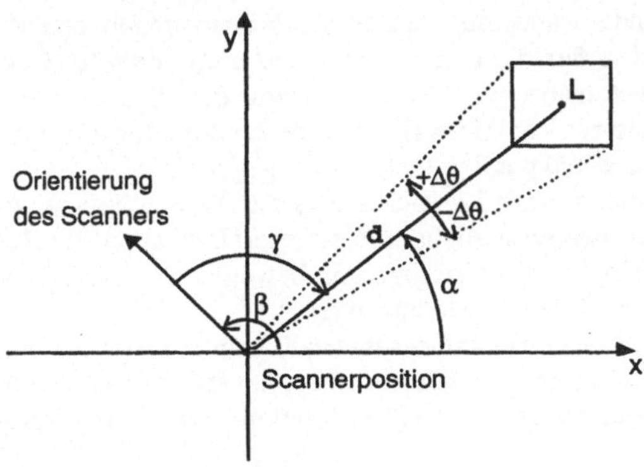

Abb. 7:   Detektion künstlicher Landmarken

3.2   Steuerung koordinierter sensorgeführter Roboterbewegungen

Im Rahmen des MARTHA Projektes wurde ein Navigationssystem entwickelt, das koordinierte kollisionsfreie Roboterbewegungen ermöglicht. Durch die Integration eines Kommunikationssystems lassen sich an Kreuzungen eng verflochtene, kollisionsfreie Bahnen realisieren [8], [9]. Die koordinierte Bewegungssteuerung stellt eine Ergänzung zur unterlagerten Kollisionsüberwachung (*Sensor-based Motion Control*) dar, die bewegliche und stationäre Hindernisse erkennt und entsprechende Ausweichbewegungen bestimmt. Abb. 8 zeigt zwei Fahrzeuge, die einen Konvoi auf einem Testparcours bilden und ein Hindernis umfahren. Die in Echtzeit geplante Ausweichbewegung setzt sich aus Geradenstücken und Kreisbögen zusammen.

Das *Inter-Roboter-Kommunikationssystem*, das mit Infrarot-Modems mit einer Reichweite von ca. 20 m realisiert wird, ermöglicht eine direkte Kommunikation zwischen einzelnen Robotern zur Koordination ihrer Bewegungen. Es wurde ein CSMA/CD-Protokoll entwickelt, um den Zugriff auf das Infrarot-Medium zu kontrollieren. Die begrenzte Reichweite dieses Systems ermöglicht nur die Kommunikation zwischen Robotern, die sich in einer kleinen Umgebung befinden. Demgegenüber kann mit diesem System gleichzeitig ein störungsfreier Datenaustausch innerhalb mehrerer lokaler Bereiche auf dem selben Kanal stattfinden. Es wurde ein Verbindungs- und ein Dialogprotokoll entwickelt. Das Verbindungsprotokoll überprüft die Kommunikationsbereitschaft anderer Robotern und das Dialogprotokoll unterstützt den Nachrichtenaustausch. Basierend auf diesen Kommunikationsmechanismen wurde ein Koordinationsprotokoll konzipiert. Dadurch sind die Roboter in der Lage, ihre aktuelle Position und nächsten Ziele allen Partnern innerhalb ihrer Umgebung mitzuteilen und mögliche Konfliktsituationen zu erkennen. Diese Konflikte werden durch Absprache der betroffenen Roboter gelöst. In einfachen Fällen reichen hierbei Aufgabenprioritäten oder Vorfahrtsregeln aus. Komplexere Situationen werden durch Verhandlungen der betroffenen Roboter behandelt.

4.   Zusammenfassung und Ausblick

Der Markt für fahrerlose Transportsysteme verspricht steigende Zuwachsraten, da diese neben dem Produktionsbereich zunehmend auch im Dienstleistungsbereich eingesetzt werden. Im Rahmen des Verbundprojektes MARTHA wurde ein FTS entwickelt, das eine Flotte autonomer Roboterfahrzeuge steuert. Zwei Demonstrationsanwendungen auf dem Flughafen in Frankfurt und auf einem Containerbahnhof der französischen Bahn SNCF in Trappes bei Paris haben die Funktionsfähigkeit der entwickelten Konzepte gezeigt:

- Die sich ständig wandelnde Struktur der Einsatzumgebung auf Flughäfen und Bahnhöfen erfordert flexible Lager- und Transportsysteme für Container. Bisher gab es noch kein automatisches Transportsystem, das dieser Anforderung genügte. Den mobilen Robotern von MARTHA wurde größtmögliche Autonomie durch den Verzicht auf aktive und passive Leitsysteme gegeben.
- Die Entwicklung eines Laser-Scanners zur Wahrnehmung statischer und dynamischer Hindernisse ermöglicht eine sichere Navigation der Roboterfahrzeuge. Drohende Kollisionen mit statischen und beweglichen Hindernissen werden durch die Planung alternativer Routen umgangen.
- Durch den Einsatz eines Inter-Roboter-Kommunikationssystems sind die Fahrzeuge in der Lage, Nachrichten auszutauschen, um ihre Absichten und Fahrtrouten aufeinander abzustimmen, damit Konfliktsituationen verhindert werden können.

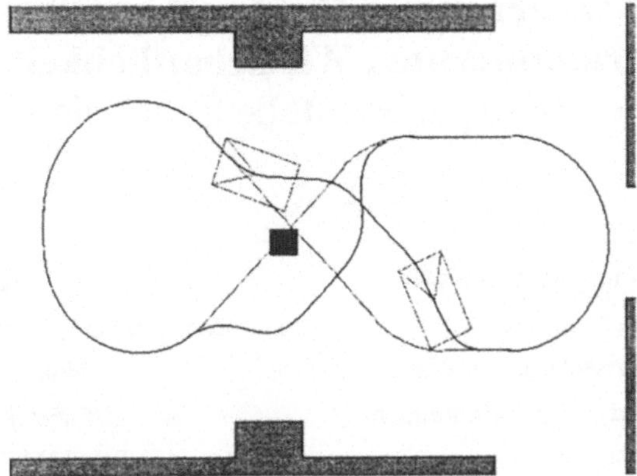

Abb. 8:   Ausweichbewegung von zwei Roboterfahrzeugen um ein statisches Hindernis

Schlußbemerkung

Diese Arbeiten wurden am Forschungszentrum Informatik (FZI), Abteilung Technische Expertensysteme und Robotik (*Direktor: Prof. Dr.-Ing. U. Rembold*) durchgeführt. Sie werden im Rahmen des ESPRIT Projektes MARTHA (ESPRIT III No. 6668) von der EU gefördert. Außerdem unterstützt das Ministerium für Wirtschaft des Landes Baden-Württemberg dieses Projekt. Die Autoren danken Prof. Dr.-Ing. U. Rembold von der Universität Karlsruhe für seine Ratschläge und T. Rupp sowie M. Fautz für ihr außergewöhnliches Engagement bei der Entwicklung der MARTHA-Teilsysteme des FZI.

Literaturverzeichnis

[1] VDI-Richtlinie 2510, *Fahrerlose Transportsysteme*, Entwurf, Berlin, 1990

[2] C. Reuber, *Vision wird Wirklichkeit - Serviceroboter: Spezialgebiet mit Zukunft*, Elektronik 25, Dezember 1994

[3] G. Reinhart und K. Pischeltsrieder, *Flexible Eletrically-Powered Transport Vehicles in Future Production Structures*, Intelligent Autonomous Systems (IAS-4), U. Rembold et al (Eds.), IOS Press, 1995

[4] P. Levi und S. Hahndel, *Kooperative Systeme in der Fertigung*, In: Müller, J (Ed.): Verteilte Künstliche Intelligenz, BI-Wiss.-Verlag, 1993

[5] G. Scheffels, *FTS für den Containerumschlag*, F+H-Report 1993

[6] E. Freund und U. Judaschke, *Strategien zur Führung und Koordination autonomer Fahrzeuge*, AMS 1993, München, 1993

[7] P. Hoppen, *Autonome mobile Roboter: Echtzeitnavigation in bekannter und unbekannter Umgebung*, Dissertation an der Universität Kaiserslautern, BI-Wiss.-Verlag, 1992

[8] M. Rude, *Koordinierte Kollisionsvermeidung mobiler Roboter mit Hilfe von Kommunikation und Sensorik*, Dissertation an der Universität Karlsruhe, Fortschr.-Ber. VDI Reihe 8 Nr. 495, 1995

[9] M. Rude, J. Loewer und T. Rupp, *Coordination of Mobile Robots by Estimating Relative Spatial and Temporal Uncertainties*, 2nd IFAC Conference on Intelligent Autonomous Vehicles, IAV 95, Espoo Finland, 1995

Mobile Mauerroboter für den Baustelleneinsatz: Programmierung, Wirtschaftlichkeit und erste experimentelle Ergebnisse

G. Pritschow, J. Kurz, M. Dalacker
Universität Stuttgart
Institut für Steuerungstechnik der Werk-
zeugmaschinen u. Fertigungseinrichtungen
Seidenstr. 36
70174 Stuttgart
Tel. 0711/121-2406
Fax 0711/121-2413

A. Lußmann
Zentrum Fertigungstechnik Stuttgart
Nobelstr. 15
70569 Stuttgart
Tel. 0711/13162-42
Fax 0711/13162-11

Einleitung

Der Einsatz technischer Hilfsmittel im Mauerwerksbau bekommt in der Zukunft insbesondere bei kleinen und mittelständischen Unternehmen eine immer stärkere Bedeutung, da diese den Großteil der Mauerwerksbauten erstellen und zwar heute noch vorwiegend mit billigen Arbeitskräften aus Osteuropa. Da der Einsatz solcher Arbeitskräfte in zunehmendem Maße gesetzlich unterbunden wird, wird sich der heutige Mangel an qualifizierten Facharbeitern weiter verschärfen. Durch den Einsatz innovativer Technologien, wie Roboter zum Mauern, kann dieser Entwicklung entgegengewirkt werden, indem der Maurer von schwerer körperlicher Arbeit entlastet, die Produktivität im Mauerwerksbau gesteigert sowie das Ansehen der Branche insgesamt verbessert wird.

In früheren Veröffentlichungen stellten die Autoren hierzu die Anforderungen und notwendigen Leistungsmerkmale an einen mobilen Mauerroboter vor /2/, sowie die dazu notwendigen Technologien wie konfigurierbare Robotersteuerung /1/, Regelstrategien für hydraulische Servoantriebe /3/, robuste anwendungsgerechte Sensoren /4/ und automatisierungsgerechte Verfahren zum Auftrag von Mörtel /5/.

Die prototypische Realisierung des Mauerroboters zum experimentellen Nachweis der technischen Machbarkeit und Wirtschaftlichkeit wurde inzwischen abgeschlossen und erste experimentelle Untersuchungen vorgenommen, die im folgenden neben einer Wirtschaftlichkeitsbetrachtung und möglicher Programmierverfahren für den Mauerroboter vorgestellt werden.

2 Vergleich der Wirtschaftlichkeit eines mobilen Mauerroboters mit konventionellen Verfahren der Mauerwerkserstellung

Neben der Beherrschung der technischen Probleme ist die Gewährleistung des wirtschaftlichen Einsatzes unter baupraktischen Gesichtspunkten die wichtigste Aufgabe, die bei der Entwicklung eines Mauerroboters zu lösen ist. Die Akzeptanz einer solchen Maschine kann nur durch wirtschaftlichen Erfolg erreicht werden.

Im vorliegenden Abschnitt sollen daher die Produktivität und die Fertigungskosten des Mauerroboters pro qm Mauerwerk mit den entsprechenden Werten beim manuellen Mauern bzw. beim Einsatz einer mobilen Mauermaschine verglichen werden. Solche Mauermaschinen haben in den letzten Jahren an Bedeutung gewonnen: Es handelt sich dabei um bewegliche Plattformen mit höhenverstellbarer Arbeitsbühne, die direkt auf der Baustelle eingesetzt werden und dem Maurer die Arbeit erleichtern, indem z.B. eine hydraulische Gewichtsentlastung zum Heben der Steine, eine Zange zum Greifen der Steine und eine Mörtelpumpe in die Arbeitsplattform integriert sind /6, 7/.

Der Vergleich wird jeweils für zwei unterschiedliche Mauertechnologien durchgeführt:
- Verlegen von Mauerziegeln (L=375mm, H=238mm, B=365mm) in Normalmörtel,
- Verkleben von YTONG-Steinen (L=499mm, H=249mm, B=300mm) mit Dünnbettmörtel.

Die Klebetechnologie bietet den Vorteil der schnelleren Verarbeitung, außerdem wird aufgrund der kleineren Fugen (ca. 2 mm im Vergleich zu 12 mm beim Ziegel) weniger Mörtel benötigt.

Kriterium	Mauermaschine	Mauerroboter
Investitionssumme	DM 40.000,--	DM 500.000,--
Personalbedarf	2,5 Arbeitskräfte	1 Maschinenführer
Arbeitsleistung	3.5 qm/h bei Mauerziegeln 4.5 qm/h bei YTONG-Steinen	60 sec Versetzdauer pro Stein
Abschreibungszeitraum	4 Jahre	6 Jahre

Tabelle 1: Voraussetzungen für den Wirtschaftlichkeitsvergleich

Die Ergebnisse des Wirtschaftlichkeitsvergleichs mit den Voraussetzungen gemäß Tabelle 1 sowie den o.g. Steinformaten und einer Arbeitszeit von 8h/Tag sind in Abb. 1 dargestellt:
- Die Arbeitsleistung des Roboters ist bis zu 4 mal höher als bei den anderen Verfahren.
- Bei Billig-Stundenlöhnen von 20 DM/h ist der Roboter nicht konkurrenzfähig.
- Bei Stundenlöhen von 80 DM/h fertigt der Roboter um bis zu 30 DM pro qm billiger.

Abb. 2 zeigt die Ergebnisse, wenn die Vorteile der Automatisierung voll ausgenutzt werden (d.h. optimale Anpassung der Steinformate an das maximale Handhabungsgewicht des Roboters, längere Betriebsdauer des Roboters von 12 h/Tag):
- Die Arbeitsleistung des Roboters ist bis zu 8 mal höher als bei den anderen Verfahren.
- Bei Billig-Stundenlöhnen von 20 DM/h fertigt der Roboter nur geringfügig teurer.
- Bei Stundenlöhen von 80 DM/h fertigt der Roboter um bis zu 53 DM pro qm billiger.

a)

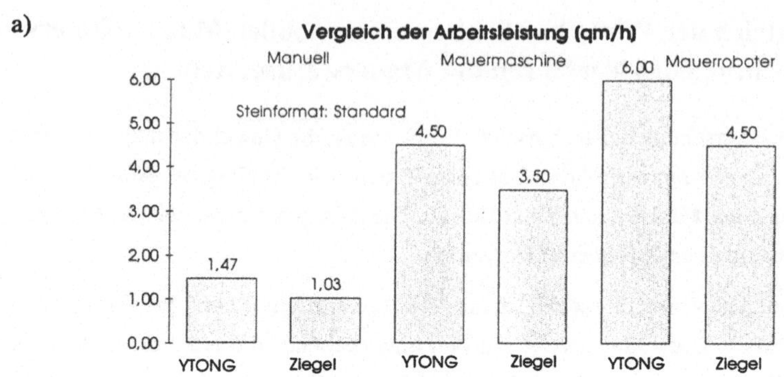

b)

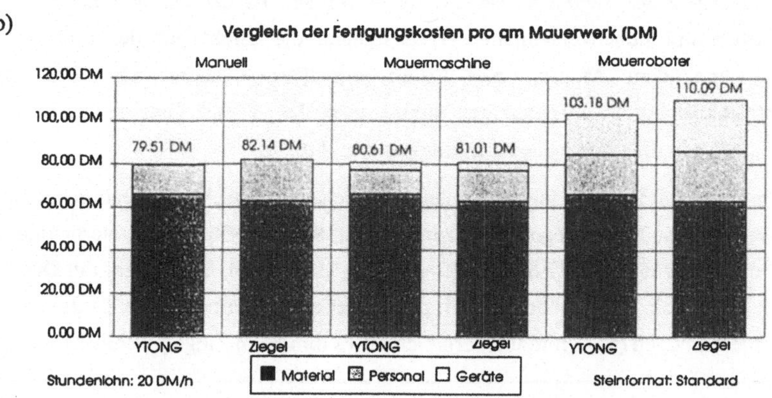

c)

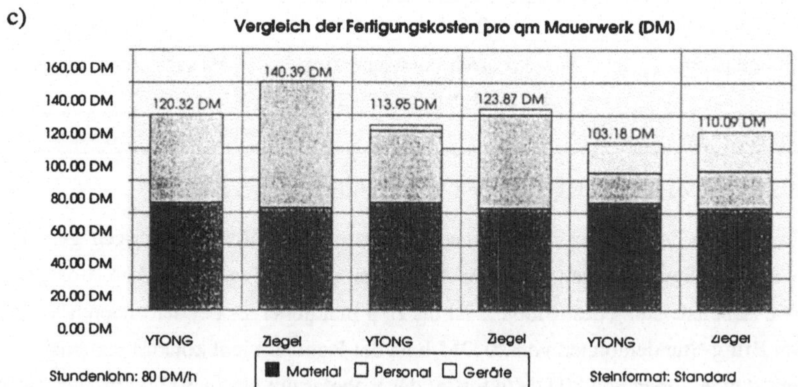

Abb. 1: Vergleich der Wirtschaftlichkeit verschiedener Verfahren zur Erstellung von Mauerwerk (Arbeitszeit: 8h/Tag, Steinformate: Standard)

    a) Arbeitsleistung [qm/h]

    b) Kosten pro qm Mauerwerk [DM] bei einem Stundenlohn von 20 DM/h

    c) Kosten pro qm Mauerwerk [DM] bei einem Stundenlohn von 80 DM/h

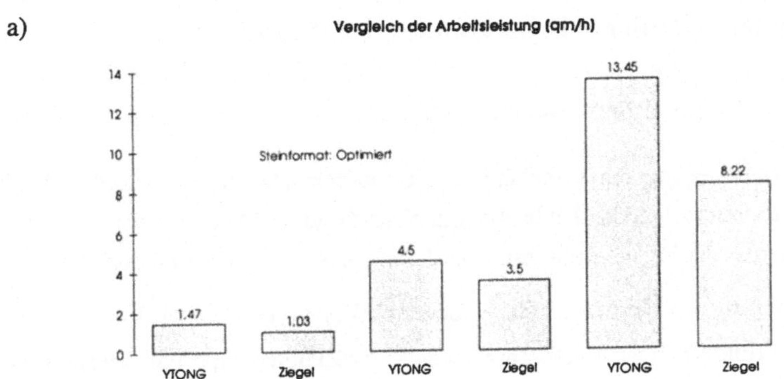

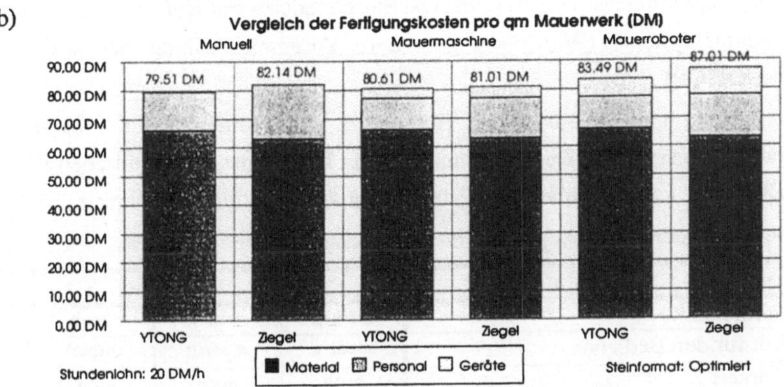

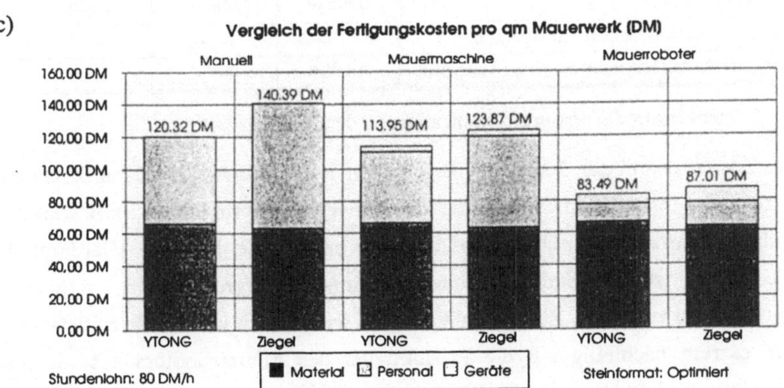

Abb. 2: Vergleich der Wirtschaftlichkeit verschiedener Verfahren zur Erstellung von Mauerwerk (Roboter: Betriebsdauer: 12h/Tag, Steinformate: Optimiert)

    a) Arbeitsleistung [qm/h]

    b) Kosten pro qm Mauerwerk [DM] bei einem Stundenlohn von 20 DM/h

    c) Kosten pro qm Mauerwerk [DM] bei einem Stundenlohn von 80 DM/h

3   Baustellenorientierte Programmierverfahren

3.1   Grundsätzliche Programmiermöglichkeiten

Für die Programmierung eines mobilen Mauerroboters stehen verschiedene Varianten zur Auswahl. Diese unterscheiden sich hauptsächlich im Grad der Automatisierung und somit auch in der Komplexität der Programmierhilfsmittel. Folgende Varianten sind denkbar:

1. Programmierung vor Ort auf der Baustelle durch Vormachen (Teach-In)

2. Programmierung vor Ort durch Vormachen unter Zuhilfenahme von bereits vorgefertigten Unterprogrammen (Baustellenorientierte Programmierung BOP)

3. Off-line Programmerstellung in Form von Einzelmodulen mit Hilfe eines CAD-unterstützten Programmiersystems (Wandplanungssystem), Zusammenstellung der Module vor Ort (teilweise BOP)

4. Off-line Programmerstellung mit Hilfe eines CAD-unterstützten Programmiersystems (Wandplanungssystem). Das Programm wird in Form eines monolithischen Blocks erstellt, so daß vor Ort kaum Möglichkeit besteht, nachträglich Einfluß zu nehmen.

Diese vier Varianten lassen sich hinsichtlich folgender Kriterien bewerten:

Variante	1	2	3	4
Wirtschaftlichkeit	niedrig	mittel	hoch	sehr hoch
Sicherheit für den Bediener	niedrig	niedrig	mittel	hoch
Verfügbarkeit	hoch	hoch	mittel	niedrig
Ausbildungsniveau des Bedieners	hoch	hoch	sehr hoch	hoch
Anschaffungskosten	niedrig	mittel	hoch	hoch
Flexibilität / Änderbarkeit im Störfall	sehr hoch	hoch	mittel	niedrig
Aufwand in Arbeitsvorbereitung / Logistik	niedrig	mittel	hoch	sehr hoch

Tabelle 2: Bewertung der Programmiervarianten des Mauerroboters

Um das Szenario auf der Baustelle nicht schon auf planerischer und arbeitsvorbereitender Ebene zu starr festzulegen, wäre eine interaktive Programmierung, z.B. durch Teach-In, entsprechend Variante 1 und 2 eine durchaus praktikable Lösung. Hierdurch ließen sich Störfälle bzw. zeitaufwendige Umorganisationen aufgrund von schwer planbaren Sachverhalten ausschließen. Bei diesen Varianten wirken sich jedoch die Stillstandszeiten beim Teach-In extrem nachteilig auf die Produktivität des Mauerroboters aus, da während der Programmierung nicht gemauert werden kann.

Die Programmierung bei den beiden letzten Varianten erfolgt auf der Grundlage von CAD-Daten, die vom Architekten bereitgestellt werden. Dies ermöglicht eine anwenderfreundliche, sichere und vor allem wirtschaftliche Programmierung, trotz der hohen Anschaffungskosten, des erhöhten Aufwandes an Logistik in der Arbeitsvorbereitung respektive auf der Baustelle und der verminderten Flexibilität vor Ort. Für die Programmerstellung kann bei diesen Varianten auf am Markt verfügbare

Wandplanungssysteme aufgebaut werden. Eine Bewertung dieser Wandplanungssysteme ergab, daß folgende Zusatzfunktionalitäten in die Planungssysteme integriert werden müssen, um sie für die Programmierung eines mobilen Mauerroboters einsetzen zu können:

- Erweiterung der 2D-Wandplanungssysteme um die dritte Raumdimension auf 3D-Systeme,
- Ermittlung der Mauersegmente, die ohne Standortwechsel des Mauerroboters erstellt werden können, hierbei spielt die Steinaufteilung und der verfügbare Arbeitsraum des Roboters die entscheidende Rolle,
- Versetzreihenfolge der Steine unter Berücksichtigung der Verfahrwegsoptimierung und Kollisionsvermeidung,
- Ermittlung der Roboterstandorte auf der Geschoßdecke,
- Bestimmung der optimalen Verfahrwege des Roboters,
- Festlegung der Räume, die für den Roboter gesperrt sind,
- Standortbestimmung der Steinpaletten,
- Ermittlung der Reflektorstandorte für die Positionsbestimmung des Mauerroboters mittels Laser-Meßsystem und
- Einbindung der Schnittstein- und Sturz-Problematik.

Da bisherige Wandplanungssysteme ausschließlich Geometriedaten beinhalten, ist neben den aufgeführten Zusatzfunktionalitäten eine Erweiterung der Wandplanungssysteme um technologische und roboterspezifische Daten notwendig. Den Aufbau und die Datenschnittstellen eines derartigen Wandplanungssystems beschreibt der folgende Abschnitt.

3.2 Grundstruktur und Ein-/Ausgabedaten des Wandplanungssystems

Die Grundstruktur eines Wandplanungssystems für einen Mauerroboter ist aus Abb. 3 zu ersehen. Das Wandplanungssystem wird von den Geometrie-, Technologie-, Maschinen- und Baustellendaten gespeist. Das erweiterte Planungsmodul, um die in Abschnitt 3.1 erwähnten Zusatzfunktionen, berechnet daraus die Versetzdaten, deren Aufbau und Inhalt in Abb. 4 dargestellt ist. Der nachgeschaltete und maschinenabhängige Programmgenerator (Postprozessor) erzeugt unter Einbindung von routinemäßigen Unterprogrammen aus den Versetzdaten ein auf der Robotersteuerung lauffähiges Ablaufprogramm. Die Unterprogrammbibliothek beinhaltet Routinen für immer wiederkehrende Aufgaben, wie

- Roboterstandort einmessen,
- Palettenstandort einmessen,
- Roboter zum nächsten Standort verfahren,
- Stein von Palette greifen,
- Stein relativ zum Roboter zentrieren,
- Stein bemoerteln,
- Sensorik für Versetzvorgang auswerten,
- Fehlerbehandlung usw..

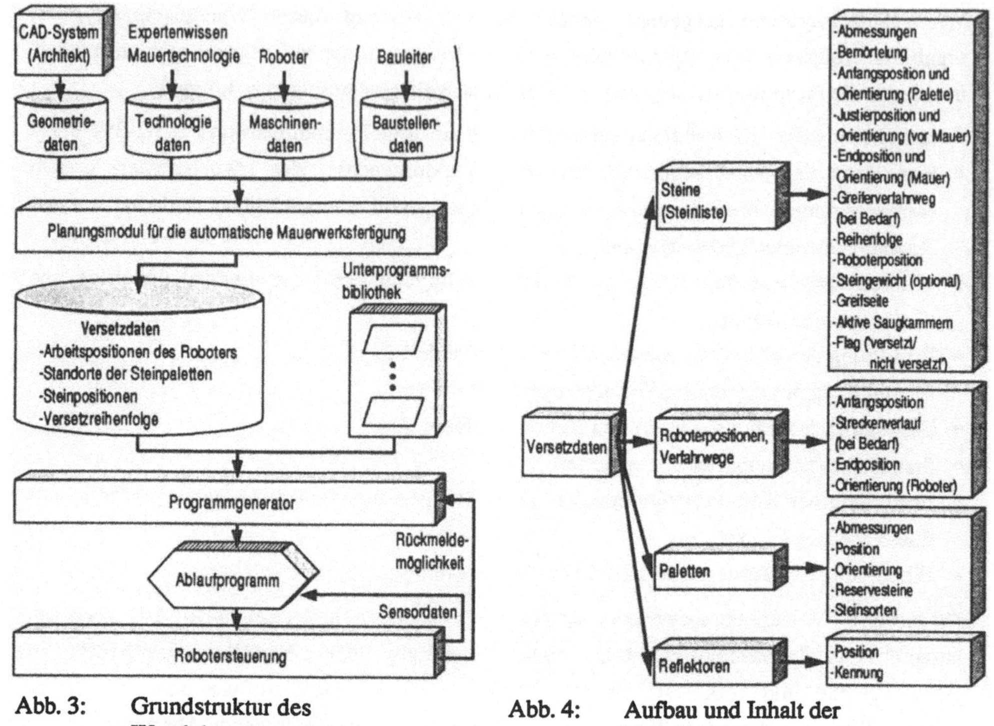

Abb. 3: Grundstruktur des
         Wandplanungssystems

Abb. 4: Aufbau und Inhalt der
         Versetzdaten

3.3 Störfallmanagement

Die Arbeitsumgebung des Mauerroboters wird die Baustelle sein. Diese ist bei weitem nicht in ähnlich geordnetem und sauberen Zustand wie z.B. eine Maschinen- oder Werkhalle. Auch durch sorgfältige Logistik und Arbeitsvorbereitung lassen sich Störfälle und unvorhergesehene Ereignisse demnach nicht vollkommen ausschließen. Man kann zwischen leichten und schweren Störfällen unterscheiden. Bei leichten Störfällen, wie

- tatsächlicher Palettenstandort befindet sich nicht innerhalb der vom Programm vorgegebenen Toleranzen,
- Orientierung der Palette differiert mit der vom Programm angenommenen,
- Roboterstandort gegenüber der Mauer ist außerhalb der Toleranz,
- Steinbruch während des Mauervorgangs,
- Mörtelvorrat der Mörtelwanne ist aufgebraucht,

kann ohne Abbruch des Mauerprogrammes weitergearbeitet werden. Von Seiten des Bedieners muß lediglich korrigierend eingegriffen werden, um den Mauervorgang fortzusetzen. Beim Eintritt eines schwerwiegenden Störfalls, wie

- Maschinenausfall durch Stromausfall oder Defekt,
- Kollision,
- Sensorik liefert keine Werte,

muß das laufende Programm abgebrochen werden. Es muß daher zwingend die Möglichkeit bestehen, den Betrieb an entsprechender Stelle wieder aufnehmen zu können. Dies kann von der Robotersteuerung durch detailliertes, nichtflüchtiges Protokollieren der einzelnen bereits ausgeführten Programmschritte des Mauervorgangs unterstützt werden.

Um bei der Wiederaufnahme des Mauervorgangs den Maschinenbediener zu unterstützen, wäre eine grafische Simulation vor Ort auf dem Steuerungsrechner ein geeignetes Hilfsmittel. Es ist vorstellbar, daß der Bediener interaktiv in die Simulation eingreift und sich anhand des Szenarios sein Automatikprogramm, d.h. die zu mauernden Steine, per Mausklick zusammenstellt und so den weiteren Arbeitsablauf den tatsächlichen Gegebenheiten anpaßt. Dies erfordert aber vor Ort einen leistungsfähigen Rechner mit Simulationssystem und Wandplanungssystem. Der Programmieraufwand für solch ein komplexes System ist allerdings nicht unerheblich. Die Unabhängigkeit von einem eventuell weit entfernten Planungsbüro kann aber für die Effizienz und den Arbeitsfortschritt nur von Vorteil sein und setzt zwingend einen höheren Ausbildungsstand des Bedieners voraus.

4 Prototypische Realisierung und erste experimentelle Ergebnisse

Ein Prototyp des Mauerroboters, mit dem die technische Machbarkeit und Wirtschaftlichkeit des automatisierten Mauerns untersucht werden soll, wurde am Institut für Steuerungstechnik der Werkzeugmaschinen und Fertigungseinrichtungen der Universität Stuttgart in enger Zusammenarbeit mit dem Zentrum Fertigungstechnik Stuttgart und 10 Industriepartnern aufgebaut. Dieser Mauerroboter basiert auf einer kommerziellen Baumaschine, die für Abbrucharbeiten unter extremen Umgebungsbedingungen (Hitze, Staub, beengten Raumverhältnissen) verwendet wird. Um diese Maschine als Roboter für die Mauerwerkserstellung einsetzen zu können, waren folgende Umbauten und Erweiterungen notwendig:
- mechanisches Redesign der Maschine zur Erzielung einer hohen Steifigkeit und Genauigkeit,
- Erweiterung des Roboterarms um eine Handachse mit 3 Freiheitsgraden für die TCP-Orientierung,
- Integration verschiedener Sensoren und Meßsysteme für die Antriebsachsen,
- Integration qualitativ hochwertiger elektrohydraulischer Servoantriebe,
- Entwicklung und Integration eines Vakuum-Greiferssystems und einer multifunktionalen Technologieeinheit für die Steinhandhabung, -bemörtelung und -zentrierung.
- Konzipierung und Implementierung einer leistungsfähigen Multitasking Steuerung für den Mauerroboter.

Den so modifizierten Prototypen eines Mauerroboters mit dem Namen BRONCO ("Bricklaying Robot for Use on the Construction Site") zeigt Abb. 6. Er ist gekennzeichnet durch einen kompakten Aufbau mit kleinen Abmessungen zum Passieren von Türen und einem hohen Grad an Flexibilität und Manövrierfähigkeit.

Erste Mauertest mit 35 kg schweren Porenbetonsteinen ergaben Zykluszeiten von 2 Minuten für das Aufnehmen der Steine von der Palette, den automatisierten Auftrag von Dünnbettmörtel sowie das Positionieren der Steine im Mauerwerk. Diese Zykluszeit kann bei entsprechender Optimierung des Bewegungsablaufs und Mauervorgangs sogar noch deutlich reduziert werden auf unter 1 Minute pro Stein. Ausschnitte aus dem Ablauf der automatisierten Mauerwerksfertigung sind in Abb. 6 dargestellt.

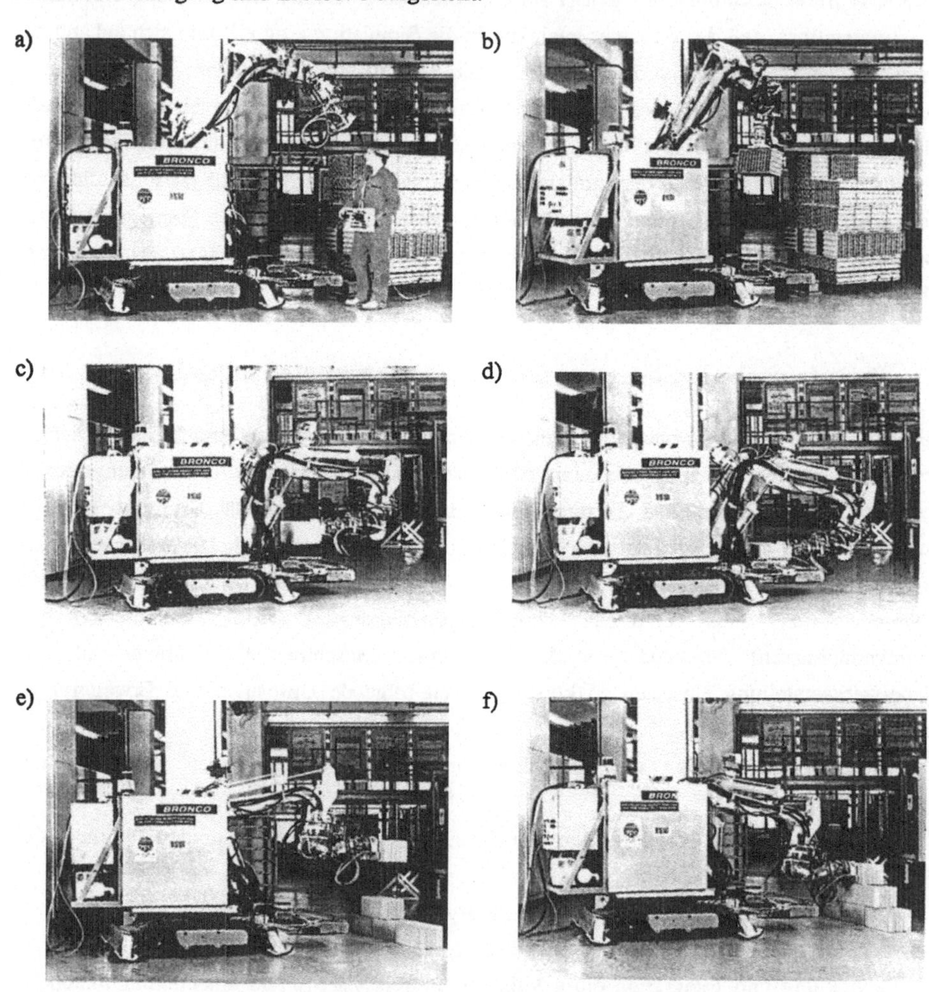

Abb. 6   Arbeitsablauf beim Erstellen von Mauerwerk mit dem Mauerroboter BRONCO
  a)   Greifen der Steine von vorbereiteten Paletten
  b)   Bewegen der Steine zur multifunktionalen Technologieeinheit
  c)   Absetzen, zentrieren und vermessen der Steine
  d)   Auftragen des Mörtels durch Eintauchen der Steine in die Mörtelwanne
  e)   Bewegen der Steine an die vorprogrammierte Position im Mauerwerk
  f)   Exaktes positionieren der Steine im Mauerwerk

5 Zusammenfassung und Ausblick

Im vorliegende Beitrag wurde das wirtschaftliche Potential eines Roboters für die Mauerwerkserstellung anhand eines Vergleichs unterschiedlicher Mauerverfahren und einer Analyse der relevanten Kostenanteile verdeutlicht. Verschiedene Programmierverfahren zur Erzeugung der Bewegungsprogramme für den Mauerroboter wurden aufgezeigt und Anforderungen an die baustellenorientierte Programmierung mit Hilfe eines CAD-gestützten Wandplanungssystems aufgestellt. Abschließend wurde der Aufbau und Arbeitsablauf am Prototypen des Mauerroboters erläutert.

Zukünftige Forschungsarbeiten umfassen die Entwicklung von Störstrategien zur Behandlung auftretender Störfälle bei der Mauerwerkserstellung sowie die Implementierung eines geeigneten Bedienkonzepts mit Anbindung an ein übergeordnetes Wandplanungssystem. Daneben sind experimentelle Erprobungen des Mauerroboters auf der Baustelle unter praxisnahen Randbedingungen geplant.

Literatur

/1/ Pritschow, G.; Dalacker, M.; Kurz, J.: *Configurable Control System of a Mobile Robot for On-Site Construction of Masonry.* In: Automation and Robotics in Construction X, Elsevier Science Publishers B.V., 1993, pp. 85 - 92

/2/ Pritschow, G.; Dalacker, M.; Kurz, J.: *Gesamtkonzept und praxisgerechte Realisierung eines mobilen Roboters zur automatischen Erstellung von Mauerwerk auf der Baustelle.* Tagungsband zum 9. Fachgespräch über Autonome Mobile Systeme, München, 28./29. Oktober 1993, S. 357- 368.

/3/ Pritschow, G.; Dalacker, M.; Kurz, J.; Gänßle, M.; Haller, J.: *Application Specific Realisation of a Mobile Robot for On-Site Construction of Masonry.* In: Automation and Robotics in Construction XI, Elsevier Science Publishers B. V., 1994, pp. 95 - 102.

/4/ Pritschow, G.; Dalacker, M.; Kurz, J.: *Automatisierte Mauerwerksfertigung mit mobilen Robotern: Neue Herausforderungen für die Steuerungs- und Sensortechnik.* Tagungsband zum 10. Fachgespräch über Autonome Mobile Systeme, Stuttgart, 13./14. Oktober 1994, S. 326 - 337.

/5/ Pritschow, G.; Dalacker, M.; Kurz, J.; Gänßle, M.: *Technological Aspects in the Development of a Mobile Bricklaying Robot.* In: Automation and Robotics in Construction XII, Proceedings of the 12th International Symposium on Automation and Robotics in Construction (ISARC), edited by IMBiGS. Warsaw, Poland, 30 May - 1 June, 1995, pp. 281 - 290.

/6/ Böhm, D.: *The Mason's Elevator Handling Machine*, Proc. 8th Int. Symp. on Automation and Robotics in Construction, Stuttgart, 1991.

/7/ N.N. *Steinweg Mauermax*, Produktinformation der Firma Steinweg, Werne.

Realisierung eines Mobilen Roboters für Kommissionier-aufgaben

E. Freund, F. Dierks, D. Pensky, D. Rokossa

Universität Dortmund, Institut für Roboterforschung, Otto-Hahn-Str. 8,
44227 Dortmund

Vorgestellt wird ein flexibel einsetzbares Kommissioniersystem bestehend aus einem Fahrerloses Transportsystem und einem integrierten Industrieroboter. Dieser Mobile Roboter bewegt sich innerhalb seiner Arbeitsumgebung auf virtuellen Straßen und navigiert durch ständigen Vergleich von Laserradar-Meßdaten mit einer intern gespeicherten Karte. Für ein zielsicheres Aufnehmen der Werkstücke, deren Lage innerhalb eines lokalen Fangbereichs unbestimmt sein kann, werden mehrere Triangulationssensoren am Endeffektor des Roboterarms eingesetzt. Das System eignet sich zur Nachrüstung bestehender Lagerbereiche.

1. Einleitung

Das Ziel des hier vorgestellten Projektes ist die Entwicklung eines robusten Mobilen Roboters zur auftragsgebundenen Kommissionierung von Werkstücken, der den Materialfluß zwischen verschiedenen Lagerorten und Fertigungsstationen automatisieren soll. Hauptziele bei der Realisierung des Systems sind – im Hinblick auf den geplanten industriellen Einsatz – die Zuverlässigkeit des Gesamtsystems, die Möglichkeit einer schnellen Anpassung an sich ändernde Logistikkonzepte und die Möglichkeit einer einfache Nachrüstung bestehender Materialflußsysteme.

Das Gesamtsystem wird im Auftrag der Dortmunder Initiative zur rechnerintegrierten Fertigung (RIF e.V.) am Institut für Roboterforschung entwickelt und soll für die Bereitstellung von Kleinteile-Werkstückträgern eingesetzt werden. Dazu besitzt der Mobile Roboter Schnittstellen zu einem Lagersystem bestehend aus einfachen Fachbodenregalen und zu verschiedenen Fertigungszellen, u.a. zu einem Bearbeitungszentrum und einer Montagezelle für Robotersteuerungen. Die Kommissionieraufträge, bestehend aus Fahr-, Handhabungs- und Förderaufträgen, bekommt das System von einem zentralen Fertigungsleitrechner.

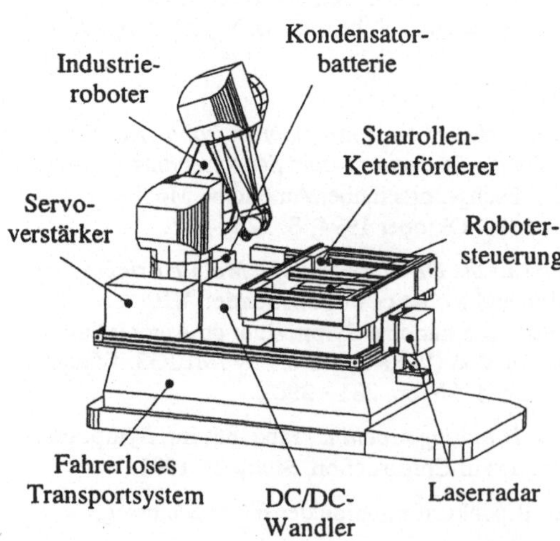

Abb. 1: Komponenten des Mobilen Roboters

2. Übersicht über das Gesamtsystem

2.1. Aufbau

Der Mobile Roboter besteht im Kern aus einen Fahrerlosen Transportsystem (FTS), einem Industrieroboter und einem Staurollen-Kettenförderer (Abb. 1). Der Roboterarm besitzt eine Handhabungskapazität von 18 kg und ist in seinem Oberarm mit Federpaketen zur Kompensation der auf die nachfolgenden Achsen wirkenden Schwerkraft ausgestattet, was sich positiv auf den Energieverbrauch auswirkt. Der Staurollen-Kettenförderer kann bei einer Gesamttragkraft von 200 kg eine große Palette (960 x 600 mm^2) oder zwei kleine Paletten (470 x 600 mm^2) mit Werkstücken aufnehmen. Roboter und Kettenförderer sind auf einem Fahrerlosen Transportsystem mit einer maximalen Nutzlast von 1000 kg untergebracht, das eine maximale Geschwindigkeit von 1,6 m/s erreicht.

Alle Komponenten des Mobilen Roboters werden aus einer mitgeführten 24V-Batterie versorgt, die im Normalbetrieb für eine Achtstundenschicht ausreicht. Die größte Schwierigkeit bestand darin, den für 380 V Drehstrom ausgelegten Roboter mit Energie zu versorgen. Dazu werden aus der Batterie mittels eines 2.5 kW-DC/DC-Wandlers 200 V Gleichspannung gewonnen, die direkt in den Spannungszwischenkreis der Leistungselektronik des Roboters eingespeist werden. Zur Deckung kurzzeitiger Lastspitzen (z.B. beim Einschalten der Antriebe oder Beschleunigen) wurde im Spannungszwischenkreis eine zusätzliche Kondensatorbatterie von 72.000 µF integriert. Ein entsprechend abgestimmter Lastwiderstand sorgt für eine Glättung der Lastspitzen auf der Primärseite des Wandlers, wodurch die Batterie geschont und der ungestörte Betrieb der übrigen Komponenten sichergestellt wird.

Für die Kommunikation mit dem Fertigungsleitrechner ist auf dem Fahrzeug ein Standard-PC (Laptop) mit einer Ethernet-Funkbrücke installiert, der die Verbindungen zum Roboter und FTS herstellt.

2.2. Schnittstellen

Abhängig von der Größe und Masse der Werkstücke findet die Materialaufnahme und -abgabe entweder durch den Industrieroboter oder durch Austausch der ganzen Palette auf dem Kettenförderer statt.

Um flexibel auf unterschiedliche Produktspektren reagieren zu können, werden die Werkstücke, die durch den Roboter gehandhabt werden, auf quadratischen Trägerplatten mit einer Kantenlänge von 230 mm untergebracht. Um die Aufnahme dieser Werkstückträger möglichst einfach zu realisieren, sind sie voll-symmetrisch an ihren Ecken mit Bohrungen versehen. Unter Benutzung zweier mechanisch arbeitender Greifstifte am Roboterendeffektor können die Trägerplatten formschlüssig arretiert und mit dem Roboter bewegt werden. Größere Werkstücke, die die Kapazität des Roboters überschreiten, können z.B. direkt von einem Kran auf der Palette des Kettenförderers abgestellt werden. Hierzu wird der Industrieroboter in seine Warteposition gefahren, damit die gesamte Palette von oben her zugänglich wird.

Ist die Materialabgabestation ebenfalls mit einem Staurollen-Kettenförderer ausgestattet, so kann hier die gesamte Kommission von Werkstücken komplett an die Bearbeitungsstation weitergegeben werden. Der Mobile Roboter dockt dazu im definierten Abstand parallel an der Übergabestation an und übergibt die Palette.

Die Transportaufträge werden dem Mobilen Roboter über die Funkbrücke von einem stationären Leitrechner mitgeteilt. Dieser übernimmt auch die Aufteilung der Transportaufträge in Fahr- und Kommissionieraufträge.

3. Konzept der Bahnplannung

Dem hier vorgestellten Konzept der Bahnplanung liegt die in [Judaschke 1994] beschriebene Führung auf virtuellen Straßen zugrunde. Ein möglicher Fahrweg des Transportfahrzeugs wird durch eine Folge von Straßenelementen wie Geraden, Kurven, Kreuzungen usw. dargestellt. Die Generierung dieser virtuellen Straßen im Einsatzgebiet des Fahrzeugs geschieht mittels eines grafischen Editors. Er erleichtert sowohl die Einrichtung als auch die nachträgliche Änderung des Parcours. Für die autonome Fahrt vom Ausgangs- zum Zielpunkt werden aus dem virtuellen Straßennetz mit Hilfe eines Wegstreckengraphens die Elemente bestimmt, auf denen sich das Fahrzeug bewegen muß. In Abb. 2 ist die Simulationsoberfläche des Editors dargestellt.

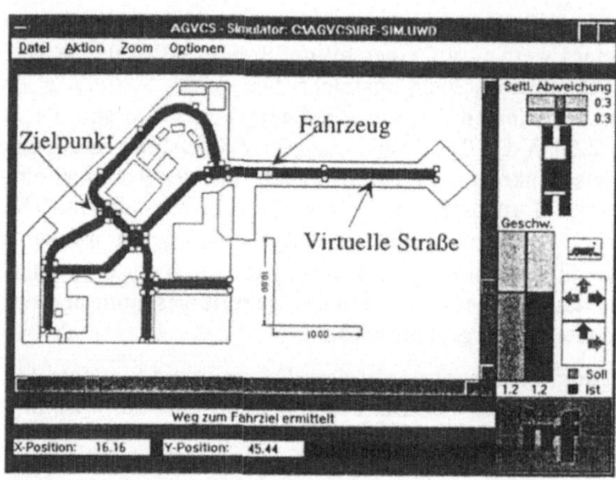

Abb. 2: Die Simulationsoberfläche

Zur Führung des Fahrzeugs werden die Ränder der virtuellen Straßen durch Polygone beschrieben. Die Diskretisierung der Straßenränder ist abhängig von der Größe des Fahrzeugs und der Komplexität der Umwelt. Im vorliegenden Fall wird alle 20 cm ein Randpunkt berechnet. In den nachfolgenden Abbildungen sind diese vergrößert dargestellt. Mit dem Laserradar (Kap. 4) wird während der Fahrt die nächste Teilstrecke (auf Geraden ca. 7 m) auf Hindernisfreiheit überprüft. Befindet sich ein Hindernis auf der Straße, werden die Straßenränder in diesem Bereich korrigiert (Abb. 3).

Die Planung der Sollbahn für die nächste Teilstrecke geschieht unter Berücksichtigung der nichtholonomen kinematischen Beschränkungen des Basisfahrzeugs, wodurch eine fahrbare Trajektorie ermittelt wird. Grundlegend für das hier vorgestellte Verfahren ist der nachfolgend beschrieben Suchalgorithmus. Ausgehend von einem gegebenen Fahrzeugstandort setzt sich die Sollbahn aus einer festgelegten Anzahl einzelner Fahrzeugpositionen zusammen, die von der vorherigen Position erreicht werden können und auf der virtuellen Straße liegen (Abb. 4). Im Vergleich zu anderen, auf Suchverfahren basierenden Bahnplanern [Latombe 1991] besteht der Suchraum hier nicht aus Folgen von Fahrzeugpositionen, sondern aus möglichen Lenkwinkelfolgen. Die Lenkwinkelgeschwindigkeit v_δ ist hierbei die unabhängige Stellgröße. Die Bewertung der Lenkwinkel in Bezug auf ein Zwischenziel gibt eine Suchrichtung vor. Im Gegensatz zu bekannten Suchverfahren, wie der A*-Suche, erfolgt keine Optimierung eines Gütekriteriums, sondern es wird die erste gefundene Lösung verwendet.

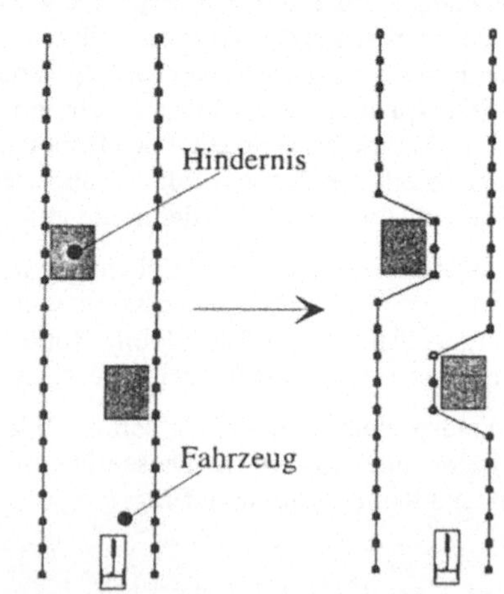

Abb. 3 : Korrektur der Straßenränder

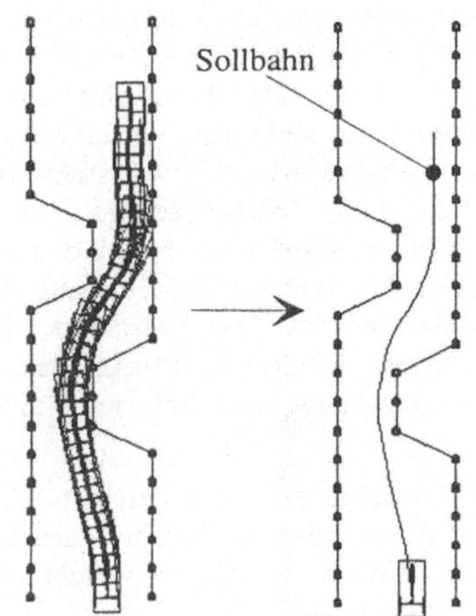

Abb. 4: Entwicklung der Sollbahn

Im Falle einer Vorwärtsbewegung des Fahrzeugs muß in einem Suchschritt zwischen drei möglichen, von der Lenkwinkelgeschwindigkeit v_δ abhängigen Folgepositionen entschieden werden: Bewegung des Fahrzeugs bei gleichbleibenden Lenkwinkel ($v_\delta = 0$) sowie bei Veränderung des Lenkwinkels nach rechts ($v_\delta = -v_{\delta,max}$) und nach links ($v_\delta = v_{\delta,max}$) (Abb. 5). Bei der Betrachtung eines Rangiervorgangs verdoppelt sich diese Anzahl, da zusätzlich die Rückwärtsbewegung möglich ist.

Zur Berechnung der Folgepositionen ist ein Zeitinkrement Δt notwendig, das die Diskretisierung der Sollbahn bestimmt. Über die Veränderung des Lenkwinkels sowie der momentanen Radgeschwindigkeit werden die Folgepositionen ermittelt.

Während des Verfahrens wird geprüft ob die Kontur des Fahrzeugs an den berechneten Positionen die Straßenränder überschreitet. Da diese Überprüfung den Großteil der Berechnungsdauer einnimmt, wird eine Depth-first Suche mit Bewertung der Folgepositionen nach einem heuristischen Kriterium durchgeführt. Die heuristische Bewertung gibt die Reihenfolge der Überprüfung vor. Das Verfahren stützt sich hierzu auf eine Zwischenzielsuche. Da sich das Fahrzeug vorzugsweise nach dem rechten Straßenrand ausrichtet, wird von jeder berechneten Fahrzeugposition aus eine Zwischenzielposition am rechten Rand und mit dessen Ausrichtung ermittelt. Dazu werden ausgehend von der momentan betrachteten Fahrzeugposition die folgenden Straßenrandpunkte mit diesem Standort verglichen. Der Winkel zwischen der Fahrzeughinterachse und der Verbindungslinie des Vorderradmittelpunktes mit einem Randpunkt beschreibt die Sichtbarkeit des Randpunktes. Der Punkt des rechten Straßenrandes mit dem größten Winkel zum Fahrzeug bestimmt das Zwischenziel (φ in Abb. 6). Die Suche wird abgebrochen, sobald der Winkel zum rechten Rand nicht weiter zunimmt oder der Winkel zum linken Straßenrand kleiner als der zum rechten Straßenrand wird. Der darauffolgende rechte Randpunkt bestimmt die Ausrichtung des Zwischenziels.

Zur Bewertung der möglichen Folgepositionen wird ermittelt, wie das Zwischenziel von diesen Standorten zu erreichen ist (Abb. 7). Der Schnittwinkel α des Fahrkreises mit der verlängerten Fahrzeugmittelachse sowie der Abstand des Schnittpunkts von der Zielposition werden für jede Folgeposition ermittelt und mit den anderen verglichen. Wenn kein Schnittpunkt mit einem der Fahrkreise vorhanden ist, wird der Schnittpunkt der Mittelachsen zur Berechnung der Parameter verwendet. Während der Bewertung werden die Straßenränder nicht beachtet, da das Zwischenziel so gewählt wurde, daß es vom momentanen Standort aus sichtbar ist.

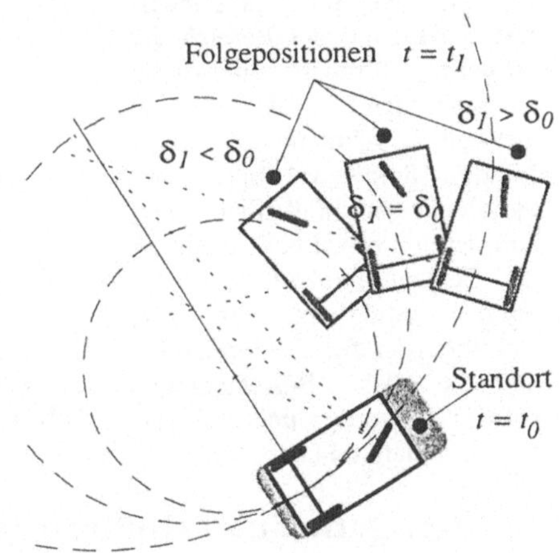

Abb. 5: Mögliche Folgepositionen

Wenn die Überprüfung einer Folgeposition ergibt, daß die Fahrzeugkontur den Straßenrand überschreitet, werden die übrigen Folgepositionen geprüft. Werden alle möglichen Folgeposi-

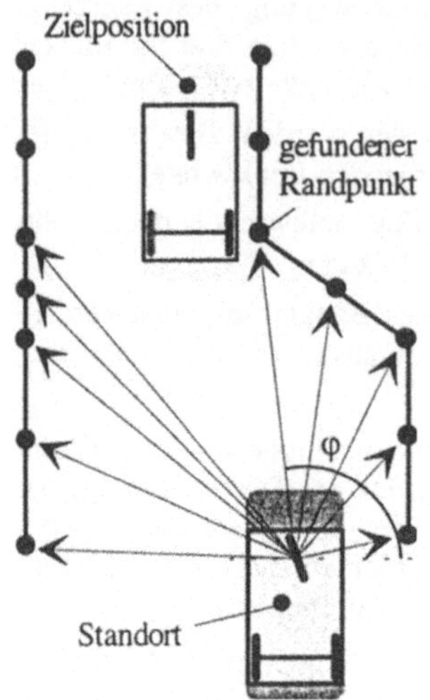

Abb. 6: Die Zwischenzielsuche

tionen als fehlerhaft eingestuft, ist eine Sackgasse erreicht. Das Verfahren beginnt dann erneut bei dem zuletzt berechneten Standort, dessen mögliche Folgepositionen noch nicht gänzlich geprüft wurden. Dadurch, daß die Richtung der Folgepositionen ausgewertet wird, kann das Verfahren beschleunigt werden. Wenn während einer Vorwärtsfahrt bei einer Lenkbewegung nach links der rechte Straßenrand überschritten wird, kann davon ausgegangen werden, daß dies bei einer Lenkbewegung nach rechts oder bei Beibehaltung des Lenkwinkels ebenfalls passieren wird. Das Verfahren wird nun bei dem zuletzt berechneten Standort fortgesetzt, dessen Folgeposition bei einer Lenkbewegung nach links noch nicht überprüft wurde.

Die Berechnung der Sollbahn richtet sich nach den virtuellen Straßenrändern, die durch Auswertung der Laserradardaten jederzeit korrigiert werden können. Hierdurch weicht das Fahrzeug Hindernissen selbständig aus.

Fällt das Verfahren hinter seinen Ausgangsstandort zurück, kann die Straße zumindest mit der vorgegebenen Geschwindigkeit nicht befahren werden. Das Fahrzeug bremst ab und die Berechnung der Sollbahn beginnt mit einer geringeren Geschwindigkeit. Am Anfang jeder Berechnung wird die Straßenbreite an allen Diskretisierungspunkten ermittelt. Ist sie kleiner als die Fahrzeugbreite, hält das Fahrzeug sofort an, da die Straße blockiert zu sein scheint.

Für die Detektion von Hindernissen wird nur der Bereich der virtuellen Straßen untersucht. Veränderungen in der übrigen Umwelt werden nicht berücksichtigt. Somit verringert sich die Menge der anfallenden Daten und deren Verwaltung, wodurch die Echtzeitfähigkeit des Verfahrens ermöglicht wird. Das Verfahren ist für die Dreiradkinematik des Basisfahrzeugs entwickelt worden und auf weitere Kinematiken übertragbar.

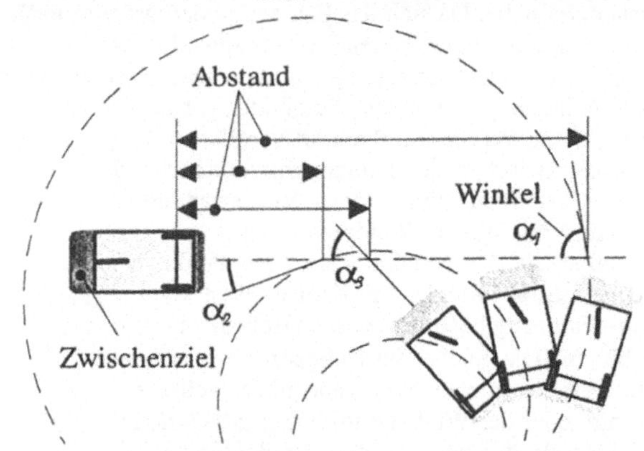

Abb. 7: Die Bewertungskriterien der Folgepositionen

4. Navigation und Hinderniserkennung

Die Navigation des Fahrzeugs geschieht durch Vergleich von Sensormeßwerten eines Laserradars mit einer Karte der natürlichen Umgebung (Abb. 8). Die Karte muß im Zuge einer Einrichtfahrt vom Benutzer mittels eines grafischen Editors interaktiv erstellt werden (Abb. 9). Das Navigationssystem ist unabhängig von der Kartengröße *immer echtzeitfähig*; dies wird durch eine Vorverarbeitung der Karte erreicht. Die Wiederholgenauigkeit beim Andocken liegt je nach Umgebung bei etwa 1-2 mm (siehe: [Dierks 1994], [Freund 1995]).

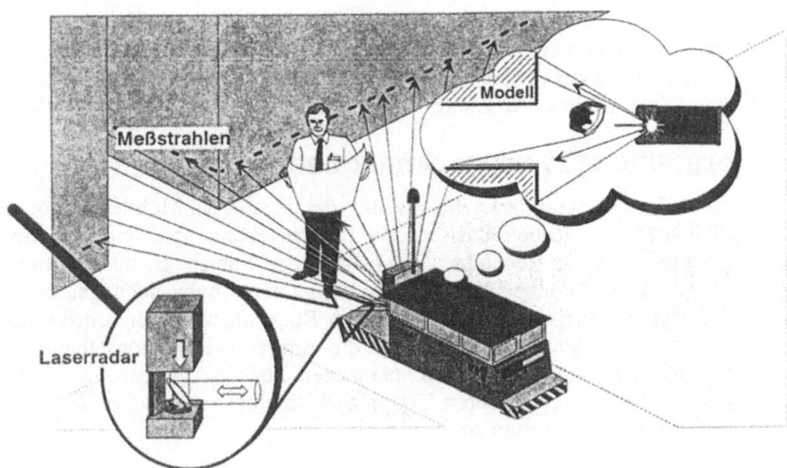

Abb. 8 : Navigation mit Laserradar durch Vergleich von Meßdaten mit einem Umweltmodell

Parallel zum eigentlichen Navigationsalgorithmus werden die Sensormeßwerte online simuliert und die simulierten Meßwerte mit den tatsächlich aufgenommenen Werten verglichen. Wenn sich bei diesem Vergleich Inkonsistenzen ergeben, liegt entweder ein Fehler im Modell vor oder der aktuelle Standortschätzwert ist fehlerhaft; in beiden Fällen wird das Fahrzeug stillgesetzt. Durch diese *Selbstüberwachung* wird die für den industriellen Einsatz erforderliche Sicherheit und Robustheit des Gesamtsystems gewährleistet.

Das Navigationssystem kann mit einer beliebigen Kombination aus aktiven und passiven Navigationssensoren ausgestattet werden. Dies wird durch die Verwendung eines Kalmanfilters ermöglicht.

Der Einsatz eines Laserradars bietet den Vorteil, daß er neben der Navigation auch zur Hinderniswarnung eingesetzt werden kann. Eine einfache, sehr robuste und in der Praxis bewährte Methode zum Erkennen und Umfahren von Hindernissen besteht darin, die virtuellen Ränder der Straße, auf der sich das Fahrzeug momentan befindet, derart zu deformieren, daß sich nach der Deformation alle Laserradar-Meßpunkte außerhalb der Fahrbahn befinden (Abb. 9). Der dazu notwendige Algorithmus benötigt nur eine geringe und konstante Menge Rechenzeit. Die Bahnplanung er-

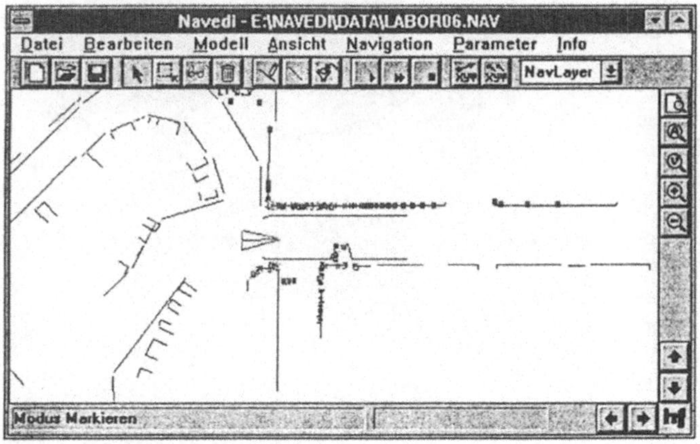

Abb. 9 : Navigationsmodell mit Fahrzeug auf einer virtuellen Straße, die durch ein Hindernis deformiert ist.

fährt nichts von den Hindernissen, denn sie kann nicht unterscheiden, ob eine ihr übergebene virtuelle Straße direkt aus dem Modell stammt oder wegen eines Hindernisses auf der Fahrbahn deformiert wurde. Diese Eigenschaft vereinfacht das Gesamtsystem beträchtlich.

5. Sensorgestützte Werkstückhandhabung

Im Vergleich zum Einsatz stationärer Handhabungsgeräte sind bei Mobilen Robotern die Position und Orientierung der Roboterbasis relativ zur Umgebung, abhängig vom eingesetzten Navigationsverfahren und der Regelung des unterlagerten Fahrzeugs, nur unzureichend bekannt. Im vorliegenden Fall können Positions- und Orientierungsabweichungen bis zu einigen Zentimetern bzw. Grad auftreten. Weiterhin können Bodenunebenheiten am Bereitstellungsplatz und der Beladungszustand des Fahrzeugs die Annahme einer konstanten, raumfesten Roboterbasis für das Materialhandling zunichte machen. Für die Aufnahme der Werkstückträger muß also bedacht werden, daß deren Lage innerhalb eines lokalen Fangbereichs nicht in allen sechs Freiheitsgraden bestimmt ist.

5.1. Endeffektor und Sensorik

Zur Aufnahme der Werkstückträger sind am Roboterendeffektor zwei Greifstifte angebracht. Diese werden in die Bohrungen an einer Kante des Werkstückträgers eingeführt und anschließend mechanisch verriegelt, wodurch die Trägerplatten gehalten werden. Zwischen Greifstift und Bohrung ist nur ein geringes Spiel von 0,5 mm zugelassen.

Um ein zielsicheres Einsetzen der Greifstifte zu realisieren, ist der Roboterendeffektor mit drei Laser-Triangulationssensoren ausgestattet. Diese Sensoren bieten neben ihrer kleinen Baugröße und der geringen Masse vor allem den Vorteil, daß die Meßergebnisse kaum durch den Zustand der Werkstückträgeroberfläche und die äußeren Lichtverhältnisse beeinflußt werden. Mit den derzeit benutzten Triangulationssensoren können bei einem Meßbereich von 50 bis 150 mm Abstandsmessungen mit einer Genauigkeiten von besser als 0,1 mm durchgeführt werden.

Aufgrund des eingeschränkten Meßbereichs und der Tatsache, daß es sich bei Triangulationssensoren um eindimensional arbeitende Sensoren handelt, müssen diese zur Erfassung einer Werkstückträgerkante vom Roboter bewegt werden. Es zeigte sich, daß aufgrund der Geometrie des Meßprinzips wesentlich genauere Ergebnisse erzielt wurden, wenn die Bewegungsrichtung der Sensoren orthogonal zur Ebene, die durch den Sendestrahl und den Empfangsstrahl gebildet wird, stattfindet. Um zudem die Lage des Werkstückträgers mit der erforderlichen Genauigkeit zu detektieren (Kap. 5.3), wurden alle Sensoren um 30° aus der Senkrechten heraus gekippt.

In Abb. 10 ist die Anordnung der drei Triangulationssensoren dargestellt. Während die vorde-

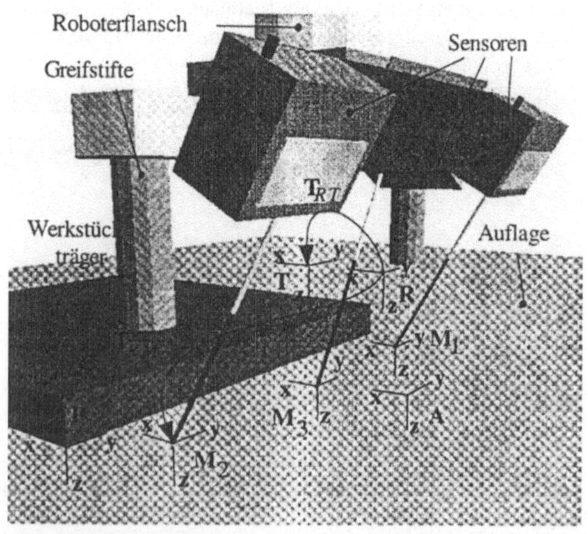

Abb. 10: Anordnung der Triangulationssensoren am Endeffektor

ren beiden Sensoren zur Erfassung der Werkstückträgerkante benutzt werden, dient der dritte Sensor (in Abb. 10 teilweise verdeckt) zur Messung der seitlichen Ausrichtung. Die Frames M_i geben die Position der Lasermeßspots an. Sie sind entsprechend dem Tool-Koordinatensystem T ausgerichtet.

Der gesamte Greifvorgang wird in zwei Schritte aufgeteilt, die nachfolgend beschrieben werden.

5.2. Grobausrichtung des Endeffektors

Ziel des ersten Schrittes ist es, den Endeffektor relativ zu einer Werkstückträgerkante auszurichten. Um dabei unabhängig von den Werkstücken und deren Größe auf dem Träger zu bleiben, wird für die Suche festgelegt, daß der Werkstückträger nicht mit dem Endeffektor überfahren werden darf. Es ist somit nur möglich sich bei der Lagebestimmung des Werkstückträgers entlang seiner Kanten zu orientieren.

Damit der Werkstückträger innerhalb des Fangbereichs der Lasersensoren liegt, muß sichergestellt sein, daß er zu Beginn der Suche nach einer geradlinigen Fahrt mindestens mit einem der beiden vorderen Sensoren erfaßt wird. Der Fangbereich ist somit nur durch den Abstand dieser Sensoren festgelegt. Der Endeffektor wird parallel zur Roboterbasis-x,y-Ebene bewegt, womit ein Durchfahren der Singularitäten vermieden wird. Durch ständiges Abfragen aller Sensoren wird eine Kante direkt als Meßsignalsprung erkannt und die Bewegung des Roboters sofort gestoppt.

Die Suchstrategie zum Auffinden der groben Position und Orientierung des Werkstückträgers arbeitet nach einem iterativ-regelbasierten Algorithmus (Abb. 11). Hierfür wird ein Satz zulässiger Elementaraktionen definiert, die die Bewegung des Endeffektors, den Bezugspunkt der Bewegung und die während der Bewegung zu überprüfenden Sensoren beinhaltet. Elementaraktionen können z.B. Drehungen um die z-Achse eines Meßpunktframes M_i oder Translationen bezogen auf die gegenwärtige TCP-Lage T sein. Der Roboter führt nacheinander verschiedene Elementaraktionen aus, bis der Endeffektor vor einer Werkstückträgerkante ausgerichtet ist oder die Suche abgebrochen wird, da keine Trägerplatte detektiert wurde. Die Elementaraktion für den i-ten Iterationsschritt wird dabei aufgrund der Sensorsignaländerungen im (i-1)-ten Schritt aus der Regelbasis ausgewählt. Die einzelnen Regeln werden zuvor einmal mit Hilfe eines Regeleditors in die Regelbasis eingegeben. Es ist so sehr einfach und schnell möglich dem System eine andere intuitive Vorgehensweise bei der Suche des Werkstückträgers vorzugeben.

Durch Vermessung der Auflagefläche des Werkstückträgers zu Beginn und am Ende der gesamten Suche, wird deren Flächennormalenvektor z_A be-

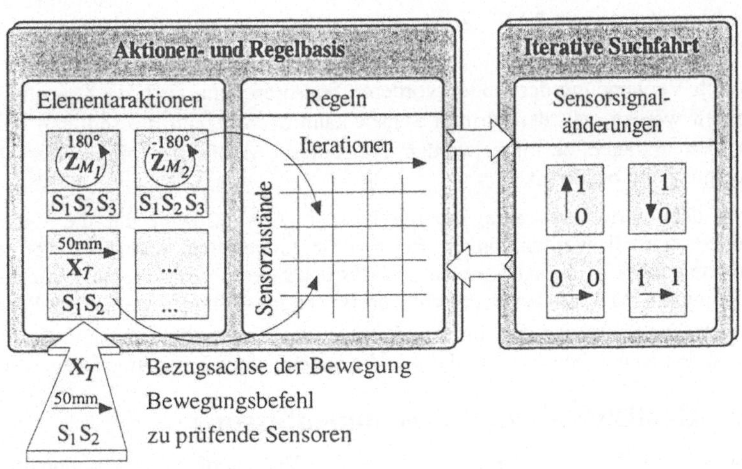

Abb. 11: Iterativ-regelbasierte Suche

stimmt. Somit ist auch die entsprechende Größe des Werkstückträgerframes z_P bekannt. Der Endeffektor wird zudem noch parallel zur Auflage **A** ausgerichtet und die Referenzposition **R** (Abb. 10) für die nachfolgende genaue Lagebestimmung definiert.

5.3. Bestimmung der Lage des Werkstückträgers

Durch die Ausrichtung des Endeffektors parallel zu **A** reduziert sich die Lagebestimmung des Werkstückträgers nun auf ein zweidimensionales Problem in der Auflagen-x,y-Ebene.

Für das Einsetzen der Greifstifte in die Bohrungen des Werkstückträgers muß der Endeffektor mit einer Genauigkeit von 0,5 mm relativ zum Werkstückträger positioniert werden. Dazu wird zuerst die vor dem Endeffektor liegende Werkstückträgerkante mit Hilfe der vorderen Triangulationssensoren abgescannt.

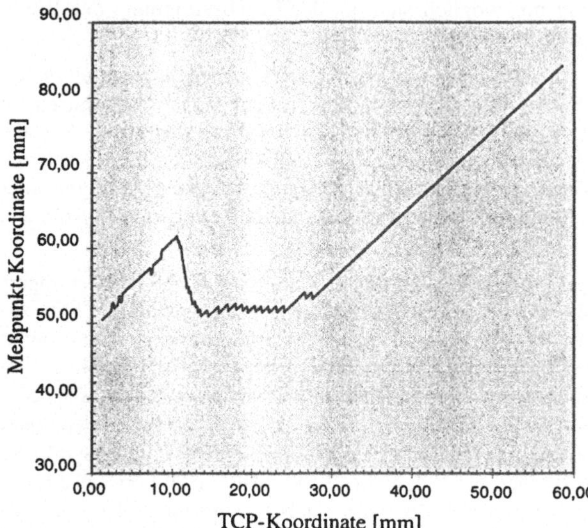

Abb. 12: Meßkurve beim Überfahren einer Werkstückträgerkante

Bei jeder Meßwertaufnahme k wird die Positionsvektorkomponente $p^x_{RM_i(k)}$ ermittelt, die den Abstand des Meßpunktes $M_i(k)$ relativ zum Referenzframe **R** und parallel zur Roboterbewegung beschreibt. Diese Größe wird über die entsprechende Komponente $p^x_{RT(k)}$ der Transformation vom Referenzframe zum TCP aufgetragen (Abb. 12). Abhängig von der Neigung der Sensoren relativ zur Bewegungsrichtung (hier 30°) ergibt sich die Werkstückträgerkante in dieser Meßkurve als horizontales Plateau. Mehrfach wiederholte Versuche ergaben, daß die Position der Werkstückträgerkante aus diesem Profil heraus mit einer Genauigkeit von besser als 0,2 mm ermittelt werden kann.

Durch Verwendung der beiden vorderen Sensoren kann auch die Orientierung der Kante ermittelt werden. Mit dem dritten Sensor kann nachfolgend die seitliche Komponente p^y_P des Werkstückträgers bestimmt werden. Nach dieser Meßfahrt wird das Werkstückträgerframe **P** entsprechend bestimmt.

Eine detaillierte Betrachtung der Meßkurve in Abb. 12 zeigt, daß die Meßpunkte in fünf Bereiche unterteilt werden können. Bei den Steigungen links und rechts befinden sich die Meßpunkte auf der Unterlage bzw. dem Werkstückträger. Der horizontale Verlauf zeigt an, daß die Meßpunkte M_i auf der senkrecht zur Bewegungsrichtung stehenden Werkstückträgerkante liegen. Die Schwankungen links und rechts von diesem Plateau kommen durch Streuungsfehler in den Kantenbereichen und durch die angebrachten Fertigungsfasen zustande.

6. Realisierung und Zusammenfassung

Die vorgestellten Verfahren ermöglichen die Realisierung des Mobilen Kommissionierroboters. Die Implementierung der Verfahren findet auf den entsprechenden Rechnersystemen der jeweils benutzten Teilkomponenten statt. Dieses sind das Transputer-Parallel-Rechnernetz des Basisfahrzeugs, das VMEbus-System der Robotersteuerung und der Laptop-PC für die Funk-brückenverbindung zum Leitrechner und zur Benutzeroberfläche. Durch die Verwendung in-dustrie-erprobter Basiskomponenten zeichnet sich das Gesamtsystem als überaus robust aus.

Der Betrieb aller Komponenten aus der mitgeführten Fahrzeugbatterie gewährleistet zudem die erforderliche Autonomie des Systems. Tests ergaben, daß bei wechselndem Betrieb von Fahrzeug und Roboter mit einer Batterieladung Betriebszeiten bis zu 8 Stunden erreicht werden können. Ein zweiter Batteriesatz, der im Wechsel zu der benutzten Batterie geladen wird, ermöglicht so den Dauerbetrieb des Kommissioniersystems.

Abb. 13: Mobiler Kommissionierroboter

Durch die leitlinienlose Navigation des Fahrzeugs kann der Mobile Roboter sehr schnell und leicht ohne Umbauarbeiten an bestehenden Einrichtungen in der jeweiligen Arbeitsumgebung eingesetzt werden. Der Straßeneditor ermöglicht ein einfaches Generieren der virtuellen Straßen und erlaubt eventuelle Layoutänderungen sofort auf das Kommissioniersystem zu übertragen. Durch den Einsatz der Endeffektorsensorik sind keine exakten Referenzpositionen mehr bei der Materialbereitstellung im Lager zu beachten. Dies ermöglicht eine effiziente Schnittstelle zu manuellen Arbeitsplätzen.

7. Literatur

[Judaschke 1994]: U. Judaschke: "Verfahren zur kollisionsfreien Führung und Koordination mobiler Transportsysteme", Dissertation am Institut für Roboterforschung, 1994

[Latombe 1991]: J.-C. Latombe: "Robot motion planning", Kluwer Academic Publishers 1991

[Dierks 1994]: Dierks, F : *Freie Navigation autonomer Fahrzeuge*, 10. Fachgespräch über Autonome Mobile Systeme (AMS 94), Stuttgart, Oktober 1994, Springer, S. 43-54

[Freund 1995]: Freund, E; Dierks, F : *Map-Based Free Navigation for Autonomous Vehicles*, 2nd IFAC Conference on Intelligent Autonomous Vehicles, Helsinki, Juni 1995, p.185-190

TAURO – Teilautonomer Serviceroboter für Überwachungsaufgaben

Michael Pauly

Lehrstuhl für Technische Informatik, RWTH Aachen
Ahornstr. 55, D-52074 Aachen
email: pauly@techinfo.rwth-aachen.de

Zusammenfassung Serviceroboter halten immer mehr Einzug in Bereiche des Dienstleistungssektors. In diesem Bericht wird das teilautonome Servicerobotersystem TAURO zur Überwachung von Innenräumen, insbesondere in Museen und Lagerhäusern, vorgestellt. Bei der Realisierung wurde besonderer Wert auf eine leistungsfähige Mensch-Maschine-Schnittstelle sowie eine gute Unterstützung des Operateurs gelegt. Ein weiterer Punkt ist die Zweiteilung des Systems in einen Leitstand, in dem alle rechen- und speicherintensiven Operationen durchgeführt werden, und einer kleinen, mobilen Plattform.

1 Einleitung

Der Einsatz von Servicerobotern in Bereichen des Dienstleistungssektors wird in den kommenden Jahren einen immer größeren Raum einnehmen [1]. Dabei ist trotz der heute schon verfügbaren Computer- und Sensortechnologie meist ein völlig autonomer und selbständiger Einsatz in komplexen Umgebungen noch nicht möglich. Die heute zur Verfügung stehenden Serviceroboter, wie z.B. Reinigungsroboter (Fa. Panasonic, Fa. Hitachi) oder Überwachungsroboter (Fa. Cybermotion), können nur in den Bereichen bzw. für eng eingegrenzte Aufgaben eingesetzt werden, für die sie konzipiert wurden [1]. Ein Einsatz in unbekannten Umgebungen oder bei leicht abgewandelten Aufgaben führt meist schon zu größeren Problemen. Somit werden auch in absehbarer Zeit Mensch und Serviceroboter bei umfangreichen Aufgaben in komplexen Umgebungen eng zusammenarbeiten müssen [2].

Auf Basis eines kooperativen Systems von Mensch und Roboter wird am Lehrstuhl für Technische Informatik das TeilAUtonome mobile ServiceRObotersystem TAURO entwickelt, mit der Aufgabe, Museen bzw. Lagerhallen zu überwachen [3]. Dabei sind unterschiedliche Aufgaben, wie z.B. das Erkennen von statischen und dynamischen Objekten, das Lesen von Beschriftungen, die Aufnahme des aktuellen Bestandes oder kleinere Manipulationsaufgaben zu erfüllen. Diese Aufgaben stellen, neben der Anpassung an unterschiedliche, komplexe Einsatzumgebungen, auch große Anforderungen an die Objekterkennung und die Behandlung von unbekannten Situationen.

Ferner ist TAURO in der Lage, sich selbständig in unbekannten Umgebungen zurechtzufinden und die Umgebung und Objekte zu 'lernen', die er später überwachen soll. Die dabei entstandene Karte der Umgebung dient in einer stilisierten Repräsentation der Mensch-Maschine Kommunikation.

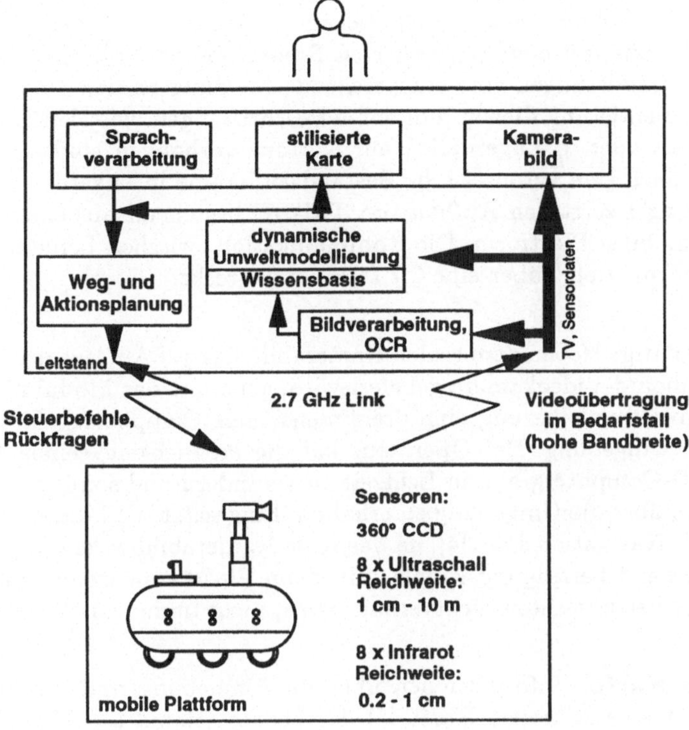

Abbildung 1: Systemübersicht (Leitstand und eine mobile Plattform)

2 Aufgabenstellung und Systemaufbau

2.1 Überwachung

Heute wird zur Überwachung- und Sicherung von Gebäuden meist Wachpersonal eingesetzt, welches durch eine leistungsfähige Sensorik, z.B. starr montierte oder bewegungsgesteuerte Videokameras, Schockmelder oder Berührungssensoren, unterstützt wird. Probleme bestehen darin, die zu kontrollierenden Räume vollständig mit der Sensorik zu erfassen und flexibel zu überwachen. Hier können mobile Roboter zur Unterstützung und Entlastung des Wachpersonals eingesetzt werden.

Zu den durchzuführenden Aufgaben bei der Museumsüberwachung zählen u.a. die selbständige Anpassung an unbekannte Umgebungen sowie die mobile Raumüberwachung. Dabei muß der Serviceroboter unbekannte Umgebungen und Räume zunächst erkunden, alle darin enthaltenen Objekte mit der Sensorik erfassen und die einzelnen Objekte identifizieren. Abschließend wird eine Inventarliste aller in dem Raum enthaltenen Objekte erzeugt. Unterstützt wird das Lernen der neuen Umgebung und von neuen Objekten durch entsprechende Vorgaben des Operateurs.

Betritt der Roboter einen bereits bekannten Raum, so werden die darin enthaltenen Objekte mit dem gespeicherten Rauminventar verglichen und bei festgestellten Veränderungen eine entsprechende Meldung an den Operateur abgesetzt. Als Orientierung dienen ihm dabei Beschriftungen, wie sie z.B. in Museen an Gemälden oder in Lagerhallen auf Kartons vorhanden sind. Diese Option ermöglicht auch eine automatische Bestandsaufnahme in Lagern.

Abbildung 1 zeigt den Aufbau von TAURO bestehend aus einem Leitstand und einer mobilen Plattform. Die Kommunikation zwischen Leitstand und mobiler Plattform erfolgt über eine 2.7 GHz Funkstrecke.

Visualisierung: Neben dem realen Kamerabild das auf Anfrage des Operateurs von der Onboard-Videokamera geliefert wird, generiert das Modul für die dynamische Umweltmodellierung eine dreidimensionale Computergrafik der bereits erkundeten Umgebung. Der Operateur hat die Möglichkeit, seinen Blickpunkt in dieser 3D-Computergrafik in Echtzeit zu verändern und somit zusätzliche Informationen über die Umgebung zu erhalten. Eingesetzt wird diese 'synthetische Kamera' als Navigationshilfe [4], da das reale Kamerabild wegen der begrenzten Bandbreite des Übertragungskanals, z.B. beim Einsatz mehrerer mobiler Plattformen oder bei schlechten Sichtverhältnissen, nicht immer zur Verfügung steht.

Stilisierte Karte: Informationen über die Umgebung und die zu fahrende Route bietet eine stilisierte Karte [5] der bereits erkundeten Umgebung. Hier wird die Umweltinformation in Form einer Landkarte mit Symbolen (Icons) für die einzelnen Objekte dargestellt. Der Operateur kann aus dieser Karte direkt die von ihm gewünschten Informationen aus der Datenbank erhalten. Ferner besteht die Möglichkeit, in dieser Karte vom System geplante Routen zu modifizieren.

Spracheingabe: Neben der Eingabe über Tastatur kann die Eingabe von einzelnen Befehlen auch über eine sprecherabhängige Spracherkennung mit eingeschränktem Befehlssatz erfolgen.

Dynamische Umweltmodellierung: Erzeugt wird das Umweltmodell aus den von den Ultraschallsensoren gelieferten Entfernungsdaten sowie aus den aus den Kamerabildern extrahierten Informationen. Aus diesen Daten generiert das Umweltmodul eine linienbasierte Karte. Dabei werden jeweils neu erkannte Objekte mit der bereits existierenden Karte verglichen und entsprechend eingearbeitet.

Mit der so erstellten linienbasierten Karte führt TAURO, durch Vergleich mit den aktuellen Sensordaten, eine automatische Positionskorrektur der mobilen Plattform durch. Ferner ist die linienbasierte Repräsentation der Umgebung die Grundlage für eine dreidimensionale Computergrafik der Umgebung, die dem Operateur als Navigationshilfe dient.

Aus den einzelnen Linienfragmenten und Polygonzügen generiert ein wissensbasiertes System Objekte, die dann in der stilisierten Karte durch ein entsprechendes Icon dargestellt werden. Grundlage für die Umwandlung ist Vorwissen über Größe und Ausdehnung der einzelnen Objekte sowie Zusatzinformationen aus dem Kamerabild.

Weg- und Aktionsplanung: TAURO schlägt dem Operateur, unter Berücksichtigung der Zielvorgaben, Routen und durchzuführende Aktionen vor. Die Routenplanung basiert auf einer Wegsuche in einem Quadtree [6]. Die jeweils vorgeschlagenen Aktionen werden aus einer Liste möglicher Aktionen entsprechend den Zielvorgaben zusammengestellt.

Bildverarbeitung: In diesem Modul befinden sich alle für die visuelle Orientierung notwendigen Komponenten. Dazu gehören u.a. Module zur Bildvorverarbeitung sowie Module zum Auffinden und Lesen von Schildern und Beschriftungen.

Mobile Plattform: Der mobile Serviceroboter besteht aus einer sechsrädrigen Plattform, die mit zwei Motoren angetrieben wird. Angesteuert werden beide Motoren über einen 68000'er Controller, der auch die Kontrolle der Kamera und Infrarotsensorik übernimmt. Ein 8051 Controller führt die Vorverarbeitung der Ultraschallsensordaten sowie die Ansteuerung der Ultraschallsensoren durch. Überwacht wird die mobile Plattform von einem 486 Industrie-PC, der auch die Fuzzy-Navigation des Fahrzeugs und die Kommunikation mit dem Leitstand übernimmt.

Als Sensoren stehen eine CCD-Kamera, Ultraschall- sowie Infrarotsensoren zur Verfügung. Erfaßt werden kann die Umgebung mit DISKUS (DIStanzbestimmung Kurzer Entfernungen mittels UltraSchall) auf zwei verschiedene Arten. Einerseits steht eine Entfernungsmessung für den Nahbereich (bis 50 cm) zur exakten Navigation um Hindernisse oder durch enge Passagen, mit einer Genauigkeit von 2 mm, zur Verfügung, andererseits eine Entfernungsmessung für größere Entfernungen bis 10 m, zur besseren Gesamtübersicht, mit einer Genauigkeit von 15 mm. Im Nahbereich bis 20 mm werden Infrarotsensoren verwendet, die ggf. eine Notabschaltung vornehmen können.

2.2 Aufgabenteilung Wachpersonal – Roboter

Die autonomen Aufgaben von TAURO bestehen in der selbständigen Durchführung von Standardüberwachungsaufgaben, wie z.B. dem Erzeugen und Abfahren von Überwachungsrouten. Dabei wird jeweils ein Vergleich der in einem Raum erkannten Objekte mit der jeweiligen Inventarliste des Raumes durchgeführt.

Zu den Aufgaben des Operateurs gehört die Erstellung von Überwachungsplänen. Dabei gibt er dem System Ziele vor bzw. modifiziert von TAURO generierte Überwachungsvorschläge. Ferner kontrolliert er den Gesamtablauf, gibt dem System bei Rückfragen Hilfestellung und trifft in Alarmsituationen die Entscheidungen.

Zusätzlich übernimmt der Operateur beim Einsatz mehrerer mobiler Plattformen (Abb. 2) die Koordination der einzelnen Überwachungsaufgaben. Die autonome Erkundung der Umgebung erfolgt in diesem Fall durch zusammenwirken aller mobiler Einheiten.

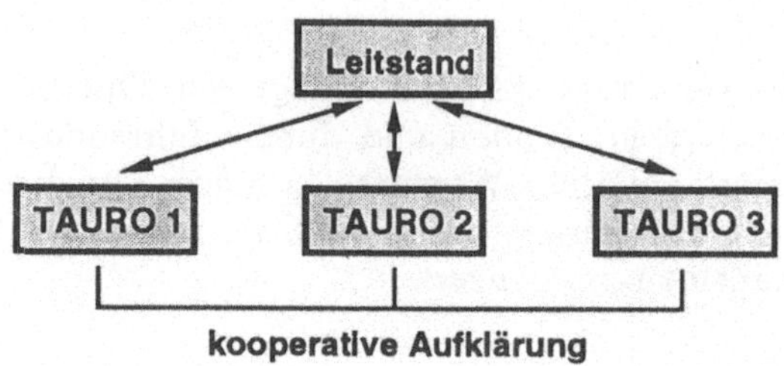

Abbildung 2: Konfiguration mit drei mobilen Plattformen

2.3 Architektur

Zur Kommunikation mit TAURO stehen dem Operateur drei verschiedene hierarchische Befehlsebenen zur Verfügung. Auf der obersten Ebene können globale Befehle gegeben werden, wie z.B. 'überwache alle Räume auf dieser Etage'. Für konkretere Befehle, wie z.B. 'gehe zum zweiten Raum auf der linken Seite', benötigt der Operateur die Möglichkeit auf einer tiefer gelegenen Ebene in das System einzugreifen. Ferner muß es für Notfälle und Ausnahmesituationen möglich sein, die direkte Kontrolle über die mobile Plattform zu übernehmen.

command hierarchy	setting a goal
high level command	take the second door left
intermediate command	60 m straight ahead then 90 degree turn to the left
low level command	manned control of speed and heading

Tabelle 1: Dreistufige Kommandohierarchie

Aus diesen Kommunikationsanforderungen ergibt sich eine dreiteilige hierarchische Architektur, bestehend aus drei Ebenen: planning-level, task-level und control-level, die die oben beschriebenen Befehlsebenen unterstützt (Abb. 3).

Planning-Level In der höchsten Ebene kann der Operateur TAURO Ziele vorgeben und entsprechend modifizieren. Dabei wird er vom System durch Vorschläge zur Weg- und Aktionsplanung weitgehend unterstützt. Falls TAURO zur Generierung von Vorschlägen z.B. für eine Wegstrecke Informationen fehlen, wendet es sich an den Operateur.

Die in dieser Ebene eingegebenen Zielvorgaben bzw. erzeugten Pläne werden in kleinere Aufgaben unterteilt, ähnlich den Befehlen für die zweite Hierarchieebene und anschließend an das Task-Level weitergegeben.

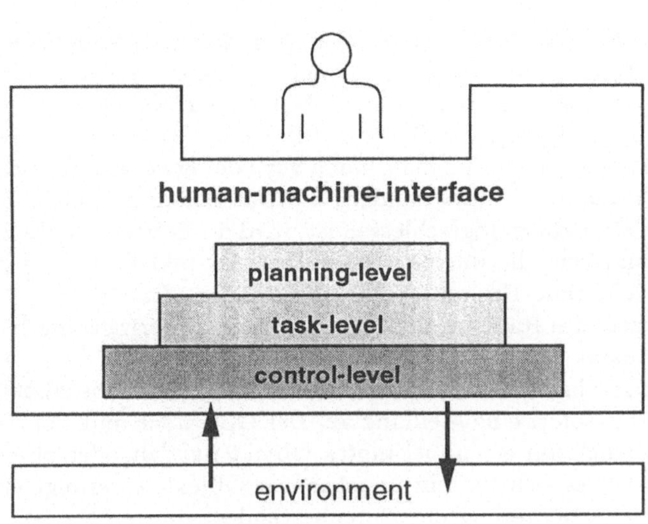

Abbildung 3: Hierarchischer Systemaufbau

Task-Level Die Task-Level Ebene erhält als Eingabe Befehle der mittleren Befehlsebene, wie z.B. 'gehe zu Raum XY'. Diese Befehle kommen entweder direkt vom Operateur oder wurden von der übergeordneten Ebene generiert. Die einzelnen Befehle werden dann von den jeweiligen Modulen, z.B. zur Navigation oder Kontrolle der Kamera, weiterverarbeitet. Weiterhin werden in dieser Ebene die von den Sensoren gelieferten Daten zu einer geometrischen Repräsentation der Umgebung aufgearbeitet (Umweltmodellierung).

Die von den jeweiligen Modulen generierten Steuerbefehle für die Aktoren werden zur nächsten Ebene weitergereicht.

Control-Level Das Control-Level übernimmt die unmittelbare Kontrolle der Motoren und Sensoren. Bei einer Interaktion mit dieser Ebene kann der Operateur direkt auf die Motoren zugreifen und somit die mobile Plattform 'von Hand' steuern.

3 Unterstütztes Lernen

Um einen universelleren Einsatz von TAURO zu gewährleisten, besteht die Möglichkeit selbständig unbekannte Umgebungen zu erkunden.

Gelangt TAURO in eine bisher nicht bekannte Umgebung oder einen unbekannten Raum, so beginnt eine autonome Aufklärung. Dabei werden zuerst alle von den Ultraschallsensoren gelieferten Daten gesammelt. Aus diesen Rohdaten generiert das Modul zur dynamischen Umweltmodellierung Liniensegmente und Polygonzüge. Die so erzeugte linienbasierte Repräsentation der Umgebung bildet die Grundlage für die nachfolgende wissensbasierte Hindernis- und Objekterkennung.

Nachdem eine erste Trennung zwischen Wänden und Objekten gemacht wurde, versucht TAURO die jeweiligen Objekte, durch Vergleich mit bereits bekannten Hindernissen, die sich in einer Datenbank befinden, zu erkennen. Ist dies nicht möglich, fordert das System Hilfe beim Operateur an. Dieser nimmt dann entweder eine eindeutige Zuordnung vor oder erweitert, falls es sich um ein bisher nicht bekanntes Objekt handelt, die Datenbank um dieses neue Objekt. Nachdem die Erkundung abgeschlossen ist, wird die dabei erzeugte linienbasierte Repräsentation sowie alle Informationen über Art und Position der Objekte in das bereits bestehende Umweltmodell eingebunden. Zusätzlich legt das System eine Inventarliste des Raumes, die für eine spätere Überwachung benötigt wird, in einer Datenbank ab.

Trifft TAURO in einem bereits erkundeten Raum auf unbekannte Objekte, so setzt das System sofort eine Meldung ab. Der Operateur muß dann entscheiden, ob es sich lediglich um ein unbekanntes Objekt handelt oder ob ein Alarmfall vorliegt. Handelt es sich um ein unbekanntes Objekt, so erfolgt entweder eine Zuordnung oder Erweiterung des Datenbestandes.

4 Teilautonome Navigation

Die für die Wegplanung notwendigen Berechnungen basieren auf einer rasterbasierten Karte, die in einem Quadtree verwaltet wird. Die jeweilige Wegsuche wird mit einem modifizierten A*-Algorithmus durchgeführt [6], dabei ist der Abstand der anzufahrenden Wegpunkte so gewählt, daß diese günstig für den nachfolgenden Navigationsalgorithmus liegen.

Zur Positionskorrektur und Orientierung wird neben den zur Navigation verwendeten Ultraschallsensoren auch die schwenkbar auf dem Fahrzeug angebrachte CCD-Kamera benutzt.

Zusätzlich zu diesen Funktionen für eine autonome Navigation bietet TAURO dem Operateur eine dreidimensionale Computergrafik als Navigationshilfe an, wenn dieser die mobile Plattform direkt steuern muß.

4.1 Visuelle Orientierung

Ein Ziel ist es die Einsatzumgebung von TAURO nicht zu verändern oder zu modifizieren. Daraus ergibt sich der Verzicht auf künstliche Landmarken und die Ausnutzung natürlicher Landmarken, wie z.B. Türschilder und Beschriftungen in einer Büroumgebung, zur Orientierung und Positionskorrektur. Dabei wird nicht nur die Position des Schildes verwendet, sondern auch dessen Inhalt, wie z.B. Namen und Raumnummern, der z.B. bei einer Zielsuche benötigt wird.

Zunächst versucht TAURO durch schwenken der Onboard-Kamera z.B. Türschilder zu lokalisieren. Dabei wird die durch Koppelnavigation ermittelte aktuelle Position und Zusatzinformationen, wie z.B. die Position des Schildes neben einer Tür oder die Größe und Farbe des Schildes, verwendet.

Nach der Lokalisierung des Schildes, wird die Kamera, durch Schwenken oder Bewegen des Fahrzeuges, so positioniert, daß das zu lesende Schild vollständig erfaßt ist. Im Folgenden wird nach einer Bildvorverarbeitung, das Bild zuerst binarisiert und dann skelettiert. Die so erhaltenen Bilder bilden den Eingang für eine nachfolgende Schrifterkennung.

Mit Hilfe von Zusatzinformationen (Position des Textes auf dem Schild) kann eine genaue Zuordnung von Raumnummern, Bezeichnungen und Namen erfolgen. Weiterhin besteht die Möglichkeit, kleinere Grafiken und Logos entsprechend zu erkennen und zuzuordnen.

Mit dieser Option besitzt TAURO die Fähigkeit, vorgegebenen Ziele (Räume) selbständig zu suchen und zu finden.

4.2 Fuzzy-Navigation

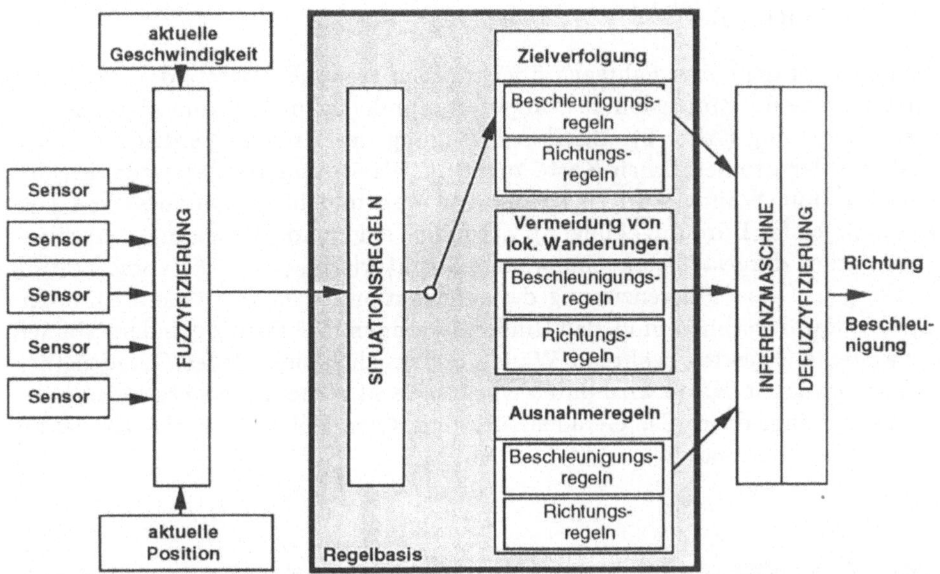

Abbildung 4: Fuzzy-Controller mit 3 situationsbezogenen Regelbasen zur Navigation von TAURO

Bei der Navigation wird ein verhaltensorientierter Ansatz verwendet [7], der mit Fuzzy-Logic realisiert ist. Die Navigation basiert darauf, daß die komplexe Navigationsaufgabe zunächst in situationsbedingte Teilaufgaben zerlegt wird. Das Verhalten des Roboters zur Lösung einer Teilaufgabe resultiert aus dem Zusammenspiel verschiedener Grundverhalten, wie z.B. der einfachen refelxartigen Navigation zur Hindernisumgehung, der Peripherieverfolgung sowie der Zielverfolgung. Jedes Grundverhalten wird durch einen Satz von Regeln bestimmt.

Als Eingangsgrößen werden die Entfernungswerte von 5 Ultraschallsensoren sowie die aktuelle Position und Geschwindigkeit verwendet [8]. Nach der Fuzzyfizierung entscheidet ein Situationsmanagementsystem, welche Regelbasis aktiviert wird. Nachdem die Inferenz und Defuzzyfizierung durchgeführt wurde, gibt das Navigationsmodul die aktuelle Geschwindigkeit und Richtungsänderung an die Motorsteuerung weiter (Abb. 4).

Die einfache reflexartige Navigation birgt die Gefahr von lokalen Wanderungen [9]. Umgangen werden kann dies durch Umschalten zwischen unterschiedlichen Navigationsstrategien. Versperrt ein Hindernis den direkten Weg zum Ziel, so wird zum Zeitpunkt der Lokalisierung dieses Hindernisses die aktuelle Position des Roboters gespeichert. Anschließend wird der Roboter angeregt, die Peripherie des Hindernisses so lange zu verfolgen, bis sein Weg die Strecke zwischen der gespeicherten Ortskoordinate und dem Zielpunkt kreuzt (Peripherieverfolgung). Erst dann löst sich der Roboter von der Peripherie und steuert das Ziel wieder direkt an (reflexartige Navigation).

4.3 Navigationshilfe

Zusätzlich, zu dem vom Fahrzeug übertragenen realen Kamerabild, erzeugt der Leitstand eine dreidimensionale Computergraphik (virtuelle Kamera) der erkundeten Umgebung (Abb. 5). Bei der Erzeugung der Ansicht werden die Geradenstücke der geometrischen Karte zuerst in Wand- und Hindernisgeraden differenziert. Für Wände wird eine Höhe von 2 m und für Hindernisse von 1 m angenommen (in Büroumgebungen). Zusätzlich sind beide Typen in unterschiedlichen Farben dargestellt, um eine weitere Strukturierung der 3D-Repräsentation zu erlangen. Diese Differenzierung der Information ist für den Operateur wichtig, da er damit rechnen muß, daß Hindernisgeraden ihre Position ändern können (dynamische Objekte), während Wände unbeweglich sind. Jedes Geradenstück der geometrischen Karte wird durch eine senkrecht stehende Rechteckfläche, deren Kantenlänge durch das Geradenstück und deren Höhe durch die Geradenart bestimmt ist, dargestellt.

Abbildung 5: Künstliche Sicht (virtuelle Kamera) aus der Vogelperspektive (links) und einer fahrzeugfesten Position (rechts)

Der Operateur kann die virtuelle Kamera und somit seinen Blickpunkt frei in der 'virtuellen' Welt zu positionieren. Dadurch ist es möglich, z.B. hinter

Hindernisse zu sehen und bei engen Durchfahrten einen besseren Überblick zu erhalten.

5 Zusammenfassung und Ausblick

In diesem Bericht wurde ein kooperatives Servicerobotersystem zur Überwachung von Gebäuden, insbesondere Museen und Lagerhäuser, vorgestellt. Dabei übernimmt der Roboter ständig wiederkehrende Aufgaben, wie z.B. das Erstellen von Weg- und Aktionsplänen sowie die Überwachung in Standardsituationen. In Ausnahmesituationen geht die Kontrolle wieder auf den Menschen über, der dann die Entscheidungen trifft.

Aufgeteilt ist TAURO in einen Leitstand und eine mobile Einheit, wobei alle rechen- und speicherplatzintensiven Operationen im Leitstand durchgeführt werden, um den Roboter möglichst klein und leicht zu halten. Dadurch kann ein flexibler Einsatz gewährleistet werden. Auf dem Roboter selbst befindet sich die Sensorik sowie die zur Ansteuerung der Sensoren und die zur Navigation notwendigen Algorithmen. Ferner wird durch die Aufteilung in einen Leitstand und eine fahrbare Einheit sowie durch den modularen Aufbau die Verwendung von mehreren Agenten unterstützt.

References

[1] Serviceroboter - ein Beitrag zur Innovation im Dienstleistungswesen. Fraunhofer-Institut für Produktionstechnik und Automatisierung (IPA), Stuttgart (1994)

[2] Stein W., Huland W.D., Furchtbar S.: Zur Analyse und Simulation teilautonomer mobiler Systeme - Untersuchungsansätze zur Führbarkeit von Telerobotiksystemen. Forschungsinstitut für Antropotechnik, Bericht Nr. 93, Wachtberg-Werthhoven (1991)

[3] Pauly M., Kraiss K.-F.: A Concept for Symbolic Interaction with Semi-Autonomous Mobile Systems. 6th IFAC/IFIP/IFORS/IEA Symposium on Analysis, Design and Evaluation of Man-Machine Systems, Boston, USA (1995)

[4] Kehr M.: Steuerung eines Telepräsenzfahrzeuges in einer teilweise unbekannten Umgebung: Umweltmodellierung und Entwicklung alternativer Navigationstechniken. Diplomarbeit, Lehrstuhl für Technische Informatik, RWTH Aachen (1994)

[5] Meng M., Kak A.C.: Mobile robot navigation using neural networks and nonmetrical environment models. IEEE Control Systems, pp. 30-39 (1993)

[6] Kambhampati S., Davis L.S.: Multiresolution path planning for mobile robots. IEEE Journal of Robotics and Automation, Vol. RA-2, No. 3, pp. 135-145 (1986)

[7] Brooks R.A.: A Robust Layered Control System for a Mobile Robot. IEEE Journal of Robotics and Automation (1986)

[8] Enste U.: Autonome Navigation eines mobilen Roboters mit Hilfe von Fuzzy-Logic. Diplomarbeit, Lehrstuhl für Technische Informatik, RWTH Aachen (1995)

[9] Saffiotti A., Ruspini E.H., Konolige K.: A Fuzzy Controller for Flakey, an Autonomous Mobile Robot. Technical Report, SRI Artificial Intelligence Center, Menlo Park, California (1993)

Mobiler Roboter mit Arm zur Exploration und Manipulation

Jochen Bauer[1] und Christian Habermann[2]

[1] Siemens AG, ZFE T SN 4
[2] TU München, Lehrstuhl für Prozeßrechner

Zusammenfassung In diesem Artikel wird ein Verfahren vorgestellt, mit dem ein mobiler Roboter mit einem mit taktilen Sensoren bestückten Scara-Arm seine Umgebung, innerhalb des Arbeitsbereiches des Armes, explorieren kann. Aufgrund der dabei gewonnenen Information ist er in der Lage, durch gezieltes Verschieben von Gegenständen eine Passage freizuräumen. Dadurch läßt sich die Mobilität des Roboters beträchtlich erhöhen.

1   Einleitung

Bewegt sich ein autonomer mobiler Roboter in unbekannter Umgebung, so werden zur Erfassung der Umgebung nahezu ausnahmslos berührungslose Sensoren, wie Ultraschallsensoren, Laserscanner, Videokameras etc. eingesetzt. Für Navigation und Hindernisvermeidung ist dies zusammen mit entsprechenden Algorithmen ausreichend. Soll der Roboter nun um die Fähigkeit erweitert werden Hindernisse aus dem Weg zu räumen, so treten Schwierigkeiten auf. Die zur Hindernisvermeidung und Navigation verwendeten Sensoren erweisen sich in der Regel als nicht hinreichend genau, sie ermöglichen es nicht hinter ein Hindernis zu schauen und vor allem läßt sich mit ihnen nicht klären, ob und gegebenfalls wie ein Hindernis weggeschoben werden kann.

Eine Möglichkeit diese Probleme zu lösen ist es, den Roboter mit einem mit taktilen Sensoren bestückten Manipulator auszustatten. Mit diesem kann zunächst die Umgebung exploriert werden, danach können die Hindernisse verschoben werden.

In dieser Arbeit werden die Verfahren und Ergebnisse mit einem dreigliedrigen, zweidimensionalen Manipulator (Scara–Arm mit den Segmenten Oberarm, Unterarm und Hand) beschrieben. Der Arm ist an den Seiten und an der halbrunden Spitze mit taktilen Sensoren ausgestattet. Der Sensor an der Spitze mißt die Kraft und Position eines Kontaktes mit der Umgebung. Die Sensoren an den Seiten der Armsegmente liefern je Segment zwei binäre Werte: Kontakt erfolgte an der linken Segmentseite, bzw. Kontakt erfolgte an der rechten Segmentseite. Die Verfahren zur Exploration und zum Verschieben von Hindernissen sind sowohl in der Simulation als auch auf einem realen Roboterarm implementiert. Auf dem realen Roboterarm beschränkt sich das Schieben von Objekten auf konvexe Gegenstände. In der Simulation sind beliebige Formen erlaubt.

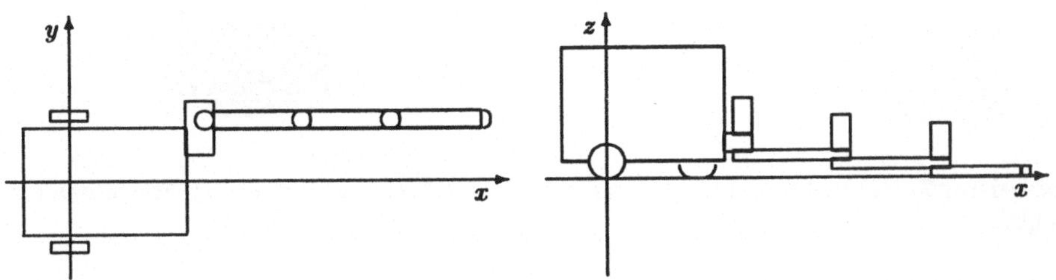

Abbildung1. Mobiler Roboter mit ausgestrecktem Arm; (a) Draufsicht, (b) Seitenansicht

Aus der Literatur sind so gut wie keine Methoden zur taktilen Exploration einer unbekannten Umgebung bekannt. Lediglich Huber stellt in [HL94] ein Verfahren zur Erfassung einer zweidimensionalen Objektkontur, durch Abziehen eines Armes über die Objektoberfläche, vor.

Wesentlich ergiebiger ist die Literatur zum Thema Schieben. So wird die Mechanik des Schiebens bzw. des Rutschens z. B. in [Mas86], [AM92] und [Lyn92] beschrieben. Mit der Planung von Schiebvorgängen befassen sich [PS87], [Bro92], [ELP87] und [BB94]. Bei allen genannten Literaturstellen gehen die Autoren jedoch davon aus, daß das zu schiebende Objekt wenigstens in seiner Form genau bekannt ist und daß ideale coulombsche Reibung zur Unterlage vorliegt. In der Realität treffen diese Annahmen nur unzureichend zu, da selbst nach der Exploration der Umgebung mit dem Arm noch ein weiter Bereich der Unsicherheit bezüglich Objektform und Reibungsverhältnissen herrscht. Da das Ziel das Schieben von realen Objekten in Alltagsumgebungen ist, beruht das hier vorgestellte Verfahren anstelle auf einem im voraus planenden Algorithmus auf reaktivem Verhalten.

2 Umgebungsexploration

Das Verfahren zur Exploration der Umgebung besteht aus zwei Schritten:

Im ersten Schritt, im folgenden als Freiraumsuche bezeichnet, wird ausgehend vom eingezogenen Arm nacheinander die Hand, der Unterarm und der Oberarm rotiert. Die von den Armsegmenten überstrichene Fläche wird in einer Gitterkarte als Freiraum eingetragen. Bei Kontakt einer Armseite mit einem Hindernis wird eine ensprechende Linie als „potentiell belegt" in die Gitterkarte eingezeichnet. Durch diese Einträge können Hindernisse grob abgeschätzt werden. Der jeweils aktuelle Zustand der Gitterkarte wird online vom Explorationsalgorithmus sowie vom Bahnplaner des Armes berücksichtigt. Der erste Schritt endet, wenn der gesamte Konfigurationsraum des Manipulators entweder mit Freiraum oder mit groben Hinderniseinträgen angefüllt ist.

Die Abb. 2–4 zeigen eine Beispielumgebung mit einem Hindernis, sowie die Gitterkarte in unterschiedlichen Stadien der Freiraumsuche.

Im Laufe der Freiraumsuche muß der Arm öfters bestimmte, bisher nicht

Abbildung2. Beispielumgebung (links) und Gitterkarte zu Beginn der Freiraumsuche (rechts)

Abbildung3. Gitterkarten während der Freiraumsuche

untersuchte Regionen gezielt anfahren. Dazu kann ein deterministischer Planer eingesetzt werden [Hus95]. Der Planer ist theoretisch vollständig, kann aber in ungünstigen Fällen an seine Zeitgrenzen stoßen. Daher sind zusätzlich rein reaktive Verhaltensweisen implementiert worden, die

- den Arm in hindernisreicher Umgebung strecken bzw. einziehen,
- Gelenkwinkelkonfiguration anfahren oder
- bei Kollision mit einem Objekt diesem ausweichen.

Nach der Beendigung der Freiraumsuche wird anhand der Gitterkarte eine Liste erstellt, in der jeder Listeneintrag ein vermutetes einzelnes Objekt darstellt. Dabei werden von jedem Objekt neben der Form auch noch weitere relevante Eigenschaften wie z.B. Rotationsverhalten, Anzahl von sicher erkannten Punkten, Flächeninhalt usw. gespeichert. Diese Daten werden ständig gewartet und ergänzt.

Im zweiten Schritt werden daraufhin die nur grob erfaßten Hindernisse genauer untersucht. Diese Objektexploration erfolgt bei größeren Objekten durch Konturfolgen mit der Armspitze auf der Basis eines Impedanzreglers und bei kleineren Objekten durch sukzessive Berührung mit den Armseiten aus unterschiedlichen Richtungen. Die dabei gewonnene Information wird zur Verbesserung der globalen Gitterkarte und der Einträge in der Objektliste benutzt.

Der Nutzen der Objektexploration kann je nach Hindernislandschaft stark variieren. Da diese zudem sehr zeitaufwendig sein kann, wurde ein Algorithmus implementiert, der aufgrund der bisher vorliegenden Information entscheidet, ob eine Objektexploration durchgeführt wird. Abb. 5 zeigt eine Beispielumgebung mit zwei Hindernissen, in der sich eine Objektexploration lohnt. Die zwei kleinen Hindernisse, welche nach der Freiraumsuche als eines interpretiert wurden,

Abbildung4. Gitterkarten gegen Ende der Freiraumsuche

konnten mittels der Objektexploration eindeutig unterschieden werden.

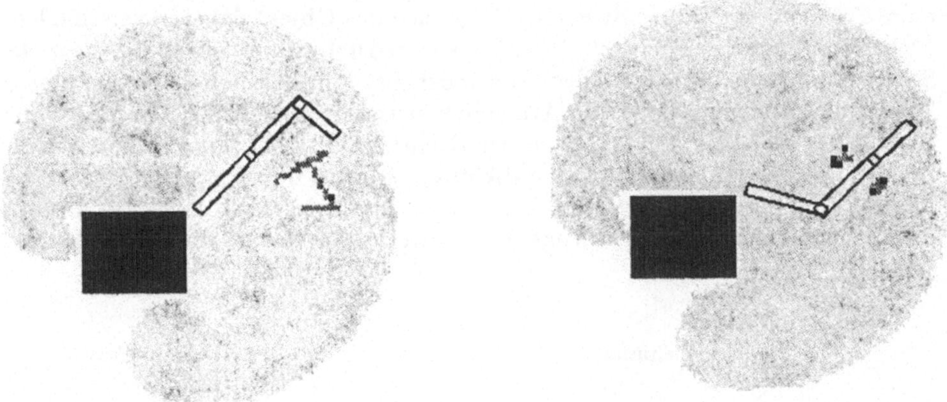

Abbildung5. Gitterkarte vor (links) und nach (rechts) der Objekexploration

3 Schieben

Eine möglichst vollständige Gitterkarte der Hindernislandschaft und die Liste
der Objekteinträge ist Grundlage für die Algorithmen zur Ausführung entsprechender Schiebeaktionen, um eine Passage für den Roboter freizuräumen. Dazu
nehmen wir an, daß für jedes Objekt, welches sich innerhalb der Passage befindet, ein Zielpunkt mit folgender Eigenschaft existiert: Kommt der Schwerpunkt

des umschreibenden Rechtecks des Objektes, im folgenden als Mittelpunkt bezeichnet, mit dem Zielpunkt zur Deckung, so befindet sich das Objekt sicher außerhalb der zu räumenden Passage und kollidiert nicht mit anderen Hindernissen.

Vor dem eigentlichen Schieben des Objekts in den Zielpunkt werden Information über das Schiebeverhalten des Objektes gewonnen. Dazu nähert sich die Armspitze dem Objekt auf der Geraden durch Mittelpunkt und Zielpunkt in Richtung Zielpunkt. Ist Kontakt erfolgt, so versucht der Arm das Objekt eine kurze Distanz zu schieben. Die Richtung der Schiebekraft ist dabei immer orthogonal zur Objektkontur im Schiebepunkt. Dadurch wird ein Rutschen der Armspitze entlang der Objektoberfläche verhindert und das Drehverhalten des Objekts kann mit dem Sensor in der Spitze, der den Winkel zwischen Hand und Objektoberfläche mißt, genau bestimmt werden. Als Maß für das Drehverhalten dient der Radius r des Kreises, auf dem sich das Objekt bewegt.

Gesucht ist nun ein Schiebepunkt, für den beim orthogonalen Schieben $r \rightarrow \infty$ gilt. Dieser Punkt wird als neutraler Punkt bezeichnet, da sich das Objekt beim Schieben nicht dreht. An diesem Punkt kann das Objekt mit Hilfe eines Zustandsreglers in den Zielpunkt geschoben werden. Der Regler gibt als Stellgröße den Differenzwinkel zur orthogonalen Schieberichtung aus.

Die Bestimmung des neutralen Punktes erfolgt durch mehrmaliges orthogonales Schieben über kurze Strecken. Dreht sich das Objekt dabei in verschiedene Richtungen, kann der neutrale Punkt aus dem Drehverhalten und der Lage der Schiebepunkte berechnet werden. Um möglichst schnell einen neutralen Punkt berechnen zu können, folgt die Armspitze zwischen zwei Schiebevorgängen der Kontur des Objektes abhängig von der Drehrichtung der letzten Schiebeaktion. Drehte sich das Objekt in positive Richtung, so wird der Kontur nach links gefolgt und umgekehrt. Ecken und Rundungen des Objekts werden beim Konturfolgen entsprechend berücksichtigt. Der neutrale Punkt darf auch ein Eckpunkt sein.

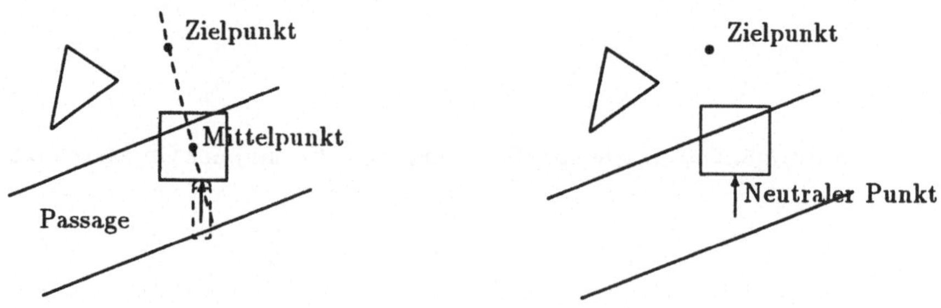

Abbildung 6. Objekt vor dem ersten Schieben (links) und Objekt mit gefundenem neutralem Punkt (rechts)

Ist ein neutraler Punkt gefunden, so wird versucht das Objekt mit Hilfe des bereits erwähnten Reglers in den Zielpunkt zu schieben. Die Stellgröße des

Reglers wird dabei stark beschränkt, um ein Rutschen der Handspitze zu vermeiden. Typischerweise wird der Öffnungswinkel der zulässigen Schieberichtungen auf ±10° beschränkt. Dies enspricht einem minimalen Reibkoeffizienten von $\mu = 0.18$. Durch diese Beschränkung kann es vorkommen, daß das Objekt nicht in den Zielpunkt geschoben werden kann. Ob der Zielpunkt erreicht werden kann, wird während des Schiebens ständig überprüft. Ist es nicht möglich den Zielpunkt zu erreichen, so muß das Objekt gedreht werden. Dies geschieht durch Schieben an einem anderen Punkt. Es wird so lange gedreht, bis die Normale im neutralen Punkt durch den Zielpunkt verläuft. Nun ist ein Schieben am neutralen Punkt ins Ziel möglich.

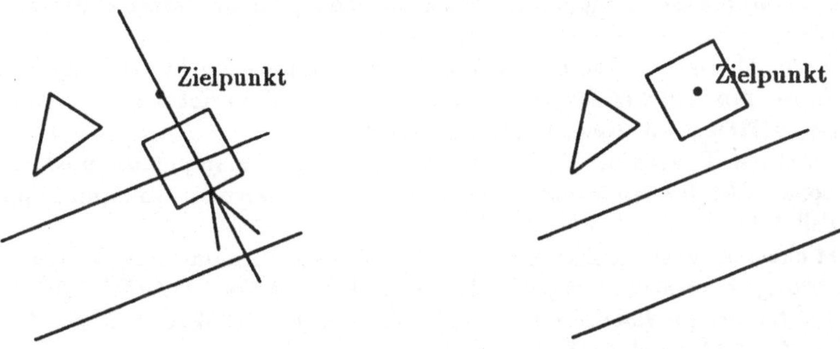

Abbildung7. Objekt vor dem Schieben ins Ziel mit eingezeichneten zulässigen Schieberichtungen (links) und Objekt im Ziel (rechts)

4   Ausblick

Bisher wird der Roboter während der Umgebungsexploration und beim Schieben als ortsfest angenommen. Es ist geplant das Schieben auf kombinierte Bewegung von Arm und mobiler Plattform zu erweitern.

Das bisherige noch sehr einfache Verfahren des Schiebens in einen Zielpunkt soll dahingehend erweitert werden, daß auch komplexe Schiebetrajektorien durchgeführt werden können. In Verbindung mit einem Trajektorienplaner wären dann Räumaktionen auch in schwierigen Hindernislandschaften möglich.

Im weiteren ist es geplant, nicht nur mit der Armspitze zu schieben, sondern auch die Armseiten für Schiebeoperationen einzusetzen (whole arm manipulator).

Literatur

[AM92] Srinivas Akella and Matthew T. Mason. Posing polygonal objects in the plane by pushing. In *Proceedings of the 1992 IEEE International Conference on Robotics and Automation*, pages 2255–2262. Nice, France, May 1992.

[BB94] Zdravko Balorda and Tadej Bajd. Reducing positioning uncertainty of objects by robot pushing. *IEEE Transactions on Robtics and Automation*, vol.10(no.4):pp.535–541, August 1994.

[Bro92] Randy C. Brost. Dynamic analysis of planar manipulation tasks. In *Proceedings of the 1992 IEEE International Conference on Robotics and Automation*, pages 2247–2254. Nice, France, May 1992.

[ELP87] Michael Erdmann and Tomás Lozano-Pérez. On multiple moving objects. *Algorithmica*, 2:pp.477–521, 1987.

[HL94] Manfred Huber and Reimar Lenz. 2-D contact detection and localization using proprioceptive information. *IEEE Transactions on Robtics and Automation*, vol.10, 1994.

[Hus95] Andreas Huster. Variable resolution path planner for a three degree-of-freedom planar manipulator. Bachelor thesis, Simon Fraser University, April 1995.

[Lyn92] Kevin M. Lynch. The mechanics of fine manipulation by pushing. In *Proceedings of the 1992 IEEE International Conference on Robotics and Automation*, pages 2269–2276. Nice, France, May 1992.

[Mas86] Matthew T. Mason. Mechanics and planning of manipulator pushing operations. *The International Journal of Robotics Research*, vol.5(no.3):pp.53–71, Fall 1986.

[PS87] Michael A. Peshkin and Arthur C. Sanderson. Planning robotic manipulation strategies for sliding objects. In *Proceedings of the 1987 IEEE International Conference on Robotics ans Automation*, pages 696–701. Raleigh, NC, USA, 31 March–3 April 1987.

Intelligente Geschwindigkeits- und Abstandsregelung

Dipl.-Ing.(FH) Volker Salzer, Dipl.-Ing. Michael Dimitrov
Dr. Ing. h.c. F. Porsche Aktiengesellschaft, Porschestraße, 71287 Weissach

Zusammenfassung

Die intelligente Geschwindigkeits- und Abstandsregelung ermöglicht eine wesentliche Erweiterung der bekannten Tempostat-Funktion. Die Geschwindigkeit und der Abstand zu einem vorausfahrendem Fahrzeug werden unter Berücksichtigung der Fahrsituation, des aktuellen Fahrbahnzustands und der straßenverkehrsrechtlichen Rahmenbedingungen angepaßt.
So unterstützt das System den Fahrer, insbesondere bei hoher Verkehrsdichte und auf limitierten Streckenabschnitten. Es leistet damit einen wesentlichen Beitrag zur Verbesserung der Verkehrssicherheit.

1 Einleitung

1.1 Entwicklung der Verkehrslage

Der steigende Wunsch nach Mobilität sowohl in privaten wie auch in geschäftlichen Bereichen führt zu einer stetigen Erhöhung des Verkehrsaufkommens. Da der Ausbau des Straßennetzes nicht im gleichen Maß erfolgt [3] und eine Verlagerung auf andere Verkehrsträger keine spürbare Entlastung bringt, steigt die Verkehrsdichte immer weiter an.

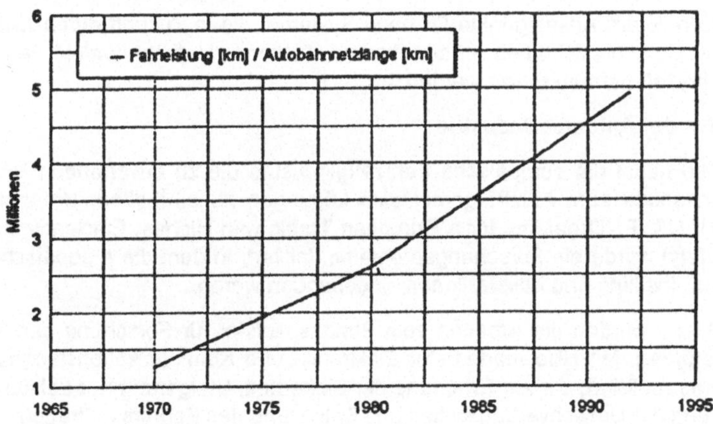

Bild 1   Entwicklung der Verkehrsdichte (Autobahnen 1992, alte Bundesländer)[1]

---

[1]   Quelle: Statistisches Bundesamt

So hat sich in den letzten 10 Jahren die Verkehrsdichte auf deutschen Autobahnen fast verdoppelt (Bild 1). Diese Entwicklung wird zukünftig durch Öffnung der Ländergrenzen und Ausweitung der europäischen Union zusätzlich verstärkt.

Die dadurch bedingte höhere Belastung der Verkehrsteilnehmer und der schlechter werdende Verkehrsfluß haben negative Auswirkungen auf die Verkehrssicherheit und die Wirtschaftlichkeit. Der im Bild 2 dargestellte Anteil der durch den Fahrer verursachten Unfälle gibt diesen Zusammenhang wieder. Betrachtet man beispielsweise die Autobahnunfälle mit Personenschaden im Jahr 1992, so liegt bei ca. 85% der Unfälle ein Fehlverhalten des Fahrers vor, davon war in 1/5 der Fälle "zu geringer Abstand" die Unfallursache. Die restlichen 16% der Unfälle werden hauptsächlich durch falsche Fahrereinschätzung der witterungsbedingten Straßenzustandsänderung (Aquaplaning, Nässe, Glätte) provoziert [12].

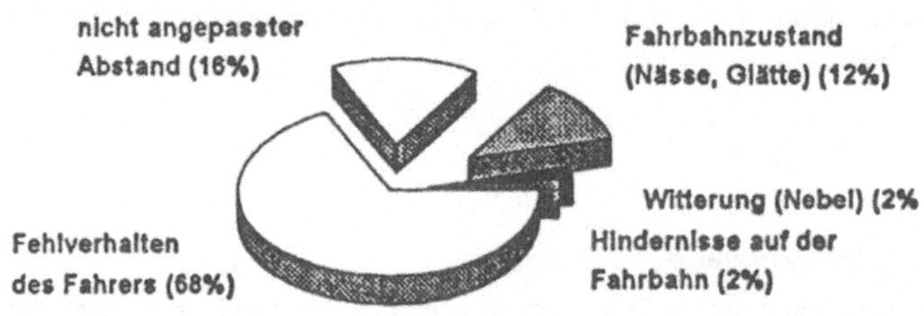

Bild 2   Analyse der Unfälle mit Personenschäden die durch Fehlverhalten des Fahrers verursacht wurden (Autobahnen 1992, alte Bundesländer)[2]

Diese Zahlen liefern Ansatzpunkte für neue Systeme, die in Zukunft durch Entlastung des Fahrers die Verkehrssicherheit im zunehmend dichteren Verkehrsumfeld verbessern und den Verkehrsfluß harmonisieren werden.

1.2 Initiative der Automobilindustrie

Bereits 1986 nahm die europäische Fahrzeugindustrie die zu erwartenden Entwicklungen im Straßenverkehr zum Anlaß, gemeinsam Lösungen zu erarbeiten. Unter dem Namen PROMETHEUS (PROrgaMme for a European Traffic with Highest Efficiency and Unprecedented Safety) wurde ein Forschungsprogramm initiiert, in dem die europäischen Automobilhersteller[3], Institute und Zulieferfirmen eingebunden waren.

In Deutschland wurden die Arbeiten vom Bundesminister für Forschung und Technologie (BMFT) gefördert. Mit Hilfe modernster Elektronik- und Kommunikationstechnologien wurden Systeme realisiert, die zur Erhöhung der Sicherheit, Steigerung der Leistungsfähigkeit, Verbesserung der Umweltverträglichkeit und Entlastung des Fahrers beitragen.
Zum Abschluß des Projektes wurden Ende 1994 die Ergebnisse anhand zahlreicher Prototypsysteme der Öffentlichkeit vorgestellt [9][11].

1.3 Porsche Aktivitäten

Die Beteiligung von Porsche in PROMETHEUS konzentrierte sich auf zwei Themen:

- "Kraftschluß-Überwachung", Erfassung und Interpretation des aktuellen Fahrbahnzustands

- "Autonomous Intelligent Cruise Control" (AICC), Autonome intelligente Geschwindigkeits- und Abstandsregelung

Im Rahmen dieser Arbeiten wurden für die Funktionsdarstellung Versuchsfahrzeuge aufgebaut, mit welchen Untersuchungen über Strategien zur Fahrerunterstützung und Fahrerinformation durchgeführt wurden [4].

Ein Ziel von PROMETHEUS war u.a. der Austausch von Ergebnissen zwischen Partnern und die firmenübergreifende Zusammenarbeit zur Reduzierung des Mittelaufwands und zur effizienten Bearbeitung von Entwicklungsaufgaben.
Die Arbeiten am intelligenten Tempostat erfolgten in enger Zusammenarbeit zwischen BMW und Porsche. BMW brachte seine Erfahrungen im Bereich der Hinderniserkennung und Abstandsregelung in die Kooperation ein. Der Beitrag von Porsche betraf vornehmlich die Funktionen zur Erfassung und Interpretation des Fahrbahnzustands, der Integration von Informationen aus der Infrastruktur sowie die Entwicklung von Regelstrategien zur Bewältigung der vielfältigen Verkehrssituationen.
Die Kooperation sah einen Austausch von Erfahrungen, Softwaremodulen, Algorithmen und die gegenseitige Unterstützung bei der Implementierung der erforderlichen Hardware vor.

2 Aufbau des intelligenten Geschwindigkeitsreglers

Der intelligente Geschwindigkeitsregler ist laut Definition im PROMETHEUS Projekt fähig die Relativgeschwindigkeit und den Abstand zwischen zwei Fahrzeugen in der selben Fahrspur zu regeln. Diese Erweiterung des standardmäßigen Geschwindigkeitsreglers führt zu einer Steigerung des Fahrkomforts. Der Fahrer gibt eine Wunschgeschwindigkeit vor und die Fahrzeuggeschwindigkeit wird abhängig von der Verkehrssituation geregelt. Das bedeutet, daß bei freier Strecke die vom Fahrer eingestellte Wunschgeschwindigkeit und bei einer Folgefahrt die Geschwindigkeit des vorausfahrenden Fahrzeugs automatisch eingehalten wird.
Der Einsatzbereich für den intelligenten Geschwindigkeitsregler sind Autobahnen und mehrspurige Bundesstraßen. Es erfolgt keine Reaktion auf stehende Hindernisse.
Als minimale Fahrzeugausrüstung sind ein Abstandssensor, ein elektronischer Längsregler, ein Drosselklappeneingriff und ein Anzeigeelement notwendig. Erweiterungen wie z.B. aktive Eingriffe in ein Automatikgetriebe oder die Bremse verbessern das Systemverhalten und den Anwendungsbereich [2].

2.1 Hardware im Versuchsfahrzeug

Der AICC-Versuchsträger ist ein Porsche Carrera, der mit einem manuellen 6-Gang Getriebe und mit einem Standard-Geschwindigkeitsregler ausgerüstet ist. Die Anforderungen an das System konnten mit einer Abstandssensorik und dem vorhandenen Geschwindigkeitsregler, der über eine serielle Schnittstelle vom Fahrzeugrechner angesteuert wird, erfüllt werden. Es wurde bereits im Konzept berücksichtigt, daß die AICC-Funktion durch Information über den aktuellen Fahrbahnzustand, sowie durch eine Kommunikationsmöglichkeit mit der Infrastruktur ergänzt werden soll, so daß in diesem Fahrzeug die erforderliche Hardware ebenfalls integriert wurde. Einen Überblick über die im Versuchsfahrzeug eingebaute Hardware soll das Bild 3 vermitteln [1].

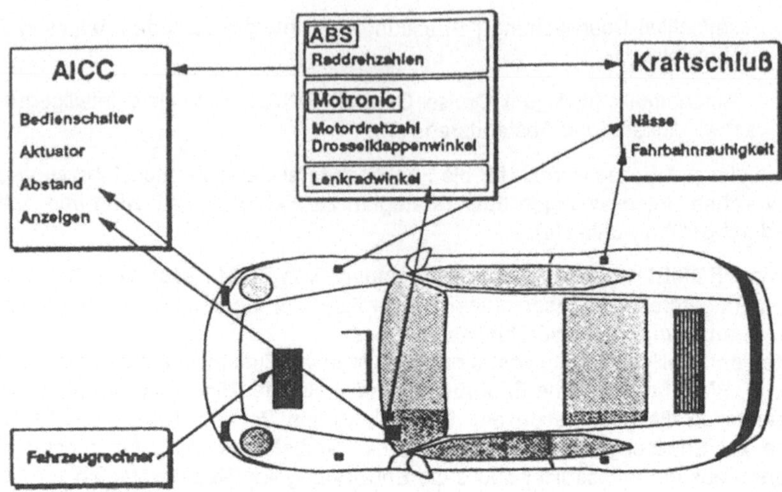

Bild 3   Hardware im Versuchsfahrzeug

2.1.1 Sensorik

Die für die AICC-Grundfunktion erforderlichen Eingangsgrößen sind Fahrgeschwindigkeit, Lenkradwinkel, Abstand zum vorausfahrenden Fahrzeug, Fahrzeugbeschleunigungen in Längs- und Querrichtung, Motordrehzahl und Drosselklappenwinkel. Die Informationen über Fahrzeugbeschleunigungen in Längs- und Querrichtung, Motordrehzahl und Drosselklappenwinkel können aus im Fahrzeug bereits vorhandenen Signalen (ABS, Motronic) gewonnen werden.

Erfassung des Abstands und der Relativgeschwindigkeit vorausfahrender Fahrzeuge

Für die Qualität der Gesamtfunktion eines abstandsgeregelten Fahrens ist der Abstandssensor und die Interpretation seiner Signale von ausschlaggebender Bedeutung. Der Sensor muß in der Lage sein, Objekte im Bewegungsraum des Fahrzeugs zu erkennen. Derzeit zur Verfügung stehende Sensorbauarten sind ein- oder mehrstrahlige Abstandsmesser basierend auf Infrarot-Laser oder Abstandsradarsysteme (Bild 4). In einer im Sensor integrierten Signalverarbeitung werden Abstand und die Geschwindigkeit eines Objektes berechnet und an den Fahrzeug- rechner weitergegeben.

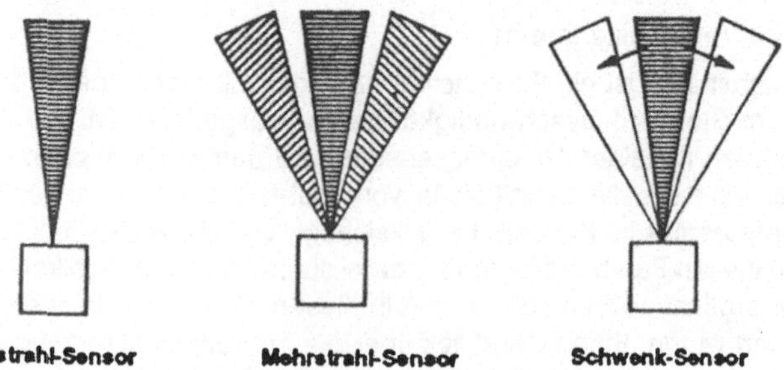

Bild 4   Verschiedene Ausführungen von Abstandssensoren

- Radarsensor

    Die Doppler- und die frequenzmodulierte Dauerstrich Technologie (FM-CW) der Millimeterwellen-Radar-Systeme wird für die Anwendungen im

Automobilbereich am häufigsten eingesetzt. Die Wellenlänge liegt im Bereich von 35 bis 94 GHz und ist abhängig von den Abmessungen der verwendeten Antennen. Diese Frequenzen stellen außerdem sicher, daß das Radarsystem auch unter fast allen Witterungsbedingungen zuverlässig arbeitet.

Die laterale Auflösung wird beim Radarsensor durch mehrstrahlige oder geschwenkte Systeme erreicht.

- Infrarot-Sensor

  Das Funktionsprinzip dieser optischen Sensoren beruht auf einer Laufzeitmessung der von einer Laserdiode ausgesendeten Lichtimpulsen mit einer typischen Wellenlänge von 900 nm. Die von den Objekten reflektierten Lichtimpulse werden von einer Photodiode empfangen. Durch Abtastung des reflektierten Signals entsteht ein Histogramm, das den Verlauf der Signalintensität wiederspiegelt. Die Lage des Maximums entspricht der Entfernung des Objekts (Bild 5) [7].

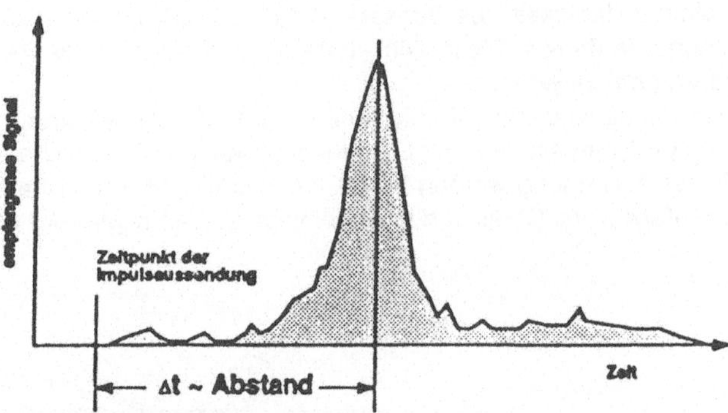

Bild 5   Histogramm eines reflektierten Lichtsignals

Im Fahrzeug eingesetzte Sensorik

Bei der von Porsche eingesetzten Abstandssensorik handelt es sich um einstrahlige Infrarot-Sensoren der Firma Leica. Die integrierte Signalverarbeitung liefert den Abstand, die Relativgeschwindigkeit und Statusinformationen eines erkannten Objektes. Die Relativgeschwindigkeit wird aus der Abstandsänderung aufeinanderfolgender Messungen berechnet. Statusinformationen sind z.B. Sensor verschmutzt, Objekt erkannt oder Objekt wird verfolgt.

Der Sensor hat eine Reichweite von bis zu ca. 150 m. Die Auflösung beträgt dabei im Nahbereich 0,4 m und im Fernbereich 0,6 m. Die Genauigkeit der Relativgeschwindigkeit liegt bei +/- 1,6 km/h. Abhängig von der Reflektionsfähigkeit des Objekts und der Entfernung stehen neue Daten alle 10 ms bei gut reflektierenden Objekten oder alle 100 ms bei schlecht reflektierenden Objekten zur Verfügung. Der Öffnungswinkel des Sensorstrahls beträgt horizontal und vertikal jeweils 3°.

Der Abstandssensor als ein optisches Instrument muß entsprechend in das Fahrzeug integriert werden. Geeignete Einbauorte sind im Bereich der vorderen Stoßstange oder hinter der Windschutzscheibe im Bereich des Innenrückspiegels. Hinter der Windschutzscheibe wird der Sensorbereich mit den Scheibenwischern automatisch gereinigt, die Leistungsfähigkeit des Sensors verringert sich aber durch Reflektionen, Dämpfung und durch Probleme beim Übersprechen von Sender und Empfänger an der Windschutzscheibe, die außerdem nicht getönt sein darf.

In den Versuchsträger wurden 2 Sensoren an Stelle der Nebelscheinwerfer in der Stoßstange eingebaut. An dieser Stelle muß für eine notwendige Reinigung der Sensorik gesorgt werden.
Die Sensoren arbeiten konstruktionsbedingt nicht bei Schlechtwetter, wie Regen mit Gischt und Nebel. Die Funktionsuntüchtigkeit bei Nebel ist kein Nachteil, da das AICC-System bei Nebel aus Sicherheitsgründen nicht eingesetzt werden soll. Durch die Erweiterung des Sensors auf die Auswertung von mehreren Objekten und eine geänderte Sensorgeometrie können weiterentwickelte Sensoren auch bei schlechtem Wetter eingesetzt werden. Prototypen stehen bereits zur Verfügung.

Laterale Auflösung

Objekte (vorausfahrende Fahrzeuge) bewegen sich relativ zum eigenen Fahrzeug in Längs- und Querrichtung. Abstandssensoren müssen deshalb in der Lage sein, alle Objekte in dem Anhaltebereich vor dem Fahrzeug zu erfassen. Dazu ist eine entsprechende Sensorreichweite, eine Mehrzielfähigkeit des Sensors und eine radiale Winkelauflösung für die Positionsbestimmung erforderlich. Diese Winkelauflösung kann durch die Verwendung von Mehrstrahl-Sensoren erreicht werden.
Im Versuchsfahrzeug wird eine laterale Auflösung durch zwei einstrahlige Sensoren, die gemäß Bild 6 ausgerichtet sind, erreicht. Dabei ergeben sich 5 Bereiche für eine Objektzuordnung. Mit dieser Anordnung werden im Nahbereich einscherende Fahrzeuge frühzeitig erfaßt und die Gefahr eines Objektverlustes bei versetztem Folgen wird verringert [8].

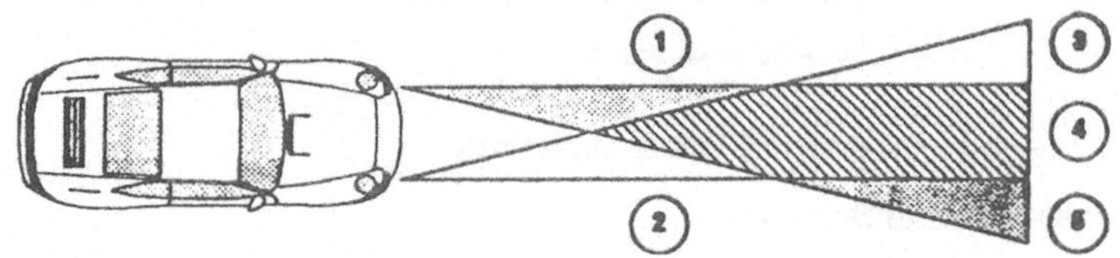

Bild 6   Sensoranordnung im Versuchsfahrzeug

Mit Hilfe von CCD Kameras und einer Bildverarbeitung ist es ebenfalls möglich, die erkannten Objekte einer Fahrspur zuzuordnen. Die komplexen Algorithmen und große Datenmengen erfordern jedoch einen extrem hohen Rechenaufwand. Die dafür notwendigen Prozessoren stehen aus Kostengründen für einen Serieneinsatz im Fahrzeug zur Zeit nicht zur Verfügung.

2.1.2 Fahrzeugrechner

Der Fahrzeugrechner basiert auf einem echtzeitfähigen VME-Bus System mit einer Motorola 68020 CPU. Ein vorgelagerter Prozessor übernimmt die Signalerfassung, Signalaufbereitung und die Ausgabe von Sollwerten an die Aktuatoren und Anzeigegeräte. Die Kommunikation mit der Peripherie erfolgt über serielle Schnittstellen, CAN-Bus und analog/digital Wandler.
Für die Bedienung, Parametrierung der Anwendungssoftware und die Datenabspeicherung wird ein Notebook eingesetzt.

2.1.3 Aktuatoren

Für die Geschwindigkeitsregelung sind zwei verschiedene Aktuatoren im Fahrzeug installiert, die entsprechend der gewählten Betriebsart alternativ eingesetzt werden.
Mit der Ansteuerung des serienmäßigen Geschwindigkeitsreglers wird die Geschwindigkeit

über die Drosselklappe geregelt. Der Geschwindigkeitsregler wurde zur Ansteuerung vom Fahrzeugrechner um eine serielle Schnittstelle erweitert.

Der zweite Aktuator zur Geschwindigkeitsregelung ist ein aktives Gaspedal, das durch Variation der Fahrpedalrückstellung dem Fahrer eine haptische Information liefert (siehe Abschnitt 6).

2.2 Softwarestruktur

Das Echtzeitsystem besteht aus den Modulen :

- Meßwerterfassung,
- Meßwertverarbeitung,
- Datenabspeicherung,
- Treiber für die Peripherie und
- Anwendungssoftware.

Die im Folgendem beschriebene Anwendungssoftware ist ebenfalls modular aufgebaut.

Das Modul **Kraftschlußinformation** wird im Kapitel "Einbindung der Kraftschlußinformation" näher beschrieben. Es liefert Informationen über eine angepaßte Fahrgeschwindigkeit unter Berücksichtigung von Fahrbahnzustand und Fahrgeschwindigkeit.

Das Modul **Objekterkennung und Objektverfolgung** beinhaltet u.a. die von BMW erstellte Software. Es wird von den Abstandssensoren mit der Relativgeschwindigkeit und dem Abstand von Objekten und weiteren Fahrzeugzustandsgrößen versorgt. Als Ausgangsgröße liefert das Modul eine Sollgeschwindigkeit.

Die Aufgabe dieses Moduls liegt in der Verifizierung und Klassifizierung der von der Abstandssensorik erfaßten Objekte. Stehende Hindernisse oder sich vom eigenem Fahrzeug entfernende Objekte werden als nichtrelevante Objekte eingestuft und somit ausgeblendet. Objekte die eine Eigengeschwindigkeit haben und denen man sich nähert werden als relevante Objekte erkannt.

Es gibt Fälle, bei denen nicht relevante Objekte von der Software nicht ausgeblendet werden können. Eine derartige Fahrsituation kann eintreten, wenn bei freier Fahrt auf der linken Fahrspur in einer Linkskurve eine Kolonne auf der rechten Seite überholt werden soll (Bild 7). Die rechts fahrenden Fahrzeuge werden als relevante Objekte erkannt, weil der Strahl des Abstandssensors geradeaus zeigt und nicht dem Kurvenverlauf folgen kann. Das würde zunächst zu einer nicht gewollten Verzögerung führen, die den Komfort für den Fahrer stark einschränkt.

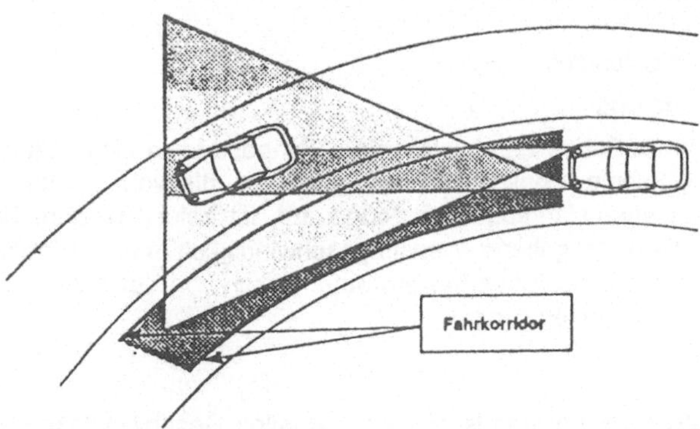

Bild 7   Fahrsituation in einer Linkskurve mit einem Fahrzeug rechts

Diese unerwünschte Reaktion wird jedoch mit Kenntnis des eigenen Fahrzeugkurses, der aus Lenkradwinkel und Fahrgeschwindigkeit berechnet wird, verhindert. Der Vergleich der Position des Objekts mit der eigenen Fahrspur ermöglicht es jetzt, das auf der Nachbarspur befindliche Fahrzeug als nicht relevantes Objekt zu klassifizieren. Die Identifikation nicht relevanter Objekte kann auch durch schwenkbar ausgefühte Abstandssensoren erleichtert werden. Solche Sensoren befinden sich seit kurzer Zeit als Versuchsmuster zur Verfügung.

Das Modul Regelstrategien bewertet die verschiedenen Informationen und gibt die Sollgeschwindigkeit an den Aktuator weiter.

3 Systemfunktion

Die Funktionalität des Systems geht über die reine Regelung der vom Fahrer gesetzten Wunschgeschwindigkeit hinaus. In die Geschwindigkeitsregelung gehen sowohl die Informationen aus der Infrastruktur (z.B. Geschwindigkeitsbeschränkungen) als auch der aktuelle Fahrbahnzustand (Aquaplaning) ein. Kann die Wunschgeschwindigkeit auf Grund des vorausfahrenden Verkehrs nicht eingehalten werden, übernimmt die Abstandsregelung die Einhaltung des Sollabstandes (Bild 8).

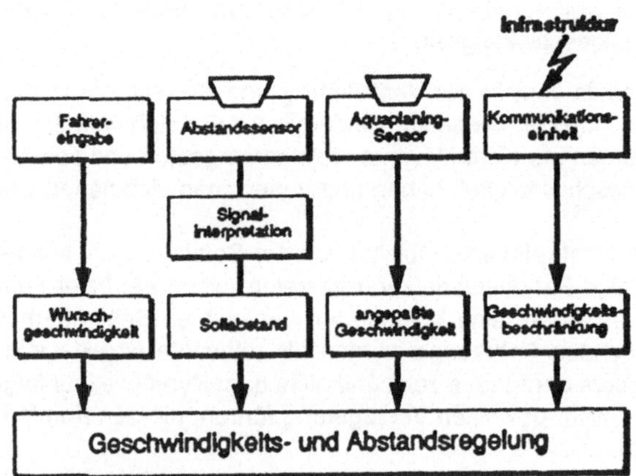

Bild 8   Übersicht Systemfunktion

3.1 Geschwindigkeitsregelung

In dieser Betriebsart nutzt der Fahrer den intelligenten Tempostat wie einen Standard-Geschwindigkeitsregler. Er gibt eine Wunschgeschwindigkeit vor, die vom System konstant eingehalten wird. Tauchen vorausfahrende Fahrzeuge auf, ist beim Standard-Tempostat der Fahrer gezwungen, die vorgegebene Wunschgeschwindigkeit manuell anzupassen. Beim intelligenten Tempostat wechselt das System automatisch von der reinen Geschwindigkeitsregelung auf eine Abstandsregelung.

3.2 Abstandsregelung

Der vom Gesetzgeber geforderte Abstand ist von der aktuellen Geschwindigkeit abhängig. Er berechnet sich aus 0.5 * Tachometeranzeige in Meter, das entspricht dem Weg, den das

Fahrzeug innerhalb 1,8 s zurücklegt, dem sogenannten Sekundenabstand. Der Bereich von 0.25 bis 0.5 * Tachometeranzeige (Sekundenabstand 0,9 s bis 1,8 s) wird jedoch toleriert.

Die in PROMETHEUS gewonnenen Erfahrungen bezüglich Fahrerakzeptanz zeigen, daß der gesetzlich vorgeschriebene Abstand von 0.5 * Tachometeranzeige besonders auf trockener Fahrbahn und dichtem Verkehr von den meisten Fahrern als zu groß empfunden wird. Ein Abstand von 0.4 * Tachometeranzeige (Sekundenabstand 1,44 s) dagegen wird vom größten Teil der Fahrer akzeptiert (Bild 9).

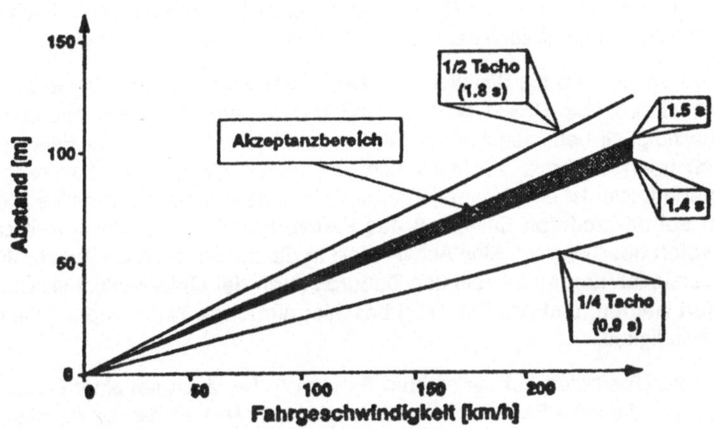

Bild 9   Abstände zu vorausfahrenden Fahrzeugen

Werden vom System relevante Objekte erkannt, wird die Abstandsregelung aktiviert. Die wesentlichen Fahrsituationen dabei sind das Auffahren auf ein vorausfahrendes Fahrzeug und das anschließende Folgen [10].

3.2.1 Auffahren

Beim Auffahren auf ein Fahrzeug ist die Relativgeschwindigkeit dafür ausschlaggebend, ob das AICC System ohne Unterstützung des Fahrers die Situation verarbeiten kann. Die Verzögerung wird hierbei zunächst nur mit Hilfe des Motorschleppmoments erzielt, das im wesentlichen von der Motordrehzahl abhängig ist. Bei eingeschaltetem AICC System wird aber in der Regel mit dem höchsten Gang, und damit mit niedriger Motordrehzahl und geringem Motoschleppmoment, gefahren. Dadurch ist die erreichbare Verzögerung gering.

Reicht diese Verzögerung nicht aus, sich der Geschwindigkeit eines vorausfahrenden Fahrzeuges anzupassen, so ist ein Bremseingriff des Fahrers erforderlich. Beim Betätigen der Bremse wird beim Standard-Tempostat das System automatisch ausgeschaltet. Beim intelligenten Tempostat ist zur Verbesserung des Komforts ein unterstützendes Bremsen ohne Deaktivierung des Systems möglich. Dies erspart dem Fahrer das Wiedereinschalten der AICC Funktion nach einer Bremsung, allerdings nur bei Verzögerungen unter 3 m/s^2 und gleichzeitigem Unterschreiten des Sollabstands zum vorausfahrenden Fahrzeug.

Eine Funktionserweiterung des Systems ist ein vom AICC System veranlaßtes, selbständiges Zurückschalten des Automatikgetriebes. Dadurch kann das Motorschleppmoment und die mögliche Fahrzeugverzögerung bei Bedarf vergrößert werden. So kann in den meisten Fällen auf einen Bremseneingriff verzichtet werden.

Auf einen aktiven Bremseneingriff wurde aufgrund des hohen Aufwands zunächst verzichtet.

3.2.2 Folgen

Auch beim Folgen gibt es Fahrsituationen, die an das System besondere Anforderungen stellen. Es sind in der Regel Spurwechselvorgänge des eigenen, bzw. der vorausfahrenden Fahrzeuge.

Günstige Voraussetzungen für frühzeitige Objekterkennung beim Einscheren vorausfahrender Fahrzeuge wurden durch die Sensoranordnung (siehe Bild 6) geschaffen. Besonders bei von rechts einscherenden, in der Regel langsameren Fahrzeugen kann durch frühzeitige Objekterkennung auf komfortmindernde Verzögerungswerte verzichtet werden.

Beim Überholen entsteht oft die Situation, daß sich nach dem Wechsel auf die Überholspur dort kein vorausfahrendes Objekt befindet und das eigene Fahrzeug spontan auf die Wunschgeschwindigkeit beschleunigen sollte. Ein verzögerter Aufbau der Beschleunigung wirkt sich noch unangenehmer aus, falls sich von hinten ein anderes Fahrzeug auf der Überholspur nähert. Hier ist ein Kompromiß erforderlich, denn eine definierte Verzögerungszeit verhindert auf der anderen Seite, daß das Fahrzeug bei kurzen, unvermeidlichen Objektverlusten sofort beschleunigt. Eine Abhilfe stellt in dieser Situation die Zusatzinformation aus dem Blinkersignal für das System dar. Dadurch kann der Objektverlust als Überholvorgang identifiziert werden, und das Fahrzeug beschleunigt ohne Zeitverzug auf die gesetzte Wunschgeschwindigkeit.

Das nicht erlaubte Überholen auf der rechten Fahrspur, das auch bei einer Folgefahrt auftreten kann, bei der die linke Fahrzeugkolonne langsamer fährt als die rechte, ist eine Fahrsituation, die nur mit einer zusätzlichen Bildverarbeitung erkannt wird und eine Fehlinterpretation vermeiden hilft.

4 Einbindung der Kraftschlußinformation

Verschiedene Untersuchungen mit "Normalfahrern" haben ergeben, daß ein Großteil der Fahrer die Fahrgrenzen auf trockener Fahrbahn nur bis zu 20% und einige wenige bis zu 40% ausnutzen. Bei nasser Fahrbahnoberfläche liegen diese Werte wesentlich höher, da sich das Potential für die maximal mögliche Längs- und Querbeschleunigung sehr viel schneller verringert, als dies den meisten Fahrern bewußt ist. Unter den Fahrgrenzen (Kraftschlußpotential) eines PKW's versteht man die maximal möglichen Beschleunigungen in Längs- und Querrichtung des Fahrzeugs.

Parameter, die das Kraftschlußpotential beeinflussen sind der Fahrzeugzustand (Fahrzeugkonzept, Beladung, Reifenprofiltiefe), der Fahrzustand (Geschwindigkeit, Beschleunigungen, Lenkradeinschlag), die Fahrbahnbeschaffenheit (Belagtyp, Rauhigkeit, Geometrie) und der Fahrbahnzustand (Nässe, Winterglätte, Verunreinigungen). Das vom Fahrer nutzbare Potential ist von diesen Parametern stark abhängig und wird, besonders bei Fahrbahnnässe, oft falsch eingeschätzt.

Für eine Berechnung des Kraftschlußpotentials ist es notwendig, die Fahrzeuggeschwindigkeit und den aktuellen Fahrbahnzustand zu erfassen. Die Geschwindigkeit wird aus den Raddrehzahlen, die das ABS Steuergerät liefert, berechnet. Der aktuelle Fahrbahnzustand wird mit einem im Rahmen von PROMETHEUS entwickelten Sensorsystem bestimmt. Befindet sich z.B. Wasser auf der Fahrbahn, so wird das am Reifen haftende Wasser ins Radhaus geschleudert. Der dort erzeugte Körperschall wird von einem Sensor gemessen. Das so erzeugte Signal ist abhängig von der vorhandenen Fahrbahnnässe und läßt eine quantitative Aussage über die auf der Fahrbahn befindlichen Wasserhöhe zu. Zusammen mit weiteren relevanten Einflußgrößen und mit Hilfe umfangreicher Berechnungen kann nun das Kraftschlußpotential des Gesamtfahrzeugs bestimmt werden. Hieraus läßt sich eine der Fahrsituation angepaßte Fahrgeschwindigkeit ermitteln [5][6].

Diese Kenntnis der aktuellen Fahrgrenze und der angepaßten Fahrgeschwindigkeit dient als Funktionserweiterung für den intelligenten Tempostat.
Abhängig von der aktuellen Kraftschlußinformation wird der Regelalgorithmus für die Abstandshaltung beeinflußt. Auf nasser Fahrbahn wird ein größerer Abstand eingehalten, als auf trockener Fahrbahn, was dem üblichen Verhalten des Fahrers entspricht. Ebenso wird das Beschleunigungs- und Verzögerungsvermögen des Fahrzeugs entsprechend dem Kraftschlußpotential eingestellt. Bei Winterglätte kann der Fahrer den intelligenten Tempostat nicht einschalten und wird ausgeschaltet, wenn sich der Fahrbahnzustand während der Fahrt stark verschlechtert. Auch auf die vom Fahrer gesetzte Wunschgeschwindigkeit hat die Kraftschlußinformation eine Einfluß. Bei sehr nasser Fahrbahn wird eine zu hohe Wunschgeschwindigkeit entsprechend dem aktuellen Fahrbahnzustand reduziert (Bild 10), um bei plötzlichen Veränderungen der Wasserhöhe (z.B. durch Pfützen) die Gefahr des Aquaplanings zu reduzieren.

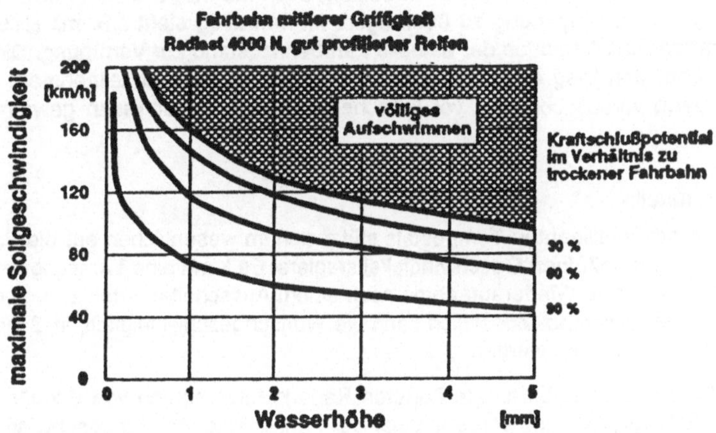

Bild 10   Abhängigkeit der maximalen Sollgeschwindigkeit von der Wasserhöhe

5 Kommunikation mit der Infrastruktur

Das Versuchsfahrzeug ist ferner mit einem System für die Kommunikation mit der Infrastruktur ausgerüstet. Im Fahrzeug ist dazu eine Sende- und Empfangseinheit im Bereich des Innenrückspiegels angebracht, die mit dem AICC System über eine serielle Schnittstelle verbunden ist.

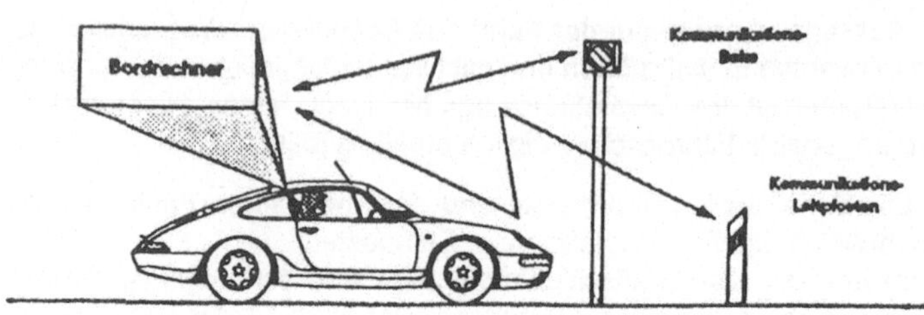

Bild 11   Infrastruktur mit Kommunikationseinrichtungen

Informationen von der Infrastruktur wie eine Geschwindigkeitsbeschränkung können so an den Fahrzeugrechner übermittelt und so vom AICC System berücksichtigt werden. Die vom Fahrer gesetzte Wunschgeschwindigkeit wird vom System auf die maximal erlaubte Höchstgeschwindigkeit ggf. reduziert und damit wird der Fahrer bei der Einhaltung von Beschränkungen unterstützt.
Durch die Verbindung mit der Infrastruktur besteht auch die Möglichkeit Informationen aus dem Fahrzeug an die Umgebung zu übertragen. Im Fahrzeug steht z.B. mit Hilfe des Systems zur Kraftschlußinformation der aktuelle Fahrbahnzustand zur Verfügung. Diese Information kann über den Weg der Infrastruktur auch anderen Verkehrsteilnehmern mitgeteilt werden, die dann vorausschauend vor kritischen Fahrbahnverhältnissen gewarnt werden können.

6 Fahrerschnittstelle

Die Bedienung des intelligenten Tempostats stützt sich im wesentlichen auf die Bedienelemente eines standardmäßigen Geschwindigkeitsreglers. Es kann eine Wunschgeschwindigkeit gesetzt werden, eine Wiederaufnahme nach einem Ausschalten erfolgen und der Tempostat ausgeschaltet werden. Zusätzlich kann die Wunschgeschwindigkeit, in Schritten von 5 km/h erhöht oder reduziert werden.

Der serienmäßige Tachometer ist am äußeren Rand in Inkrementen von 5 km/h mit roten und grünen LEDs ausgerüstet worden. Setzt der Fahrer eine Wunschgeschwindigkeit, so leuchtet an der entsprechenden Geschwindigkeitsmarkierung am Tachometer eine grüne LED auf, die dem Fahrer gleichzeitig die Aktivierung des AICC Systems anzeigt.
Die roten LEDs informieren den Fahrer über den Abstand. Wird der Sollabstand zu einem vorausfahrenden Fahrzeug unterschritten, dann leuchten rote LEDs zwischen der aktuellen Geschwindigkeit und der Sollgeschwindigkeit auf. Diese Situation tritt z.B. ein, wenn das vorausfahrende Fahrzeug stark verzögert.

Ein zusätzliches 32*32 Pixel Display zeigt an, wenn bei der Abstandsregelung eine Objekt erkannt und anschließend verfolgt wird. Hier werden auch weitere Informationen wie Betriebszustand, Abstand oder Sekundenabstand und Fehlermeldungen angezeigt.

Interaktiver Mode

Im Versuchsfahrzeug sind zwei Betriebsarten realisiert. Der bisher beschriebene, automatische Modus und ein interaktiver Modus (Bild 12). In der interaktiven Betriebsart wird der Fahrer in den Regelkreis der Geschwindigkeits- und Abstandshaltung aktiv eingebunden. Diese interaktive Geschwindigkeitsregelung hält nicht automatisch die Geschwindigkeit und den Abstand ein, sondern gibt dem Fahrer die dafür notwendige Information. Ein aktives Gaspedal, das dem Fahrer haptisch eine zusätzliche variable Rückstellkraft vermittelt, führt ihn bei seiner Regelaufgabe. Der Fahrzeugrechner steuert nur das aktive Gaspedal an und keinen Aktuator für die Drosselklappenverstellung. Der Fahrer muß das Fahrzeug immer selbst beschleunigen und verzögern. Es ist ihm jederzeit möglich die Rückstellkraft des aktiven Gaspedals zu übersteuern, um in bestimmten Fahrsituationen mit einem geringeren Abstand zu fahren, z.B. Auffahren zum Überholen.

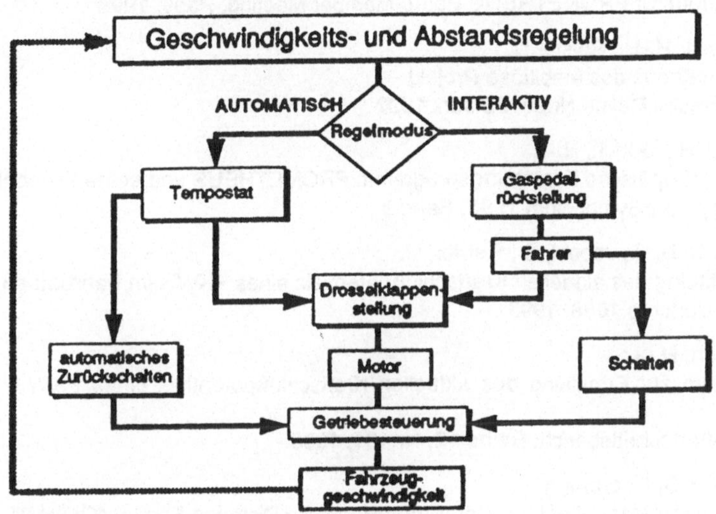

Bild 12   Automatischer und interaktiver Regelmodus

7 Ausblick

Unter den im Rahmen von PROMETHEUS vorgestellten neuen Systemen gehört der abstandssensible Tempostat zu Entwicklungen, die sich durch besonders günstiges Verhältnis hinsichtlich Kosten, Nutzen und Akzeptanz auszeichnen. Durch automatische Anpassung des Abstandes zum vorausfahrenden Verkehr wird der Fahrer bei Autobahnfahrten unterstützt und die Fahrsicherheit verbessert. Während sich die Bedienung nicht wesentlich vom herkömmlichen Tempostat unterscheidet, werden die Einsatzmöglichkeiten, besonders im dichten Verkehr, deutlich erweitert.

Das vorgestellte System wird in seiner Funktion durch Erfassung des Fahrbahnreibwertes und die Möglichkeit der Kommunikation mit der Infrastruktur ergänzt. Hier liefert die Kenntnis des Fahrbahnzustands sicherheitsrelevante Informationen nicht nur für den Fahrer, sondern über die Kommunikationseinrichtung auch für andere Verkehrsteilnehmer.

Führende Fahrzeughersteller und Zulieferfirmen arbeiten bereits an der Markteinführung. Erste Systeme werden bereits für 1997 angekündigt. Laufende Aktivitäten konzentrieren sich auf die Entwicklung fahrzeugtauglicher Abstandssensoren und die abschließende Klärung der rechtlichen Situation bezüglich des gesetzlich vorgeschriebenen Abstands und der Zuverlässigkeit des Gesamtsystems.

Eine Weiterentwicklung des intelligenten Tempomaten, wie z.B. eine Ausdehnung des Einsatzbereichs auf Landstraßen und stadtnaher Bereiche, wird in einem Nachfolgeprojekt von PROMETHEUS angestrebt und soll im Sinne eines Assistenzsystems den Fahrkomfort und die Fahrerentlastung weiter verbessern.

8 Literaturverzeichnis

[1]   Andrews, M.; Jacobi, S.; Reuter, U.; Salzer, V.
       Porsche´s Contribution to Safer and More Comfortable Driving in the Future
       IVHS Congress, Paris, 1994

[2]   Becker, S.; et al.
       CED5: Autonomous Intelligent Cruise Control (AICC), MMI-Activities
       Handout for PROMETHEUS Board Member Meeting, Paris, 1994

[3]   Braess, H.-H.; Reister,D.
       Prometheus das ambitiöse Projekt
       Automobil Revue Nr.26, 25.Juni 1992

[4]   Flegl, H.; Görich, H.-J.
       Das europäische Forschungsprogramm PROMETHEUS und seine Ergebnisse
       Stuttgarter Symposium 1995, Band 3

[5]   Görich, H.-J.; Jacobi, S.; Reuter, U.
       Ermittlung des aktuellen Kraftschlußpotentials eines PKW´s im Fahrbetrieb
       VDI-Berichte 1088, 1993

[6]   Görich, H.-J.;
       System zur Ermittlung des aktuellen Kraftschlußpotentials eines PKW´s im Fahrbe-
trieb
       VDI-Fortschrittsbericht Reihe 12, Nr.181, 1993

[7]   Leica AG, Heerbrugg
       Operation Manual of Leica Intelligent Headway Distance Sensor "ODIN 2"
       Heerbrugg, October 1993

[8]   Naab, K.; Hoppstock, R;
       Sensor Systems and Signal Processing for Advanced Driver Assistance
       "Smart Vehicles", Delft, 1995

[9]   Mauro, V.
       PROMETHEUS Solutions to Traffic Problems
       Board Member Meeting Presentation, Paris, 1994

[10]   Mitschke, M.; Chen, Z.
       Der Fahrer als adaptiver Regler
       FAT Schriftenreihe Nr.91, 1991

[11]
       PROMETHEUS Presse Information
       Board Member Meeting, Paris, 18.10.1994

[12]   Stäbler, M.; Görich, H.-J.
       Integrated Vehicle System to Enhance Comfort and Safety in Road Traffic
       EAEC-Konferenz, Straßburg, Juni 1995

Distributed Smart Sensor System
for Autonomous Mobile Robots

Prof. R. D. Schraft, M. Hägele, J. Dahlkemper, W. Baum
Fraunhofer-Institute für Produktionstechnik und Automatisierung (IPA)
Nobelstraße 12
70569 Stuttgart

e-mail:
baum@IPA.FhG.de
hlkemper@IPA.FhG.de

Abstract

A robust and reliable sensor system is the enabling technology for automation processes. Especially in the field of mobile robots, a high performance perception system is required to cope with an unknown environment. While many approaches are based upon vision systems where an expensive signal processing is required, this paper describes new development results in the field of ultrasonic sensors to meet the low cost requirements of a sensor system.

To acquire detailed information about the environment, a design method for application specific ultrasonic sensors based upon a beam forming technique and a high performance ultrasonic scanner has been developed. To allow the co-operation between a variety of different sensors, a distributed architecture has been implemented on the base of CAN field bus components. The system is characterised by a high flexibility of possible measurement sequences and a variety of sensors that can be connected to the system.

The technology has been applied to mobile service robots and mobile inspection robots.

1 Introduction

Conventional robot applications for production are characterised by a well structured environment carrying out a repetitive task. A new generation of robots becomes available on the market that must be able to operate in unstructured and a-priori unknown environments: free ranging autonomously guided vehicles and service robots [SCHR93].A perception system acquiring data about the environment is the enabling technology for these robots.

A typical application for mobile robots is the field of material flow, e.g. free ranging fork-lift carriers [SCHA95]. Another application is the automation of service processes, e.g. robots delivering dietary meals in hospitals or post in offices, robots cleaning large stations and robots for inspection and maintenance tasks in hazardous environments [LANG93b].

IPA has been involved in a variety of mobile robot projects. The experience of these projects resulted in a new concept of sensor and control architecture of mobile robots, the so called smart sensors.

In section 2 we present the ideas behind the smart sensor concept. Section 3 describes an approach of high performance perception for mobile robots operation on the base of ultrasonic sensors. Section 4 is the description of an ultrasonic smart sensor system developed at the IPA which has been successfully applied to service and inspection robots. The conclusion is described in section 5.

2 Smart Sensor Concept

Service robots and autonomously guided vehicles operate in a vast variety of environments. Therefore, application specific sensors and actuators are required. Nevertheless, several basic functions are the same in different applications.

So far, the number of products in the field of service robots is limited. The development of robot systems for this high tech and low volume market is only affordable if the manufacturer can operate with low cost but high performance standard components. To meet these contradictionary goals, a new approach, called smart sensors, has been developed.

A smart sensor is the combination of sensors and control algorithms in a hardware module providing typically one function, e.g. localisation, obstacle avoidance, wall following. This hardware module is a component providing the functionality with an optimum performance to price ratio.

Instead of starting the development at the lowest level, our approach is based upon the choice of the appropriate modules and the combination of these modules by an open control architecture [SCHA95]. The key for a distributed smart sensor architecture is the compatibility and the performance of the communication link between the smart sensor modules. New field bus developments meet the requirements of high data rate. The system design is comparable to object oriented software design.

The development costs for the know how required for the variety of sensors and the appropriate signal processing is distributed to specialised manufacturers of smart sensor modules. The development risk can be minimised by using tested modules and the time to market can be dramatically reduced [DAHL94].

By using the smart sensor approach, the production of application specific systems becomes attractive even in low volume markets.

3 Ultrasonic Smart Sensors for Mobile Robots

In the field of mobile robots, mainly three kinds of sensor systems are used: vision, laser range finder and ultrasonic sensors.

For the control of a mobile robot, a spatial information about the presence and the position of an object is required. Compared to vision systems and laser range finders, ultrasonic sensor have the advantage to be producable at low costs, to survey a three dimensional space and to provide directly the required distance information. Thus, the required signal processing of ultrasonic sensor can be kept simple compared to image processing.

To ensure that an object in any position is detected by ultrasonic sensors, a multiple sensor arrangement is required. Different sensors with specific characteristics have to be placed at the right position. A beam forming technique allows to modify the sensor characteristic so that the optimum sensor function is guaranteed [LANG93a].

To allow the control of the machine close to a wall, an ultrasonic sensor with a dead zone of only 2 cm and a beam width of ±45° has been developed. This sensor is able to detect the wall even if the robot is not perpendicular to it and simplifies the signal processing for distance control [LANG94].

Fig. 1: Ultrasonic Wall Following Sensor

To provide the exact position of an object, an ultrasonic scanner operating on the base of the phased array principle has been developed. This sensor allows to change the measurement direction and the beam width without mechanically moving parts and ensures a fast response time and a high mechanical robustness.

Fig. 2: Ultrasonic Scanner

Furthermore, mechanical scanners and long distance sensors are available.

These sensors are equipped with a CAN interface so that they can be easily combined to a complex sensor system according to the application specific needs.

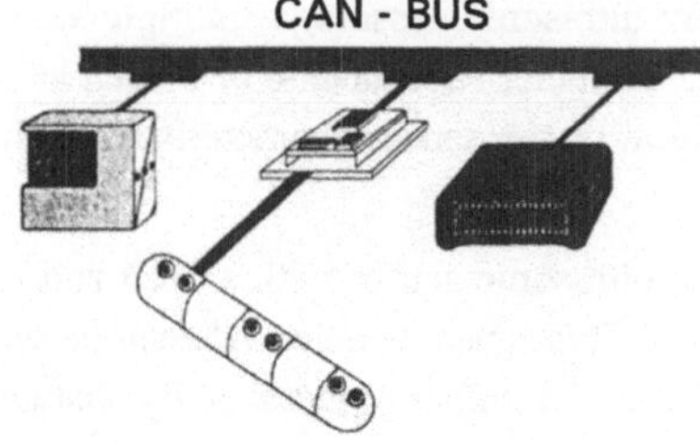

Fig. 3: Ultrasonic sensor system

Ultrasonic sensors might influence each other if they operate at the same frequency. Thus, a co-ordination of the measurements is required. While a master would carry out this task scheduling in a centralised system architecture, these smart sensors are equipped with an internal task scheduler. After the initialisation of the sensors, parallel measurements and measurement sequences are done by the sensors itself.

This approach allows to choose the optimum sensor configuration, to combine different sensors, to choose the optimum measurement timing and to upgrade the system easily.

4 Distributed Control for Ultrasonic Smart Sensors

The sensor control is designed in such a way, that the following requirements are fulfilled:

- The number of single sensors in the sensor system is variable.

- Different types of sensors, including scanning sensors, can be mixed in one system.

- Synchronisation between sensor measures is possible, in order to avoid acoustical interference between different sensors.

- One sensor is able to receive an echo generated by another one, if required.

The following sections describe features included in the system in order to achieve the above mentioned goals.

4.1 CAN-Bus as Communication Medium

In a typical service robot control a host computer reads data from different sensors and generates a path for the robot. When using point-to-point communication lines like RS-232, the number of interfaces needed in the computer increases with the number of sensors and increase the system costs. A bus system solves this problem, since the bus can be used by an arbitrary number of nodes, limited only by the bus bandwidth.

The CAN-Bus has been chosen as the ideal communication medium, since it requires few cabling (only two wires) and has a sufficient bandwidth (up to 1 Mbit/s). The robot control system needs only one interface. Those interface boards are available for almost every computer architecture like VME or PC.

4.2 Distributed Scheduler

For synchronising different sensor measurements, a scheduler is needed, which activates the sensors in application specific sequences. Some of the sensors have to be activated sequentially in order to avoid interferences while others can be activated in parallel in order to obtain maximum performance.

In most of the existing systems this scheduler is part of the robot control system, controlling all sensors as a master. The IPA ultrasound system uses a scheduler, which is distributed on all sensors connected to the system. This method has the following advantages:

- The robot control is not in charge of the scheduling. Thus there is more computing power available for other tasks.

- An increasing number of sensors increases also the complexity of the scheduler. This is not a problem for a distributed scheduler, since its computing power grows at the same time.

4.3 Virtual Sensors

The sensor system contains a number of *real sensors*, each of them consisting of a sound transmitter and a receiver. The functionality of the system is considerably increased by combining two or more real sensors to one *virtual sensor*. Using this feature, it is possible to detect objects between two sensors, that cannot be detected by one sensor alone.

4.4 Schedule Language

To start a sequence of measurements, a description of this sequence is sent to the sensor system. This description contains one entry for each measurement, which can be executed either once or cyclically. Each entry contains information about

- the virtual sensor it corresponds to (V flag)

- a number of events triggering the measurement (S and A flags)

- sensor specific parameters like the measurement angle for scanning devices (W flag)

Event triggering a measurements can be either the start of the sequence or the completion of a previous measurement.

The following examples show the way, how these schedule descriptions are constructed.

Example 1:

There are 3 sensors 1, 2, and 3. They shall be activated at the same time.

The following diagram visualises these requirements:

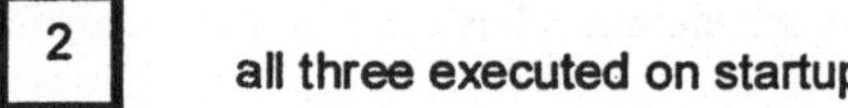

The corresponding schedule description would look as follows:

Entry	Comment
A1=[V1, S]	Sensor 1 is activated on startup
A2=[V2, S]	Sensor 2 is activated on startup
A3=[V3, S]	Sensor 3 is activated on startup

Example 2:

There are 3 sensors 1, 2, and 3. They shall be activated sequentially.

The following diagram visualises these requirements:

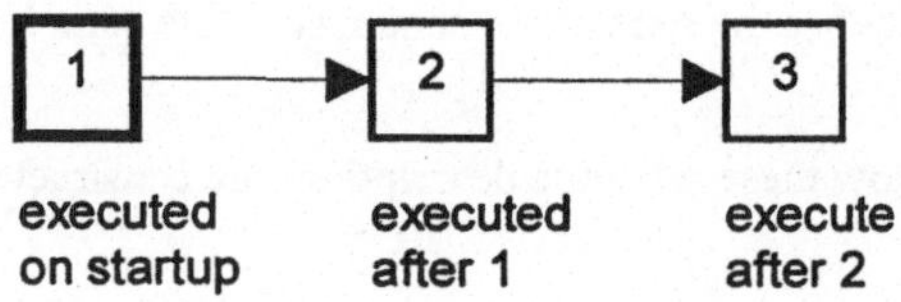

The corresponding schedule description would look as follows:

Entry	Comment
A1=[V1, S]	Sensor 1 is activated on startup
A2=[V2, A1]	Sensor 2 is activated after order 1 has finished
A3=[V3, A2]	Sensor 3 is activated after order 2 has finished

Example 3:

There are 3 sensors 1, 2, and 3. They shall be activated sequentially in a cycle, starting with sensor 1.

The following diagram visualises these requirements:

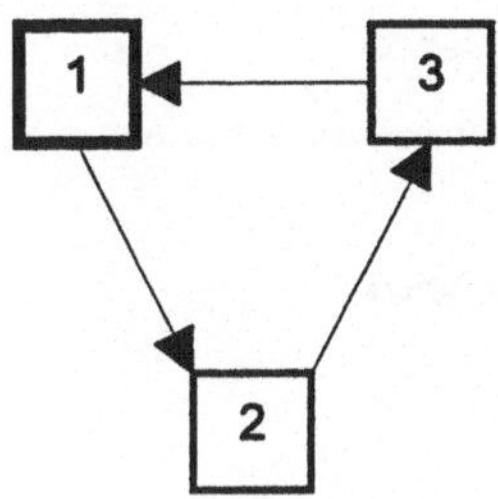

The corresponding schedule description would look as follows:

Entry	Comment
A1=[V1, A3, S]	Sensor 1 is activated on startup and after order 3 has finished
A2=[V2, A1]	Sensor 2 is activated after order 1 has finished
A3=[V3, A2]	Sensor 3 is activated after order 2 has finished

Example 4:

There are 6 sensors 1, 2, 3, 4, 5, and 6. Sensors 1, 2, 3 shall be activated in a cycle starting with sensor 1. Sensor 4, 5, 6 shall be activated in a cycle starting with sensor 4. The two cycles shall be synchronised in such a way, that sensors 1 and 4 are always activated at the same time.

The following diagram visualises these requirements:

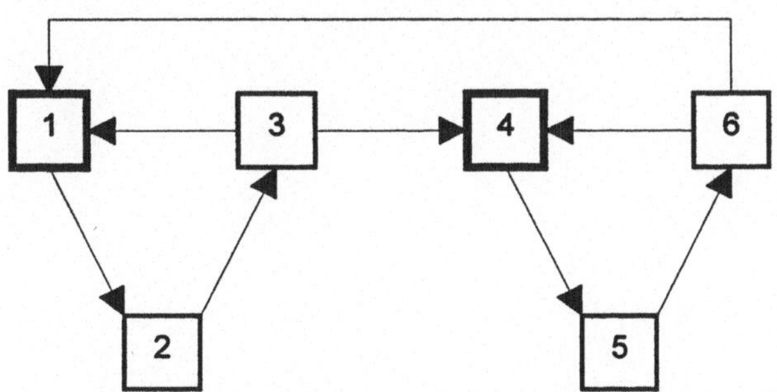

The corresponding schedule description would look as follows:

Entry	Comment
A1=[V1, A3, A6, S]	Sensor 1 is activated on startup and after orders 3 and 6 have finished
A2=[V2, A1]	Sensor 2 is activated after order 1 has finished
A3=[V3, A2]	Sensor 3 is activated after order 2 has finished
A4=[V4, A3, A6, S]	Sensor 4 is activated on startup and after orders 3 and 6 have finished
A5=[V5, A4]	Sensor 5 is activated after order 4 has finished
A6=[V6, A5]	Sensor 6 is activated after order 5 has finished

5 Summary and Conclusion

The Distributed Smart Sensor System is a ready-to-use subsystem for mobile robots. It can be integrated in existing systems, since its local intelligence allows easy access to an arbitrary number sensors. During runtime, the robot control is not in charge of activating the sensors at the right time and about the synchronisation between them.

However, the sensor system is also a kit, which allows the system engineer to configure his own application specific system just by selecting appropriate sensor components, connecting them and defining a schedule description.

Since the system is configurable in a wide range, it helps saving costs during research and development. Different alternative sensor configurations can be built up and tested easily.

Because of its modularity, enhancements of the sensor system does not affect the hardware architecture of the robot control.

The system has been implemented successfully in various mobile robot applications like inspection robots, automatic cleaning machines, and autonomously guided transport vehicles.

6 References

[DAHL94]   Dahlkemper, J.; Langen, A.:
Sensor Based Solutions for Automation.
In: Proceedings of 1st international CAN conference, September 13-14, 1994,
Mainz, Germany.

[LANG93a]   Langen, A:
Ein Verfahren zur Konstruktion anwendungsoptimierter Ultraschallsensoren
auf der Basis von Schallkanälen.
In: IPA-IAO Forschung und Praxis 185, Springer-Verlag Berlin, Heidelberg,
1993.

[LANG93b]   Langen, A.; Baum, W.:
Navigationsassistent für teilautonome mobile Roboter.
In: Schmidt, Günther (Hrsg.): Informationsverarbeitung in autonomen, mobilen
Handhabungssystemen. München, 1993.

[LANG94]   Langen, A.; Dahlkemper, J.:
Smart Ultrasonic Sensors. The Evolution from Low-Cost Perception Devices to
Sensor Function Modules Providing Autonomy to Mobile Robots.
25th International Symposium on Industrial Robots, April 25-27, 1994;
Hannover, Germany.

[SCHA95]   Schraft, R. D., Schaeffer, C.; Luz, J.:
Free-Ranging Fork Lift Carrier.
In: Proceedings of International Symposium on Automotive Technology and
Automation, September, 18-22, 1995, Stuttgart, Germany.

[SCHR93]   Schraft, R. D.:
Serviceroboter - von der Vision zur Realisierung, Koordinierte
Vorgehensweise bei der Entwicklung von Servicerobotern.
In: Technica; (1993) 7

Flexible Ausnahmebehandlung bei der Ausführung von Serviceaufgaben durch mobile Roboter

D. Glüer und G. Schmidt
Lehrstuhl für Steuerungs- und Regelungstechnik
Technische Universität München
D - 80290 München

1. Einführung

Mobile Serviceroboter übernehmen vielfältige und komplexe Aufgaben in Innenräumen und Außenanlagen, sei es für Kurierdienste, zum Reinigen von Bahnsteigen [8] oder als persönliche Assistenten zur Unterstützung Behinderter [9]. Im Rahmen solcher Einsätze müssen diese Maschinen in der Lage sein, sich selbständig Umweltveränderungen anzupassen, mit anderen intelligenten Systemen zu kommunizieren oder auf unerwartete (nicht-nominelle) Ereignisse (*Störungen*) autonom zu reagieren. Dazu muß, ausgehend von einer *Situationsanalyse*, eine geeignete *Ausnahmebehandlung* zur Wiederherstellung des Nominalzustandes bzw. für einen *"work around"* generiert und durchgesetzt werden.

Abweichungen vom Nominalfall können verschiedene Ursachen haben; so unterscheidet [12] zwischen *organisatorischen* und *technischen* Störungen. Zur Behandlung bedient sich sein *Störungsmanagement* der Mittel Planadaption (Anpassung der angenommenen Bearbeitungszeiten), Umplanung (begrenzte Modifikation zukünftiger Aufträge) und Neuplanung. Da das dort betrachtete System jedoch ein Fertigungsleitsystem ist, entfallen Störungen durch gleichberechtigte Partner; darüber hinaus sind auch zeitweilige Unterbrechungen von in Ausführung befindlichen Aufträgen nicht erforderlich.

Die zeitweilige Unterbrechung einer Bearbeitung wird am Beispiel eines dringenden Auftrages an KAMRO in [5] dargestellt. Allerdings werden dort nur Interrupts der überlagerten Ebene behandelt, nicht aber interne Meldungen, wie zur Neige gehende Vorräte oder Unzulänglichkeiten einzelner Funktionalitäten. Eine Unterbrechung ist dort nur nach Abschluß von Elementaroperationen (EEOs) möglich, z.B. nach einer Fügeoperation. Serviceroboter haben aber mitunter umfangreichere EEOs auszuführen, beispielsweise weiträumige Transportfahrten oder flächendeckende Kehroperationen. Daraus ergibt sich die Notwendigkeit, auch EEOs (innerhalb einer Zeitschranke) unterbrechen zu können.

Das bei HILARE [11] verwendete *Recovery Module* dient der Behandlung unerwarteter Umweltänderungen. Es arbeitet, ähnlich wie die meisten derartigen Systeme, regelbasiert. Viele Regeln sind aber i.A. wenig strukturiert oder stark miteinander verwoben und daher schlecht wartbar und erweiterbar. [3] schlägt daher die Zusammenfassung einer überschaubaren Anzahl von Regeln zu sog. *Rezepten* vor. Ergebnis ist aber in jedem Fall eine Folge von Maßnahmen zur Störungsbehebung, die strukturelle Ähnlichkeiten aufweisen, aber durch eine große Variation der Argumente (Funktionalitäten, Orte) und Parameter gekennzeichnet sind.

In diesem Beitrag soll daher ein neuer Ansatz zur Generierung von geeigneten Maßnahmen zur Bewältigung von *aufgabenbezogenen* Störungen vorgestellt werden:

Dazu werden die erforderlichen Maßnahmen zerlegt und in Mengen von Objekten, Eigenschaften und Tätigkeiten aufgeteilt und somit einer abstrakteren Betrachtungsweise zugänglich gemacht. Ziel ist es dabei, das Wissen zur Ausnahmebehandlung "orthogonal" zu strukturieren, so daß weitgehend rückwirkungsfreie Änderungen und Erweiterungen möglich sind. Ein systematisches Vorgehen dazu ist aus dem Bereich der *relationalen Algebra* bekannt [6]: Dort werden Datensätze zunächst in unabhängige Relationen (*Normalformen*) zerlegt, die für konkrete Anfragen bedarfsabhängig wieder verknüpft werden.

Die hier betrachteten Störungen können dabei sowohl von hierarchisch überlagerten als auch unterlagerten oder gleichberechtigten Systemen ausgelöst werden. Nicht betrachtet werden hingegen technische Defekte, die durch redundante Auslegung (z.B. *2 von 3 - Systeme*) abgefangen werden können, sowie sich in ihrer Wirkung überdeckende Mehrfachstörungen, so daß stets von einer eindeutigen *Situationsanalyse* ausgegangen werden kann.

In den folgenden Abschnitten werden die hier betrachteten Störungen und deren Behandlung klassifiziert, gefolgt von einer Übersicht über die verwendete Experimentierplattform und die Einbindung dieses neu entwickelten Verfahrens. Anhand eines Experiments mit dem autonomen mobilen Roboter MACROBE werden beispielhaft Ergebnisse zur Ausnahmebehandlung dargestellt und diskutiert. Der Beitrag schließt mit einer Zusammenfassung und dem Ausblick auf beabsichtigte Erweiterungen.

2. Klassifikation der Störungen und deren Behandlung

Bei Servicerobotern lassen sich Störungen nach Verursacher, Qualität und Mächtigkeit der erforderlichen Maßnahmen unterteilen. So kommen als Verursacher in Frage:

- ein überlagertes (externes) System, d.h. ein Leitsystem oder der Bediener;
- ein gleichberechtigtes (externes) System, das etwa mit dem Serviceroboter kommuniziert oder interagiert;
- ein unterlagertes oder internes (Sub-) System, z.B. eine Funktionalität oder ein Sensor;
- eine mangelhafte Übereinstimmung zwischen erwarteter und realer Umwelt,

wobei die letztgenannte Ursache in der Regel durch die unterlagerten Systeme behandelt oder gemeldet wird. Die Störungen sind also von unterschiedlicher Qualität:

- *Ausfälle* seien technische Defekte einzelner (Sub-) Systeme, die sich durch redundante Auslegungen abfangen lassen;
- *Hindernisse* sind Störungen, die durch Bahnmodifikation umfahren werden können [1];
- *aufgabenbezogenen* Störungen kann durch organisatorische Änderungen des geplanten Ablaufs (*Ausnahmebehandlung*) begegnet werden.

Ausfälle und Hindernisse können, falls sie sich nicht bereits auf unterlagerter Ebene beheben lassen, ebenfalls zu einer aufgabenbezogenen Störung oder Ausnahme führen.

Trotz unterschiedlicher Verursacher können aufgabenbezogene Störungen ähnliche Maßnahmen erfordern, so folgt sowohl durch abgenutzte Bürsten beim Kehren als auch auf einen Rückruf des Bedieners während einer Transportfahrt folgende Sequenz:

①   "Serviceroboter halte an"
②   "Serviceroboter fahre zum Start"

Die Ausnahmebehandlung läßt sich also als Kette von Maßnahmen beschreiben, wobei abhängig vom aktuellen Kontext einzelne Ergänzungen notwendig sein können, wie etwa die Wiederholung der nicht vollständig beendeten Operation, falls eine spätere Wiederaufnahme gewünscht wird. Die erforderlichen Maßnahmen sind von unterschiedlicher *Mächtigkeit*:

- *Elementarbefehle* sind allgemeine Kommandos, die keinen spezifischen Bezug auf gerade in Ausführung befindliche Tätigkeiten haben und das System *an sich* betreffen, so z.B. `wiederhole`, `lösche Auftrag`;

- *Einzeloperationen* sind (eingeschobene) Maßnahmen, die den Einsatz eines lokalen Planers (*"Experten"*, s.u.) erfordern, z.B. `rangiere`, `kommuniziere`;

- *Neuplanungen* wie z.B. `Fahre zum Start` wirken wie vom Leitsystem ausgesandte Aufträge und kommen einer Selbstprogrammierung des Serviceroboters nahe.

Den Stationen, die im Rahmen einer Neuplanung angefahren werden, sind bestimmte Eigenschaften zugeordnet (intelligentes System, enge Umgebung, etc.), die mitunter den Einsatz spezieller Funktionalitäten bedingen, beispielsweise um an einer intelligenten Station eine lokale Kommunikation aufzubauen.

Um nun eine bessere Strukturierung des Wissens über die erforderlichen Maßnahmen und deren Interdependenzen zu erreichen, wird das Wissen hier nicht durch umfangreiche Regelsätze repräsentiert, sondern in Form von Tabellen (*Relationen*) organisiert und manipuliert. Dafür stellt die relationale Algebra ein mathematisch fundiertes Konzept [6] zur Verfügung, für dessen genaue Definitionen und Sätze auf die einschlägige Literatur [7,10] verwiesen sei.

Durch die hiermit mögliche Aufteilung der Tabellen in *Normalformen* kann nicht nur die Übersichtlichkeit erhöht werden, sondern insbesondere lassen sich folgende *Anomalien* systematisch vermeiden:

- Einfügeanomalie *(insertion dependency)*: Es wird unvollständiges Wissen eingegeben, so daß eine spätere eindeutige Identifizierung nicht mehr möglich ist.

- Löschanomalie *(deletion dependency)*: Löschen einer Information führt zum impliziten Verlust weiteren Wissens.

- Änderungsanomalie *(update dependency)*: Obwohl sich nur eine Information geändert hat, sind mehrere Einträge zu modifizieren.

Mit zunehmender Normalisierung wächst zwar die Sicherheit konsistenter Datenhaltung, andererseits nimmt der Rechenaufwand insbesondere bei der Bildung eines kartesischen Produktes über mehrere Relationen drastisch zu.

Als Ergebnis der Analyse und Klassifikation der Ausnahmebehandlung bei einem Serviceroboter erfolgt die Strukturierung des Wissens hier schließlich in fünf Basis- Relationen:

(A)   Relation der Situationsanalysen und der erforderlichen Therapieschritte (Maßnahmen),

(B)   Relation der Maßnahmen bei Neuplanung und möglicher Beschränkungen,

(C)   Relation der Elementarbefehle,

(D)   Relation der Einzeloperationen,

(E)   Relation der Orte, ihrer Eigenschaften und ihrer Lagekoordinaten.

Folgende Selektion generiert dann ausgehend von einer Situationsanalyse einen Therapievorschlag: [1]

$$\sigma_{\text{Situationsanalyse}} (A \bowtie (\Pi_x(B) \cup \Pi_x(C) \cup \Pi_x(D))) \tag{1}$$

Ist das Ergebnis dieser Abfrage eine nicht-leere Menge, ist eine Therapie mit den erforderlichen Argumenten bekannt. Befindet sich darunter eine Neuplanung, so führt die folgende Verknüpfung und Selektion zu einer Zerlegung (*Expansion*) dieses Auftrags:

$$\sigma_{(.)} (B \times D \times E) \tag{2a}$$

mit der Bedingung (.) :

```
Auftrag     = B.Aufgabe      ∧
B.Operation = D.Operation    ∧
B.Ort       = E.Ort          ∧
B.Restriktion = E.Eigenschaft
```

$$\tag{2b}$$

Auf der Grundlage dieses Vorgehens ist also eine Reduzierung der Regeln auf wenige Boole'sche Bedingungen gelungen, mit denen nun alle Ausnahmen bearbeitet werden. Detailliertes Wissen über Orte, Eigenschaften, Zuständigkeiten, etc. ist in Relationen abgelegt und kann gezielt und unter Vermeidung der genannten Anomalien modifiziert werden.

3. System MACROBE

Das beschriebene Vorgehen wurde mit dem autonomen mobilen Roboter MACROBE getestet: MACROBE hat eine hierarchische Systemstruktur mit Bewegungssteuerungs-, Experten- und Koordinationsschicht [2], Abb. 1.

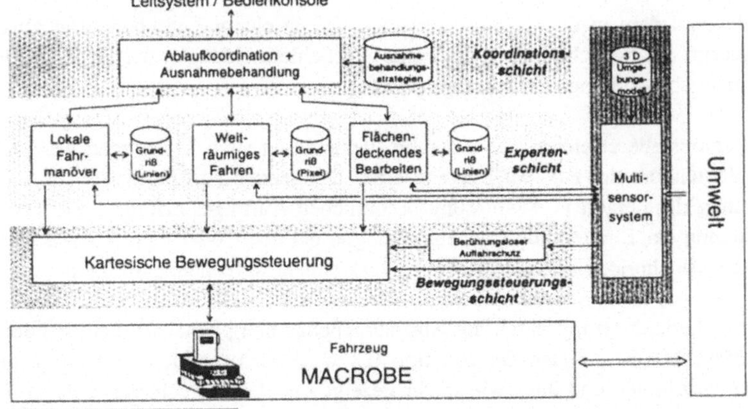

Abb. 1: Systemstruktur von MACROBE

---

[1]   Der $\bowtie$ - Operator symbolisiert den natürlichen Verbund (*natural join*)

Die Experten sind dabei auf bestimmte Teilaufgaben hin optimierte *Autonomiebausteine* mit einem schnellen Perzeptions-, Planungs- und Ausführungs- Kreislauf [1,4,8]. Ihre spezifischen Fähigkeiten bzw. Einsatzbereiche werden in der Relation der Einzeloperationen (D) abgelegt.

Während der Ausführung wird jeweils ein Experte von einem Betreuer in der Koordinationsschicht gesteuert und beobachtet. Zwei derartige Betreuer sind über Semaphore miteinander verkoppelt (*"Tandemstruktur"*, Abb. 2) und ermöglichen bei entsprechend kooperativem Verhalten der Experten einen "Pilotenwechsel" während der Fahrt *ohne* Zwischenstopp.

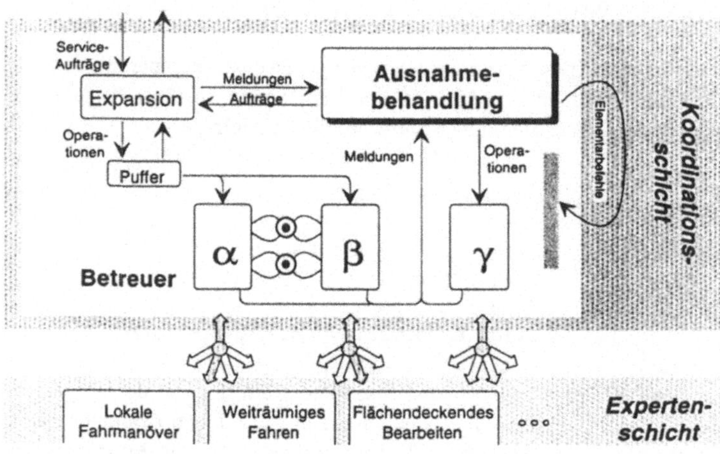

Abb. 2: Schematische Darstellung der Koordinationsschicht

Das kooperative Verhalten der Experten erfordert erstens, daß sie zum Ende ihrer Ausführung eine (fortlaufend aktualisierte) Prognose des Zieles ausgeben, auf die sich der nachfolgende Experte durch Ausgabe einer "passenden" Stellgröße für einen stoßfreien Übergang vorbereiten kann. Zweitens müssen die Experten während ihrer Ausführung in Verbindung mit ihrem Betreuer bleiben, um etwa auf Verlangen die Ausführung zu unterbrechen. Schließlich liefern die Experten im Falle von Ausnahmen eine Situationsanalyse, z.B. "Trassenblockade".

Die Betreuer werden mit dem in *Operationen* zerlegten und in einem Zwischenpuffer abgelegten Auftrag versorgt. Sie benachrichtigen im Falle von Fehlermeldungen der Experten die eigenständige Ausnahmebehandlung über *message passing* .

Über die gleiche Schnittstelle erreichen die Ausnahmebehandlung auch Meldungen des Leitsystems oder der Bedienkonsole, z.B. bei Eingang eines dringenden Auftrages, der die zeitweilige Unterbrechung des derzeit in Ausführung befindlichen Auftrages erfordert. Sensoren, die etwa die Abnutzung der Bürsten überwachen, erzeugen bei über- oder unterschreiten von Grenzwerten über eine hochpriorisierte Überwachungstask eine entsprechende Meldung .

Nach Eingang einer Meldung erfolgt durch die Ausnahmebehandlung zunächst eine Standortbestimmung von MACROBE: Anhand der Relation (E) wird versucht, den dem Ort zugehörigen Namen herauszufinden und ihn - wie später gezeigt - als Unterbrechungspunkt in der Datenbank abzuspeichern. Um die weiteren Schritte vorzubereiten, werden dann abhängig von diesem Standort durch weitere Anfragen an die Datenbank nächstmögliche Wendeplätze und Ausweichbuchten bestimmt.

Anschließend erfolgt auf Grundlage von Gl. (1) die eigentliche Abfrage, ob eine Therapie für die gemeldete Ausnahme bekannt ist. Sind mehrere Therapien möglich, wird die erstbeste gewählt, sofern sie nicht unmittelbar zuvor bereits fehlschlug. Ist keine (weitere) bekannt, wird das Leitsystem benachrichtigt bzw. es erfolgt eine Störungsmeldung über die Bedienkonsole, um auf weitere Anweisungen zu warten.

Die sortierten Ausgaben werden anschließend abgearbeitet. Wie in Abschnitt 2 gezeigt, lassen sich die durchzusetzenden Therapiemaßnahmen in Neuplanungen, Einzeloperationen und Elementarbefehle aufteilen: Neuplanungs- Aufträge werden an die Auftragszerlegung (*"Expansion"*) gesendet, für Einzeloperationen steht ein Betreuer γ zur Verfügung. Dies ist insbesondere bei den Übergangsphasen erforderlich, wenn die Betreuer α und β bereits belegt sind. Elementarbefehle wie "wiederhole" oder "lösche Auftrag" betreffen innerhalb der Koordinationsschicht unterschiedliche Module.

Die *Expansion* zerlegt also die vom Leitsystem, von der Bedienkonsole oder von der Ausnahmebehandlung eingehenden Aufträge. Dies geschieht durch Verknüpfung der Relationen und anschließender Selektion der Maßnahmen zur Neuplanung, der Experten und der Orte entsprechend Gl. (2) .

Die Relation der Orte umfaßt zunächst lediglich fixe Stationen. Für eine Ausnahmebehandlung ist es darüber hinaus erforderlich weitere, *variable* Orte zu verwenden, wie den Startpunkt, den Ort der Unterbrechung bei einer Ausnahmebehandlung, den nächstliegende Wendeplatz, oder auch alternative Ziele, falls eine Station belegt sein sollte. In einer weiteren Relation (F) werden deshalb die zugehörigen *absoluten* Ortsnamen (WORKCELL_2, LADESTATION) abgespeichert. Diese Relation wird nun mit der erwähnten Relation der Orte, ihrer Eigenschaften und Koordinaten verknüpft, wodurch die variablen Orte ebensogut als Zielangaben verwenden lassen:

$$E \cup \Pi_E (E \bowtie F) \tag{3}$$

Befindet sich MACROBE zum Zeitpunkt der Unterbrechung an oder in der Nähe einer bekannten (engen) Station, wird zur Weiterfahrt der dem Ziel nächstliegende Abrückpunkt dieser Station ausgewählt, sonst wird von der Auftragszerlegung keine Abrückoperation erzeugt. Zur Fortsetzung des unterbrochenen Auftrags wird später die Nominalstellung an der Station angefahren. Wurde eine Operation unterbrochen und konnte nicht erfolgreich beendet werden, wird sie ab dem Unterbrechungspunkt wiederholt (*Wiederaufsetzpunkt*).

Im derzeitigen Ausbauzustand ergibt sich die in Abb. 3 skizzierte Struktur der Datenbank. Neben den bereits erwähnten Relationen ist weiteres Geometriewissen in den Relationen (G) und (H) abgelegt. Die sich aus (1), (2) und (3) ergebenden Verknüpfungen sind durch Verbindungslinien dargestellt:

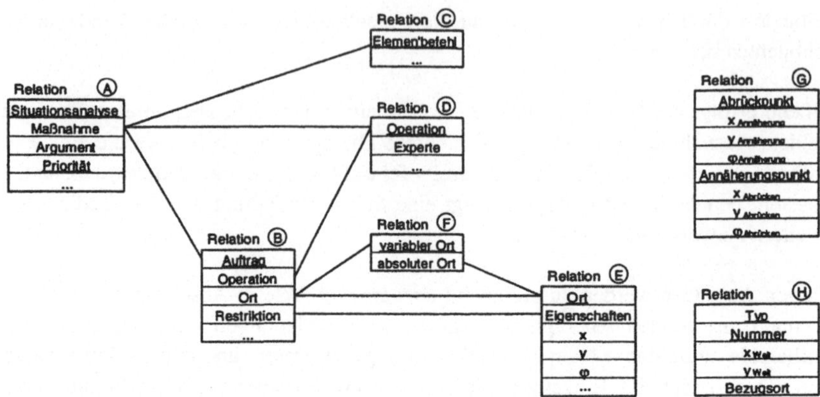

Abb. 3: Struktur der verwendeten Datenbank

4. Experiment

Das beschriebene Verfahren wurde mit dem autonomen mobilen Roboter MACROBE in den Räumen des Instituts im Rahmen verschiedener Experimente erprobt. Beispielsweise laute ein Serviceauftrag KEHRE GROSSLABOR. Die Auftragszerlegung generiert daraus die Sequenz

- AUSDOCKEN, d.h. Abrücken vom Ausgangsort, da dieser als "eng" in der Datenbank beschrieben wurde, als Experte wird *Lokale Manöver* ausgewählt;

- FAHREN in das Großlabor, es handelt sich um eine längere Strecke, der Experte *Weiträumiges Fahren* ist zuständig;

- KEHREN des Großlabors entsprechend den Fahrbefehlen des Experten *Flächendeckendes Fahren.*

Die in einem FIFO- Puffer abgelegten Operationen werden dort von den Betreuern α und β bei Bedarf entnommen. Beispielsweise entnimmt der Betreuer α die erste Operation: AUSDOKKEN LADESTATION und übermittelt sie an den Experten LOKALE MANÖVER. Der Experte wurde bereits bei der Auftragszerlegung zugeordnet, ließe sich aber alternativ auch erst durch den Betreuer mittels entsprechender Datenbankanfrage festlegen, um damit auch Änderungen durch unmittelbar vorhergegangene Ausnahmebehandlungen mit zu berücksichtigen. Die daraus folgende Spur des Fahrzeugs zeigt Abb. 4a .

Während der Ausführung melde nun ein entsprechender Sensor einen Defekt an einer Bürste. Eine Überwachungstask benachrichtigt die Ausnahmebehandlung mit der Klartextmeldung BÜRSTEN DEFEKT.

Gemäß den in der Datenbank abgelegten Ausnahmebehandlungsstrategien wird folgende Therapie ausgearbeitet:

- EXPERTEN STOPPEN (Elementarbefehl) ;
- AUFTRAG SICHERN (Elementarbefehl) ;
- FAHRE ZU START (Neuplanung) ;

- AUSTAUSCH BÜRSTEN (Neuplanung) ;

- FAHRE ZU WIEDERAUFSETZPUNKT (Neuplanung) ;

- WIEDERAUFNAHME DES ALTEN AUFTRAGS (Elementarbefehl) .

Die Fahrt zurück zur Ladestation zeigt Abb. 4b, Abb. 4c die Rückkehr zum Unterbrechungspunkt, der in diesem Experiment auf freier Strecke liegt; daher entfällt die zusätzliche Anfahrt
eines Annäherungspunktes. Schließlich zeigt Abb. 4d den Abschluß der Kehroperationen.
MACROBE bleibt am Zielort stehen, um von dort aus, je nach Auftrag, zum Start zurückzu-
kehren oder einen weiteren Raum zu kehren.

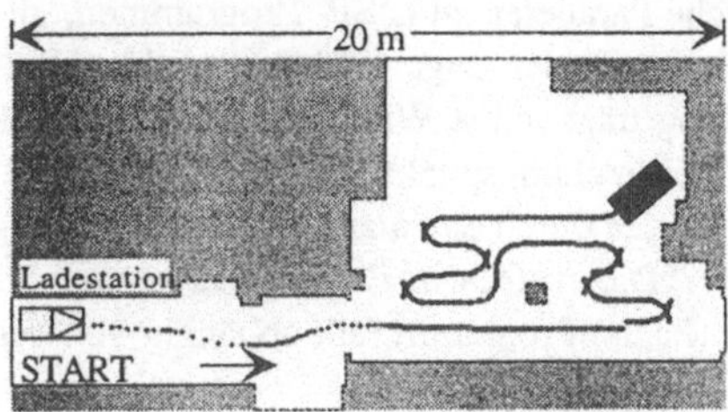

Abb. 4a: Fahrt von der Ladestation (START) in das
Großlabor und Beginn der Kehroperation.

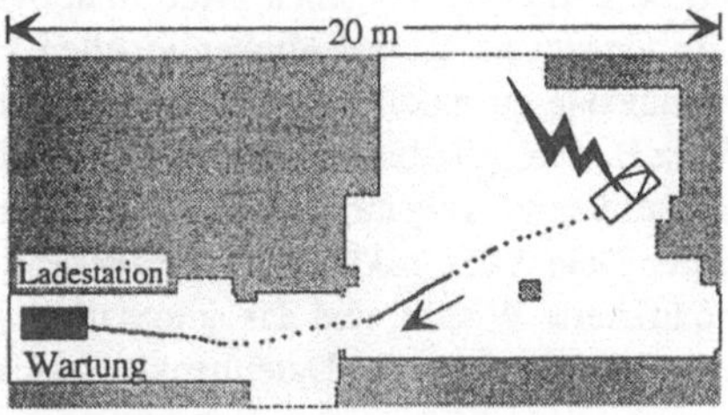

Abb. 4b: Unterbrechung der Kehroperation und
Rückkehr zwecks Wartung.

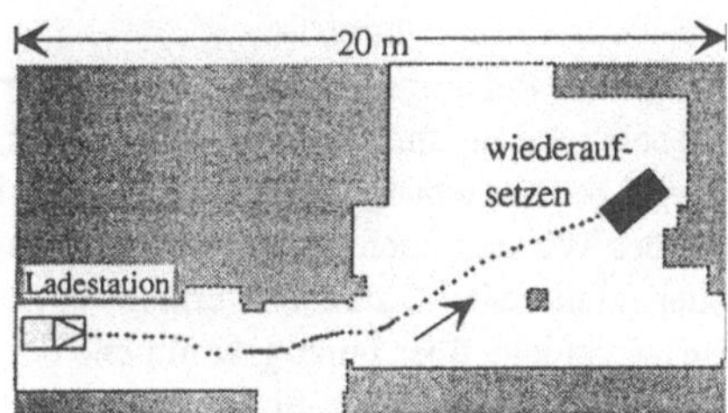

Abb. 4c: Fahrt zum Wiederaufsetzpunkt nach
Austausch der Bürsten.

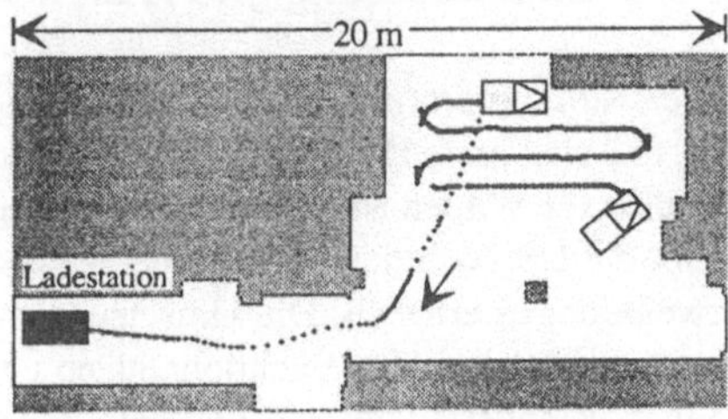

Abb. 4d: Abschluß der Kehroperation und
Rückkehr zum Start.

5. Diskussion

Da die Ablaufkoordination die Algorithmen der Experten nicht kennt, und jeder Experte darüber hinaus seine spezifische Umweltmodellierung verwendet, arbeitet die Ablaufkoordination
ereignisorientiert. Ausnahmen und Rückmeldungen erfolgen asynchron; Eigenschaften und
Fähigkeiten der Experten sowie Operationen werden symbolisch beschrieben. Um in das
Gesamtsystem auch kartesisch arbeitende Experten einzubinden und um Mehrdeutigkeiten zu
vermeiden, werden die Operationen unter Verwendung der Datenbank mit Nominalkoordi-
naten versehen.

Abfragen lassen sich recht anschaulich mit Hilfe der relationalen Algebra entwickeln,
optimieren (s.u.) und mit Datenbank- Abfragesprachen (typischerweise SQL) anschließend
implementieren. Da das Datenbankmanagementsystem (DBMS) für die Integrität der Daten
verantwortlich ist, sind auch Recovery- Mechanismen, z.B. bei Kommunikationsverlust, automatisch mit implementiert. Änderungen der Datenbank sind online, während der Ausführung

eines Auftrages auch über externe Rechner möglich und werden erst nach Abschluß (*two-phase commit*) gemeinsam aktiviert und bei der nächsten Ausnahmebehandlung oder Auftragszerlegung verwendet.

Mit Hilfe der Relationalen Algebra können auch Unzulänglichkeiten mancher Datenbank-Sprachen umgangen werden. So läßt sich der *natürliche Verbund* durch ein *kartesisches Produkt* mit entsprechenden Bedingungen substituieren oder bei großen Datenmengen kann eine Abfrage aufgeteilt werden. Weitere Optimierungsmöglichkeiten ergeben sich u.a. durch Anwendung des Assioziativgesetzes.

Das beschriebene Vorgehen zeigt im übrigen zahlreiche Parallelen zu LISP- Programmen, die - im Gegensatz zu den konventionellen Hochsprachen - in der Lage sind den eigenen Programmcode zu modifizieren: Die Ausnahmebehandlung trägt selbst Wissen in die Datenbank ein, z.B. den gewählten Ausgangspunkt oder den Unterbrechungspunkt. Denkbar ist auch bei Ausfall eines Navigations-Sensors die betroffenen Experten durch einen automatischen Eintrag in der Datenbank zukünftig durch andere zu ersetzen. Die Auftragszerlegung verwendet das modifizierte Wissen, und das automatisch generierte (Fahr-) Programm fällt abhängig von den aktuellen Einträgen der Datenbank unterschiedlich aus.

6. Zusammenfassung und Ausblick

Durch Strukturierung der Ausnahmebehandlung in Form von Relationen konnte erreicht werden, daß sich umfangreiche Regelsätze durch wenige Boole'sche Bedingungen ersetzten lassen. Detailliertes Wissen ist in Tabellenform abgelegt und wird bedarfsabhängig verknüpft. Folglich bleibt die Übersichtlichkeit und die Abgeschlossenheit des Wissens auch bei Änderungen und Erweiterungen erhalten. Die Umsetzung mit Hilfe einer relationalen Datenbank erlaubt es dabei, neues Wissen über Funktionalitäten und deren Einsatzgebiete, über hinzugekommene oder baulich veränderte Stationen und natürlich auch über neue Auftragstypen on-line einzugeben.

Voraussetzung ist ein wohlüberlegter Entwurf der Datenbankstruktur: Die Auswahl der relevanten Attribute der Relationen ist eine strategische Entscheidung, die bei geschickter Wahl dann aber viel Flexibilität unter Vermeidung unnötigen (Daten-) Ballastes bietet.

Mit der derzeitigen Implementation können folgende Ausnahmen behandelt werden:

Ausnahmen, verursacht durch überlagerte (Leit-) Systeme:
* Stornierung des aktuellen Auftrags
* Eingang eines dringenderen Auftrags

Ausnahmen, verursacht durch gleichberechtigte Systeme:
* anderes System nicht bereit, Alternative anfahren
* anderes System wünscht räumlichen Versatz

Ausnahmen, verursacht durch Bordsensoren oder unterlagerte Systeme:
* Bürsten defekt
* Landmarke nicht erkannt

- Kommunikationsfehler bei lokaler Interaktion

<u>Ausnahmen, hervorgerufen durch Veränderungen in der Umwelt:</u>

- Trassenblockade
- unzureichender Wendeplatz

Die verwendete Datenbank Rdb/ELN setzt auf dem Betriebsystem VAXELN auf und läuft auf dem Fahrzeugrechner, einer μVAX 3300. Die Rechenzeit für eine Ausnahmebehandlung liegt (ohne Indizierung) bei dem z.Zt. recht ausgelasteten System bei ca. 10 Sekunden. Die Pflege der Datenbank erfolgt extern über Funk-Ethernet von einem VAX-Cluster.

In Vorbereitung sind Erweiterungen, die auch eine Behandlung von Ausnahmen während einer Ausnahmebehandlung betreffen.

Die berichteten Forschungsergebnisse entstanden im Rahmen des von der Deutschen Forschungsgemeinschaft (DFG), Bad Godesberg, an der TU München geförderten Sonderforschungsbereiches SFB 331 "Informationsverarbeitung in autonomen, mobilen Handhabungssystemen".

7. Literatur

[1]   Azarm, K.; Schmidt, G., *Integrated Mobile Robot Path Planning and Execution in Changing Indoor Environments*, Proceedings of the IEEE International Conference On Intelligent Robots and Systems (IROS), München, 1994, S. 298-305

[2]   Azarm, K.; Bott, W.; Freyberger, F.; Glüer, D.; Horn, J.; Schmidt, G., *Autonomiebausteine eines mobilen Roboterfahrzeugs für Innenraumumgebungen*, Informationstechnik und Technische Informatik 36, 1994, Vol. 1, S. 5-11

[3]   Bieker, B., *Beiträge zu Wissenserwerb und Wissensrepräsentation für Expertenregler*, Dissertation, TU München, 1988

[4]   Bott, W.; Freyberger, F.; Schmidt, G., *Automatic Local Manouevre Planning and Execution for Car-like Mobile Robots*, Proceedings of the IFAC Workshop on Motion Control, München, 1995

[5]   Cheng, X., *An On-line Planning System For A Mobile Two-Arm Servicing Robot In A Manufacturing Environment*, Rembold, U. et. al. [Hrsg.], Intelligent Autonomous Systems IAS-4, Karlsruhe, 1995, S. 101-108

[6]   Codd, E.F., *A Relational Model of Data for Large Shared Data Banks*, Commun. of the ACM, Vol. 13, No. 6, 1970, S. 377-387

[7]   Hagen, M.; Will, L., *Relationale Datenbanken in der Praxis*, Verlag Technik GmbH, Berlin, 1993

[8]   Hofner, C.; Schmidt, G., *Path planning and guidance techniques for an autonomous mobile cleaning robot*, Special Issue "Research on Autonomous Mobile Systems", Robotics and Autonomous Systems Vol.14, 1995, Vol. 2-3, S. 199-212

[9]   IEEE Transactions on Rehabilitation Engineering, Special Issue: Vol. 3, March 1995

[10] Maier, D., *The Theory of Relational Databases*, Computer Science Press, Rockville, 1983

[11] Noreils, F. R.; Chatila, R. G., *Plan Execution Monitoring and Control Architecture for Mobile Robots*, IEEE Transactions on Robotics and Automation, Vol. 11, April 1995, S. 255-266

[12] Simon, D., *Fertigungsleitsystem mit integriertem Störungsmanagement*, Rembold, U. et. al. [Hrsg], 8. Fachgespräch Autonome Mobile Systeme, Karlsruhe, 1992, S. 106-115

Simulation und Regelung eines Rohrkrabblers

Th. Roßmann, F. Pfeiffer
Lehrstuhl B für Mechanik, TU München
Luisenstr. 37a, 80290 München

Zusammenfassung: In dieser Arbeit wird ein „Achtbeiniger Rohrinspektionsroboter" vorgestellt, sein Aufbau erklärt und seine Steuerung genauer beschrieben. Letzteres umfaßt sowohl das Steuerungskonzept als auch die Reglersynthese. Des weiteren wird auf das mechanische Modell und dessen Umsetzung in ein Simulationsprogramm eingegangen. Die Zulässigkeit der Modellvereinfachung für die Reglersynthese wird geprüft und Simulationsergebnisse mit der entworfenen Regelung werden gezeigt.

1 Einleitung

Heutzutage existieren viele verschiedene Arten von Rohrsystemen. Um Inspektionen und Reparaturen vom Rohrinneren aus durchführen zu können, wurden Maschinen entwickelt, die sich fahrend oder raupenförmig vorwärts bewegen. Alle haben dabei systemspezifische Schwierigkeiten, wie Traktionsprobleme oder mangelnde Flexibilität. Hier soll ein mobiler Roboter vorgestellt werden, der sich gehend fortbewegt, indem er sich im Rohr verspreizt.

2 Aufbau des Roboters

Wie im Bild 1 erkennbar, besitzt das Gerät acht Beine, von denen jeweils vier vorne und vier hinten sternförmig angeordnet sind. Jedes Bein hat zwei aktive von DC- Motoren getriebene Gelenke, die dem Bein innerhalb der jeweiligen Ebene volle Beweglichkeit geben. Ein zusätzliches mit viskoelastischen Materialien gefedertes passives Gelenk zwischen Zentralkörper und Bein ermöglicht kleine Ausgleichsbewegungen senkrecht dazu.

Der Krabbler hat eine Länge von ca. $0.75m$ und kann in Rohren mit ca. $60-70cm$ Durchmesser arbeiten. Der Abstand der beiden aktiven Gelenke beträgt $15cm$ und die Länge des unteren Segments ca. $17cm$. Das Hüftgelenk kann ein Spitzenmoment von $78Nm$ und ein Dauermoment von $40Nm$ aufbringen. Die entsprechenden Werte des Kniegelenks betragen $78Nm$ und $20Nm$. Ein Bein kann damit voll ausgestreckt das 12-fache bzw. das 6.5-fache seines Eigengewichts tragen und stellt eine Weiterentwicklung einer erfolgreich eingesetzten Variante dar [2] [9]. Der Roboter hat mit der gesamten Elektronik ein Gewicht von ca. $20kg$. Genauere Details über die mechanischen Bauteile sind [6] zu entnehmen.

Der Roboter wird mit Hilfe von fünf auf ihm befindlichen Mikrocontrollern 80C167C gesteuert. Vier davon werden für je zwei gegenüberliegende Beine eingesetzt. Der fünfte ist eine zentrale Einheit. Die Controller können miteinander über ein CAN- Bussystem (Controller Area Network) kommunizieren.

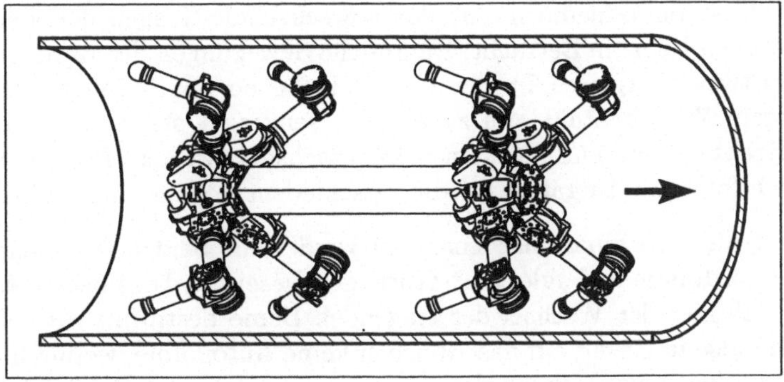

Abbildung 1: Konstruktive Gestaltung des Rohrkrabblers

Jedes aktive Gelenk hat jeweils ein Potentiometer zur Erfassung des Gelenkwinkels und ein Tachometer für die Motordrehzahl. Des weiteren können die Beinkräfte in allen drei Raumrichtungen gemessen werden. Weitere Sensoren sind vorläufig nicht vorgesehen, können aber bei Bedarf leicht hinzugefügt werden.

3 Struktur der Krabblersteuerung

In der im folgenden vorgestellten Steuerungsstruktur soll eine Fortbewegung in geraden und gekrümmten Rohren unabhängig von der Lage des Roboters im Rohr und vom Neigungswinkel des Rohres gegenüber der Horizontalen ermöglicht werden. Dabei werden an sie folgende Anforderungen gestellt:

- Realisierung der Bewegung und Kontrolle der Position
- Sicheres Beherrschen der Beinkräfte, um ein Durchrutschen von Beinen oder Abgleiten des Krabblers zu verhindern
- Auf Grund der Steuerungselektronik und der klaren Struktur weitestmöglich dezentrale Realisierung trotz starker Koppelung tragender Beine
- Erweiterbarkeit auf schwierigere Rohrgeometrien

Ausgehend von den am Institut vorhandenen Erfahrungen mit der Steuerung von Laufmaschinen [13] [10], wurde eine Struktur mit zwei hierarchisch unterteilten Ebenen (siehe Bild 2) gewählt, von denen jede wiederum in einen zentralen und einen lokalen Bereich (Beinbereich) aufgeteilt werden kann. Die oberen Ebenen decken Koordinationsaufgaben ab, während die unteren die Kontrolle der Lagen und Kräfte durchführen (operative Ebenen). Durch diese Aufteilung ist einerseits eine funktionsgerechte Strukturierung und andererseits die Lösung verschiedener Aufgaben nur unter Einbeziehung betroffener Komponenten möglich.

Da das gewählte Gangmuster auf die Koordination rückwirkt, muß es als erstes festgelegt werden. Bei der vorgestellten Maschine kommt auf Grund der eingeschränkten Beinkinematik nur das abwechselnde Tragen der vier in einer Ebene gelegenen Beine in Betracht. Räumliche Bewegungen des Roboters müssen durch schrittweises Agieren in den zwei Beinebenen approximiert werden. Bei gleichzeitigem Wandkontakt von zueinander senkrecht stehenden Beinen kann sich der Krabbler nur entlang seiner Längsachse bewegen. Darauf aufbauend ergeben sich folgende Aufgaben für die verschiedenen Steuerungseinheiten:

- Die zentrale Koordinationsebene: Hier werden die beiden Beinebenen zueinander koordiniert und „globale" Störungen beseitigt. Dies bedeutet in erster Linie, daß hier der Wechsel der tragenden Beine bestimmt wird. Die Beine besitzen also in Bezug auf das Abheben keine Autonomie, wodurch eine hohe Tragsicherheit gewonnen wird.
- Die dezentrale Koordinationsebene: Diese kontrolliert den Schrittablauf eines Beines. Das Wechseln der Phasen (Abheben, Rückschwingen, Aufsetzen, Bodenphase) und das Reagieren auf lokale Störungen werden verarbeitet.
- Die zentrale operative Ebene: Die Zentralkörperlage wird hier geregelt, indem die Beine als Stellglieder verwendet und ihnen Sollkräfte vorgegeben werden. Die besondere Schwierigkeit liegt in den Nebenbedingungen bei der Kraftverteilung, wie zum Beispiel Einhalten der Haftbedingungen.
- Die dezentrale operative Ebene: Diese Ebene kontrolliert während des Bodenkontakts das Aufbringen der vorgegebenen Kräfte und in den anderen Phasen die Bewegung eines Beines.

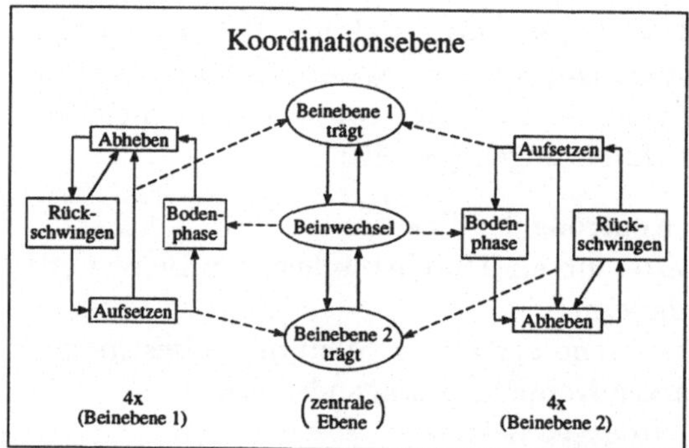

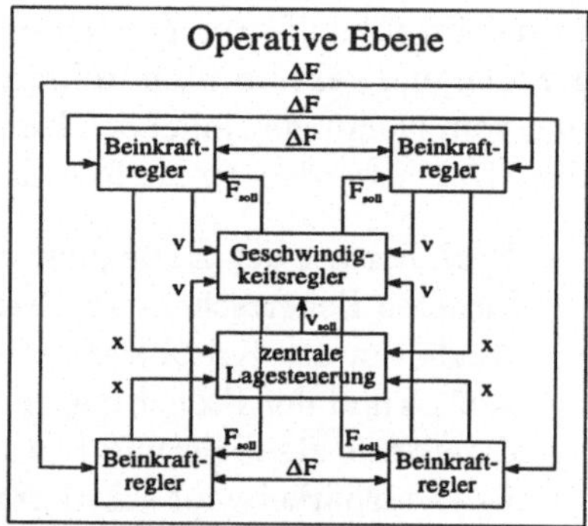

Abbildung 2: Koordinationsmechanismen und operative Ebene

4 Simulation und Dynamik

Es wurde ein Simulationsprogramm entwickelt, das alle relevanten Systemeigenschaften erfaßt. Da die elastischen Eigenfrequenzen der Bauteile sehr hoch sind, ist eine Modellierung als Starrkörpermodell angebracht. Die Einzelkörper sind der Zentralkörper, die Motoren, Getriebe und Beinsegmente. Anders als bei Industrierobotern haben die Steifigkeiten der Getriebe keine relevanten Auswirkungen auf das Systemverhalten (zusätzliche gut gedämpfte Eigenfrequenzen oberhalb von $150Hz$). Dies liegt an der Leichtbauweise, den kurzen Hebelarmen und den damit sehr geringen Trägheitsmomenten. Großen Einfluß auf die Motorbelastungen und die Regelung hat dagegen die hohe Reibung der verwendeten Harmonic- Drive- Getriebe, die einen sehr stark belastungsabhängigen Charakter hat (Coulomb'sche Reibung). Um dies erfassen zu können, wurde ein spezielles Getriebemodell entwickelt, bei dem in Abhängigkeit des übertragenen Moments entgegen der Drehrichtung wirkende Reibmomente berechnet und in den Getriebestufen aufgeschaltet werden. Dabei ist auch ein Haften der Getriebe möglich. Durch eine „Vorspannung" der Getriebe werden auch Erscheinungen wie No-Load Starting Torque und No- Load Back Driving Torque [5] erfaßt. Beschrieben wird die Dynamik durch folgende Gleichungen [8] [11]:

$$M\ddot{q} = h + W_N\lambda_N + W_H\lambda_H + H_R\left(\lambda_{abs,N} + \lambda_0\right) \qquad (1)$$

$$\ddot{g}_N = W_N^T\ddot{q} + \tilde{w}_N = 0 \qquad (2)$$

$$\ddot{g}_H = W_H^T\ddot{q} + \tilde{w}_H = 0 \qquad (3)$$

$$\text{mit:} \qquad H_{Ri} = -\mu_i w_{Ti}\text{sign}(\dot{g}_{Ti}) \qquad (4)$$

$$\lambda_{abs,Ni} = |\lambda_{Ni}| \qquad (5)$$

Hierbei sind M die Massenmatrix, h der Vektor der eingeprägten Kräfte und Momente und der nichtlinearen Trägheitskräfte. Im Vektor der Freiheitsgrade $q\epsilon R^{62}$ sind neben den sechs Zentralkörperfreiheitsgraden und den Gelenkwinkeln auch die Freiheitsgrade der Motoren und Getriebe enthalten. λ_N ist der Vektor der übertragenen Getriebemomente, λ_H der der Zwangsmomente durch Haften von Getrieben und λ_0 der der Getriebevorspannungen. Entsprechend heißen die Zwangsbedingungen g_N, g_H mit den Jacobimatrizen W_N und W_H. Die Momente λ_N wirken beidseitig und können mit den Zwangskräften einer zweiseitig wirkenden Führung verglichen werden. Die Reibmomente der drehenden Getriebe, welche von den Absolutwerten $|\lambda_{Ni}|$, den Getriebevorspannungen λ_{0i} und den Reibbeiwerten μ_i abhängen, werden mit Hilfe von w_{Ti} in die jeweiligen Gleitrichtungen projiziert. Wie bei einseitigen Reibbindungen ist der Übergang von Haften nach Gleiten durch die Kraftbedingung $\mu(|\lambda_{Ni}| + \lambda_{0i}) = \lambda_{Ti}$ und von Gleiten nach Haften durch die kinematische Bedingung $\dot{g}_{Ti} = 0$ gegeben. Da es sich um abhängige Reibkontakte handelt, müssen die Gleichungen in ein lineares Komplementaritätsproblem umgeformt werden. Dieses kann mit dem Lemke- Verfahren gelöst werden [3] [4]. Abschließend werden in der nachfolgenden Aufzählung weitere berücksichtigte Systemeigenschaften aufgezählt:

- Der Kontakt der Beine zum Boden durch Gummikugeln wird mittels eines Feder- Dämpfer- Elements modelliert. Bei einem Rutschen der Beine werden die Kontaktpositionen an den Wänden mitintegriert.
- Die Motortemperaturen werden durch ein thermisches Zwei- Körper- Modell integriert. Aus diesen Temperaturen lassen sich die Motorreserven bestimmen, welche durch die thermische Belastung begrenzt werden. Weiter-

hin kann die Veränderung der Motorcharakteristik durch die Temperatur-
abhängigkeit des Wicklungswiderstandes berücksichtigt werden.
– In der Simulation wurden sowohl die Abtastzeiten wie auch die Diskretisierung der Ein- und Ausgangssignale nachgebildet. Um die Robustheit der
Regelung prüfen zu können, wird den Meßsignalen ein Rauschen überlagert.

5 Bildung des Modells für die Reglerauslegung

Die Modellbildung erfolgte sukzessiv, ausgehend von dem im Abschnitt „Simulation" beschriebenen komplexen nichtlinearen Modell, indem schrittweise einzelne
Systemeigenschaften genauer untersucht und deren Einflüsse auf das relevante Systemverhalten bestimmt wurden. Die Vorgehensweise und die dabei gewonnenen
Erkenntnisse werden in diesem Kapitel dargestellt.

5.1 Nichtlinearitäten

Die Regelstrecke besitzt zwei nichtlineare Einflüsse, denen besondere Beachtung
zu schenken ist. Diese sind die geometrische Nichtlinearität der Beinstellungen
und der bei den verwendeten Harmonic- Drive- Getrieben nicht zu vernachlässi-
gende Einfluß der Festkörperreibung.

Da der Roboter sich nur langsam bewegt, können die Beinpositionen zeit-
weise als konstant angesehen werden. Deshalb wird angestrebt, einen Regler zu
entwerfen, der gegenüber diesen Parameteränderungen robust ist. Die Robustheit der Regelung wird durch einen Entwurf als Multi- Modell- System mit um
mehrere Beinpositionen linearisiertem Roboter gewährleistet.

Die Getriebereibung läßt sich in folgende drei Bereiche einteilen: einen konstanten, einen belastungsabhängigen und einen viskosen Reibanteil. Die Auswirkungen auf das System werden als Störgrößen interpretiert, wobei ein Großteil
der Effekte durch Vorsteuerung ausgeglichen werden kann (abgesehen von Haften und Unsicherheiten in den Reibparametern). Diese sollen durch I- Glieder in
den Kraftreglern kompensiert werden. Bedenken wegen der Stick- Slip- Neigung
solcher Systeme haben sich bei Simulationen als unbegründet erwiesen.

Die Auslegung des Reglers erfolgt als linearer Regler. In der Realität müssen
jedoch Schaltfunktionen im Regler gewährleisten, daß die Haftgrenzen an den
Aufstandspunkten der einzelnen Beine nicht erreicht werden. Diese arbeiten in
der Art, daß die Sollkräfte der Zentralkörperlageregelung statisch äquivalent auf
andere Beine umgeleitet werden, wenn sie bei einem Bein zur Reduzierung der
Normalkraft führen würden. Des weiteren wird bei Erhöhung von Tangential-
kräften eines Beines automatisch auch dessen Normalkraft entsprechend angepaßt. Eine Analyse zeigte, daß sich die Eigenwerte des Systems bei den verschiedenen Konstellationen zur Kraftaufteilung nur wenig unterscheiden.

5.2 Reduktion der Freiheitsgrade und Koordinatentransformation

Das komplette dreidimensionale Starrkörpermodell besitzt 62 Freiheitsgrade. Um
den Aufwand reduzieren zu können, wurden die Eigenformen des linearisierten

3D- Systems mit denen eines ebenen Ersatzmodells (ohne passive Gelenke) mit 11 Freiheitsgraden (drei Zentralkörperfreiheitsgrade und zwei Gelenke pro Bein) verglichen. Hierbei zeigte sich, daß die Eigenformen des ebenen Modells in bezug auf die tragende Beinebene mit Bodenkontakt die steuer- und beobachtbare Untermenge darstellen. Beine in der Luft lassen sich als vom Gesamtsystem entkoppelt betrachten. Deshalb kann man sich bei der Auslegung auf die „Kontaktebene" beschränken, ohne daß eine Änderung des Systemverhaltens auftritt.

Es hat sich als günstig erwiesen, auf einen Koordinatensatz überzugehen, der die Regelgrößen enthält. Bei Vernachlässigung der Dämpfung der Gummikugeln an den Beinenden, die im Vergleich zu den Dämpfungen in Motor und Getrieben gering ist, kann man die acht Beinkraftkomponenten F des Modells in Abhängigkeit der acht Gelenkwinkel q_B und der drei Zentralkörperlagen q_Z ausdrücken. Damit ergibt sich für das System folgende Darstellung im Zustandsraum (ausgehend von $M\ddot{q} + D\dot{q} + Cq = B_U U$ mit T als Transformationsmatrix):

$$\begin{pmatrix} \dot{q}_Z \\ \dot{F} \\ \ddot{q}_Z \\ \dot{F} \end{pmatrix} = \begin{pmatrix} T & 0 \\ 0 & T \end{pmatrix} \begin{pmatrix} 0 & E \\ -M^{-1}C & -M^{-1}D \end{pmatrix} \begin{pmatrix} T^{-1} & 0 \\ 0 & T^{-1} \end{pmatrix} \begin{pmatrix} q_Z \\ F \\ \dot{q}_Z \\ F \end{pmatrix} + \begin{pmatrix} T & 0 \\ 0 & T \end{pmatrix} \begin{pmatrix} 0 \\ M^{-1}B \end{pmatrix} U$$

$$(6)$$

6 Reglerauslegung

Da die Regelung nicht zentral arbeiten soll, sind an die Rückführung besondere Anforderungen zu stellen. Bei dem Entwurf dezentraler Regler ist zwischen zentralen und dezentralen Entwurfsverfahren zu unterscheiden [7]. Da letztere alle den Nachteil haben, die Systemkoppelungen nur näherungsweise zu berücksichtigen oder ihre Auswirkungen nur nachträglich zu überprüfen, scheint bei dem offensichtlich stark gekoppelten System eines sich im Rohr verspreizenden Rohrkrabblers ein zentrales Entwurfsverfahren geeigneter zu sein. Zentral betrachtet besitzt der gewünschte Regler eine allgemeine Strukturbeschränkung in der Rückführung. Die Synthese wird mit einem Multi- Modell- System durch Optimierung eines Gütefunktionals durchgeführt. Um einen stabilen Regler als Ausgangspunkt zu haben, wird zuerst ein Regler für das um die Beinmittelstellungen linearisierte System bestimmt.

6.1 Strukturbeschränkungen der operativen Reglerebene

Struktur der zentralen Ebene: Die zentrale Ebene führt die Zentralkörperzustandsgrößen X_Z zurück. Mittels der Rückführmatrix K_L wird ein Kraftwinder berechnet, der den Roboter auf Kurs hält. Dieser wird mittels der Matrix V auf die Beine verteilt. Wie bereits festgestellt, ist dieses Verteilen durch die nötigen Schaltfunktionen (Haftbedingungen) ein nichtlinearer Vorgang. Bei der Bestimmung der Reglerkoeffizienten dagegen wird V als konstant angenommen.
Struktur der dezentralen Ebene: Auf der dezentralen Ebene werden die

Kräfte und deren Ableitungen zurückgeführt. Die Matrizen der Beinreglerkoeffizienten $K_{P\dot{F}}$, K_{PF}, K_{IF} und K_V haben Blockdiagonalstruktur. K_V stellt die Vorsteuerung der Sollkräfte auf die Beine dar und ist bekannt.

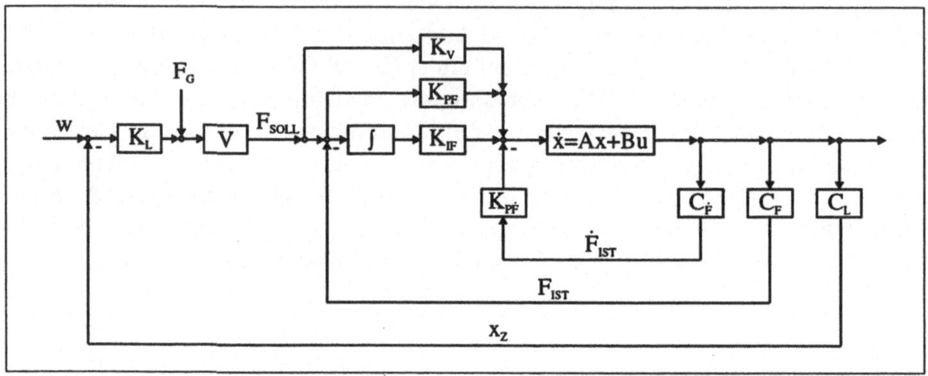

Abbildung 3: Blockschaltplan der Krabblerregelung

Gemäß des im Bild 3 gezeigten Blockschaltplans errechnet sich die gewünschte Struktur der Reglermatrix folgendermaßen:

$$R = \begin{pmatrix} (K_V + K_{PF})VK_L & K_{PF} & K_{P\dot{F}} & K_{IF} \\ VK_L & 0 & 0 & 0 \end{pmatrix} \tag{7}$$

Der Zustandsvektor wurde so umsortiert, daß die Rückführungen der Größen q_Z und $\dot{q}_Z$ in der ersten Spalte von R zusammengefaßt wurden. Die Matrizen der ersten Zeile wirken direkt auf die Motoren, während die zweite Zeile die Stellung der Zentralkörperregelung auf die Kraft- I- Glieder repräsentiert.

6.2 Reglerentwurf mit Hilfe der vollständigen modalen Synthese

Grundgedanke des Verfahrens: Das Verfahren wurde von G. Roppenecker [12] entwickelt und basiert auf der Idee, eine Rückführmatrix für den gesamten Zustand zu berechnen, die beliebig vorgebbare Eigenwerte des geschlossenen Kreises λ_{Ri} erzeugt und deren Struktur möglichst dicht an der der gewünschten liegt. Möglichst dicht bedeutet hierbei, daß unerwünschte Reglerkoeffizienten möglichst klein sind. Unter der berechtigten Annahme, daß sich die Eigenwerte nur wenig verschieben, wenn anschließend diese kleinen Beträge unterdrückt werden, erhält man so die gewünschte Rückführung. Diese Vorgehensweise mündet also in einer Optimierung, bei der diese Werte minimiert werden. Die Reglermatrix berechnet sich bei diesem Verfahren unter der Voraussetzung, daß die Eigenwerte der offenen und der geschlossenen Strecke verschieden sind und daß der geschlossene Kreis keine Hauptvektoren besitzt, folgendermaßen:

$$R = (p_1, \ldots, p_n) \left((A - \lambda_{R1} E)^{-1} p_1, \ldots, (A - \lambda_{Rn} E)^{-1} p_n \right)^{-1} \qquad (8)$$

p_i stellen dabei die sogenannten Parametervektoren dar, die abgesehen von unbedeutenden Voraussetzungen beliebig sind und deren Elemente damit die unbeschränkten Optimierungsparameter sind. Das Verfahren ist auch deshalb auf ein System dieser Größenordnung anwendbar, weil sämtliche benötigten Ableitungen für ein Gradientenverfahren analytisch berechenbar sind und es deshalb auch im $n \times m$- dimensionalen Raum der p_i- Vektoren durchzuführen war.

Bestimmung der Kraftrückführung: Es stellte sich heraus, daß es günstig ist, nicht alle Forderungen in einem Schritt erfüllen zu wollen. Deshalb wurde so vorgegangen, daß zuerst die Kraftrückführung bestimmt wurde und die Struktur der Lageregelung offen blieb. Diese Vorgehensweise bot sich schon deshalb an, weil erstere den inneren Kreis des kaskadengeregelten Systems bildet. Dazu wurde ein Riccati- Entwurf [1] durchgeführt, der die Kräfte und deren Ableitungen im Gütemaß stark gewichtete. Ausgehend von diesem Ergebnis wurde, wie oben beschrieben, die Reglermatrix berechnet (an die erste Spalte von (7) wurden dabei keine Anforderungen gestellt).

Bestimmung der Rückführung der Zentralkörperkoordinaten: Die einzige noch unbekannte Rückführung stellt K_L dar. Da diese den Kraftwinder bestimmt und sich dieser als Stellung des äußeren Kreises auf den inneren Kreis interpretieren läßt, kann man auf ein System übergehen, dessen Strecke der innere Regelkreis ist. Für dieses wurde nun mittels eines erneuten Riccati- Entwurfs, bei dem jetzt das Funktional in den Lagegrößen stärker gewichtet wurde, eine entsprechende Zustandsrückführung bestimmt. Diese wird durch eine erneute Optimierung auf folgende Struktur gebracht:

$$R' = \begin{pmatrix} K_L & 0 & 0 & 0 \end{pmatrix} \qquad (9)$$

6.3 Robustheitsentwurf durch Optimierung nach Riccati- Art

Davon ausgehend wurde jetzt ein Multi- Modell- Entwurf durchgeführt. Die verwendeten Systeme ergaben sich durch Linearisierung um drei verschiedene Beinstellungen. Dabei wurde ein Gütemaß folgender Struktur minimiert:

$$G = \sum_{j=0}^{n} \sum_{i=0}^{3} \left(\frac{1}{2} \int_0^\infty X_{ji}^T Q X_{ji} + U_{ji}^T S U_{ji} dt \right) = \sum_{j=0}^{n} \sum_{i=0}^{3} \frac{1}{2} X_{0ji}^T P_i X_{0ji} \qquad (10)$$

X_{ji} bzw. U_{ji} sind die zum i-ten System gehörenden Zustands- und Stellvektoren. Jeder Summand dieses Funktionals hat dieselbe Struktur, wie sie auch zur Bestimmung eines Riccati- Reglers verwendet wird. Wie allgemein bekannt, kann für dieses Funktional bei strukturbeschränkten Rückführungen keine allgemeine Lösung angegeben werden, da diese von den Anfangsbedingungen abhängt. Um trotzdem eine allgemein gute Eignung der Regelung zu erhalten, wurden deshalb n verschiedene Anfangsbedingungen (Index j) verwendet.

Sehr vorteilhaft für die Durchführung der Optimierung war auch hier, daß der Gradient analytisch angegeben werden konnte. Es ist aber nicht möglich einen Standardoptimierer zu verwenden, da die Gütefunktion unendlich wird, wenn der Realteil eines Eigenwertes positiv wird. Deshalb wurde die Schrittweitensteuerung so modifiziert, daß solche Schritte abgefangen werden.

7 Ergebnisse

Der entworfene Regler wurde in das Simulationsprogramm implementiert und in verschiedenen Situationen getestet. Die im Bild 4 gezeigten Funktionen sind Auszüge aus den Ergebnissen, die aus einer Simulation in einem vertikalen geraden Rohr gewonnen wurden. Die Graphen oben rechts und oben links zeigen die Position des Krabblers in Rohrlängsrichtung und die dazugehörige Geschwindigkeit. Die zum ersten Bein gehörigen Kraftverläufe sind unten abgebildet (Normalkraft unten links, Tangentialkraft unten rechts). An den Kräften können leicht die einzelnen Schritte erkannt werden. Die hohen Ausschläge im Geschwindigkeitsverlauf korrespondieren mit den Beinwechseln und sind in der Schwierigkeit der Abstimmung bei Kraftüberleitung zwischen den Beinebenen begründet.

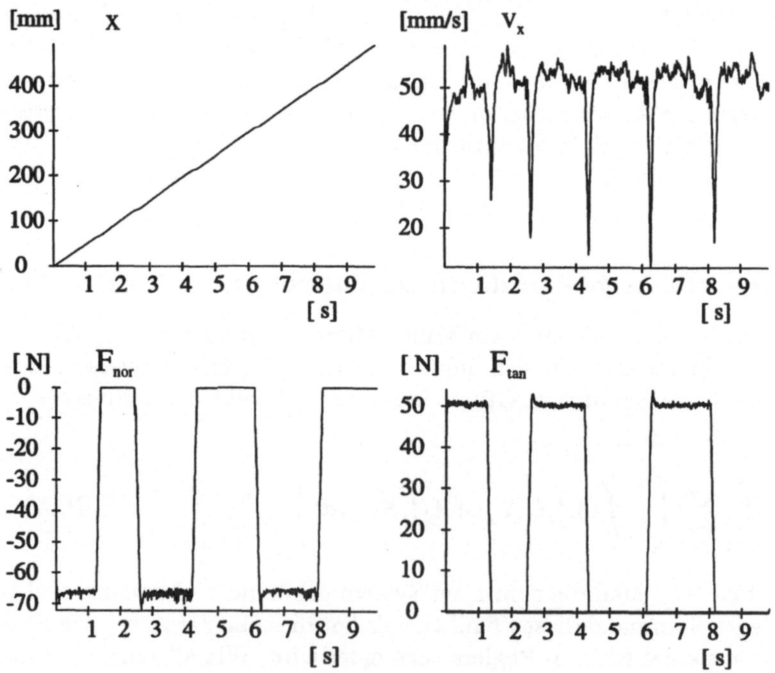

Abbildung 4: Simulationsergebnisse

8 Zusammenfassung

Mit Hilfe der in dieser Arbeit vorgestellten Methoden kann ein Reglerentwurf für den Rohrinspektionsroboter durchgeführt werden, der einerseits dezentralen Charakter hat und deshalb leicht auf der vorgesehenen Hardware zu implementieren ist, andererseits aber auch gut auf das Verhalten des Gesamtsystems abgestimmt ist. Dies ist deshalb möglich, weil eine funktionsgerechte Aufteilung gewählt wurde, bei der der lokale Gesichtspunkt im Vordergrund stand, aber zentrale Aufgaben nicht künstlich dezentralisiert wurden. Die Eignung des Entwurfs wurde mit Hilfe einer realitätsnahen Simulation getestet und verifiziert. Diese bezieht sich nicht nur auf das dynamische Verhalten, sondern auch auf die Belastungen der Motoren und Getriebe. Es kann deshalb davon ausgegangen werden, daß die Steuerung im Roboter genauso gute Ergebnisse liefern wird.

References

1. **H. Bremer:** Dynamik und Regelung mechanischer Systeme, B. G. Teubner Stuttgart 1988
2. **J. Eltze:** Biologisch orientierte Entwicklung einer sechsbeinigen Laufmaschine. Fortschrittberichte VDI, Reihe 17, Nr.110, VDI- Verlag, Düsseldorf, 1994
3. **Ch. Glocker,F. Pfeiffer:** Stick- Slip Phenomena and Application, Proceedings of Nonlinearity & Chaos in Engineering Dynamics, IUTAM Symposium, 1993
4. **Ch. Glocker,F. Pfeiffer:** Multiple Impacts with Friction in Rigid Multibody Systems, Nonlinear Dynamics, Kluwer Academic Publishers
5. **Harmonic Drive GmbH:** Harmonic Drive Gear Component Sets HFUC Series, 1993
6. **M. Herrndobler:** Entwicklung eines Rohrkrabblers mit vollständigen Detailkonstruktionen, Diplomarbeit am Lehrstuhl B für Mechanik, Technische Universität München, 1994
7. **L. Litz:** Dezentrale Regelung, R. Oldenburgverlag, München 1983
8. **F. Pfeiffer:** Einführung in die Dynamik, B. G. Teubner Stuttgart 1989
9. **F. Pfeiffer, H.- J. Weidemann, J. Eltze:** The Tum- Walking Machine, Intelligent Automation and Soft Computing, Trends in Research, Development and Applications, V. 2, pp. 167-174, 1994
10. **F. Pfeiffer, H. Cruse:** Bionik des Laufens - technische Umsetzung biologischen Wissens, Konstruktion 46, Nr. 7/8, pp. 261-266, Springer Verlag, Berlin 1994
11. **W. Seyfferth:** Modellierung unstetiger Montageprozesse mit Robotern. Fortschrittberichte VDI, Reihe 11, Nr.199, VDI- Verlag, Düsseldorf, 1993
12. **G. Roppenecker:** Vollständige modale Synthese linearer Systeme und ihre Anwendung zum Entwurf strukturbeschränkter Zustandsrückführungen. Fortschrittberichte VDI, Reihe 8, Nr.59, VDI- Verlag, Düsseldorf, 1983
13. **H.- J. Weidemann:** Dynamik und Regelung von sechsbeinigen Robotern und natürlichen Hexapoden. Fortschrittberichte VDI, Reihe 8, Nr.362, VDI- Verlag, Düsseldorf, 1993

Energy-minimized Gait for a Biped Robot

Gonzalo Cabodevila, Nicolas Chaillet and Gabriel Abba

Laboratoire des Sciences de l'Image, de l'Informatique et
de la Télédétection (U.R.A. CNRS n° 1871)
E.N.S.P.S., boulevard Sébastien Brant, F-67400 Illkirch, France
Phone: (+33) 88 65 50 00, Fax: (+33) 88 65 52 49,
email: cabodevi@hp1gra.u-strasbg.fr

Abstract. This paper describes a method of calculation of quasi optimal in energy trajectories for a biped robot. This method is based on the expansion in Fourier series of angles of each axis. This expansion takes the periodicity of the step into account and provides a simple way to take initial state constraints into account. The precision of the obtained trajectory depends only on the precision of the model which can be strongly non linear. In addition, this method allows the optimization of the physical parameters of the robot. An algorithm of optimization under constraints, based on the Nelder and Mead method is given. Some experimental results are given.

1   Introduction

This paper deals about the problem of the determination of the trajectory of a legged robot. This problem can be approached by the classic manner, in other terms, how to realize by a robot a given task in a constrained workspace when the robot is itself bounded by constraints.

Therefore the problem can be set in the form of an optimal trajectory research under constraint. We find many works in this area. The different used methods can be regrouped in two large families:

- The use of the principle of the maximum of Pontryagin applied on a model, more or less linearized of the robot [7]. Constraints lead in this case to a 2PBVP,
- the parametrisation of a trajectory and the use of a parametric optimization method [5].

The purpose being to obtain optimal trajectories, the first method comes up against the precision of the linearized model [4], or against the proposed hypotheses on optimal trajectories [9]. The second needs a meticulous choice of the number of parameters and an adequate cut-out of the workspace [3].

In the area of the mobile robots, an other possible way is the study of different motion modes of the system [10] and the use of Poincaré sections [6].

As all mobile robot, a legged robot be has to be autonomous, especially on the energy point of view. Therefore it is particularly interesting to choose a criterion of optimization that minimizes energy consumption.

We have chosen a parametric optimization method. The cyclical trajectory of the biped robot is represented by an expansion in Fourier series whose coefficients are chosen as parameters.

After the description of our experimental structure, we present the chosen formalism and the algorithm of optimization. We end to optimal trajectories that it is possible to verify experimentally.

2 Description of the biped robot

Our biped robot is a five-rotational-link robot with DC actuators and mechanical gears. The five rotational axes of this mobile robot are parallel and allow it to walk in a straight line. The total height of the robot is 80 cm and its weight is 15.3 kg. The schematic configuration of the biped robot is given by Fig. 1.

In orde to calculate the motor torques used in the calculation of the criterion, we use the dynamic model [2] whose characteristic equation can be written as following:

$$\underbrace{\Gamma_M(q)}_{\text{motor}} = \underbrace{A(q)}_{\text{inertia}} \ddot{q} + \underbrace{H(q,\dot{q})}_{\text{Coriolis + centrifugal}} + \underbrace{\Gamma_F}_{\text{friction}} + \underbrace{\Gamma_G}_{\text{gravity}} . \tag{1}$$

This model has been improved in order to take into account the efficiency of gears in function of the senses of the transfer of the power (motor or brake). We obtain thus a formally identical differential equation to (1) and a model approximately 25 times more precise than the classic model described in many works.

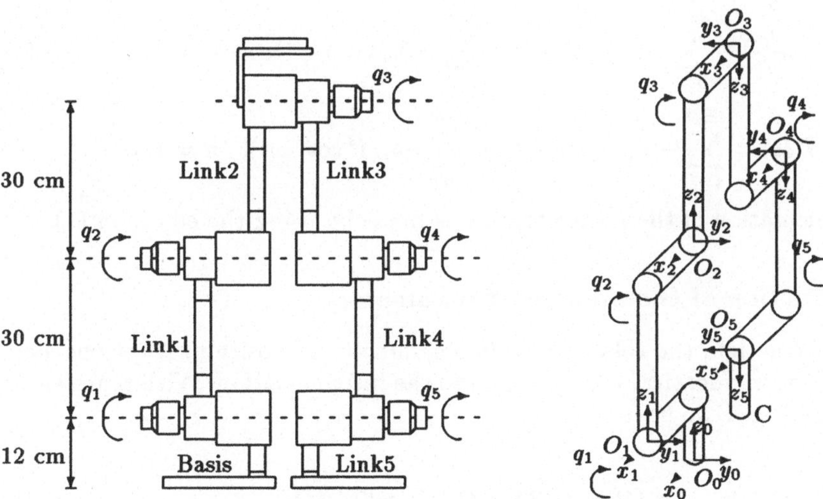

Fig. 1. Schematic configuration and conventions of the biped robot.

3 General presentation of the method of optimization

The method of optimization of the trajectories of the biped robot needs at first the choice of the vector of parameters [11].

Trajectories being periodic, in the Cartesian space as well as in the articular space, we chose as parameter vector the set of coefficients of their expansion in Fourier series. The minimization of energy consumption requires the calculation of the criterion (see § 4) which is a function of the motor torques and the angular speeds and accelerations of the axes of the robot. The choice of the expansion in series of the coordinate articular is therefore advantageous.

The chosen expansion of the angular position of the axix n can be written as following :

$$q_n(t) = a_{0_n} + \sum_{i=1}^{i \to \infty} a_{i_n} \sin(i\omega t) + \sum_{i=1}^{i \to \infty} b_{i_n} \cos(i\omega t), \quad n = 1..5, \tag{2}$$

with: $x = \{a_{0_1}, \cdots, a_{0_5}, a_{1_1}, \cdots, a_{1_5}, b_{1_1}, \cdots, b_{1_5}, a_{2_1}, \cdots, a_{2_5}, \cdots\}$, $dim(x) = \infty$.

Then we proceed then to a truncation of the vector x in order to obtain a vector x of finished dimension.

$$q_n(t) = a_{0_n} + \sum_{i=1}^{i=N} a_{i_n} \sin(i\omega t) + \sum_{i=1}^{i=N} b_{i_n} \cos(i\omega t), \quad n = 1..5, \tag{3}$$

avec:$x = \{a_{0_1}, \cdots, a_{0_5}, a_{1_1}, \cdots, a_{1_5}, b_{1_1}, \cdots, b_{1_5}, a_{2_1}, \cdots, b_{N_4}, b_{N_5}\}$,
$dim(x) = 10N + 5$.

The speed and the acceleration are directly achieved by this following algebraic expressions :

$$\dot{q}_n(t) = \sum_{i=1}^{i=N} a_{i_n} i \cos(i\omega t) + \sum_{i=1}^{i=N} -b_{i_n} i \sin(i\omega t), \quad n = 1..5, \tag{4}$$

$$\ddot{q}_n(t) = \sum_{i=1}^{i=N} -a_{i_n} i^2 \sin(i\omega t) + \sum_{i=1}^{i=N} -b_{i_n} i^2 \cos(i\omega t), \quad n = 1..5. \tag{5}$$

The calculation of the motor torques is made by using the equation (1).

3.1 Reduction of the number of parameters

By its construction, the robot presents a symmetry of position. After one step, the robot is in an identical configuration to the initial position. With represented conventions Fig. 1 we have :

$$q_1(t) = q_1(2T + t) = -q_5(T + t), \tag{6}$$

$$q_2(t) = q_2(2T + t) = -q_4(T + t), \tag{7}$$

$$q_3(t) = q_3(2T + t) = -q_3(T + t), \tag{8}$$

where T is the time of a step and $2T$ the period of functions of the articular coordinate.

It is not necessary to calculate all the trajectories because trajectories of axes 4 and 5 can be easily deduced from trajectories 1 and 2 by equations (6) and (7).

The equation (8) shows that $q_3(t)$ is a symmetrical function, therefore we can also reduce the number parameters. The following equations are given for N odd.

$$q_3(t) = \sum_{k=0}^{k=N/2-1} a_{2k+1_3} \sin((2k+1)\omega t) + \sum_{k=0}^{k=N/2-1} b_{2k+1_3} \cos((2k+1)\omega t). \quad (9)$$

Therefore the vector of parameters for the complete trajectory is represented by the form:

$$x = \{a_{0_1}, a_{0_2}, a_{1_1}, a_{1_2}, a_{1_3}, b_{1_1}, b_{1_2}, b_{1_3}, a_{2_1}, a_{2_2}, \cdots b_{N_1}, b_{N_2}\}, \quad dim(x) = 5N + 2.$$

3.2 Integration of initial state constraints

The knowledge of initial position values allows to determine two coefficients of the series of each axis. Let us define the initial positions $q_n(0)$ as :

$$q_n(0) = q_{n_{start}}, \quad (10)$$

from equation (7) to (8) we obtain :

$$a_{0_n} = \frac{(q_{n_{start}} - q_{6-n_{start}})}{2} - \sum_{k=1}^{k=N/2} a_{2k_n} \quad (11)$$

$$a_{1_n} = \frac{(q_{n_{start}} + q_{6-n_{start}})}{2} - \sum_{k=1}^{k=N/2-1} a_{2k+1_n} \quad (12)$$

$$x = \{b_{1_1}, b_{1_2}, b_{1_3}, a_{2_1}, a_{2_2}, b_{2_1}, b_{2_2}, a_{3_1}, a_{3_2}, a_{3_3}, \ldots b_{N_1}, b_{N_2}\}, \quad dim(x) = 5N - 3.$$

In the same manner, the knowledge of initial speeds values allows to determine two supplementary parameters of the vector x and this for each axis.

3.3 Choice of the number of samples

The number of samples of calculation has to be sufficiently large to calculate the criterion with a good precision. Nevertheless, an important number of samples leads to an excessive calculation time. We have chosen $8N$ samples of $q_n(t)$ $n = 1..5$ by period.

4 Choice of the criterion

The purpose of this study is to obtain minimized energy trajectory. The absorbed electrical energy λ is :

$$\lambda = \sum_{i=1}^{i=5} \int_0^T U_i \, I_i \, dt, \tag{13}$$

where :

$$\begin{cases} U_i : \text{voltage applied on the motor of the axis i,} \\ I_i \; : \text{current in the motor of the axis i.} \end{cases}$$

By expressing electrical terms U_i and I_i with mechanical terms appearing in the model (1), the λ criterion becomes :

$$\lambda = \sum_{i=1}^{i=5} \int_0^T \left[\Gamma_{M_i} \, \dot{q}_i + \beta \, \Gamma_{M_i}{}^2 \right] \, dt, \tag{14}$$

where :

$$\begin{cases} \Gamma_{M_i} : \text{motor torque on axis i,} \\ \beta \quad : \text{coefficient of Joule losses.} \end{cases}$$

The theorem of Lagrange allows us to write:

$$\sum_{i=1}^{i=5} \int_0^T \left(\Gamma_{M_i} - \Gamma_{F_i} \right) \, \dot{q}_i \, dt = 0, \tag{15}$$

where :

$$\left\{ \Gamma_{F_i} : \text{torque due to friction of the axis i,} \right.$$

Finally the criterion can be written as following :

$$\lambda = \sum_{i=1}^{i=5} \int_0^T \Gamma_{F_i} \, \dot{q}_i + \beta \, \Gamma_{M_i}{}^2 \, dt, \tag{16}$$

5 Choice of the algorithm

The algorithm has to give a set of parameters which are the optimal parameters towards the criterion in order to find a global optimum. Moreover it has to be fast, robust to the noise and it has to take constraints into account. The large number of variables and the difficulty to obtain an explicit expression of the gradient of the criterion imposes a zero order algorithm. We have chosen the *Nelder & Mead Downhill Simplex Method* [12] for its robustness. Nevertheless we have to modify it in order to take into account the geometrical constraint imposed by the robot (see § 5.2) .

5.1 Presentation of the algorithm

This algorithm optimizes a vector x of n coordinates towards a criterion $\lambda(x)$. It uses a set of $n+1$ linearly independent vectors called simplex. The optimization consists of a serie of projections, expansions, contractions and contractions in all directions of this simplex, as follows :

1. The vector which gives the highest criterion at iteration k^{th} is reflected through the centroid of the remaining vectors $(\overline{x^k})$.

$$x_r = (1 + \alpha)\overline{x^k} - \alpha x_{max}^k, \quad \text{avec} \quad \alpha = 1, \quad \textit{reflection}, \tag{17}$$

2. If the value of the criterion associated to the vector x_r, $(\lambda(x_r))$, is weaker than the associated criterions of the remaining vectors then we try an expansion of the simplex in the direction of the reflection.

$$x_e = \gamma x_r + (1 - \gamma)\overline{x^k}, \quad \text{with} \quad \gamma = 2, \quad \textit{expansion}, \tag{18}$$

3. If the value $\lambda(x_e)$ is weaker than the associated value of the other vectors of the simplex, we replace x_{max}^k by x_e and restart at 1. Otherwise we replace x_{max}^k by x_r and restart at 1.

If $\lambda(x_r)$ is higher than the highest associated value of the other vectors, we try a contraction defined by :

$$x_c = \beta x_{max} + (1 + \beta)\overline{x^k}, \quad \text{with} \quad \beta = 1/2, \quad \textit{contraction}, \tag{19}$$

4. If $\lambda(x_c)$ is higher than the highest associated value, the simplex is contracted in all directions to the point which have the lowest associated value (x_l).

$$x_i^{k+1} = \frac{x_i^k + x_l^k}{2}, \quad \textit{contraction in all directions.} \tag{20}$$

The stopping criterion is :

$$s = \frac{\lambda_{max} - \lambda_{min}}{\lambda_{max} + \lambda_{min}} < \epsilon \tag{21}$$

5.2 The constraint

During a step, the mobile foot has to be above the ground. So we imagine that during a step the mobile foot has to get over an obstacle A.

We have chosen a model of the constraint (22) (Fig. 2) more constraining than the physical constraint in order to avoid the robot hurts the ground or the obstacle, in spite of the tracking errors of the trajectory.

$$c(x,t) = \min(Z_{heel}(t), Z_{center}(t), Z_{toe}(t)) \geq 0, \tag{22}$$

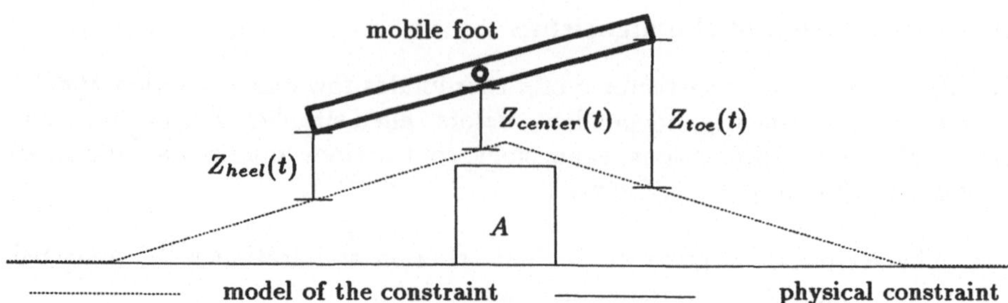

Fig. 2. Geometrical constraint.

5.3 Modification of the algorithm

Three different algorithms are executed in function of the number of vectors of
the simplex that respects the constraint.

1. If less than 2/3 of vectors no longer respects the constraint we execute the
classic algorithm in which the *contraction in all directions* (20) is replaced by :

$$x_i^{k+1} = \frac{x_i^k + x_{l_c}^k}{2}, \quad \forall\, x_i^k \,/\, C(x_i^k) > 0, \quad contraction\ in\ all\ directions. \quad (23)$$

with $x_{l_c}^k$ vector which gives the weakest criterion and respects the constraint.

2. If more than 1/3 of vectors no longer respects the constraint and if after the
reflection (17), the constraint is not satisfied then we provoke a contraction (23).

3. As soon as the constraint is no longer respected by more than 2/3 of vectors
we proceed to a *fold down* of the simplex around the constraint by:

$$x_i^{k+1} = -delta\ x_i^k + (1+\delta)\ x_{l_c}^k, \quad \forall\, x_i^k / C(x_i^k) > 0, \quad with\ \delta = 1/2, \quad fold\ down,$$
$$(24)$$

In summary, the modifications of the algorithm in order to take into account
the constraint are the following:

if more than 1/3 of vectors of the simplex respect the constraint, everything
goes as if there was no constraint. If more than 1/3 of vectors does not respect the
constraint, the simplex slips *on* the constraint. As soon as the 2/3 of the vectors
of the simplex are out constrained, the simplex slips *around* the constraint. If
the constraint is perpendicular to the direction of the minimization, this folding
participates to the contraction.

5.4 Initialisation of the algorithm of optimization

This algorithm needs an initialisation, the speed of convergence as well as the globality of the found minimum depends strongly on this initialisation. The classic initialisation of the simplex is of the following form:

$$x_i = x_0 + \delta u_i, i = 1..n, \tag{25}$$

where :

$$\begin{cases} x_0 = & : \text{initialisation vector} \\ x_i = & : \text{vector of the simplex} \\ \delta = & : \text{parameter} \\ u_i = & : \text{linearly independent vectors} \end{cases}$$

The vector x_0 is obtained by expansion in Fourier series of a physically achievable trajectory that respects the constraint.

5.5 Increase of the number of parameters

The criterion being a function non convex of parameters, the best way to find a global minimum is to avoid the simplex to converge to whole other minimums. We can not guarantee to find the global minimum, nevertheless the truncation of the expansion in series to the order N is equivalent to look for a minimum of a function of larger convexity.

We have chosen to stop the increase of the number of parameters of the vector x_0 when the last increment improve the criterion λ_{min} of minus than 1%.

6 Results

Fig. 3 and 4 show optimal trajectories obtained by the previous method. The conditions are :

- the initial position is imposed,
- the initial speed of the axes is equal to zero ($\dot{q}_n = 0$, $n = 1..5$),
- the step length is : 30 cm

The minimum of the criterion is obtained by the represented trajectory Fig.3. The optimal criterion was found to be 39 Joules.

We verified experimentally this trajectory and we measured a real consumption of 42 Joules. The difference is due to tracking errors of the trajectory, particularly at the end of the step, when the foot touch the ground because the control provokes large variations of torque in order to reduce the error between the calculated trajectory and the real trajectory.

The extension of this algorithm to the physical parameter optimization of the robot is easy. These parameters are added to the initial vector x_0 and are optimized by the algorithm like the parameters of Fourier series. We have, with this method, optimized simultaneously the stiffness of torsional springs [1] [8] placed on the axes and the trajectory.

With springs, we obtain the represented trajectory Fig.4 and the consummated energy is 34 joules.

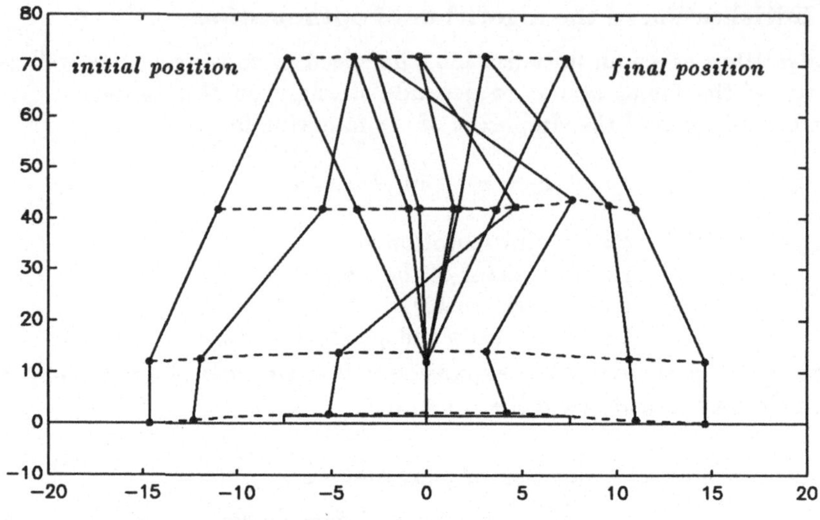

Fig. 3. Energy optimal trajectory

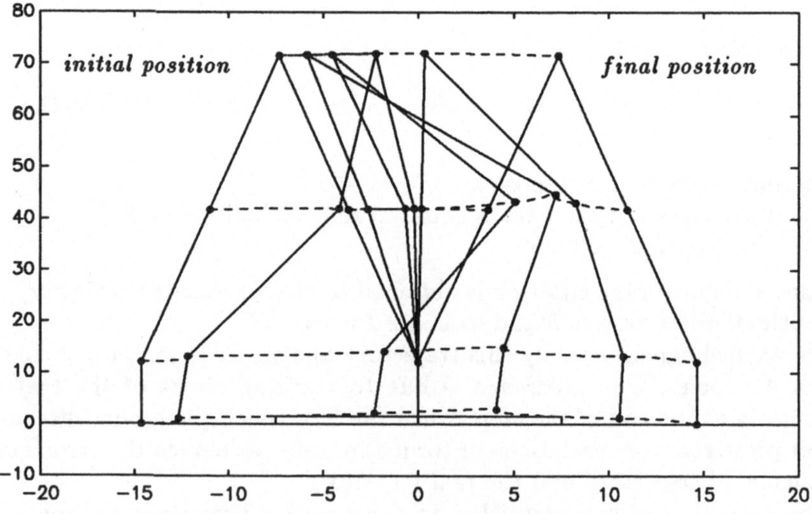

Fig. 4. Energy optimal trajectory with springs

7 Conclusion

In this paper we gave a method to determine trajectories with minimum energy consumption for a legged robot. This method is based on the expansion in Fourier series of angles of each axis. These parameters are then optimized by an algorithm that take a geometrical constraint into account. Obtained trajectories have been verified on the experimental system with a good accuracy.

This method gives good results due to the use of an accurate model of the robot. The possibility to optimize physical parameters opens a new investigation field. In addition, this method should allow us to optimize trajectories including double supporting phases, by the parametrisation of the state at the moment of switches of models and the phase duration.

References

1. Alexander, R.McN.: Three uses for springs in legged locomotion. The International Journal of Robotics Research, 9(2):53–61, April 1990.
2. Chaillet N., Abba, G., Ostertag, E.: Double dynamic modelling and computed-torque control of a biped robot. Proceedings of the IEEE International Conference on Intelligent Robots and Systems, pages 1149–1155, June 1994.
3. Kavli, T.: ASMOD - an algorithm for adaptative splinemodelling of observation data. The International Journal of Control, 58(4):947–967, October 1993.
4. Chang-Jin, L., Hemami, A., Sankar, T.S.: A new computational method for linearized models for robot manipulators. The International Journal of Robotics Research, 9(1):134–144, February 1990.
5. Delingette H., Hebert,M., Ikeuchi,K.: Trajectory generation with curvature constraint based on energy minimisation. IEEE/RSJ International Workshop on Intelligent Robots and Systems, IROS'91, Osaka, Japan, pages 206–211, November 1991.
6. Golubev, YU.F., YE.V. Degtyareva : Modeling of the dynamics of a walking robot by the small-parameter method. Journal of Computer and system Sciences International, 31(6):138–148, 1993.
7. Furusho J., Sano, A.: Sensor-based control of a nine-link biped. The International Journal of Robotics Research, 9(2):83–98, April 1990.
8. Inman, V.T., Ralston, H. J., Todd, F.: Human walking. William & Wilkins, Baltimore, London, 1981.
9. Kajita S., Yamaura, T., Kobayashi, A.: Dynamic walking control of a biped robot along a potential energy conserving orbit. IEEE Transactions on Robotics and Automation, 8(4):431–438, August 1992.
10. McGeer T.: Passive dynamic walking. The International Journal of Robotics Research, 9(2):62–82, April 1990.
11. Nagurka M. L., Yen, V.: Fourier-based optimal control of nonlinear dynamic systems. Journal of Dynamic Systems, Measurement, and Control, 112:17–26, March 1990.
12. Shekarforoush H., Berthod, M., Zerubia, J.: Direct search generalized simplex algorithm for optimizing non-linear functions, research report 2535. Institut National de Recherche en Informatique et en Automatique, April 1995.

Aufbau und Steuerung des fliegenden Roboters TUBROB

Uwe Wolfgang Brandenburg
Marion Finke
Marek Musial

Technische Universität Berlin
Institut für Technische Informatik
Prozeßdatenverarbeitung und Robotik
Sekr. FR2-2, Franklinstraße 28/29, D-10587 Berlin

Zusammenfassung. TUBROB ist ein mit Helium gefüllter Ballon, der eine Plattform mit den Antriebsmotoren, dem Bordrechner, Sensorik und einem Greifer transportiert. Er kann autonom eine vorgegebene Aufgabe lösen, die aus dem Finden, Aufnehmen und Transportieren von Objekten besteht. Die Steuerung des Roboters erfolgt mittels eines verteilten Systems aus Boden- und Bordrechnern, die über drahtlose Datenkommunikationskanäle verbunden sind. Die Position wird mit einem Ultraschallsystem ermittelt.

1 Einleitung

TUBROB wurde speziell für die International Aerial Robotics Competition [1] entwickelt, einen jährlich in den USA stattfindenden Wettbewerb. Der Wettbewerb findet im Freien über einem ca. 20 m mal 40 m großen Spielfeld statt. Aufgabe ist, Scheiben innerhalb eines Ringes von ungefähr 1,80 m Durchmesser zu finden, aufzunehmen und in einem anderen Ring abzulegen. Die beiden Ringe sind durch eine ca. 1m hohe Mauer voneinander getrennt. Abbildung 1 zeigt eine maßstabsgetreue Draufsicht auf das Spielfeld. Insgesamt müssen 6 Scheiben, jede 128g schwer, einzeln transportiert werden. Die Verteilung der Scheiben in den Ringen ist zufällig.

2 Hardware

2.1 Fluggerät

Der Ballon hat einen Durchmesser von ca. 2,50 m und somit ein Volumen von ungefähr 12 m^3. Er besitzt einen freien Auftrieb von ca. 50 N. Die am Ballon hängende Plattform besteht aus einem Rahmen aus Glasfaserstäben, über den ein Polyesternetz gespannt ist, das die an Bord benötigten Komponenten aufnimmt.

Auf jeder Seite des Ballons befinden sich drei Motoren, von denen je einer für Auftrieb, Vortrieb beziehungsweise Quertrieb sorgt. Alle Motoren sind mit

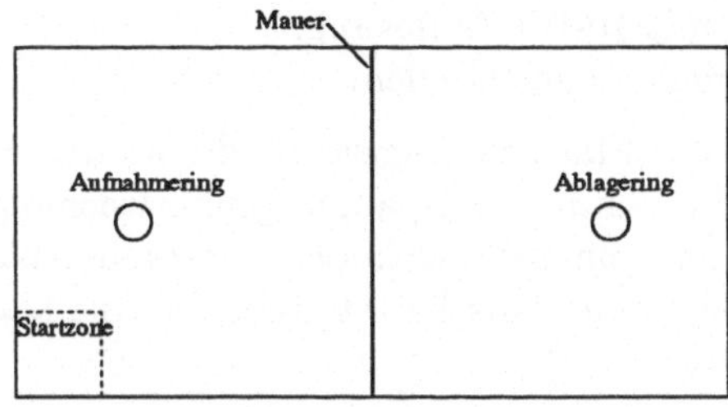

Abb. 1. Das Spielfeld

Reflexlichtschranken zur Bestimmung der Motordrehzahl versehen und werden einzeln drehzahlgeregelt.

Mit den verwendeten Elektromotoren kann TUBROB 250 g zusätzliche Last transportieren und erreicht eine Höchstgeschwindigkeit von 2 m/s. Dies bedeutet, daß TUBROB einsatzfähig ist, solange die Windgeschwind unter 2 m/s liegt. Die Akkumulatoren an Bord erlauben eine Betriebszeit von ca. 25 Minuten.

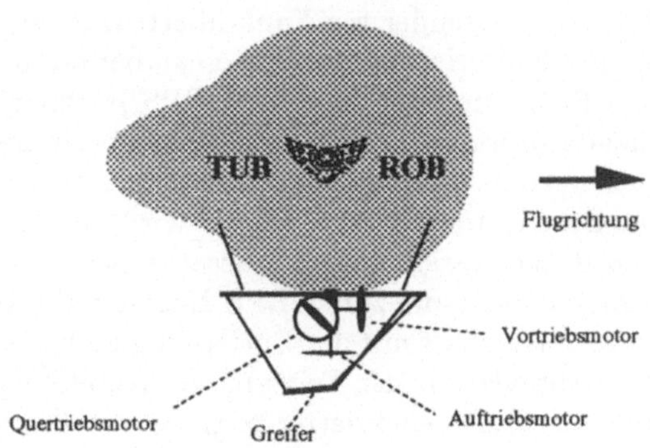

Abb. 2. Das Fluggerät

2.2 Datenverarbeitung

Die Steuerungsrechner Der Ballon wird von einem 486er-PC und drei Steuerungsrechnern, die auf dem Siemens 80C166-Controllerbaustein basieren, gesteuert. Dieser Controller hat folgende Merkmale [3]:

- 16-Bit 20 MHz RISC-CPU mit einem schnellen Unterbrechungskonzept.
- 16 Kanal Compare/Capture-Einheit.

– 10 A/D-Konverter mit 10-Bit Auflösung.
– 2 bidirektionale serielle Schnittstellen.

Die Controller werden auf Platinen eingesetzt, die an der TU Berlin entwickelt wurden. Auf der Platine sind eine Spannungsüberwachung, 256 kByte RAM und 128 kByte ROM und ein Adreßdekoder untergebracht, der zwischen dem Boot- und dem Betriebsmodus umschaltet. Jede Platine kann als unabhängiger Rechner eingesetzt werden.

Global Balloon Positioning System (GBPS) Zur Positionsbestimmung dient das Global Balloon Positioning System (GBPS), das mit Ultraschall arbeitet. Alle Komponenten des GBPS wurden an der TU Berlin entwickelt.

TUBROB führt einen Ultraschallsender an Bord, der in alle Richtungen abstrahlt. Dazu wurden 12 Polaroid-Transducer kreisförmig angeordnet. Am Spielfeldrand sind acht Empfänger aufgestellt, vier pro Spielfeldhälfte. Die Empfänger nehmen Signale in einem Einstrahlwinkel von ca. $45°$ von der Mittelachse auf (also $90°$ insgesamt) und empfangen die Signale noch aus einer Entfernung von ca. 26 m zuverlässig. Somit wird das gesamte Spielfeld vom Ultraschallsystem erfaßt. Die Empfänger sind über Kabel mit dem am Boden angesiedelten GBPS-Rechner, einem der oben beschriebenen Steuerungsrechner, verbunden.

Sender und Empfänger werden vom Synchronisationssignal der Bordkamera getriggert, das mit dem Videosender per Funk übertragen wird. Nach der initialen Synchronisation und Kalibrierung des Systems über ein Kabel steuert dieses Signal zwei Software-PLLs an Bord und im GBPS-Rechner, die während der Mission vorübergehende Störungen der Funkstrecke überbrücken.

Jeder Empfänger erzeugt ein Referenzsignal synchron zur Aussendung des Ultraschallsignals an Bord. Dieses Referenzsignal wird mit dem verstärkten Ausgangssignal des Transducers verglichen. Ist dieser höher als der des Referenzsignals, wird ein Impuls generiert und zum GBPS-Rechner übertragen. Um die Abschwächung des Ultraschallsignals mit der Entfernung zu berücksichtigen, nimmt der Pegel des Referenzsignals mit der Zeit ab, wie Abbildung 3 zeigt. Dadurch werden Fehlmessungen infolge reflektierter Signale vermieden, ohne die Empfindlichkeit bei großer Senderentfernung zu beeinträchtigen. Der GBPS-Rechner errechnet anhand des Synchronisationssignals und der Empfängerimpulse die Laufzeit des Ultraschalls. Mit Laufzeiten, die von mindestens zwei Empfängern ermittelt wurden, läßt sich die Position des Ballons über dem Spielfeld mittels Dreieckspeilung ermitteln. Das gesamte System kann zur Berücksichtigung von Temperatur, Luftdruck und Windverhältnissen kalibriert werden. Die Wiederholgenauigkeit der Positionsmessungen liegt im Bereich weniger Zentimeter.

Vision An Bord des Ballons wird eine CCD-Kamera mitgeführt, die mit einem 4,48mm/F1,8 Objektiv ausgerüstet ist. In einer Höhe ab einem Meter kann mit der Kamera der gesamte Aufnahmebereich überblickt werden. Die Bilder der Kamera werden mit einem handelsüblichen Sender-/Empfängerpaar übertragen. Zur Zeit werden die Bilder jedoch nicht ausgewertet, sondern dienen zur Überwachung und Verfolgung des Flugs durch das Bedienerteam.

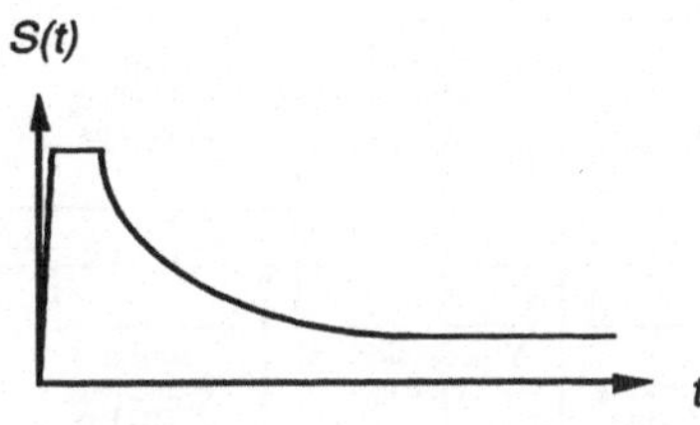

Abb. 3. Referenzsignal $S(t)$

Elektronischer Kompaß Die Orientierung des Ballons über dem Spielfeld wird durch einen elektronischen Kompaß bestimmt. Das Kompaßmodul besteht aus einem im Handel erhältlichen Kompaßsensor und einigen Operationsverstärkern. Das Modul liefert einen Vektor der magnetischen Feldstärke, der über einen A/D-Konverter eines Steuerungsrechners eingelesen wird. Die Orientierung wird dann mit der atan2-Funktion berechnet.

Kommunikation Drei drahtlose Kommunikationsverbindungen werden benutzt:

1. Die Bilddatenübertragung vom Ballon zum Boden erfolgt über ein im Handel erhältliches Video-Sender-/Empfängerpaar. Mit der Bilddatenübertragung wird das Synchronisationssignal für das Ultraschallsystem transportiert.
2. Über den Audiokanal des Video-Sender-/Empfängerpaares findet mit 1200 bps die Datenübertragung vom Ballon zum Boden (Downlink) statt. Hierbei kommen handelsübliche Modemchips zum Einsatz.
3. Die Datenübertragung vom Boden zum Ballon (Uplink) erfolgt über eine modifizierte Funkfernsteuerung. Der FM-Sender erlaubt eine direkte asynchrone serielle Datenübertragung mit 1200 bps.

Alle anderen Kommunikationsverbindungen werden mit 57.600 bps über Kabel abgewickelt.

Das gesamte Steuerungssystem besteht aus einer Reihe von Knoten, die über bidirektionale Verbindungen paarweise verbunden sind. Daten werden von Knoten zu Knoten weitergereicht, bis sie beim Empfänger eingetroffen sind. Dies ermöglicht die Verwendung der seriellen Schnittstellen des PCs und der Steuerungsrechner zur Vernetzung. Abbildung 4 gibt die Kommunikationsstruktur des TUBROB-Steuerungssystems wieder.

Greifer Der einfache, aber sehr effektive, Greifer besteht aus einer Drahtgabel, die an drei Schnüren hängt. Zwei der Schnüre befinden sich vorne, die dritte, etwas längere, hinten an der Gabel. Dadurch wird der Greifer stabilisiert und eine im Flug gegriffene Scheibe wird Herausrutschen gehindert. Zum Greifen werden die Flughöhe reduziert und der Greifer über den Boden gezogen. Ist eine

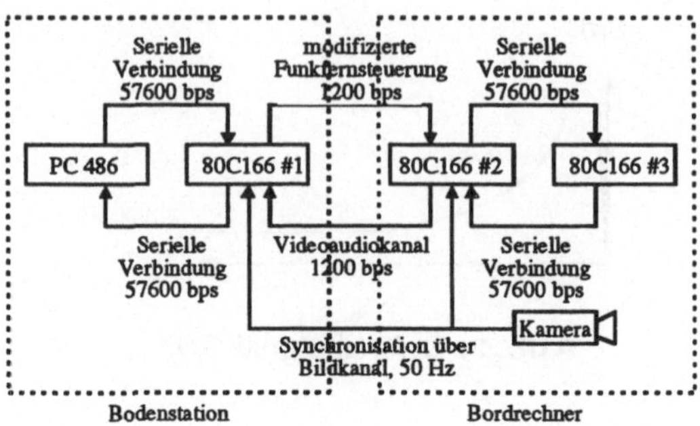

Abb. 4. Kommunikation

Scheibe im Greifer, öffnet diese einen mechanischen Schaltkontakt. Die vorderen Schnüre sind gekreuzt, um auch Scheiben sicher zu greifen, die nicht in der Mitte der Gabel aufgenommen werden. Ohne das Kreuzen der Schnüre würde unweigerlich die Seite der Gabel, die noch nicht in Kontakt mit der Scheibe ist, angehoben, während die gekreuzten Schnüre die Gabel um die Scheibe ziehen.

Zum Ablegen einer Scheibe wird wiederum die Flughöhe reduziert, bis die Scheibe auf dem Boden liegt, und TUBROB zieht den Greifer rückwärts weg.

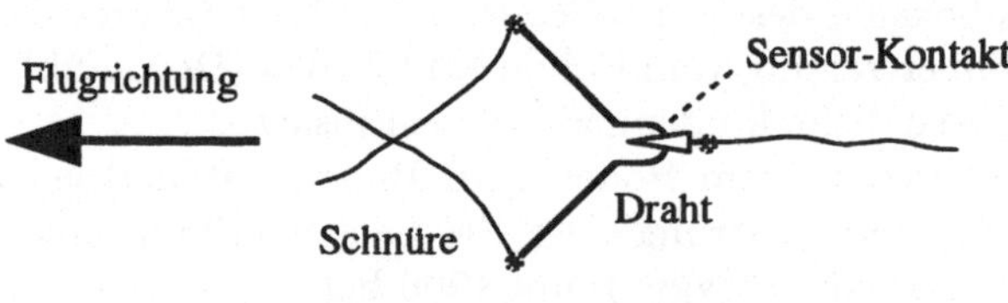

Abb. 5. Der Greifer

Sicherheitssystem Da TUBROB für den Einsatz im Freien vorgesehen ist und die Luftschrauben eine Gefahr für die Bedienmannschaft darstellen können, ist ein sehr zuverlässiges Sicherheitssystem erforderlich. Seinen Kern bildet ein Mono-Flop an Bord, das bei jedem Eintreffen eines gültigen Datenpakets aktiv getriggert wird. Wenn dies auf Initiative der Bodenmannschaft oder durch irgendeine Störung mehr als zwei Sekunden lang ausbleibt, unterbricht das Mono-Flop unumkehrbar die gesamte Spannungsversorgung der Bordelektronik, was auch die Motoren stoppt. Da bei Aufwinden der Ballon anschließend unkontrolliert steigen könnte, fällt beim Zusammenbrechen der Spannungsversorgung eine im Betrieb von einem Elektromagneten gehaltene, 20 m lange Sicherungsleine zu Boden.

3 Software

3.1 Mission Control

Mission Control ist das Hauptmodul des Steuerungssystems und läuft auf einem 486er-PC, der sich am Boden befindet und direkt mit dem GBPS-Rechner verbunden ist.

Mission Control erhält die Position des Ballons vom GBPS-Rechner, die Orientierung des Ballons vom elektronischen Kompaß, die Flughöhe, die an Bord mittels dreier Ultraschallsender-/-empfängerpaare ermittelt wird, sowie den Status des Greifers (beladen oder leer). Diese Daten werden mit einer Frequenz von 5 Hz zur Verfügung gestellt.

Mission Control arbeit wie ein endlicher Automat. Die Gesamtmission wurde in Phasen zerlegt, die charakterisiert sind durch:

1. die Aufgabe, die in einer Phase erfüllt werden soll,
2. den Kurs, der während einer Phase geflogen werden soll,
3. die Ereignisse, die eine Phase beenden und eine andere beginnen.

Mission Control kennt die Phasen *Flug* (vom Aufnahme- zum Ablagebereich oder umgekehrt), *Annäherung* (Höhe und Geschwindigkeit werden reduziert), *Ausrichten* (zur Anpassung der Ballon-Orientierung an den Anflugkurs), *Greifen* und *Ablegen* (der Scheiben) sowie *Landen* (nachdem alle Scheiben transportiert wurden). Typische Ereignisse sind das Erreichen der korrekten Orientierung für einen Greifversuch oder das Signal, daß sich eine Scheibe im Greifer befindet. Sobald eine neue Phase begonnen wird, gibt Mission Control jeweils einen neuen Sollkurs an das Piloten-Modul, das auf einem Steuerungsrechner an Bord angesiedelt ist.

Die Windverhältnisse werden nicht durch externe Sensoren registriert, sondern aus den ausgeübten Antriebskräften und der tatsächlichen Bewegung des Roboters berechnet. Die Navigationsstrategie wird unter Berücksichtigung dieser Werte gewählt.

Kursregelung Die schwierige Aufgabe des Piloten-Moduls ist es, den Ballon auf dem Sollkurs zu halten und die Grenzen des Spielfelds nicht zu überschreiten. An Sensordaten erhält es Positionsinformationen vom GBPS-System, die aktuelle Flughöhe und die Orientierung des Ballons. Daraus werden die Antriebskräfte und das Drehmoment um die vertikale Achse bestimmt.

Abbildung 6 ist zu entnehmen, wie der Sollkurs festgelegt wird. Der Kurs ist eine Gerade, die ihren Ursprung am Punkt (x, y) des Wettkampffelds hat und mit dem Winkel α zur x-Achse steht. Diesem Kurs soll der Ballon mit der Geschwindigkeit v folgen. Ferner ist die Sollhöhe h einzuhalten. Der Hauptvorteil eines Ballons liegt im Vergleich zu Modellhubschraubern in der Eigenschaft, von sich aus stabil in der Luft zu stehen bzw. zu fahren – er schwebt einfach. Wenn die Antriebskräfte vorsichtig genug geregelt werden, so ist eine aktive Stabilisierung nicht notwendig.

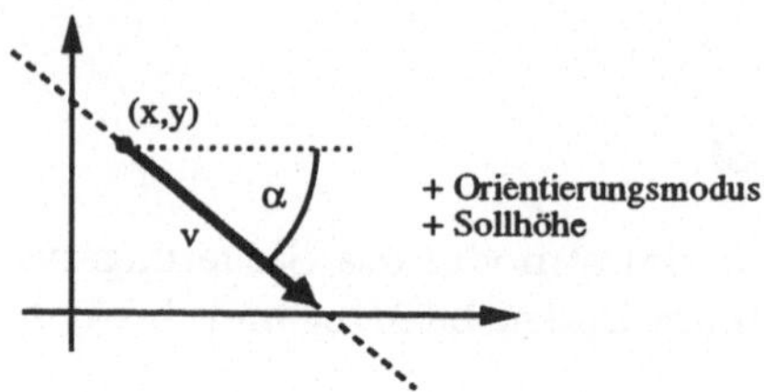

Abb. 6. Parameter eines Sollkurses

TUBROB kann mit den jeweils zwei Vortriebs- und Quertriebsmotoren jeden beliebigen Kraftvektor in der xy-Ebene erzeugen, unabhängig von der aktuellen Flugbewegung. Der Auftrieb wird unabhängig durch zwei eigene Motoren erzeugt. Zusätzlich kann durch unterschiedliche Kräfte an den beiden Vortriebsmotoren jedes Drehmoment um die vertikale Achse erreicht werden, wobei die Kräfte natürlich durch die Leistungsgrenzen der Motoren beschränkt sind. Die Ermittlung einer geeigneten Kraft-Drehmoment-Kombination wurde in vier einfachere Teilaufgaben zerlegt, die einzeln und unabhängig gelöst werden können:

1. Der erste Regler regelt die Geschwindskomponente parallel zum Kurs. Dazu bestimmt er die kursparallele Antriebskraftkomponente aus der kursparallelen Geschwindigkeitskomponente und ihrer Ableitung, der Beschleunigung parallel zum Kurs.
2. Die zweite Teilaufgabe besteht darin, den Abstand des Ballons von der Kursgeraden zu null zu regeln. Dazu wird die kursorthogonale Kraftkomponente aus dem Abstand senkrecht zum Kurs und dessen Ableitung, also der kursorthogonalen Geschwindigkeitskomponente, ermittelt.
3. Der dritte Regler ist für die Orientierung des Ballons zuständig. Er bestimmt das Drehmoment um die vertikale Achse aus der Abweichung der aktuellen von der gewünschten Orientierung und der Ableitung hiervon, der Winkelgeschwindigkeit um die vertikale Achse.
4. Die Auftriebskraft wird mit Hilfe der Höhe sowie der Steig- bzw. Sinkgeschwindigkeit vom vierten Regler geliefert.

Mission Control wählt anhand der aktuellen Flugsituation einen von drei Modi des Pilot-Moduls zur Bestimmung der Sollorientierung:

1. Fixiert vorwärts: Die Sollorientierung entspricht der Richtung des Sollkurses.
2. Fixiert rückwärts: Die Sollorientierung ist entgegengesetzt zur Richtung des Sollkurses.
3. Normal: Die Sollorientierung entspricht der resultierenden horizontalen Kraft.

Die ersten beiden Modi sind zum Flug exakt vorwärts oder rückwärts ohne jede Drift gedacht und werden zum Greifen bzw. Ablegen der Scheiben benötigt. Der dritte Modus berücksichtigt, daß die Vortriebsmotoren eine größere Kraft aufbringen können als die Quertriebsmotoren. Statt in Flugrichtung stellt sich der Ballon in die Richtung der Kraft, die benötigt wird, um den Wind auszugleichen und dem Kurs zu folgen.

Regelungskonzept Den Ballon zu steuern ist aus aus mathematischer Sicht eine unbequeme Aufgabe. Die Trägheit der Motordrehzahlregelung und die aufgrund der Schwingungsneigung des Ballons erforderliche Glättung der Positionsmeßwerte rufen eine erhebliche Zeitverzögerung in der Regelstrecke hervor, die nicht einmal konstant ist. Außerdem ändert sich mit der Fluggeschwindigkeit sogar die Klasse der Regelstrecke, je nachdem, ob gerade das Bewegungsgesetz der Mechanik oder das Luftwiderstandsgesetz dominiert.

Alle oben beschriebenen Reglerkomponenten sind daher als Fuzzy-Regler implementiert. Fuzzy-Regler bieten den Vorteil, daß sie flexibel an die Erfordernisse anpaßbar sind und die Reaktionen eines menschlichen Piloten nachbilden können.

Die Fuzzy-Regler basieren auf der MIN-MAX Inferenz und ermitteln die Reglerantworten nach der Schwerpunktmethode für Singletons [4]. Die Eingangsgrößen sind linguistische Variablen, die aus jeweils fünf linguistischen Termen bestehen. Für die Geschwindigkeit sind diese zum Beispiel sehr langsam, langsam, richtig, schnell und sehr schnell. Daraus ergeben sich 25 Antwortregeln für jeden Fuzzy-Regler, die aus sieben bis neun Ergebnis-Singletons auswählen.

Für jede der Regelungsaufgaben gibt es zwei solcher Regelmatrizen: Die erste Matrix bildet einen inkrementalen Regler, dessen Ausgänge über der Zeit integriert (aufsummiert) werden. Im Gegensatz dazu stellt die zweite Matrix einen Absolutregler dar, dessen Ausgabe direkt auf den aktuellen integrierten Wert des ersten Reglers addiert wird. Dieses Verfahren simuliert einen Fuzzy-PID-Regler ohne eine dreidimensionale Regelmatrix. Es erlaubt außerdem die gezielte Änderung der Stellgröße um einen bestimmten Betrag durch Manipulation des integrierten Wertes, etwa um das Gewicht einer neu aufgenommenen Scheibe sofort und exakt ausgleichen zu können. Eine ausführlichere Beschreibung der Regler kann in [2] nachgelesen werden.

Motorregelung Nachdem alle einzustellenden Kräfte und Drehmomente berechnet wurden, werden sie auf die sechs Motoren aufgeteilt und in Solldrehzahlen der Propeller umgerechnet. Die Antriebskraft einer Luftschraube ist ungefähr proportional zum Quadrat der Drehzahl. Die Drehzahlregelung geschieht über einfache PID-Regler.

Bei der Aufteilung der Kräfte auf die einzelnen Motoren kann es passieren, daß die Maximalkraft eines oder mehrerer Motoren überschritten wird. Dadurch kommt es unter Umständen zu einem Konflikt zwischen Antrieb und Drehmoment, bei dem höchstens einer der beiden Sollwerte erreicht werden kann. In diesen Fällen besitzt das Drehmoment oberste Priorität, da sich der Ballon nicht mehr navigieren läßt, wenn er einmal in eine schnelle Rotation geraten ist.

3.2 Echtzeit-Kommunikationssystem

Zur Koordinierung und Parallelisierung der auf Mikrocontroller und PC verteilten Aufgaben wird ein einfaches Echtzeit-Tasking-System eingesetzt. Auf jeder CPU werden Tasks parallel in einer Form abgearbeitet, die als kooperatives Multitasking klassifiziert werden kann. Jede Task stellt ein in C geschriebenes Software-Modul dar, das aus folgenden Komponenten besteht:

1. Eine Initialisierungsprozedur, die einmal beim Systemstart aufgerufen wird.
2. Eine Task-Prozedur, die exakt zehnmal pro Sekunde aufgerufen wird. Task-Prozeduren werten Sensordaten aus oder steuern Aktoren an, zum Beispiel einen Motor.
3. Eine gewisse Anzahl Dienstprozeduren, die Daten anderer Tasks verarbeiten. Dienstprozeduren können sowohl von Tasks, die auf derselben CPU ablaufen, als auch von Tasks, die auf einer anderen CPU angesiedelt sind, ähnlich einem RPC (remote procedure call, Prozedurfernaufruf) aufgerufen werden.
4. Auf den Mikro-Controllern können Tasks zusätzlich auch Interrupt-Service-Routinen zugeordnet werden, um Zugriff auf Sensoren oder Aktoren zu erhalten.

Die gesamte Datenübertragung nicht nur zwischen Tasks, sondern auch zwischen verschiedenen CPUs findet über die Aufrufparameter der Service-Prozeduren statt. Jegliche Datenübertragung ist zunächst unidirektional, die Service-Prozeduren sind Datensenken. Da die Systemarchitektur aber bekannt ist, d. h. die Aufrufer jeder Service-Prozedur feststehen, kann ein Rückgabewert geliefert werden mit Hilfe dazu vorgesehener Rückruf-Prozeduren bei der aufrufenden Task.

Der Aufruf einer Service-Prozedur bewirkt die Generierung eines Datenpakets, das die Aufrufparameter und die Identifikation der aufrufenden Prozedur enthält. Wenn die aufgerufene Service-Prozedur auf derselben CPU angesiedelt ist, wird das Datenpaket für die Prozedur in einen lokalen Datenpuffer geschrieben. Soll dagegen eine Service-Prozedur einer entfernt laufenden Task aufgerufen werden, wird das Datenpaket sofort auf der richtigen Schnittstelle versandt. Wenn eine CPU ein Datenpaket empfangen hat, entscheidet eine interrupt-gestützt laufende Routing-Prozedur, ob das Paket in den lokalen Datenpuffer zum Prozeduraufruf geschrieben werden oder über die andere Schnittstelle dieser CPU weitergereicht werden muß.

Die Task-Prozeduren werden zyklisch nacheinander aufgerufen. Die Ausführung einer Task-Prozedur darf nicht länger als 10 ms dauern. Bei maximal sechs Tasks pro CPU ist so sichergestellt, daß jede Task zehnmal pro Sekunde ausgeführt werden kann. Nach der letzten Task-Prozedur wartet die Hauptschleife, bis die 100 ms eines Schleifendurchlaufs beendet sind, bevor der nächste Auführungszyklus beginnt. In dieser Zeit und jeweils zwischen der Ausführung zweier Task-Prozeduren wird eine spezielle Systemroutine ausgeführt, die angekommene Pakete aus dem lokalen Aufrufpuffer entfernt und die entsprechenden Service-Prozeduren mit den in den Paketen enthaltenen Parametern aufruft. In Bild 7 ist die Struktur der Hauptschleife zur Task-Verwaltung noch einmal dargestellt.

```
Init_Task_1()
  ...
Init_Task_n()

loop
  cycle_start = clock()
  Task_1()
  Call_Service_Procedures()
    ...
  Task_n()
  Call_Service_Procedures()
  while (clock() < cycle_start + 100ms)
    Call_Service_Procedures()
  end while
end loop
```

Abb. 7. Hauptschleife zur Task-Abarbeitung

4 Schluß

Es wurde ein Fluggerät vorgestellt, das gebaut wurde, um eine vorgegebene
Aufgabe ohne menschliches Eingreifen zu absolvieren. Das Ultraschall-Ortungs-
system, die verteilte Systemarchitektur und die Navigations- und Regelungs-
strategie sind eigens für TUBROB entwickelt worden und stellen interessante
Konzepte zur Realisierung autonom operierender Systeme dar. Übrigens belegte
TUBROB auf der International Aerial Robotics Competition am 6. Juli 1995 in
Atlanta den zweiten Platz.

Literatur

1. Association for Unmanned Vehicle Systems, Competition Rules, AUVS Atlanta,
   1995
2. M. Finke, W. Brandburg, G. Hommel, TUBROB - Ein autonom fliegender Roboter,
   Tagungsband des 10. Fachgesprächs Autonome Mobile Systeme, Springer Verlag,
   S. 32-42, 1994
3. Siemens AG, SAB 80C166 User's Manual 6.90, Siemens Münschen, 1990
4. M. Sugeno, Industrial Applications of Fuzzy Control, Information Sciences North-
   Holland, 1985

Interaktive Umweltmodellierung für halbautonome mobile Roboter

I. S. Lin, R. Dillmann

Universität Karlsruhe
Institut für Prozeßrechentechnik und Robotik
Kaiserstraße 12, D-76128 Karlsruhe, Germany

Zusammenfassung Der Einsatz von mobilen Robotern in einer unbekannten Umgebung zur Durchführung einer Serviceaufgabe erfordert, daß die Roboter ihre vorerst unbekannte Umgebung kennenlernen und die von einem Bediener vorgegebene Taskspezifikation verstehen können. In diesem Beitrag wird ein interaktives Umweltmodellierungssystem für halbautonome mobile Roboter mit Hilfe von fernübertragenen Videobildern aus einer Monokamera vorgestellt. Das Umweltmodell wird während der Fahrt des autonomen oder ferngesteuerten Roboters inkrementell erweitert und aktualisiert. Neben den geometrischen Eigenschaften von Objekten werden auch deren semantische Informationen vom Bediener eingegeben. Das erstellte Umweltmodell dient als Grundlage für die Taskspezifikation in der Telerobotik. Die Rolle des Bedieners wechselt von der direkten Fernsteuerung zu Überwachungsaufgaben und eventuellen Eingriffen.

1 Einführung

Heute werden teilautonome, ferngesteuerte mobile Roboter zu Inspektions- und Wartungszwecken in solchen Bereichen eingesetzt, die für Menschen unzugänglich oder lebensbedrohend sind [8]. Nach Angaben der amerikanischen Regierung werden ferngesteuerte Roboter in der Zukunft eine immer wichtigere Rolle in verseuchten oder kontaminierten Räumen spielen [3]. Die typische Szene eines ferngesteuerten Systems ist, einen ferngesteuerten Roboter von einem Bediener mit Hilfe von Videobildern und gewissen Eingabegeräten direkt zu steuern. Ein derartiges System erfordert jedoch eine ständige Steuerung und Überwachung von Menschen. Zudem liefern die 2-D Videobilder dem Bediener keine ausreichende 3-D Weltinformation. Die Steuerung mehrerer Freiheitsgrade des Roboters unter Zeitverzögerung hat sich bereits als schwierig erwiesen [5, 8]. Weiterhin weist ein derartiges System keinen Übergang zu autonomen Systemen auf.

Zur Lösung der Problematik wird ein Telerobotiksystem vorgestellt, in dem eine geteilte Autonomie beim Fernsteuern des Roboters ermöglicht wird [7]. Die flexiblen Steuerungsmodi ermöglichen eine enge Zusammenarbeit zwischen Menschen und Robotern unter verschiedenen Umständen. Aufbauend auf diesem Telerobotiksystem wird ein interaktives Modellierungssystem entwickelt (Abb. 1). Ein Umweltmodell ermöglicht den Einsatz eines Planungssystems, das entweder

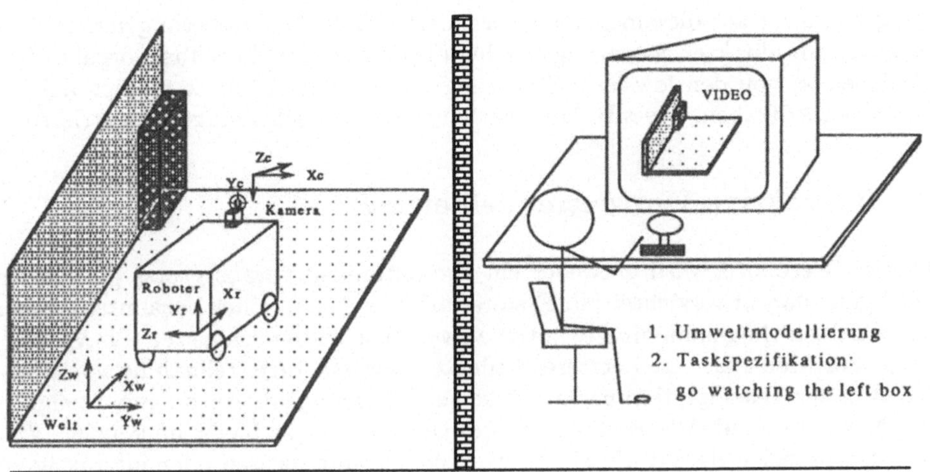

Abbildung 1. Interaktive Umweltmodellierung und Taskspezifikation für mobile Roboter

bei off-line Taskanalyse mit graphischer Simulation oder bei on-line Taskspezifikation sehr hilfreich ist. Die automatische Umweltkartographierung ist nach dem Stand der heutigen Technik mit Hilfe aufwendiger Sensorsysteme in einer strukturierten Umgebung mit Vorwissen über vorhandene Objekten realisierbar. Da die typischen Anwendungen der halbautonomen Roboter in einer unbekannten und dynamischen Umgebung stattfinden, in der ein rascher Einsatz gefordert wird, ist eine maschinelle Umweltmodellierung kaum verwendbar. In der Literatur wird bei halbautonomen Systemen meistens ein Umweltmodell vorausgesetzt [5, 2], was in einer unbekannten Umgebung nicht der Fall sein kann. Um die Lücke zu überbrücken wird in diesem Beitrag das Umweltwissen zu Beginn der Fernsteuerung interaktiv erworben. Weitere Fernsteuerung basiert auf diesem interaktiv erworbenen Umweltmodell. Im Vergleich zu direkter Fernsteuerung verliert man bei der Modellierungsphase etwas Zeit. Aber anhand der geometrischen und semantischen Beschreibung der vorher unbekannten Umwelt können Task- und Geometrieplaner eingesetzt werden. Dadurch wird die Mensch-Maschine-Kommunikation erleichtert und die Ausführung einer Aufgabe beschleunigt.

In einer unbekannten Umgebung versucht der Bediener zuerst mit Hilfe von Videobildern ein Umweltmodell zu erzeugen. Das Umweltmodell wird dann bei der Fernsteuerung genutzt und inkrementell vervollständigt, indem modellierte Objekte verändert und neue Objekte eingetragen werden. Neben den geometrischen Abmessungen werden auch semantische Informationen in diesem Umweltmodell mit einbezogen. Im ersten Teil dieses Beitrags wird das Modellierungssystem anhand von Experimenten vorgestellt. Im zweiten Teil wird eine visionsbasierte Taskspezifikation beschrieben, die in Zusammenarbeit mit dem Umweltmodell eine gegebene Task in einer Sequenz von sensorbasierten Bewegungen plant. Nach diesem Schema verändert sich die Fernsteuerung der mobilen Roboter von direkter Steuerung zur high-level semantischen Taskvorgabe. Der Bediener ist von den low-level Steuerungsdetails befreit und kann sich auf die wichtigen Aufgaben, wie z.B. Überwachung oder Entscheidung konzentrieren.

2 Interaktive Umweltmodellierung

In der Telerobotik wird entweder ein Umweltmodell vorausgesetzt [5] oder es wird ganz darauf verzichtet [4]. Ersteres arbeitet nur in einer bekannten, genau modellierten Umgebung und benötigt aufwendige Vorbereitungszeit aus Vermessung und Modellierung. Letzteres bedeutet eine ständige Teilnahme von Menschen in der Teleoperation und weist keinen Übergang zur Autonomie bezüglich der Navigation auf. Die Erstellung eines Umweltmodells bleibt noch offen. Viele Ansätze zielen darauf ab, ein Umweltmodell automatisch oder interaktiv zu erzeugen. Die automatischen Ansätze sind bisher auf strukturierte Umgebungen beschränkt, ein allgemeines Kartographierungssystem ist nach dem heutigen Stand der Technik noch weit entfernt. In [1] wird ein interaktiver Einsatz beschrieben, bei dem ein bedienerunterstütztes System zur geometrischen Modellierung einer Szene dient. Dabei wird die Verbindung des Umweltmodells zu mobilen Robotern nicht weiter untersucht. In [9] wird eine statische Szene anhand Abstandsensoren interaktiv modelliert. Die Kollisionsvermeidung eines Manipulators unter der Verwendung des gewonnenen Umweltmodells wird dort auch diskutiert.

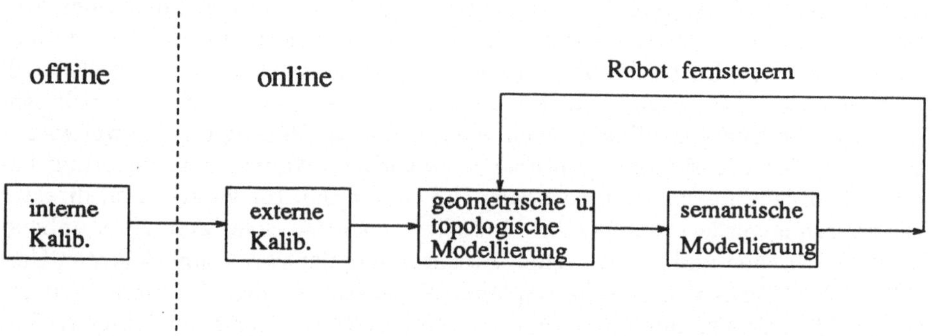

Abbildung 2. Die Phasen der interaktiven Umweltmodellierung

In diesem Beitrag wird ein Umweltmodell aus mehreren Szenen konstruiert. Dieses Umweltmodell wird dann sowohl zur Navigation des Roboters als auch bei der Mensch-Maschine-Kommunikation verwendet. Abb. 1 zeigt die Skizze des Umweltmodellierungssystems. Ein Umweltmodell wird mit Hilfe von Videobildern interaktiv aufgebaut. Eine generelle 3-D Kartographierung der Umwelt erfordert ein Stereokamerasystem, weil aus einer Monokamera keine Tiefeninformation zu erwerben ist. Da ein Stereokamerasystem viel teuerer als eine Mono-kamera ist und das Matching zwischen beiden Bildern keine einfache Aufgabe darstellt, wird in dieser Arbeit versucht, mit einer Kamera und deren bekannter Höhe ein vollständiges Umweltmodell zu erzeugen. Die Phasen der Umweltmodellierung sind in Abb. 2 dargestellt und werden in folgenden Abschnitten erläutert.

2.1   Interne Kamerakalibrierung

Die Kamerakalibrierung ist die Grundlage aller Messungen mit Kameras. Die Abbildungsparameter zwischen Welt- und Rechnerbildkoordinaten müssen zuerst kalibriert werden. Da einerseits die Umwelt des Roboters unbekannt und andererseits die Kamera beweglich ist, kommt eine direkte Transformation von der Welt nach Rechnerbild nicht in Frage. Eine Trennung von internen und externen Kameraparametern ist daher erforderlich. In diesem Beitrag wird ein zweistufiges Kalibrierungsverfahren entwickelt. Die internen Parameter werden off-line kalibriert, während die externen Parameter vor Ort mittels Fluchtpunkten bestimmt werden.

Nach der perspektivischen Transformation und dem nichtlinearen Kameramodell von [10] sind sechs interne Kameraparameter zu bestimmen:

- κ_1 : Verzerrungsfaktor
- C_x, C_y : Bildhauptpunkt
- f : Brennweite
- s_x, s_y : Skalierungsfaktor in x und y Richtung

In dieser Phase werden sowohl das dreidimensionale Kalibrierungsnormal mit 16 Kreisen [11] als auch der Algorithmus von [10] benutzt. Aus den Eingabedaten liefert der Algorithmus gleichzeitig auch externe Parameter. Sie werden aber nicht weiter genutzt.

2.2   Fluchtpunktbasierte externe Kalibrierung

Anhand der internen Parameter kann der Roboter in einer unbekannten Umgebung eingesetzt werden. Die fehlende Orientierung und Translation des Roboters bezüglich seiner Umwelt werden mittels Fluchtpunkten ermittelt. In einer künstlichen Umgebung sind Linien entlang der drei orthogonalen Richtungen leichter zu erkennen als die anderen. In der externen Kalibrierung wird versucht, daß sich die Weltkoordinaten nach den drei orthogonalen Richtungen richten.

Eine Linie in der Welt

$$x_w = x_0 + m_x t \tag{1}$$

$$y_w = y_0 + m_y t \tag{2}$$

$$z_w = z_0 + m_z t, \tag{3}$$

wird in Kamerakoordinaten zu:

$$x_c = x'_0 + m'_x t \tag{4}$$

$$y_c = y'_0 + m'_y t \tag{5}$$

$$z_c = z'_0 + m'_z t, \tag{6}$$

und in Rechnerbildkoordinaten zu:

$$x_f = s_x \frac{f(x'_0 + tm'_x)}{z'_0 + tm'_z} + C_x \tag{7}$$

$$y_f = s_y \frac{f(y'_0 + tm'_y)}{z'_0 + tm'_z} + C_y. \tag{8}$$

Nach der perspektivischen Geometrie schneidet sich eine Gruppe von parallelen Linien in der Welt in einem Punkt, nämlich dem Fluchtpunkt

$$V_x = s_x \frac{fm'_x}{m'_z} + C_x \tag{9}$$

$$V_y = s_y \frac{fm'_y}{m'_z} + C_y, \tag{10}$$

wobei die s_x, s_y, f, C_x und C_y aus der internen Kalibrierung schon bekannt sind.

Die Transformation zwischen Welt und Kamera ist gegeben durch:

$$\begin{pmatrix} x_c \\ y_c \\ z_c \\ 1 \end{pmatrix} = \begin{pmatrix} r_{11} & r_{12} & r_{13} & T_x \\ r_{21} & r_{22} & r_{23} & T_y \\ r_{31} & r_{32} & r_{33} & T_z \\ 0 & 0 & 0 & 1 \end{pmatrix} \cdot \begin{pmatrix} x_w \\ y_w \\ z_w \\ 1 \end{pmatrix} \tag{11}$$

Mit der Höhe der Kamera ist dann die Information zur Positionsmessung vollständig. Bei bekannter Höhe der Kamera H sieht die Gleichung vom Boden wie folgt aus:

$$r_{12}x_c + r_{22}y_c + r_{32}z_c + H = 0 \tag{12}$$

Zur Bestimmung der Orientierungs- und Translationsparameter kommen zwei Methoden in Frage:

1. Aus den drei Fluchtpunkten der drei Hauptrichtungen in der Welt werden die Orientierungsparameter bestimmt. Die Gleichung (12) liefert die Lage der auf dem Boden liegenden Objekte.
2. Aus einem Fluchtpunkt, einem am Boden liegenden Punkt und einer über diesen Punkt laufenden vertikalen Kante werden die externe Parameter iterativ gelöst.

Bei der ersten Methode sind die Rotationsparameter und Positionsparameter unabhängig, dagegen sind sie bei der zweiten Methode teilweise gekoppelt. Bei mobilen Robotern kommt es oft vor, daß ein oder zwei Fluchtpunkte sehr weit vom Bildhauptpunkt weg liegen, d.h. die Linien im Rechnerbild sind fast parallel, was eine genaue Schätzung der Lage des Fluchtpunktes erschwert. In diesem Fall ist die zweite Methode die einzige Wahl zur erfolgreichen Kalibrierung.

2.3 Geometrische und topologische Modellierung

Nach der Kalibrierung ist der Bediener bereit, Umweltmodellierung durchzuführen. Eine Geometriedatenbasis steht dem Bediener zur Verfügung, in der eine Menge von geometrischen Primitiven, wie z.B. Fläche, Würfel und Zylinder enthalten sind. Aus den Videobildern sind die Gestalt und Semantik der Objekte vom Bediener leicht zu erkennen. Die entsprechenden Primitiven werden aus der Geometriedatenbasis geholt und als Kantenbild auf den Videobildern aufgestellt. Sie werden so verschoben und ihre Größe wird so verändert, daß die Objektkanten mit den Objekten im Videobild übereinstimmen. Direkte Manipulation am Bildschirm mittels einer Maus beschleunigt die Erstellung des Umweltmodells. Die geometrischen und topologischen Randbedingungen werden in dieser Phase ausgenutzt und bei der direkten Manipulation von Objekten mit einbezogen. Dadurch wird z.B. die Bestimmung der Lage einer Tür auf der Wand einfacher, da sich die Freiheitsgrade von sechs auf zwei reduzieren. Abb. 3 zeigt ein experimentelles Ergebnis der geometrischen Modellierung eines Flures. Die Übereinstimmung der modellierten Objektkanten mit den Objekten im Videobild erweist die Genauigkeit der Kalibrierung und die Verwendbarkeit der geometrischen Modellierung.

Eine künstliche Umgebung wird oft in viele Einheiten unterteilt. Die Anordnung der modellierten Objekte in einer Einheit bildet einen Relationsgraphen, der die topologischen Beziehungen der Objekte repräsentiert. Der Relationsgraph der Objekte innerhalb einer topologischen Einheit wird automatisch aus den geometrischen Daten abgeleitet, während die Relation zwischen den topologischen Einheiten automatisch oder interaktiv ermittelt wird.

Abbildung 3. Interaktive Modellierung eines Flures

2.4 Semantische Modellierung

Die Bedeutung und Eigenschaft eines Objektes hängt von der auszuführenden Aufgabe ab und wird in dieser Phase vom Bediener eingegeben. Die semantischen Informationen vervollständigen das Umweltmodell und sind für die Mensch-Maschine-Kommunikation von Bedeutung. Ohne semantische Information ist ein Kommando, wie *go watching the box on the left side*, für den Roboter sinnlos.

Ziel der Umweltmodellierung ist ein verwendbares Umweltmodell für Task- und Geometrieplaner, damit der Bediener dem Roboter die vorher unbekannte Umwelt vermittelt und die Autonomie des Roboters bezüglich Navigation und Taskplanung erreicht wird. Die Steuerung von halbautonomen Robotern wird dadurch vereinfacht und die Ausführungszeit einer Task wird verkürzt.

Im nächsten Schritt wird das Fahrzeug anhand dieses Umweltmodells entweder autonom weiterfahren oder ferngesteuert weitergeführt. Die Videobilder werden während der Fahrt ständig mit den nach der Formel (13) aktualisierten Kantenbildern der modellierten Objekte überlagert.

$$\mathbf{P}_{bild} = T_{bc} \cdot T_{cr} \cdot T_{rw} \cdot \mathbf{P}_{welt}, \tag{13}$$

wobei T_{rw} eine Funktion der Roboterposition ist.

In einer Anwendung mit direkter Videoübertragung liegt die Zeitverzögerung vor allem in der Funkstrecke. Die Videobilder zeigen das aktuelle Umfeld des Fahrzeuges an. Der Unterschied zwischen Graphiken und Videobildern stammt einerseits aus der ungenauen Odometrie und andererseits aus Fehlern in der Umweltmodellierung. Sie werden im momentanen Entwicklungsstand vom Bediener korrigiert, indem die Übereinstimmung zwischen Objektkanten und Videobildern überprüft wird. Neue Objekte werden in dieser Phase eingetragen, daher ist diese Vorgehensweise on-line und inkrementell. Die Modellierung wird solange fortgesetzt bis ein dem Bediener ausreichendes, vollständiges Umweltmodell erreicht ist.

3 Taskspezifikation

Die Steuerung der halbautonomen Roboter reicht von direkter bis zu überwachender (engl. supervisory) Steuerung [8, 7]. Mit Hilfe des in dem vorangegangenen Kapitel vorgestellten Umweltmodells kann die Rolle des Bedieners zu high-level Missionsplanung und Überwachung werden und der Roboter handelt in richtiger Ausführung bezüglich seiner Umgebung. In diesem Kapitel wird die Taskspezifikation in unserem Telerobotiksystem vorgestellt.

3.1 Integrierte Videoschnittstelle

In einem herkömmlichen Telerobotiksystem spielt die GUI (Graphical User Interface) eine wichtige Rolle [5]. Die zwei Hauptaufgaben von GUI sind off-line Taskanalyse und on-line Visualisierung und Kommandoeingabe [5]. In dieser

Konfiguration verfügt der Bediener über einen oder mehrere TV-Monitoren
und eine GUI. Die TV-Monitoren sind passiv in dem Sinn, daß die Mensch-
Maschine-Kommunikation unidirektionell ist; der Bediener spezifiziert eine Task
in der GUI, überwacht deren Ausführung vom Videofeedback und greift eventuell in das Robotersystem ein durch andere Eingabegeräte oder GUI. Unter
dieser Konfiguration sind die Schnittstellen zur Überwachung (TV durch Videobilder) und Kommandoeingabe (GUI) anders. Die Zykluszeit von Taskvorgabe,
Überwachung bis zum Schluß der Ausführung dauert auch länger (s. Abb. 4
links).

Eine Möglichkeit zur Eliminierung dieser Schwäche besteht in der Integrati-
on der Taskspezifikation, der Überwachung und des eventuellen Eingriffs in die
Videoschnittstelle, über die der Bediener mit Robotern bidirektionell kommu-
nizieren kann (s. Abb. 4 rechts). Eine derartige Konfiguration vereinfacht die
MMI und reduziert die Zykluszeit bei der Fernsteuerung und wird in unserem
Telerobotiksystem verwendet.

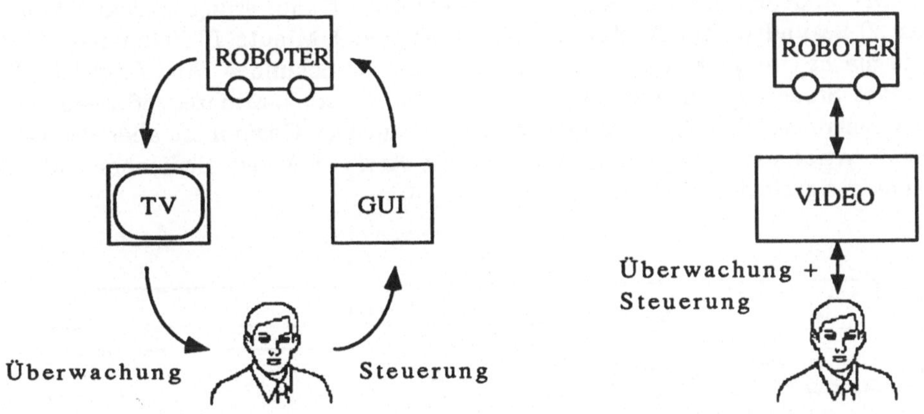

Abbildung 4. Taskzyklus bei getrennten TV und GUI (l.) und einer integrierter Vi-
.deoschnittstelle (r.)

3.2 Visionsbasierte Taskspezifikation

Im Rahmen der integrierten Videoschnittstelle wird die visionsbasierte Taskspezifikation entwickelt [6]. Eine Task ist definiert als ein *(Object, Behavior)* Paar.
Das *Objekt* wird direkt an der Videoschnittstelle ausgewählt. Das *Behavior* ist
das von dem Bediener bevorzugte Verhalten des Roboters (z.B. *go near, follow
wall*) und entspricht einer spezifischen Prozedur, die anhand des ausgewählten
Objekts und des Umweltmodells eine Sequenz von sensorbasierten Bewegungen
erzeugt. Bei dieser Vorgehensweise steuert der Bediener den Roboter nicht direkt, sondern er spezifiziert nur eine Task, überwacht deren Ausführung und

greift in das System in nötigen Fällen ein. Im Vergleich zur traditionellen Teleoperation geschieht die Steuerung des Roboters nicht mehr auf Servoebene, sondern auf Taskebene. Das Planungssystem und die sensorbasierten Bewegungen kümmern sich um den Rest. Die Ausführung ist daher einfacher, schneller und zuverlässiger. Die verlorene Zeit, um eine Umwelt zu modellieren, wird in der Ausführungsphase kompensiert.

Abb. 5 zeigt ein Experiment. Die Umwelt ist zunächst modelliert; die durchgezogenen Linien sind das per Hand gemessene Umweltmodell, während die gestrichelten Linien aus der interaktiven Modellierung gewonnen werden. Der Roboter wird zu der zweiten Tür auf der rechten Seite mit dem Verhalten *follow wall* kommandiert. Diese Task ist in zwei sensorbasierten Bewegungen, *rotate parallel to wall* und *move ahead 7.89m parallel to wall*, zerlegt. Der Regler auf der Roboterseite kümmert sich um die Ausführung dieser zwei sensorbasierten Bewegungen. Trotz des Initialisierungsfehlers in der Orientierung des Roboters, ist die Ausführung der Task mit Hilfe von sensorbasierten Bewegungen problemlos.

Die Modellierung der Szene samt der externen Kalibrierung beträgt 2 Minuten 20 Sekunden. Zur Ausführung der Task sind 1 Minute 13 Sekunden nötig. Das macht eine Zeit von insgesamt 3 Minuten 33 Sekunden. Als Vergleich, die direkte Steuerung anhand des Videofeebacks dauert 1 Minuten 36 Sekunden. Der Zeitverlust beträgt 1 Minute 57 Sekunden. Der Gewinn ist aber die Wiederverwendbarkeit des Umweltmodells, die Entlastung des Bedieners und die Zuverlässigkeit der Ausführung.

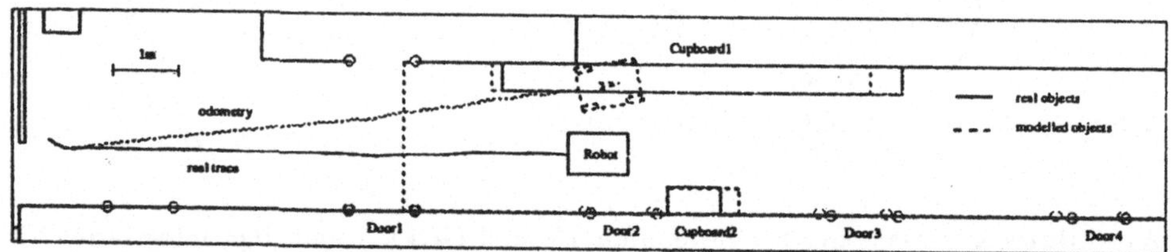

Abbildung 5. Die Modellierung der Umwelt und Ausführung einer Task

4 Zusammenfassung und Ausblick

Die vorliegende Arbeit leistet einen Beitrag zur Fernsteuerung der halbautonomen mobilen Roboter, nämlich die interaktive Umweltmodellierung einer unbekannten Umwelt auf der Basis von Videobildern und deren Zusammenarbeit mit der Taskspezifikation. Anstatt direkter Steuerung wird zunächst ein Modell erstellt. Anhand dieses Umweltmodells und einer Taskspezifikation werden sensorbasierte Bewegungen abgeleitet und durchgeführt. Die Genauigkeit der

Modellierung und die Effizienz dieses Schemas wurden an experimentellen Beispielen gezeigt.

Die semantischen, topologischen und geometrischen Informationen in dem interaktiv erstellten Umweltmodell entsprechen den Abstraktionsniveaus eines Weltmodells und passen zu der üblichen hierarchischen Steuerungsarchitektur von mobilen Robotern. Die Verbindung des Umweltmodells mit einem autonomen Roboter wird weiter untersucht. Ein anderer Schwerpunkt der weiteren Forschungen soll im Bereich der Automatisierung der Vorgehensweise liegen, z.B. in der Objekterkennung und Positionskorrektur des Roboters; der Bediener gibt nur je nach Umständen nötige Hinweise.

Danksagung

Diese Arbeit wurde am Institut für Prozeßrechentechnik und Robotik, Fakultät für Informatik, Universität Karlsruhe, 76128 Karlsruhe unter der Leitung von Prof. Dr. U. Rembold und Prof. Dr. R. Dillmann durchgeführt. Die Autoren danken J. Perret und P. Weckesser für die Unterstützung der Arbeit.

Literatur

1. EVEN, P. L. MARCE: *Manned Geometry Modelling for Computer Aided Teleoperation*. *Proc. Int. Symposium Teleoperation and Control*, 113–122, 1988.

2. FUNDA, J.: *Teleprogramming: Towards Delay-Invariant Remote Manipulation*. , GRASP Laboratory, University of Pennsylvania, Philadelphia, 1991.

3. JOHNSON, A., P. LEGER, R. HOFFMAN, M. HEBERT J. OSBORN: *3-D Object Modeling and Recognition for Telerobotic Manipulation*. *IEEE/RSJ International Conference on Intelligent Robots and Systems*, 103–110, 1995.

4. KAY, J. C. THORPE: *STRIPE: Supervised Telerobotics Using Incremental Polygonal Earth Geometry*. *Proceedings of the 3rd International Conference on Intelligent Autonomous System*, 399–405, 1993.

5. KIM, W. S.: *Graphic Operator Interface for Space Telerotics*. *IEEE International Conference on Robotics and Automation*, 761–768, 1993.

6. LIN, I. S., J. PERRET, F. WALLNER R. DILLMANN: *Interactive Environment Modeling and Vision-Based Task Specification for a Teleoperated Mobile Robot*. *7th International Conference on Advanced Robotics, ICAR '95*, 1995.

7. LIN, I. S., F. WALLNER R. DILLMANN: *An Advanced Telerobotic Control System for a Mobile Robot with Multisensor Feedback*. *Intelligent Autonomous Systems IAS-4*, 365–372. IOS Press, 1995.

8. SHERIDAN, T. B.: *Telerobotics, Automation, and Human Supervisory Control*. The MIT Press, London,England, 1992.

9. SWIETLIK, A.: *Geometrische Rekonstuktion von dreidimensionalen Szenen aus Abstanddaten*. VDI Verlag, 1994.

10. TSAI, R. Y.: *A Versitile Camera Calibration Technique for High-accuracy 3D Machine Vision Metrology Using Off-the-shelf TV Cameras and Lenses*. IEEE Journal of Robotics and Automation, RA-3, 1987.

11. WECKESSE, P. G. HETZEL: *Protogrammetric Calibration Methods for an Active Stereo Vision System*. *Intelligent Robot System*, 430–436, 1994.

Inkrementelle sensorbasierte Erzeugung eines Umweltmodelles mit Hilfe von Bewertungsfunktionen im Konfigurationsraum

E. Kruse, R. Gutsche und F. M. Wahl

Institut für Robotik und Prozeßinformatik
Technische Universität Braunschweig
Hamburger Str. 267, D-38114 Braunschweig

Zusammenfassung. Im Rahmen der Entwicklung autonomer Robotersysteme besteht eine wichtige Aufgabe der Forschung darin, die Abhängigkeit von *a priori* Wissen zu reduzieren und dieses durch Sensordaten, welche automatisch und problemorientiert gewonnen werden, zu ersetzen. Wenngleich bereits viele damit in Zusammenhang stehende Aspekte untersucht wurden, so blieb das Problem der *systematischen* Durchführung von Messungen zur Erzeugung eines Umweltmodelles meist vernachlässigt.

In diesem Beitrag stellen wir einen allgemeinen Ansatz zur gezielten und effizienten Vermessung einer unbekannten Umwelt vor. Grundlage unseres Verfahrens bilden Bewertungsfunktionen, welche im Konfigurationsraum des Roboters definiert werden. Basierend auf dem aktuellen Wissen über die Umwelt und auf Randbedingungen hinsichtlich der Roboterbewegungen geben sie ein Maß für die Eignung von Konfigurationen für eine Messung. Durch Verwendung hoch bewerteter Konfigurationen wird eine schnelle, effiziente Erkundung der Umwelt erreicht. Das Verfahren eignet sich für Roboterarchitekturen verschiedenster Art, z.B. mobile Systeme oder auch Manipulatoren mit vielen Freiheitsgraden und Redundanzen; die inverse Kinematik des Roboters muß nicht bekannt sein. Von den zu verwendenden Sensoren wird vorausgesetzt, daß sie Tiefenmessungen liefern, wie z.B. Laserscanner, Stereo Systeme oder Sonar.

1 Einführung

Ein Hauptziel der Forschung in der Robotik liegt in der Entwicklung von Systemen, die sich unter verschiedenen Bedingungen flexibel und vielseitig, "intelligent" den Anforderungen anpassen. Eine Voraussetzung hierfür ist die umfangreiche Kenntnis von der Umgebung des Roboters. So erfordert zum Beispiel die Planung kollisionsfreier Bahnen – eine für viele Anwendungen elementare Aufgabe – Informationen über Form und Lage sich im Arbeitsraum befindender Hindernisse. Mit zunehmender Komplexität der Umwelt kann es jedoch sehr aufwendig oder sogar unmöglich werden, dem Roboter ein Weltmodell *a priori* zur Verfügung zu stellen. Statt dessen sollte dieses daher vom Roboter selbständig unter Verwendung sensorisch gewonnener Daten erzeugt werden. Hierbei sind eine Reihe von Gesichtspunkten zu beachten, z.B. die Art der zu verwendenden Sensoren, die Modellierung der Umwelt und die konsistente Integration der Sensordaten in das Umweltmodell. Zahlreiche Veröffentlichungen haben sich der

Thematik unter verschiedenen Aspekten gewidmet, z.B. Navigation mobiler Roboter [5, 7, 11, 12], Modellierung von Sensorunsicherheiten [1, 4] und parallele Verwendung von Sensoren verschiedenen Typs [8, 9]. In der Regel beschränken sich diese Ansätze auf zweidimensionale Umgebungen und gehen nicht auf das Problem ein, wie eine Strategie zur systematischen Durchführung der Messungen aussehen könnte. Als einen weiteren Schritt in Richtung praktischer Anwendungen schlagen wir ein allgemeines Verfahren vor, welches durch gezielte Messungen auf effiziente Weise ein Umweltmodell erzeugt.

Es wird eine statische, zu Beginn weitgehend unbekannte Umgebung vorausgesetzt. Zur Erzeugung des Umweltmodelles bietet sich ein schrittweises Vorgehen, bestehend aus wiederholten "planen-messen-aktualisieren"-Zyklen, an. Im Rahmen dieses Beitrages konzentrieren wir uns insbesondere auf das *Planen* einer Messung. Grundlage sind *Bewertungsfunktionen*, welche ein flexibles Mittel darstellen, um Messungen bezüglich ihrer Eignung einzuschätzen.

In den folgenden Abschnitten beschreiben wir die für das Verfahren notwendigen Voraussetzungen und den Systemaufbau. Der zugrundeliegende Algorithmus wird erläutert, und es wird ausführlich auf die Bewertungsfunktionen eingegangen. Als Beispiel werden die Ergebnisse eines mit einem Simulationssystem durchgeführten Experimentes dargestellt. Abschließend geben wir einen Ausblick auf unsere zukünftige Arbeit.

2 Das System

Betrachtet werde ein für viele Anwendungen typischer Aufbau: Ein Roboter befindet sich in einer dreidimensionalen statischen Umgebung mit unbekannten Hindernissen beliebiger Form und Größe. An dem Endeffektor des Roboters ist ein Sensor befestigt, welcher Tiefenbilder liefert (Abb. 1).

Der Roboter wird ausschließlich durch seine Vorwärtskinematik[1] und eine geometrische Beschreibung, welche für Kollisionstests notwendig ist, dargestellt. Die inverse Kinematik muß nicht bekannt sein, Singularitäten und Redundanzen erfordern keine besondere Behandlung. Die in diesem Beitrag gezeigten Experimente wurden mit einem Manipulator mit sechs rotatorischen Gelenken durchgeführt, das Verfahren eignet sich jedoch für nahezu jede Roboterarchitektur, insbesondere auch für mobile Systeme.

Die Umwelt wird als dreidimensionales Raster modelliert. Jede Zelle nimmt einen der Zustände *frei, belegt* oder *unbekannt* an. Teilweise belegte Zellen werden als (vollständig) *belegt* gespeichert. Wir verwenden Auflösungen bis zu 128^3 Zellen, so daß Speicher- und Rechenaufwand handhabbar bleiben und die Genauigkeit für *gross motion planning* ausreicht. Zu Beginn werden die Zellen als *unbekannt* markiert, nur die unmittelbare Umgebung des Roboters muß *frei* sein, damit eine für die ersten Messungen notwendige Bewegungsfreiheit gewährleistet ist. Um Meßtoleranzen berücksichtigen zu können, beabsichtigen wir, das Umweltmodell zukünftig um Belegungswahrscheinlichkeiten zu erweitern. Der An-

---

[1] Es wird vorausgesetzt, daß der Roboter keine geschlossenen kinematischen Ketten enthält.

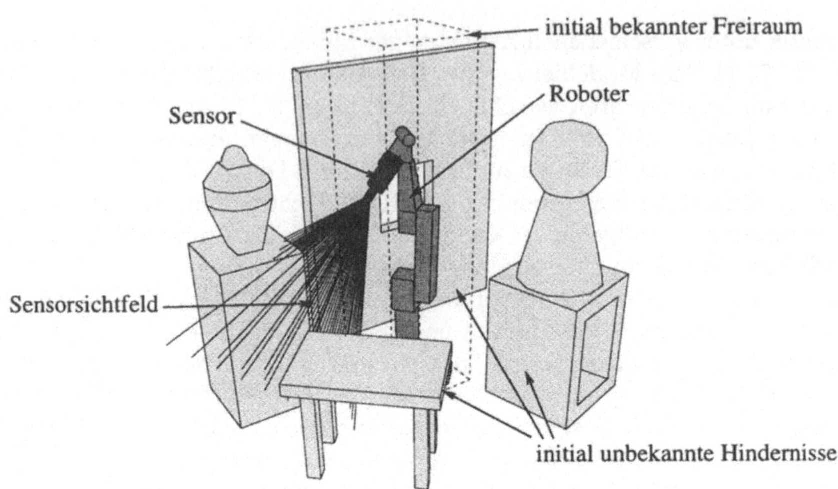

Abb. 1. Beispielaufbau

satz, welcher in [4] für zweidimensionale Szenen vorgeschlagen wurde, läßt sich auf einfache Weise entsprechend übertragen. Die sich für unser Verfahren ergebenden Veränderungen sind geringfügig und bleiben in diesem Beitrag im Sinne der Übersichtlichkeit außer acht.

Der Sensor wird mit fünf Parametern beschrieben: Die Auflösung entlang der x- und y-Richtung, die entsprechenden Öffnungswinkel der Sichtpyramide sowie die maximale Entfernung, welche mit hinreichender Genauigkeit gemessen werden kann. Eine Messung liefert ein Tiefenbild, welches in eine entsprechende Menge von Zellen des Rasters umgewandelt wird. Die Zustände der Zellen werden in *frei* bzw. *belegt* geändert. Werden Belegungswahrscheinlichkeiten verwendet, so muß das Sensormodell um die Darstellung von Meßtoleranzen erweitert werden.

3   Der Meßzyklus

Zur Erkundung des Arbeitsraumes bietet sich ein iteratives, inkrementelles Vorgehen an, welches sich in die Phasen *Planen*, *Messen* und *Aktualisieren* unterteilen läßt (Abb. 2):

Zunächst erfolgt die Bestimmung einer für die nächste Messung geeigneten Position (im folgenden bezeichnen wir die entsprechende Konfiguration des Roboters als *Zielkonfiguration*). Grundlage ist das gegenwärtige Weltmodell, welches über die Lage der noch unbekannten Bereiche und über Hindernisse Auskunft gibt. Außerdem wird die aktuelle Konfiguration berücksichtigt: indem eine in der Nähe liegende Zielkonfiguration gewählt wird, verkürzt sich die zwischen den Messungen notwendige Bewegung. Anschließend wird ein kollisionsfreier Pfad von der aktuellen Konfiguration zur Zielkonfiguration berechnet. In den meisten Fällen ist dies eine direkte lineare Verbindung im Konfigurationsraum,

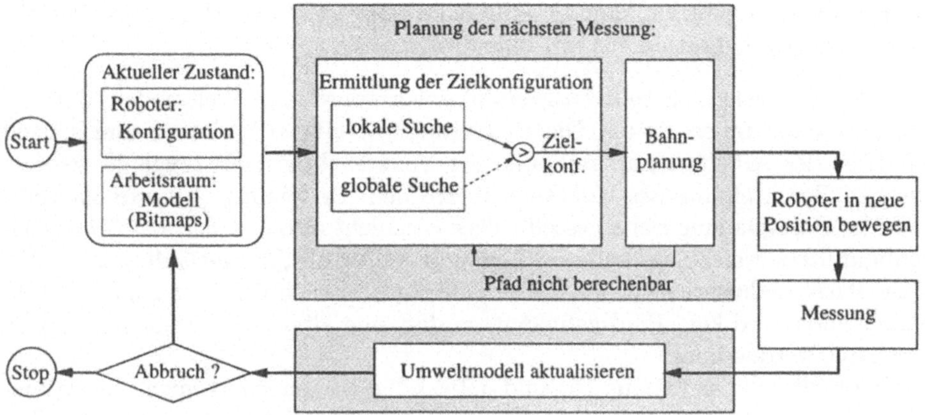

Abb. 2. Der Meßzyklus: Planen, Messen, Aktualisieren

gelegentlich muß jedoch ein aufwendigeres Bahnplanungsverfahren verwendet werden (s. Abschnitt 6).

Ist die Planung abgeschlossen, so wird der Roboter entlang der berechneten Bahn in die Zielkonfiguration bewegt und es erfolgt die Messung.

Das Umweltmodell wird um die Meßergebnisse ergänzt. Dazu werden der gemessene Freiraum als *frei* und die Oberflächen von den gemessenen Hindernissen als *belegt* in das Arbeitsraumraster eingetragen.

Ein Abbruchskriterium entscheidet, ob das Umweltmodell für die anschließenden Aufgaben ausreichend ist oder ob weitere Messungen notwendig sind. Ein solches Kriterium kann gemäß verschiedener Aspekte definiert werden, wie z.B. die Kenntnis bestimmter Regionen besonderer Bedeutung oder die Kollisionsfreiheit einer Bahn. Denkbar wäre natürlich auch, daß der gesamte Arbeitsraum vollständig untersucht werden soll. Dabei ist jedoch zu beachten, daß aufgrund von Beschränkungen durch die Roboterkinematik und durch die Sensoreigenschaften Bereiche für eine Messung eventuell nicht einsehbar sind. Darüberhinaus bleibt auch das Innere der Objekte unbekannt.

Im Rahmen unseres Vorgehens zur gezielten Vermessung der Umwelt sind zwei Aspekte von besonderer Bedeutung: die Definition geeigneter Prädikate zur Beurteilung von Konfigurationen und die schnelle Ermittlung günstiger Konfigurationen. Die beiden folgenden Abschnitte gehen näher hierauf ein.

4 Bewertung einer Konfiguration

Ausgehend vom aktuellen Zustand, gegeben durch das Weltmodell und die Roboterposition, soll eine Zielkonfiguration, von der aus die nächste Messung erfolgt, bestimmt werden. Zwei Bedingungen müssen erfüllt sein:

(a) Die Zielkonfiguration ist kollisionsfrei.

(b) Die Zielkonfiguration kann entlang eines kollisionsfreien Pfades von der aktuellen Konfiguration aus erreicht werden.

Hierbei bezieht sich *kollisionsfrei* auf das gegenwärtige Weltmodell, d.h. auf
den *bekannten* freien Raum. Die Bedingung (a) läßt sich einfach und schnell
mit Hilfe des Arbeitsraumrasters und der Vorwärtskinematik sowie der geometrischen Beschreibung des Roboters überprüfen. Bedingung (b) wird im Rahmen der Bahnplanung sichergestellt. Dies geschieht also erst nachdem eine Zielkonfiguration, welche die anderen Bedingungen erfüllt, ausgewählt wurde. Auf
diese Weise reduziert sich der Rechenaufwand beträchtlich, denn nur in Aus-
nahmefällen wird kein Pfad gefunden, so daß eine alternative Zielkonfiguration
bestimmt werden muß.

Die Bedingungen (a) und (b) sind notwendig, tragen jedoch nicht der Erkundung des unbekannten Raumes Rechnung. Wir verwenden zwei weitere Randbedingungen:

(c) Die Messung in der Zielkonfiguration soll möglichst viele neue Informationen
über unbekannte Bereiche liefern.

(d) Die Zielkonfiguration soll in der Nähe der aktuellen Konfiguration liegen.

Die Bedeutung von (c) und (d) ist weitgehend von der verwendeten Hardware abhängig. Kann der Sensor Messungen sehr schnell durchführen, so verliert
Bedingung (c) an Gewicht, während (d) stärker betont werden sollte, so daß die
Bewegungen zwischen den Messungen kürzer werden. Als Grenzfall ergibt sich
ein Verhalten, in dem anstelle von *Zielkonfigurationen* nur noch *Bewegungsrich-
tungen* vorgegeben werden, während gleichzeitig mit hohen Raten Messungen
erfolgen. In diesem Fall sollten jedoch weitere, bislang vernachlässigte Randbedingungen hinsichtlich Robotergeschwindigkeit und -beschleunigung eingeführt
werden, um gleichmäßige Bewegungen sicherzustellen.

Die Randbedingungen werden durch Bewertungsfunktionen $R_x(\mathbf{q})$, welche
für den freien[2] Konfigurationsraum des Roboters definiert sind, berücksichtigt.
Die Bewertungen beziehen sich auf einzelne Kriterien (x) und werden gegen Ende
dieses Abschnittes zu einer einheitlichen Bewertungsfunktion zusammengefaßt.

$$\mathcal{C}_{free} \rightarrow [0,1]$$
$$\mathbf{q} \mapsto R_x(\mathbf{q}) \tag{1}$$

Randbedingung (c) wird mit Hilfe der Funktion $R_{inf}(\mathbf{q})$ beschrieben. Sie gibt
eine Abschätzung für die maximale Menge durch eine Messung zu erhaltener
neuer Information. Um den Wert für eine konkrete, gegebene Konfiguration zu
berechnen, wird mit Hilfe der Vorwärtskinematik die entsprechende Lage des
Sensors ermittelt. Vom Ursprung des Sensorframes ausgehend werden innerhalb
des Arbeitsraumrasters Strahlen verfolgt, um die Grösse der im Sichtfeld liegenden unbekannten Bereiche, welche nicht von bereits bekannten Hindernissen

---

[2] Im allgemeinen liefern die Bewertungsfunktionen definierte Ergebnisse auch für kol-
lidierende Konfigurationen. Da diese als Zielkonfiguration jedoch nicht in Frage kommen, beschränken wir den Definitionsbereich grundsätzlich auf $\mathcal{C}_{free}$.

verdeckt sind, abzuschätzen. In Abhängigkeit der Lage innerhalb des Sichtfeldes wird eine Gewichtung vorgenommen. In unserer gegenwärtigen Implementierung gehen Bereiche nahe des Schwerpunktes der Sichtpyramide am stärksten in die Bewertung ein. Allgemein sollten die Bereiche, welche mit hoher Genauigkeit gemessen werden können, besonders berücksichtigt werden. Um den Wert $R_{inf}(\mathbf{q})$ auf das Intervall $[0, 1]$ zu normieren, erfolgt abschließend eine Division durch den maximal möglichen Betrag, welcher erhalten wird, wenn das gesamte Sichtfeld unbekannt ist. In Abbildung 3 sind Beispiele für $R_{inf}(\mathbf{q})$ dargestellt.

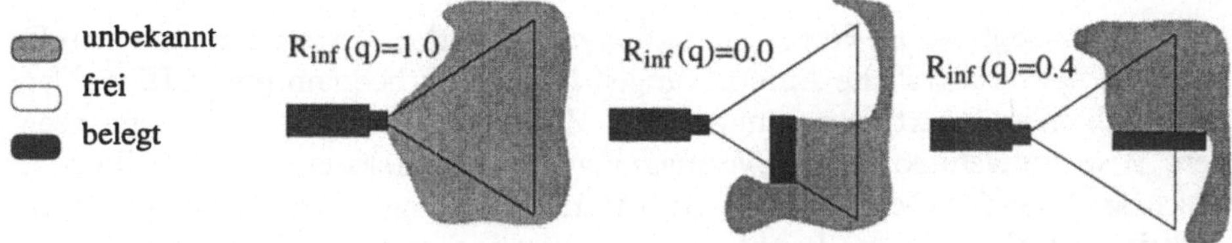

Abb. 3. R_{inf}, Beispiele

Zur Berücksichtigung der Randbedingung (d) wird eine Metrik eingeführt. Wir verwenden eine Euklidische Metrik im Konfigurationsraum mit unterschiedlichen Gewichten λ_i für jeden Freiheitsgrad:

$$d(\mathbf{q}, \mathbf{q}') = \left(\sum_{i=1}^{n} \lambda_i (q_i - q_i')^2 \right)^{1/2} , \quad \mathbf{q}, \mathbf{q}' \in \mathcal{C}_{free} \qquad (2)$$

Gelenke nahe der Roboterbasis erhalten größere Gewichte, so daß Bewegungen der Roboterhand bevorzugt werden. Da kleine Entfernungen zur aktuellen Konfiguration eine hohe Bewertung erhalten sollen, definieren wir $R_{dist}(\mathbf{q})$ entsprechend:

$$R_{dist}(\mathbf{q}) = 1 - d(\mathbf{q}, \mathbf{q}_{act})/d_{max} \qquad (3)$$

Die aktuelle Roboterkonfiguration ist mit $\mathbf{q}_{act}$ bezeichnet; d_{max} ist die maximale Entfernung zwischen zwei Konfigurationen, sie entspricht der Länge der Raumdiagonalen im n-dimensionalen Konfigurationsraum.

Für die Bestimmung einer geeigneten Zielkonfiguration müssen die Bewertungen hinsichtlich der verschiedenen Randbedingungen (c) und (d) zu einer einheitlichen Bewertungsfunktion zusammengefaßt werden:

$$\mathcal{C}_{free} \to [0, 1]$$
$$\mathbf{q} \mapsto R(\mathbf{q}) \qquad (4)$$

mit

$$R(\mathbf{q}) = R_{inf}(\mathbf{q}) \, (\omega \, R_{dist}(\mathbf{q}) + 1 - \omega) \qquad (5)$$

Der Parameter $\omega \in [0, 1]$ dient zur Anpassung des Systemverhaltens an die Eigenschaften der verwendeten Hardware. Es können kurze Bewegungen ($\omega \to 1$)

oder ein hoher Informationsgewinn pro Messung ($\omega \to 0$) bevorzugt werden. Allerdings ist unsere Wahl der Funktion $R(R_{inf}, R_{dist})$ weitgehend willkürlich. Auch mit anderen Funktionen lassen sich gute Ergebnisse erzielen, dabei sollten jedoch die folgenden Eigenschaften sichergestellt sein:

$$R(\mathbf{q}) \in [0, 1]$$
$$\wedge \; R_{inf}(\mathbf{q}) = 0 \Rightarrow R(\mathbf{q}) = 0$$
$$\wedge \; \frac{\partial R(R_{inf})}{\partial R_{inf}} \geq 0 \;,\; \frac{\partial R(R_{dist})}{\partial R_{dist}} \geq 0$$

Das Konzept der Bewertungsfunktionen bietet den Vorteil der einfachen Erweiterbarkeit. Zusätzliche Anforderungen lassen sich bequem durch Hinzufügen entsprechender Funktionen einbeziehen. Zum Beispiel kann durch eine geeignete Bewertungsfunktion die Vermessung des Arbeitsraumes auf Teilbereiche beschränkt werden. Möglich sind auch Randbedingungen, welche die Geschwindigkeit des Roboters berücksichtigen. Dies wird insbesondere dann wichtig, wenn schnelle Sensoren verwendet werden, so daß die Messungen während der Roboterbewegung erfolgen können.

5 Bestimmung der Zielkonfiguration

Die Funktion $R(\mathbf{q})$ ändert sich infolge jedes Meßzyklus, da sie auf dem aktuellen Zustand, gegeben durch das Weltmodell und die Roboterposition, beruht. Eine geschlossene, analytische Berechnung ist aufgrund der Komplexität dieser Daten, insbesondere des dreidimensionalen Rasters des Weltmodelles, nicht praktibel. Somit ist auch die direkte Ermittlung des globalen Maximums, welches die in unserem Sinne *beste* Zielkonfiguration bestimmen würde, nicht möglich. Statt dessen soll eine beliebige Konfiguration mit hoher Bewertung als Zielkonfiguration ausreichen. Eine solche kann mit vernünftigem Rechenaufwand gefunden werden, indem eine kleine Menge ausgewählter Konfigurationen bewertet wird. Dies geschieht durch eine Suche, welche näherungsweise entlang des Gradienten der Bewertungsfunktion erfolgt. Ausgehend von der aktuellen Konfiguration werden Nachbarn mit kleinem Abstand (gemäß der Metrik aus Gl. 2) untersucht. Die Suche wird bei der kollisionsfreien Konfiguration mit der höchsten Bewertung fortgesetzt, bis ein lokales Maximum erreicht ist. Wenn bereits große Teile des Arbeitsraumes bekannt sind, kann die auf diese Weise erreichte Bewertung recht klein sein. Es erfolgt daher ein Vergleich mit einem Schwellwert. Liegt die Bewertung unterhalb, so wird zur Verbesserung des Ergebnisses eine erneute Gradientensuche durchgeführt. Diese beginnt bei der besten Konfiguration einer Menge zufällig ausgewählter Konfigurationen des freien Konfigurationsraums.

Um den Gesamtzeitaufwand zur Erzeugung des Umweltmodelles zu minimieren, müssen die Verhältnisse von Robotergeschwindigkeit, Dauer einer Messung und Dauer der Planungsphase beachtet werden. So wäre es wenig sinnvoll, für eine Messung, welche sich in Sekundenbruchteilen durchführen läßt, viele Sekunden in die Planung zu verschwenden. Ein solcher Fall erfordert vielmehr eine schnelle, grobe Suche nach einer nicht weit entfernten Zielkonfiguration, ohne dem Wert $R_{inf}(\mathbf{q})$ viel Gewicht zu geben. Grundsätzlich gilt es bei der Bestimmung der Zielkonfiguration, einen Mittelweg zwischen Rechenaufwand und Qualität des Ergebnisses zu finden. Dazu lassen sich verschiedene Parameter anpassen: Im Rahmen der Gradientensuche können die Anzahl der jeweils zu untersuchenden Nachbarn sowie der Bereich der Nachbarschaft geeignet gewählt werden. Die Berechnung von $R_{inf}(\mathbf{q})$ erfolgt, indem vom Ursprung des Sensorframes ausgehend Strahlen verfolgt werden. Durch Verringerung der Anzahl zu untersuchender Strahlen kann zu Lasten der Genauigkeit Rechenzeit eingespart werden.

6 Bahnplanung

Um den Roboter in die Zielkonfiguration bewegen zu können, muß auf Basis des aktuellen Umweltmodelles eine kollisionsfreie[3] Bahn berechnet werden. In den meisten Fällen ergibt sich eine Lösung unmittelbar, wenn nämlich die direkte lineare Verbindung im Konfigurationsraum zwischen aktueller Konfiguration und Zielkonfiguration bereits kollisionsfrei ist. Dies ist ein entscheidender Vorteil für die Effizienz unseres Verfahrens. Er ergibt sich daraus, daß aufeinanderfolgende Messungen im allgemeinen von nahe beieinander liegenden Konfigurationen aus durchgeführt werden und hauptsächlich die Roboterhand bewegt wird.

Nur gelegentlich wird eine aufwendigere Bahnplanung notwendig. Hierzu haben wir zwei Verfahren implementiert. Ihnen liegt die Verwendung von Potentialfeldern [2, 3] bzw. ein Wegenetz [6] zugrunde. In den meisten Fällen erhielten wir bessere, d.h. schnellere Ergebnisse mit dem Wegenetzansatz. Diese Technik berechnet vorab einen Graphen, welcher den freien Konfigurationsraum beschreibt; sie setzt also eine statische Umgebung voraus. Obgleich in unserem Fall tatsächlich eine statische Umgebung zugrunde liegt, so verändert sich doch das sie beschreibende Modell mit jeder Messung. Da es sich aber ausschließlich um Erweiterungen des Konfigurationsfreiraumes handelt, kann das Problem gut mit folgendem zweistufigen Vorgehen angegangen werden:

1. Nach jeder Messung wird der Graph erweitert. Da keine inverse Kinematik verwendet wird, stellt sich das Problem, die neuen freien Bereiche des Konfigurationsraumes zu lokalisieren. Wir benutzen eine Heuristik, welche die Umgebung der Meßkonfiguration untersucht.

2. Mit zunehmender Anzahl von Grapherweiterungen wird der Graph groß und unausgewogen. Von Zeit zu Zeit ist daher eine vollständige Neuberechnung des Graphen sinnvoll. Sie wird dann durchgeführt, wenn die Bahnplanung kein Ergebnis liefern konnte.

7 Experimentelle Ergebnisse

Das Verfahren wurde mit Hilfe eines Simulationssystems getestet, somit konnten auf einfache Weise Experimente für verschiedenste Robotertypen und Um-

---

[3] Die *unbekannten* Zellen werden hierbei als *belegt* behandelt.

Nr.	R_{inf}	R_{dist}	R	$\delta frei$	$frei\%$		Nr.	R_{inf}	R_{dist}	R	$\delta frei$	$frei\%$
					6.23							
1	0.993	0.891	0.939	2.69	8.92		26	0.709	0.693	0.600	1.87	47.50
2	0.979	0.975	0.967	2.03	10.95		27	0.881	0.548	0.682	1.22	48.72
3	0.989	0.878	0.929	1.04	11.99		28	0.714	0.654	0.591	1.83	50.55
4	0.974	0.979	0.963	2.22	14.21		29	0.679	0.657	0.563	0.94	51.49
5	0.994	0.977	0.983	1.91	16.12		30	0.671	0.765	0.592	0.74	52.23
6	0.996	0.973	0.982	2.60	18.72		31	0.597	0.839	0.549	0.77	53.00
7	0.995	0.968	0.980	2.54	21.26		32	0.660	0.977	0.652	0.89	53.89
8	0.949	0.969	0.934	1.54	22.80		33	0.747	0.626	0.607	0.43	54.32
9	0.964	0.981	0.956	1.77	24.57		34	0.545	0.765	0.481	0.68	55.00
10	0.966	0.913	0.924	0.83	25.40		35	0.494	0.798	0.444	0.83	55.83
11	0.996	0.852	0.923	2.61	28.01		36	0.599	0.632	0.489	1.01	56.84
12	0.997	0.910	0.952	0.99	29.00		37	0.586	0.970	0.577	1.07	57.91
13	0.896	0.984	0.889	1.75	30.75		38	0.511	0.843	0.471	0.08	57.99
14	0.982	0.974	0.969	1.75	32.50		39	0.682	0.983	0.676	0.20	58.19
15	0.951	0.972	0.937	2.36	34.86		40	0.518	0.798	0.466	0.50	58.69
16	0.964	0.869	0.901	0.17	35.03		41	0.441	0.747	0.385	0.71	59.40
17	0.971	0.983	0.963	0.81	35.84		42	0.520	0.534	0.399	0.68	60.08
18	0.735	0.975	0.725	1.43	37.27		43	0.379	0.982	0.376	0.69	60.77
19	0.835	0.966	0.821	1.71	38.98		44	0.385	0.582	0.305	0.60	61.37
20	0.938	0.712	0.803	1.88	40.86		45	0.492	0.745	0.429	0.87	62.24
21	0.891	0.763	0.786	2.18	43.04		46	0.308	0.881	0.289	0.36	62.60
22	0.800	0.882	0.752	1.45	44.49		47	0.451	0.739	0.392	0.61	63.21
23	0.652	0.808	0.590	0.75	45.24		48	0.415	0.618	0.336	0.69	63.90
24	0.934	0.583	0.739	0.12	45.36		49	0.413	0.635	0.338	0.72	64.62
25	0.851	0.993	0.848	0.27	45.63		50	0.366	0.718	0.314	0.42	65.04

Tabelle 1. Ergebnisse von fünfzig Messungen

gebungen durchgeführt werden. Als typisches Bespiel stellen wir Ergebnisse für einen Roboter mit sechs rotatorischen Freiheitsgraden vor. Die Positionen der Hindernisse und der initial bekannte Freiraum sind in Abbildung 1 dargestellt. Es wurden fünfzig Meßzyklen durchgeführt: Tabelle 1 zeigt die Bewertungen der gewählten Zielkonfigurationen (R_{inf}, R_{dist}, R), die Größe des bekannten Freiraumes ($frei\%$ – bezogen auf das Gesamtvolumen des zu untersuchenden Raumes) und den Zuwachs aufgrund der Messung ($\delta frei$). Die Größe des Sensorsichtfeldes beträgt 3.12%, sie ist eine obere Grenze für $\delta frei$. In Abbildung 4 ist der bekannte Raum nach verschiedenen Anzahlen von Zyklen dargestellt. Die Auflösung wurde für eine übersichtlichere Darstellung von 128^3 auf 20^3 Zellen reduziert. Um den Abstand zwischen aufeinanderfolgenden Meßkonfigurationen gering zu halten, wurde der Parameter ω auf den Wert 0.5 gesetzt. Zur Verdeutlichung sind in Abbildung 4 im unteren, rechten Bild die Sensorpositionen während der ersten zwanzig Messungen dargestellt.

Nach einer größeren Zahl von Messungen, wenn weite Teile des Arbeitsraumes bereits bekannt sind, entsteht häufig das Problem, daß kleine Gruppen verstreut

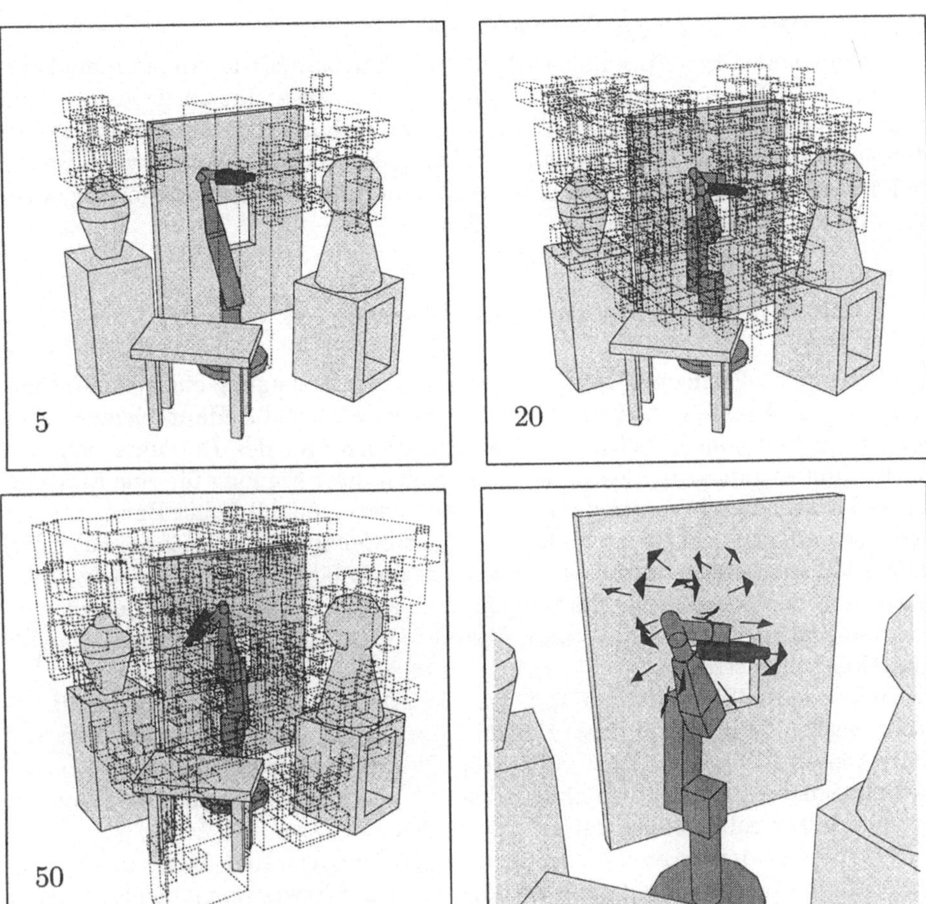

Abb. 4. Bekannter Raum nach 5, 20 und 50 Meßzyklen (die Auflösung wurde auf 20^3 Zellen heruntergerechnet). Unten rechts: Sensorpositionen während der ersten zwanzig Zyklen

liegender Zellen unbekannt bleiben. Bei der Ermittlung der Zielkonfiguration wird eine verhältnismäßig grobe, zufällige Suche durchgeführt, um den Zeitaufwand für die Planung gering zu halten. Dadurch gestaltet es sich schwierig, solche kleinen unbekannten Bereiche aufzufinden. Abhilfe bestände darin, mit zunehmender Bekanntheit des Arbeitsraumes mehr Zeit für die Bestimmung einer guten Zielkonfiguration zu verwenden. Die Einbeziehung einer einfachen Heuristik bietet eine weitere Möglichkeit zur Verbesserung der Ergebnisse: Häufig bleiben kleine, "frei-schwebende" unbekannte oder (aufgrund von Sensorfehlern) belegte Zellen zurück, welche vollständig von bekannten, freien Zellen umgeben sind. Von diesen eingeschlossenen Bereichen kann angenommen werden, daß sie ebenfalls frei sind. Sie könnten lokalisiert und beseitigt werden, so daß der bekannte

Freiraum größer und weniger zerklüftet wird.

Um optimale Ergebnisse hinsichtlich des Zeitaufwandes zu erhalten, muß das System an die Roboter- und Sensoreigenschaften sowie an die zur Planung einer Messung benötigte Zeit angepaßt werden. Im Rahmen der Simulation haben wir diese Gesichtspunkte nur qualitativ berücksichtigt: Die Wahl von ω sorgte für kurze Bewegungen zwischen den Messungen, und die Zeit zur Planung einer Messung lag im Bereich weniger Sekunden[4].

8 Zusammenfassung und Ausblick

Wir haben ein allgemeines, flexibles Verfahren zur Erzeugung eines Umweltmodelles in unbekannten, statischen Umgebungen vorgestellt. Hauptelement sind Bewertungsfunktionen, welche im Konfigurationsraum des Roboters definiert werden und es gestatten, Positionen hinsichtlich ihrer Eignung für eine Messung einzuschätzen. Durch Verwendung von Konfigurationen mit hoher Bewertung ist eine effiziente und schnelle Durchführung gewährleistet. Das Verfahren hat einen breiten Einsatzbereich und ist weitestgehend unabhängig von der Roboterarchitektur und den Sensoreigenschaften. Durch Anpassung einiger Parameter lassen sich verschiedene Verhaltensweisen einstellen und den Anforderungen gemäße, gute Ergebnisse erzielen.

Das vorgestellte Verfahren soll demnächst in einer realen Arbeitszelle erprobt werden. Wir werden hierzu einen Roboter mit sechs Freiheitsgraden und den codieren Lichtansatz verwenden [10]. Einflüsse der Systemparameter sowie ihre Optimierung hinsichtlich einer schnellen und vollständigen Erkundung des Arbeitsraumes sollen näher untersucht werden.

Wie bereits an mehreren Stellen in diesem Beitrag erwähnt, bietet das Verfahren noch viele Ansatzpunkte zur Verbesserung und Erweiterung. Einige unserer zukünftigen Aktivitäten: Verwendung von Belegungswahrscheinlichkeiten; Verbesserung/Nachbearbeitung des Weltmodelles mit Hilfe von Heuristiken, z.B. durch Entfernen verstreuter unbekannter oder belegter Zellen; Einführung weiterer Bewertungsfunktionen, z.B. zur besonderen Beachtung bestimmter Teilbereiche oder zur Kontrolle der Robotergeschwindigkeit.

Literatur

1. N. Ayache and O. D. Faugeras. Maintaining representations of the environment of a mobile robot. *IEEE Transactions on Robotics and Automation*, 5(6):804–819, Dec. 1989.
2. J. Barraquand, B. Langlois, and J.-C. Latombe. Numerical potential field techniques for robot path planning. *IEEE Transactions on Systems, Man, and Cybernetics*, 22(2), Mar. 1992.
3. J. Barraquand and J.-C. Latombe. Robot motion planning: A distributed approach. *The International Journal of Robotics Research*, 10(6), Dec. 1991.

---

[4] Die Experimente wurden auf einer Sun SPARCstation 5 durchgeführt.

4. A. Elfes. Occupancy grids: A stochastic spatial representation for active robot perception. *Proceedings of the Sixth Conference on Uncertainty in AI*, July 1990.

5. A. Elfes. Dynamic control of robot perception using multi-property inference grids. In *IEEE International Conference on Robotics and Automation*, pages 2561–2567, 1992.

6. L. Kavraki and J.-C. Latombe. Randomized preprocessing of configuration space for path planning: Articulated robots. In *IEEE/RSJ International Conference on Intelligent Robots and Systems*, pages 1764–1771, 1994.

7. J. Leonard, H. F. Durrant-Whyte, and I. J. Cox. Dynamic map building for an autonomous mobile robot. *The International Journal of Robotics Research*, 11(4):286–298, Aug. 1992.

8. R. C. Luo and M. G. Kay. Multisensor integration and fusion in intelligent systems. *IEEE Transactions on Systems, Man, and Cybernetics*, 19(5):901–931, Sept. 1989.

9. L. Matthies and A. Elfes. Integration of sonar and stereo range data using a grid-based representation. In *IEEE International Conference on Robotics and Automation*, pages 727–733, 1988.

10. T. Stahs and F. M. Wahl. Fast and versatile range data aquisition in a robot work cell. In *IEEE/RSJ International Conference on Intelligent Robots and Systems*, pages 1169–1174, July 1992.

11. E. R. Stuck et al. Map updating and path planning for real-time mobile robot navigation. In *IEEE/RSJ International Conference on Intelligent Robots and Systems*, pages 753–760, 1994.

12. Z. Zhang and O. Faugeras. A 3d world model builder with a mobile robot. *The International Journal of Robotics Research*, 11(4):269–285, Aug. 1992.

Hierarchische Umgebungsmodellierung für Lokalisation, Exploration und Objektidentifikation*

Darius Burschka, Christof Eberst, Alexa Hauck, Norbert O. Stöffler

Lehrstuhl für Prozeßrechner
Prof. Dr. -Ing. G. Färber
Technische Universität München
Arcisstr. 21, 80333 München
e-mail: {burschka|eberst|hauck|stoffler}@lpr.e-technik.tu-muenchen.de

Kurzfassung. Dieser Beitrag beschreibt ein System zur Repräsentation, Erfassung und Interpretation von Umgebungsdaten für autonome mobile Roboter. Durch die Verknüpfung von bereits vorhandenem Wissen über die Umgebung mit aktueller Sensorinformation kann die Position von Objekten oder des Roboters selbst bestimmt und noch unbekannte Elemente der Umgebung ins Modell mit aufgenommen werden. Gesichertes Umgebungswissen wird auf mehreren Abstraktionsniveaus im *Geometrisch-Symbolischen Modell* (GSM) gehalten. Die von der Sensorik erfaßte Umgebungsinformation wird in der *Dynamischen Lokalen Merkmalskarte* (DLM) bezüglich ihrer Genauigkeit und Plausibilität verifiziert. Aus dieser Information werden anschließend mit Hilfe der *Prädiktiven Räumlichen Vervollständigung* (PRV) bekannte Strukturen extrahiert und in der Objektschicht des GSM abgespeichert. Die übrigen Merkmale, die keiner bekannten Objektklasse zugeordnet werden konnten, werden in einer weiteren Schicht eingetragen.

1 Einleitung

Diese Arbeit ist im Umfeld der Entwicklung mobiler Roboter angesiedelt, die in einer Büroumgebung oder einer Fertigungshalle Service- und Transportaufgaben ausführen sollen. Da diese Umgebungen im allgemeinen nicht starr sind, brauchen diese Roboter einen gewissen Grad an Autonomie, um auf Störungen wie z.B. Hindernisse selbständig reagieren zu können.

Um Aufträge interpretieren und ihre Durchführung planen zu können, benutzt ein solcher autonomer mobiler Roboter (AMR) eine interne Repräsentation seiner Umgebung (Umgebungsmodell). Dieses Modell hält er mit Hilfe seiner Sensorik mit der Außenwelt konsistent. Die mit jedem Sensortakt[2] anfallenden Rohdaten werden vorverarbeitet und auf für den jeweiligen Sensor spezifische

---

* Diese Arbeit wurde von der *Deutschen Forschungsgemeinschaft* im Rahmen des *Sonderforschungsbereichs 331* "Informationsverarbeitung in autonomen, mobilen Handhabungsystemen", Teilprojekt Q5 unterstützt.

[2] Der zeitliche Abstand zwischen den einzelnen Aufnahmen wird hier als Sensortakt bezeichnet.

Merkmale reduziert (z.B. Kanten für Video- oder Flächen für entfernungsgebende Sensoren). Parallel dazu wird versucht diese Merkmale anhand des Modells zu prädizieren. Aus dem Vergleich respektive der Zuordnung der prädizierten Merkmale zu den tatsächlich gesehenen können die Position von Objekten oder des Roboters selbst bestimmt ("Lokalisation") und noch unbekannte Elemente der Umgebung ins Modell mit aufgenommen werden ("Exploration").

Grundlegende Funktion des Modells ist also immer die Prädiktion von Merkmalen unter einer zu bestätigenden oder zu verbessernden Hypothese. Die jeweiligen Zuordnungsalgorithmen unterscheiden sich jedoch erheblich:

Zur Verbesserung von Positionshypothesen müssen detektierte Merkmale den prädizierten zugeordnet werden. Für robuste Ergebnisse sollten bevorzugt markante, also vom Sensor mit hoher Wahrscheinlichkeit detektierbare Merkmale prädiziert werden (im folgenden auch als "Landmarken" bezeichnet). Die Vorverarbeitung der Sensorrohdaten kann sich dabei auf Suchfenster um die erwarteten Merkmale beschränken.

Um neue Umgebungselemente zu detektieren, ist eine komplette Verarbeitung der Rohdaten erforderlich, da hierbei Merkmale gesucht werden, die sich zunächst keinen prädizierten zuordnen lassen. Diese neuen Merkmale sind über weitere Sensortakte zu stabilisieren, um Ungenauigkeiten in der Detektion zu reduzieren. Auch für diese Stabilisierungsphase ist eine Prädiktion nötig, weshalb die neuen Merkmale im Modell gespeichert werden müssen. Aufgrund ihrer Unsicherheit müssen sie aber gesondert behandelt werden. Insbesondere können sie noch nicht zur Bestimmung der Eigenposition des AMR verwendet werden.

Die Umgebung sollte in Form von dreidimensionalen geometrischen Primitiven repräsentiert werden, um von Eigenheiten einzelner Sensoren unabhängig zu sein. Dies bedeutet, daß zur Laufzeit sensorspezifische Prädiktionen berechnet werden müssen.

Am Lehrstuhl für Prozeßrechner wurde im Rahmen des SFB 331 ("Informationsverarbeitung in autonomen, mobilen Handhabungsystemen") eine universelle Modellstruktur entwickelt, die den beschriebenen Anforderungen entspricht und im folgenden näher vorgestellt wird.

2 Systemstruktur

In der realen Welt existieren die geometrischen Primitive der Modellierung nicht unabhängig nebeneinander, sondern bilden zusammen *Objekte*. Diese Objekte lassen sich benennen und zu *Klassen* zusammenfassen, die ebenfalls einen Namen tragen. Diese Zugehörigkeiten werden im weiteren als symbolische Information bezeichnet und als dem System global und a priori bekannt vorausgesetzt. Von Bedeutung ist diese symbolische Information für objektbezogene Prädiktionen (z.B. Lokalisation relativ zu einer zu öffnenden Tür) und zur Kommunikation mit übergeordneten Instanzen (Anwender, Auftraggeber, Führungsrechner). Global bekannte Umgebungsprimitive, die ausschließlich der absoluten Navigation dienen oder sich keinem Objekt zuordnen lassen, werden zum Pseudoobjekt *Kulisse* zusammengefaßt.

Diese drei Schichten bilden das *Geometrisch–Symbolische Modell* (GSM), das das gesicherte Wissen über die Umgebung zur Verfügung stellt. Neu gesehene

Sensormerkmale, die erst stabilisiert werden müssen und deren Objektzugehörigkeit noch völlig unbekannt ist, werden in der *Dynamischen Lokalen Merkmalskarte* (DLM) eingetragen und verarbeitet. Der Aufbau dieser Karte wird in Kapitel 4 beschrieben.

Die beiden Modellierungsebenen sind durch eine aktive Zwischenschicht verbunden, die wir als *Prädiktive Räumliche Vervollständigung* (PRV) bezeichnen; sie faßt stabilisierte Merkmale, wenn möglich, zu komplexeren Elementen zusammen, um sie auf höchstmöglichem Abstraktionsniveau in die geometrisch-symbolische Ebene einzutragen. Diese aktive Zwischenschicht und ihre Interaktion mit den beiden anderen Ebenen wird in Kapitel 5 vorgestellt.

Folgende Abbildung veranschaulicht diese hierarchische Systemstruktur:

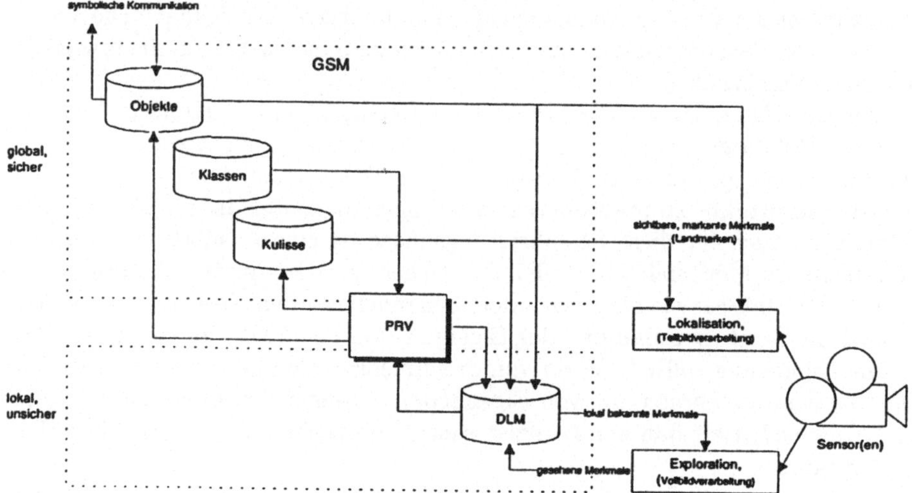

Abbildung 1. Systemstruktur

3 Geometrisch-symbolisches Modell

3.1 Geometrische Modellierung

Für eine Prädiktion werden Merkmale zunächst sensorspezifisch berechnet und dann ihre Sichtbarkeit geprüft. Ein Element der Umgebung muß also in zweifacher Weise in die Prädiktion mit einbezogen werden, einerseits als potentielle Quelle von Merkmalen und andererseits als eventuelles Sichthindernis. Hier hat sich eine dualistische Repräsentation beider Eigenschaften als zweckmäßig erwiesen ([Ruß94]). Sichthindernisse werden als triangulierte Flächen dargestellt, Merkmale sensorspezifisch modelliert (z.B. Videokanten als 3D-Strecken) oder erst zur Laufzeit berechnet (z.B. Spiegelpunkte eines Radarsensors).

Für die Speicherung der Kulisse hat sich ein S2D-Baum bewährt ([Ruß94]) der auch bei den hier anfallenden großen Datenmengen schnellen Zugriff gewährleistet.

3.2 Symbolische Modellierung

Objekte mit kinematischen Freiheitsgraden werden durch eine auf Baumstruktur erweiterte Denavit-Hartenberg Beschreibung dargestellt. Die Zweige dieses Graphen entsprechen rotatorischen oder translatorischen Gelenken, die Knoten tragen die geometrische Beschreibung eines starren Teilobjektes in besagter dualistischer Repräsentation, wobei jedes Objekt ein eigenes lokales Koordinatensystem besitzt. Dieser die Geometrie eines Objektes beschreibende Baum wird nur einmal pro Objektklasse angelegt. Instanzen der Klasse unterscheiden sich nur noch in den Attributen *Name, Position* und *Gelenkzustände*. Die Kommunikation mit übergeordneten Instanzen erfolgt auf dieser symbolischen Ebene über eine verteilte, objektorientierte Wissensbasis ([SKG94]).

Die Prädiktion der sichtbaren Merkmale erfolgt je nach Kognitionsaufgabe in mehreren Schritten: Für eine Absolutlokalisation werden zunächst die im Sensorkegel liegenden Objekte und Elemente der Kulisse bestimmt. Objekte werden mit ihrer Position und dem aktuellen Zustand in Weltkoordinaten transformiert. Für eine Relativlokalisation wird ein Objekt anhand des Namens ausgewählt und entsprechend transformiert. Mit den auf diese Weise bestimmten Sichthindernissen wird ein z-Buffer ([FvDFH90]) initialisiert, an dem dann die Sichtbarkeit der ebenfalls abgerufenen oder zur Laufzeit berechneten Merkmale getestet wird.

4 Dynamische lokale Merkmalskarte

Die über die Sensorik des autonomen mobilen Roboters gewonnenen Merkmale weisen aufgrund des begrenzten Auflösungsvermögens der einzelnen Sensoren eine relativ geringe Genauigkeit und Zuverlässigkeit auf und eignen sich daher nicht zu Navigationszwecken oder zum genauen Kartenaufbau. Eine zeitliche Filterung der Daten über mehrere Sensortakte führt zur einer erheblichen Erhöhung der Genauigkeit der detektierten Merkmale. Da die einzelnen Aufnahmen bei einem mobilen Roboter von unterschiedlichen Positionen stammen, wird zusätzlich die Wahrscheinlichkeit des Auftretens von Artefakten, die z.B. aufgrund von Fehlkorrespondenzen beim linienbasierten Stereoverfahren entstehen, reduziert. Aufgrund der Bewegung des AMR verschieben sich diese Artefakte. Sie werden nicht an einem Ort stabilisiert und können durch Alterungsprozesse entfernt werden.

4.1 Aufgabe im Gesamtsystem

Die dynamische lokale Merkmalskarte ist direkt an die Sensordatenvorverarbeitung (SVV) angekoppelt (siehe Abb. 1), welche bereits 3D-Merkmale liefert. Die SVV kann den lokalen Umgebungsausschnitt, der innerhalb des sensorspezifischen Sichtkegels liegt, von der DLM abrufen und in die Verarbeitung miteinbeziehen, um schneller und robuster zu werden. Die detektierten Merkmale werden in die Karte eingetragen, und den bereits dort gespeicherten Merkmalen des jeweiligen Sensors zugeordnet ("3D-Match"). Bei dieser Operation wird die Lage der Merkmale sukzessiv verbessert. Durch Zugriff auf das GSM können auch die dort gespeicherten Merkmale abgefragt und in die Karte eingetragen werden. Dies kann bei der Exploration teilweise bekannter Umgebungen eingesetzt werden.

Die DLM ist eng an das PRV–Modul gekoppelt. Einerseits werden gefundenen Merkmale, die eine vorgegebene Genauigkeit und Konfidenz erreicht haben, weitergereicht; die PRV versucht dann, daraus komplexere Strukturen aufzubauen. Andererseits kann das PRV-Modul Hypothesen über weitere Merkmale im Raum aufgrund der bereits extrahierten Daten aufstellen und diese als Merkmale in die DLM eintragen. Die DLM reicht sie bei der Prädiktion des lokalen Umgebungsausschnitts an die Sensorik weiter, von der sie auf ihre Korrektheit überprüft werden. Sie können damit zur Bildung von stabilen Korrespondenzen in mehrdeutigen Fällen dienen und die gesamte Sensordatenverarbeitung robuster machen. Die bereits bekannten Merkmale in einem Umgebungsausschnitt werden auf die gleiche Art und Weise an die Sensordatenverarbeitung gereicht. Die Herkunft eines Merkmals wird in Attributen festgehalten.

4.2 Interner Aufbau

Beim Entwurf der DLM mußten folgende Kriterien berücksichtigt werden:
- Zugriffsgeschwindigkeit
- Speicherbedarf
- Selektivität
- Rechenaufwand bei Veränderung des Inhalts

Es wurden unterschiedliche Raumordnungsverfahren auf ihre Eignung für diese Aufgabe untersucht. Die gewählte Struktur besteht aus einer Mischform zwischen einem Grid und einem Octree. Auf diese Weise wird der Umgebungsausschnitt in Teilbereiche unterteilt, die z.B. während einer Explorationsfahrt einzeln untersucht werden und an die Sensorreichweite angepaßt werden können. Innerhalb eines jeden Gridelementes befindet sich ein Octree, der eine Anpassung an die Raumbelegung ermöglicht. Ein Octree bietet die Möglichkeit einer dynamischen Anpassung an die Raumstruktur, ohne die Notwendigkeit einer "Baumbalancierung"[3] nach dem Einfügen neuer Daten. Die Baumtiefe ist abhängig von der jeweiligen Raumstruktur (siehe Abb. 2). Die unter dem Octree liegenden Schichten dienen der Erhöhung der Selektivität der Kartenzugriffe und der Vereinfachung des 3D-Matches innerhalb der Karte beim Eintrag neuer Merkmale. Durch eine zusätzliche Attributierung der Merkmale mit ihrer Orientierung (Direction Grid) wird die Anzahl der möglichen Zuordnungen stark reduziert. Die Blätter enthalten nur Referenzen auf eine verkettete Liste, in der die Merkmale als vollständige Kanten abgespeichert werden. Bei jedem Zugriff muß die Kante in ihrem gesamten Verlauf korrigiert werden, auch wenn nur ein Ausschnitt der Kante sichtbar war. Die implementierte Kartenstruktur reduziert die zeitintensiven Transferoperationen beim Verschieben eines Merkmals innerhalb der Karte.

[3] Die Zugriffszeit auf die gespeicherten Daten in einer Baumstruktur kann nur dann gering gehalten werden, wenn die gespeicherte Information auf die einzelnen Zweige gleichmäßig verteilt ist.

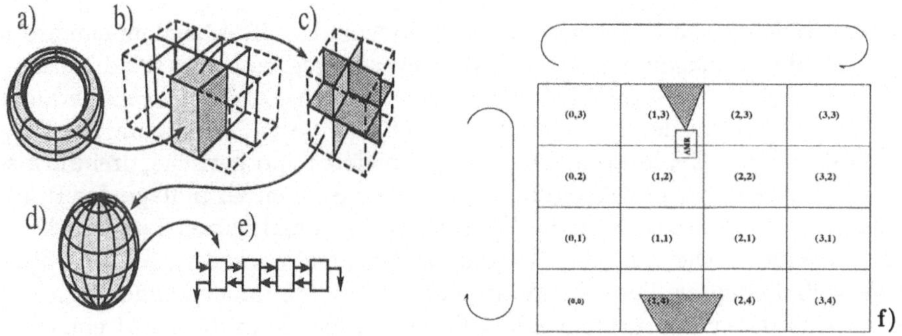

Abbildung2. Interne Struktur der DLM: a) Torus b) Grid c) Octree d)Direction–Grid
e) verkettete Liste f) Torusabbildung der Welt

4.3 Abbildung der Umgebung auf die DLM

Die DLM speichert nur einen lokalen Umgebungsauschnitt, der dem aktuellen
Operationsbereich des autonomen mobilen Systems entspricht. Die oberste Grid-
struktur bildet einen Torus (siehe Abb. 2). Wenn der AMR den lokalen Ausschnitt der Karte in einer bestimmten Richtung verläßt, dann wird nur das
entsprechende Nachbarelement neu belegt (s. Abb. 2 f). Diese Vorgehensweise
erspart aufwendige Transferoperationen innerhalb der DLM beim Betreten neuer
Umgebungsausschnitte. Zur Initialisierung neuer Gridelemante wird das Wissen
aus dem GSM verwendet (siehe Abb. 1). Die DLM übernimmt im Gesamtsystem
eine Cachefunktion, an die auch die Art der Informationsersetzung innerhalb des
Grids erinnert.

4.4 Filterfunktion

Die Funktion der DLM wurde bisher am Beispiel eines kantenbasierten Stereo-
verfahrens verifiziert, bei dem der Zugriff auf den Karteninhalt dazu benutzt
wird, gesicherte Korrespondenzen in beiden Kamerabildern von vornherein aus
der Menge der zu verabreitenden Kanten herauszunehmen. Damit reduziert sich
bereits der Aufwand für die Suche nach Korrespondenzen, aus denen die Tiefeninformation gewonnen wird.

Die geometrischen Restriktionen beim Stereosehen ergeben häufig mehrere
mögliche Korrespondenzen für eine bestimmte Kante, die aus der aktuellen Sensoraufnahme nicht entschieden werden können. Alle diese Alternativen werden in
die DLM eingetragen, wo sie einem Alterungsprozeß unterworfen werden. Dreidimensionale Merkmale, die nur in einer Aufnahme aufgetreten sind, erreichen
damit niemals die Schwelle, die zum Weiterreichen an die höheren Schichten
notwendig ist. Sie werden nach dem Absinken ihrer Plausibilität unter ein Min-
destmaß aus der DLM entfernt.

5 Prädiktive räumliche Vervollständigung

Zur weiteren Verbesserung der Repräsentation der Umgebung in dem GSM und
zur Ermöglichung einer Verdeckungsrechnung verknüpft die PRV Merkmale zu

Clustern, Ebenen und Objekten und trägt diese in das GSM bei dem entsprechenen Abstraktionsniveau ein. Bei erfolgreicher Aggregation von Landmarken zu Objekten wird die Umlagerung von der Kulisse in den Objektspeicher veranlaßt. Die PRV unterstützt den Kartenaufbau durch eine Vervollständigung der Umgebung während der Exploration. Die PRV prädiziert hypothetische, dreidimensionale Landmarken bei unvollständig explorierten Szenen. Grundlage der Prädiktionen sind Hypothesen über die Zuordnung von detektierten Landmarken zu Raumstrukturen. Die von der PRV generierten Landmarken stellen eine plausible Vervollständigung dieser Strukturen dar. Diese Merkmale können falsch sein und müssen daher überprüft werden. Dazu werden sie in die DLM eingespeist und von dieser verifiziert. Korrekt prädizierte Merkmale können zur Bildung von stabilen Korrespondenzen führen und somit die Stabilisierung von Landmarken beschleunigen. Kann das prädizierte Merkmal nicht zugeordnet werden, so wird es verworfen. Verifizierte prädizierte Merkmale werden an die PRV zurückgemeldet und dort verwendet, um die aufgestellten Hypothesen über Raumstrukturen und Objekte zu überprüfen. Der Grad der Übereinstimmung zwischen prädizierten und bestätigten Landmarken einer Hypothese dient als Entscheidungskriterium über die Korrektheit der Hypothese.

Die Prädiktion der hypothetischen Merkmale ist, von wenigen Einschränkungen abgesehen, unabhängig von der Sichtbarkeit aus der augenblicklichen Lage des AMR. Landmarken werden auch auf der dem AMR abgewandten Seite von Objekten und Räumen prädiziert, sowie über die Sensorreichweite hinausgehend. Für die Exploration bedeutet dies, daß die Häufigkeit des Eintretens in völlig unbekannte Teilräume reduziert wird. Hypothetische Landmarken werden basierend auf drei unabhängig ablaufenden Verfahren aus Sensordaten generiert:

1. Geometrie - und statistikbasierte Vervollständigung
2. Objektvervollständigung und Objekterkennung
3. Aufbereitung diversitärer Sensordaten

Allen liegt ein Wissen über Zusammenhänge im Raum sowie über die Sensoreigenschaften zugrunde. Die Berücksichtigung von Sensoreigenschaften steigert die Trefferrate der Prädiktionen für einzelne Sensoren deutlich. Unter Einbeziehung von Sensorreichweite, Reflexions- und Sichtbarkeitsbedingungen sowie Clusterungsproblemen und zerfallenden Merkmalen kann die Vielfalt der möglichen zugrundeliegenden Raumstrukturen stark eingeschränkt werden.

5.1 Geometrie - und statistikbasierte Vervollständigung

Die geometriebasierte Vervollständigung basiert auf einer Repräsentation der Umgebung mittels Oberflächen, Kanten und einfachen konvexen, konkaven sowie symmetrischen Teilstrukturen. Die explorierten 3-D Landmarken werden auf ihre Zugehörigkeit zu typischen Raumstrukturen hin überprüft. Typische Raumstrukturen sind z.B. Ecken, Polygone und symmetrische Konstruktionen. Kann eine Raumstruktur aus explorierten Merkmalen vollständig und plausibel aufgebaut werden, so werden die explorierten Merkmale zur späteren Nachbearbeitung markiert. Dies erleichtert die Bestimmung von Oberflächen und die Erkennung von Objekten. Unvollständig explorierte Szenen (Raumstrukturen) führen zur Generierung von Hypothesen über die vorliegende Raumstruktur. Durch Einbeziehung benachbarter Merkmale werden die möglichen Strukturen eingeschränkt und unter Ausnutzung der erlernten Raumstatistik die wahrscheinlichsten Vervollständigungen der Raumstruktur ermittelt. Diese werden als hypothetische Merkmale berechnet und der DLM zur Validierung übergeben.

5.2 Objektvervollständigung und Objekterkennung

Das hier vorgestellte Verfahren für die Objektidentifikation basiert auf dem Wissen über die Form von Objekten und deren signifikante Merkmale. Die Objektvervollständigung ist auf Objekte ausgerichtet, die für die Exploration, Lokalisation und Navigation von großer Bedeutung sind und deren Lage im Raum eingeschränkt ist, z.B. Türen und Tische. Primäres Ziel ist, mit minimalem zusätzlichen Rechenaufwand die Sensorik zu unterstützen und ohne eigene rechenintensive Bildverarbeitung Objekte zu erkennen. Aus der Objektklassenbeschreibung des GSM werden signifikante Landmarken[4] abgerufen. Die Objekterkennung wird initiiert, wenn eine dieser signifikanten Landmarken detektiert wurde. Diese Landmarken werden gegen die Menge der Objekte getestet. Die Umgebung der Landmarke wird in einem ersten Schritt nach weiteren signifikanten Landmarken abgesucht. Diese dienen zur weiteren Einschränkung der möglichen Objekte und deren Lage. Aus Landmarken, die in bestimmten Konstellationen[5] zueinander stehen, werden Hypothesen über die Zuordnung zu den Objekten aufgestellt. Aufgrund ungenügender Information können Doppeldeutigkeiten bezüglich Orientierung und Klasse der Zuordnung von Landmarken zu Objekten auftreten. Ebenso können bei einer hohen Dichte von signifikanten Merkmalen mehrere Konstellationen einem realen Objekt entsprechen. In diesem Fall werden Hypothesen über alle möglichen Interpretationen aufgestellt. Zur weiteren Eingrenzung wird die Umgebung der plausiblen Hypothesen nach weiteren bekannten Merkmalen abgesucht. Gefundene Merkmale, die mit der Objektbeschreibung einer Hypothese übereinstimmen, stabilisieren die Hypothese, d.h. sie werden zur Verbesserung der Positionsschätzung der Hypothese verwendet und erhöhen deren Konfidenzmaß. Landmarken, die im Widerspruch zu einer Hypothese stehen, verringern deren Plausibilität. Wenig plausible Hypothesen werden verworfen. Da die Generierung von Hypothesen von verschiedenen signifikanten Merkmalen und Konstellationen von Merkmalen angestoßen werden kann, werden die verbleibenden Hypothesen dahingehend untersucht, ob sie übereinstimmen oder unvereinbar sind. Stabilisierte Hypothesen, die im Widerspruch zueinander stehen, weisen auf einen stark strukturierten Raum hin, der evtl. eine Objekterkennung mit höherem Aufwand erfordert. Übereinstimmende Hypothesen werden fusioniert. Eine Fusion nach der Stabilisierung der Hypothesen erleichtert bei mehrfachem Vorhandensein gleicher signifikanter Merkmale

---

[4] Signifikante Landmarken sind z.B. für CCD-Sensoren horizontale Kanten, deren Höhe und Abmessung für ein Objekt typisch sind, jedoch nicht für die gesamte Umgebung.

[5] Gesucht wird nach parallelen oder abwinkelnden Merkmalen.

die Unterscheidung zwischen mehreren Objekten und dem mehrfachen Vorhandensein eines Merkmals in einem Objekt aufgrund von Symmetrien. Artefakte werden dadurch verringert. Für die verbleibenden Hypothesen werden die Landmarken, die nicht exploriert wurden, aber aus der Objektbeschreibung der Hypothese hervorgehen, prädiziert und in die DLM zur Verifikation eingetragen. Die Hypothesen über die Objekte werden abgespeichert mit der ursprünglichen Lage, einer Lagekorrektur sowie Listen der explorierten, prädizierten, sowie noch zu pädizierenden Kanten. Prädizierte Kanten, die von der DLM bestätigt oder verworfen wurden, werden mit allen hypothetischen Objekten verglichen, die in deren Umgebung liegen. Die Plausibilität der Objekte, aufgrund derer die Kante prädiziert wurde, als auch derer, die eine ähnliche Kante aufweisen, wird erhöht. Dieses erleichtert die Behandlung von Hypothesen, die aufgrund von mangelnder Information und den daraus resultierenden Mehrdeutigkeiten in Lage oder Klasse parallel aufgebaut wurden. Überschreitet die Plausibilität einer Hypothese eine definierte Schwelle, so gilt die Hypothese als bestätigt und mit ihr alle in der Objektbeschreibung enthaltenen Merkmale. Dieses einfache Kriterium soll gegen ein verfeinertes Kriterium, das sowohl funktionale Merkmale des Objekts als auch die Signifikanz der einzelnen Merkmale in Bezug auf die Häufigkeit des Auftretens ähnlicher Merkmale berücksichtigt, ersetzt werden. Eine bestätigte Objekthypothese wird als Instanz einer Klasse in den Objektspeicher des GSM eingetragen.

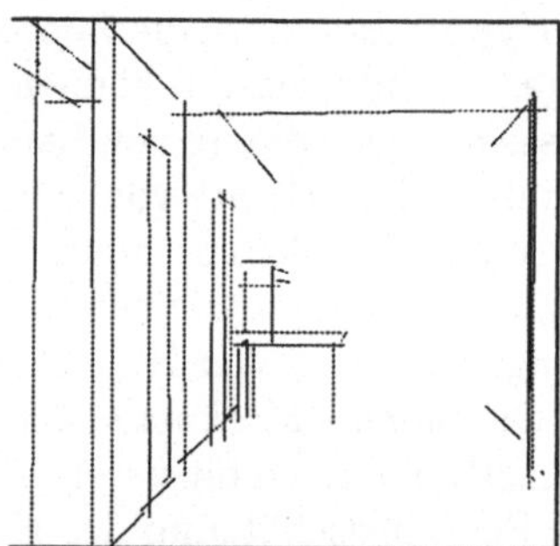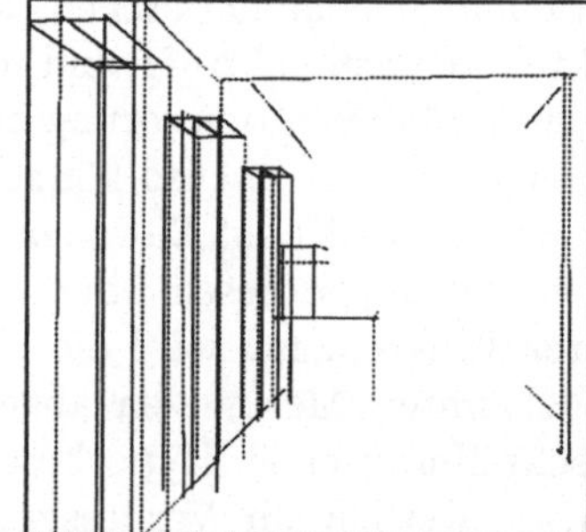

Abbildung3. Szene vor (links) und nach (rechts) der Prädiktion von hypothetischen Türen. Aufgrund ungenügender Information wurden die Hypothesen in zwei Orientierungen generiert.

5.3 Aufbereitung diversitärer Sensordaten

Hypothetische Merkmale einzelner Sensoren werden durch Verknüpfung von Landmarken eines anderen Sensortyps oder mehrerer Typen von Sensoren gewonnen. Dazu werden die Landmarken eines Sensors, abhängig von seinen spezifischen Eigenschaften, mit häufig auftretenden Raumstrukturen verglichen. Raumstrukturen, die aufgrund der Daten eines oder mehrerer Sensoren erkannt und als plausibel eingestuft wurden, dienen als Grundlage zur Berechnung der Landmarken der anderen Sensoren. Unterschiedliche Sensoren arbeiten oft in verschiedenen Dimensionen. Können die hypothetischen Landmarken aufgrund des Sensortyps nicht in allen Dimensionen des Sensortyps, für den sie prädiziert werden, bestimmt werden, so wird auf die Daten weiterer Sensoren zurückgegriffen. Die eigentliche Sensordatenfusion findet in der DLM statt, wenn prädizierte Landmarken in den Fangbereich von sicheren oder unsicheren Landmarken der Sensoren fallen, für die sie aufbereitet wurden. Verifizierte Prädiktionen werden zu Schlüssen über die zugrundeliegende Raumstrucktur herangezogen und diese ggf. aufgebaut.

6 Zusammenfassung

Im vorliegenden Beitrag wurde ein System zur Repräsentation und Erfassung der Umwelt vorgestellt. Umgebungsinformation wird in zwei sich ergänzenden Karten gespeichert, dem *Geometrisch-Symbolischen Modell* und der *Dynamischen Lokalen Merkmalskarte*. Das GSM enthält das gesicherte Wissen, auf das der Roboter z.B. zur Lokalisation zugreift. Information wird dabei auf verschiedenen Abstraktionsniveaus gespeichert, von geometrischen Primitiven bis hin zu benannten Objekten. Somit können einerseits sensorspezifische Prädiktionen, andererseits symbolische Information für die Kommunikation mit übergeordneten Instanzen schnell zur Verfügung gestellt werden.

Die DLM speichert und verarbeitet von der Sensorik bei der Exploration erfaßte 3D-Merkmale. Durch die Verfolgung von Merkmalen über mehrere Aufnahmen hinweg wird ihre Lage sukzessiv verbessert und die Wahrscheinlichkeit von Artefakten reduziert. Die Rückkopplung des aktuellen Umgebungsausschnitts an die Sensordatenvorverarbeitung läßt diese schneller und robuster werden.

Als aktives Bindeglied der beiden Karten fungiert die *Prädiktive Räumliche Vervollständigung*, welche anhand von Raumstatistiken und von im GSM gespeichertem Wissen aus den Merkmalen Hypothesen über komplexere Strukturen aufstellt und diese durch die DLM zu verifiziert. Von der PRV gefundene Strukturen werden im GSM auf geeignetem Niveau eingetragen.

Das Gesamtsystem eignet sich zur einheitlichen Umgebungsmodellierung in autonomen mobilen Robotern mit unterschiedlicher Sensorik und Aufgaben.

Literatur

[FvDFH90] J. Foley, A. van Dam, S. Feiner, and J. Hughes. *Computer Graphics – Principles and Practice*. Addison Wesley, Reading, Massachusetts, 1990.

[LA92] X. Lebegue and J.K. Aggarwal. Extraction and interpretation of semantically significant line segments for a mobile robot. *Proc. IEEE Int. Conf. on Robot. and Autom*, pages 1778 – 1785, May 1992.

[Ruß94] Achim Ruß. Sensornahe Umgebungsmodellierung für autonome mobile Roboter. Dissertation, Technische Universität München, 1994.

[SKG94] J. Schweiger, A. Koller, and K. Ghandri. A distributed real-time knowledge base for teams of autonomous systems in manufacturing environments. In *Proc. of the Seventh Int. Conf. on Industrial and Engineering Appl. of Artificial Intelligence and Expert Systems*, May–June 1994.

Exploration, Navigation and Self-Localization in an Autonomous Mobile Robot

Thomas Edlinger
edlinger@informatik.uni-kl.de

Gerhard Weiß
weiss@informatik.uni-kl.de

University of Kaiserslautern, Department of Computer Science
Erwin-Schrödinger-Straße, P.O. Box 3049
D-67653 Kaiserslautern, Germany
Phone: +49 631 205 2624   Fax: +49 631 205 2803

Abstract

In this paper the autonomous mobile vehicle MOBOT-IV is presented, which is capable of exploring an indoor-environment while building up an internal representation of its world. This internal model is used for the navigation of the vehicle during and after the exploration phase. In contrast to methods, which use a grid based or line based environment representation, in the approach presented in this paper, local sector maps are the basic data structure of the world model. This paper describes the method of the view-point-planning for map building, the use of this map for navigation and the method of external position estimation including the handling of an position error in a moving real-time system.

1 Introduction

Autonomous Mobile Robots (AMRs) are systems which can move and perform useful operations without any external support or human intervention. One reason, which makes it hard to use autonomous mobile robots in changing operating environments, is the fact, that the robot's representation of the operating environment needs to be adapted manually. So the ability to operate in an unknown or partially known environment is essential for an AMR to be considered fully autonomous. Fundamental components are an actuator system to perform a given task and a perception system to build up a world model of the operating environment. If no explicit world model is given to the mobile robot, it is more flexible in the case of different or changing environments. To achieve this flexibility the robot needs control software, which is able to plan exploration tours based on an incomplete description of the environment in order to get an complete and consistent world model. There are different approaches known from literature. They use idealized sensors of infinite measurement range [1] or built up only a topological representation of the environment [2], which is very critical, because a geometrical description is needed for path planning during the exploration tour. Approaches, which use a grid based method to distinguish between the known and unknown parts of the environment [3] will produce problems concerning the memory usage in case of large areas. In this paper a method is presented, which uses real rangefinders to explore the environment and to build up a geometrical and topological representation of the vehicles environment suitable for large areas. Additionally the problem of self-localization is handled. Since any dead-reckoning technique will decrease in accuracy over the covered distance, from time to time some kind of recalibration is necessary. Given a system, that starts with no knowledge of the environment, it makes no sense to rely on preinstalled landmarks for self-localization. In this case the AMR has to extract features from the sensor data, that can be used as references for position and orientation. The methods presented in this paper are implemented on the autonomous mobile robot MOBOT-IV, which is designed to operate in indoor-environments. The basic hardware and software components are described below.

2 Hardware

MOBOT-IV (see figure 1) is a vehicle with one driven and steered front wheel and two passive rear wheels. It is equipped with two laser-rangefinders. One sensor (modelling sensor) is mounted on top of the vehicle at a height of 118cm. It scans with an angular speed of two revolutions per second and produces thereby 720 range measurements. The range of the sensor

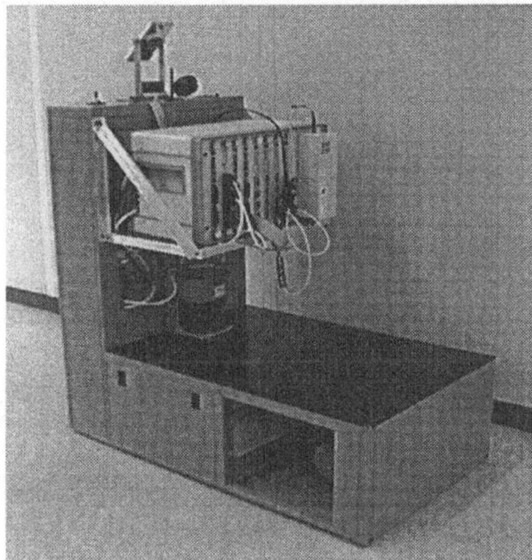

Figure 1:MOBOT-IV

data reaches from 25cm up to 8m with an accuracy of about 5‰. Using a gyroscope the angular speed of the laser scanner is held constant with respect to the environment. This has the advantage, that every scan produced by the sensor covers exactly 360° independent from the angular speed of the vehicle itself. The range data of this sensor is used for environment modelling and position referencing. The second rangefinder (collision sensor) is installed at a height of 38cm and scans the front area of the vehicle at 180° with an angular resolution of 6° (30 sectors) and an accuracy of 5cm. This sensor is used for obstacle avoidance and in addition supports the environment modelling.

The control software runs on a 680x0 based VME-bus system. A wireless radio link is used to transmit internal data to the host computer, which serves as a user interface to visualize the internal map and to interact with the vehicle.

3 Control Structure

The structure of the control software with the data flow is shown in figure 2. Every software component runs on its own computer board except the Explorer, Navigator and the Geographer, which are running on the same CPU, for efficient sharing of common data, stored in the *Global Map*. These three components and the Correlator are the main topic of this paper.

In this distributed implementation of the control structure every software component interacts

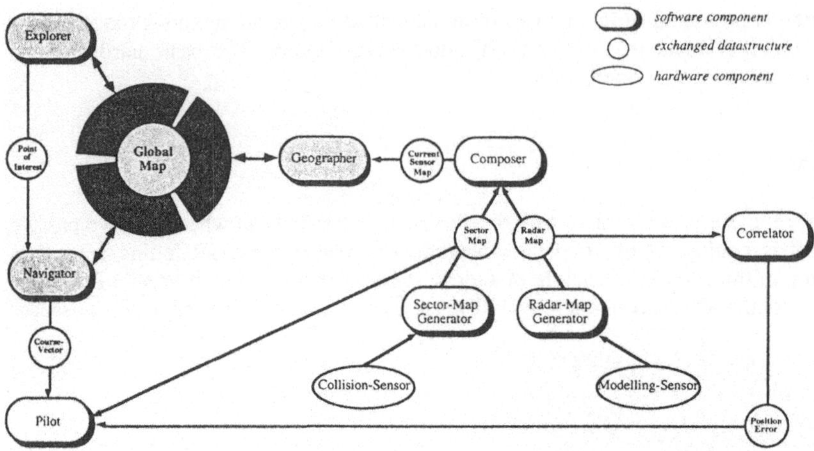

Figure 2: Control structure of MOBOT-IV

with other components by exchanging data via a central Communication Scheduler [5]. This scheduler copies the data that needs to be exchanged from the local memory of a producer to the local memory of potential consumers periodically with a fixed schedule.

The first step in the sensor data processing is an abstraction from the physical sensors and a transformation of their range data into internal data structures. This task is performed by the Sector-Map-Generator for the Collision Sensor. The data structure produced by this component is the *Sector Map*, which consists of the minimal distance to the next obstacle for each of the 60 sectors. The 30 sectors representing the area behind the vehicle will always contain infinite distances, because of the limited scanning angle (180°) of the collision sensor. The raw sensor data of the modelling sensor is processed by the Radar-Map-Generator. In addition to the transformation and filtering of the data produced by the sensor, this component has to interpolate the position of the sensor for each measurement. This is necessary because of the higher data rate of the sensor (1440 measurements per second) compared to the update rate of the position information (50ms). The generated *Radar Map* consists of 720 range measurements (full 360° scan) and the corresponding interpolated positions of the sensor. The Composer combines the Sector Map and the Radar Map to a data structure called *Current Sensor Map*. This data structure is similar to the Sector Map except that it contains a combination of the sensor data of the both sensors. The disadvantage of a slower update rate (500ms) compared to the collision sensor (40ms) and a lower resolution (60 sectors) than the modelling sensor are tolerable for the components using the Global Map.

At the end of this general description of the control software of MOBOT-IV the Pilot is described. It is placed at the end of the command hierarchy and gets its commands from the Navigator, which will be described later in detail. A command called *Course Vector* from the Navigator consists of the position and orientation where the vehicle should drive to. All Course Vectors are processed by the Pilot in the sequence in which they are sent by the Navigator. The Pilot computes a smooth path from the start to the desired goal position. The start position is given implicit by the vehicles actual position in the case that the vehicle is not moving. If the robot is still executing the last Course Vector, the desired goal position is taken for the start of the next tour. The Pilot is also responsible for collision avoidance, in case of unexpected obstacles. It therefore modifies the control commands for the driving motors to avoid the obstacles represented in the Sector Map.

4 Geographer

The Geographer only serves as a interface to the Global Map for the Explorer and the Navigator and is here mainly described by the structure of the Global Map and some of the operations defined on it. Many projects concerned with the environment modelling in mobile robots concentrate on the exact representation of the obstacle space. Practical experience has shown, that a very precise model of the environment is not necessary for tasks like navigation. In addition it is more important to have a representation of the free space for navigating the vehicle through its environment. For this reasons the Global Map in this approach consists of Current Sensor Maps with some additional information described later in this paper. The Current Sensor Maps stored in the Global Map are called Local Maps. The Local Map is a description of the local environment in polar coordinates with a centre $C=(x/y)$ and sectors S_i ($i = 0, ..., n_s-1$) with the minimal distance D_i to the next obstacle in each sector. A Local Map *'contains'* a position $P = (x/y)$, if the euclidean distance between the position and the centre of the Local Map is less then the virtual sensor range and the position P is not occluded by an obstacle represented in the Local Map. That means, that a line from the centre of the Local Map to P does not intersect an obstacle represented in the Local Map. A virtual sensor range is used, because a real sensor has not a fixed measurement range but will be less reliable or more inexact at higher distances. The virtual sensor range R_v in the system described here is set to 4 meter. In order to accelerate the search for a Local Map containing a specific position P, all Local Maps are organized as a quadtree [6] sorted by the centre of them.

5 Explorer

The Explorer's task is the view-point-planning for the system in order to get a complete model of the environment. Only the parts of the environment, that are reachable for the vehicle, need to be represented in the final map. To support the navigation task, the Explorer builds up not only a geometrical description of the systems world, but will also determine the topological structure and store it in the Global Map.

The Explorer receives a *Current Sensor Map* (CSM) from the Composer every 500ms. In the CSM two areas are distinguished. The outer area is limited by a circle with the radius of the virtual sensor range R_v around the centre of the CSM. This area will be important for the creation of the exploration goals called the Points-Of-Interest (POIs). The inner part is limited by a radius $R_i < R_v$. In the actual system the radius R_i is set to 2.5 meter. The inner part of a Local Map controls, whether a new CSM will be added to the Global Map or not.

After receiving a new CSM the Explorer examines the *Global Map*, whether the centre of a new CSM is within the already known part of the environment. This is the case, if a Local Map in the Global Map exists, that contains the centre of the CSM and the euclidean distance between the centre of the CSM and the Local Map is less than the radius R_i of the inner part of a Local Map. If the CSM is not in the known part of the environment, it is added as a Local Map to the Global Map by the Geographer. In this case the Explorer computes possible passages at the limits of the inner and at the outer area of the newly added CSM. These passages have to be wide enough, that the vehicle is able to pass them. A passage at a distance D is defined as a series of consecutive sectors S_i ($i=k, ..., (k+n)$ mod n_s) in the CSM with the obstacle distance $D_i>D \ \forall \ i=k, ..., (k+n)$ mod n_s and $D_{k-1} \leq D$ and $D_{k+n+1} \leq D$ (see figure 3). To guarantee, that the passage is wide enough, the width $W=(D_{k-1}{}^2 \cdot D_{k+n+1}{}^2 - 2 \cdot D_{k-1} \cdot D_{k+n+1} \cdot \cos \alpha)^{1/2}$ of the passage has to be larger than the vehicle's width. In this formula α is the angle between the sectors S_{k-1} and S_{k+n+1}. The Explorer computes passages at the two distances R_i (inner passages) and R_v (outer passages). In order to construct the connectivity graph of the environment, the Explorer searches in the Global Map for Local Maps, which intersect with their inner

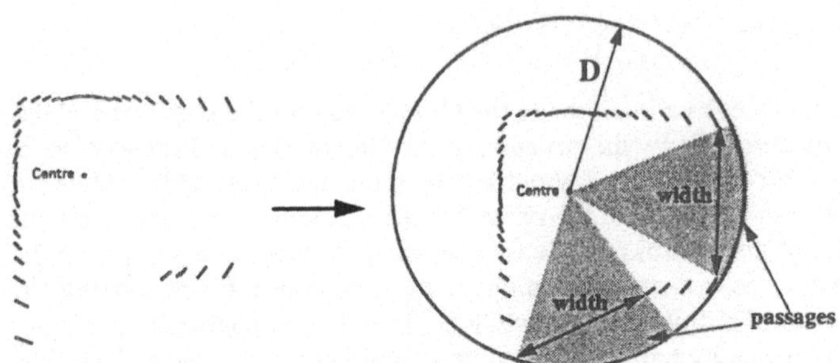

Figure 3:A Current Sensor Map and two passages at a distance D

area with the CSM. If the centre of one of these Local Maps L_i lies in the direction of an inner passage of the CSM and vice versa, a link between the two elements is stored. This link marks the two elements as neighbors. That means, that the vehicle is able to drive from the CSM to L_i and vice versa. So the local elements in the Global Map form a graph representing the topological structure of the environment. This topological information is used by the Navigator to plan a path from the current location of the vehicle to a goal given by the Explorer or a human operator.

For every outer passage found in the CSM, the Explorer creates a Point-Of-Interest (POI) at a distance $R_i+\varepsilon$ from the centre of the Local Map in the direction of the corresponding passage. The newly created POIs are pushed on a stack. POIs on top of the stack, which lie in an already known area (inner area of a Local Map) are deleted by the Explorer. From the remaining POIs the POI on top of stack is chosen and given to the Navigator. When the system reaches the given POI a new Current Sensor Map is added to the Global Map and the actual POI is deleted. The exploration is finished, if the POI-stack is empty. An operator may define goals after that, where the vehicle should drive to. A Global Map of a simulated test environment after the exploration phase is shown in figure 4.

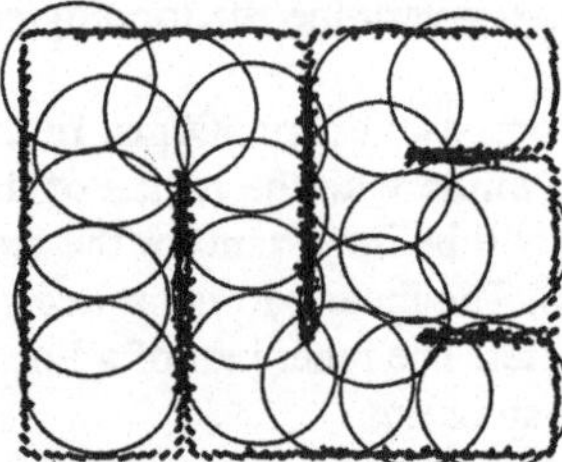

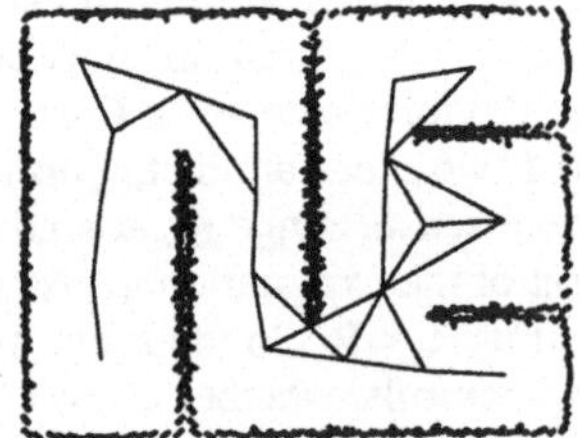

Figure 4:Global Map
  (a) with inner areas of Local Maps   *(b) with connectivity graph*

6 Navigator

This component plans a path to a POI given by the Explorer or to a user defined goal after the exploration phase is finished. The path computed by the Navigator needs not to be absolute obstacle free in all cases. Intermediate goals produced by this component, which lead the vehicle too near to an obstacle, will automatically be corrected by the Pilot during their execution. All paths created by the Navigator will be executed properly as long as they are correct in a topological sense. That means, that for most applications it is not necessary to plan a path in the middle of a corridor as long as this corridor will lead the vehicle to the desired goal.

The goal points for the Navigator are given in form of a position $P_G=(x/y/\alpha)$ in global coordinates. Based on the information stored in the Global Map, the Navigator creates intermediate goals for the Pilot if necessary. Therefore the Navigator searches for the Local Map S, that contains the start position P_S and the Local Map G containing the desired goal location P_G. If more than one Local Map contains either the start or the goal point, the Local Map with the shortest euclidean distance to that point is chosen. As described in the Explorer-section, two Local Maps in the Global Map are connected by a link, if the vehicle is able to drive directly from one Local Map to the other. It is easy to see that the Global Map realizes a connected undirected graph with the Local Maps as the nodes and the links as the edges. That means that for each pair of Local Maps A and B in the Global Map there always exists a path from A to B. In the first step the Navigator determines a path from S to G using the A^*-algorithm [7]. In this context a path means a sequence of Local Maps M_i (i=1, ..., n), with $M_1=S$ and $M_n=G$ and there exists a link between M_i and M_{i+1} for i=1, ..., n-1. To minimize the amount of Course Vectors created by the Navigator, Local Maps in the computed path are eliminated if their centres are nearly on a straight line. For this purpose the "Iterative-End-Point-Fits"-algorithm is applied [8]. In the first step the start and the goal point are connected by a straight line. Then the distances A_i between the centres of the Local Maps M_i and this line are computed. If none of the distances A_i is longer than a threshold T, then the path from start to goal can be described with one Course Vector at the goal point with the angle of the straight line as the goal direction. If $\max\{A_i \mid i = 2, ..., n-1\} = A_k > T$ then the path is split at the centre of the Local Map M_k and the algorithm is executed recursively on the two sub-paths $M_1 ... M_k$ and $M_k ... M_n$. The created Course Vectors for an example path are shown in figure 5.

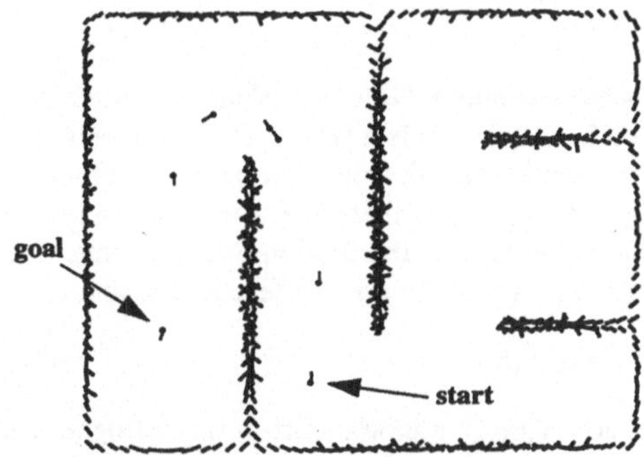

Figure 5: Example path

7 Correlator

While the Pilot determines the internal position of MOBOT-IV by dead-reckoning, the Correlator is responsible for a continuous reliable external position estimation of the mobile platform, regardless of slippery between the drive wheel and the floor or other inaccuracies. Since the system is working in a previously unknown environment, self-localization touches three problems: the extraction of references for position and orientation from sensor data; the construction of a map used to store new references or to calculate the displacement between actual references and those from the map, and a consistent handling of a position update in the distributed system. For this purpose the Correlator continuously reads the Radar Map and transforms it into a *Reference Point*, a sequence of scan-points given in the systems global coordinate system. The Reference Points are compared to each other in order to calculate the actual error of the internal position and to establish a *Correlator Map* of the environment for further reference. The Correlator sends the calculated *Position Error* to the Pilot, which uses it to correct the internal position.

7.1 Extraction of References for Position and Orientation from Sensor Data

Given two Reference Points taken at two different, but close places, it is obvious, that a correct match of these will show the error in the position and orientation of one Reference Point, assuming that the other is correct. Therefore a matching between Reference Points must be derived. The approach was introduced in [9] and will be more formally described here. Assuming there are two sequences of scan points S_i and D_j, a matching that satisfies the following 'equation' is sought:

$$S_i \approx T \cdot D_j + v \tag{1}$$

i.e., a rotation-matrix T and a translation vector v is sought, which satisfies (1) for most pairs (i, j). If (1) is subtracted from itself, but shifted for one or more indices n, this leads to

$$S_i - S_{i+n} \approx T (D_j - D_{j+n}) \tag{2}$$

In order to simplify notation, $S_i - S_{i+n}$ and $D_j - D_{j+n}$ may be written as S'_i and D'_j and called differential scan. The problem of orientation estimation can now be written as

$$S'_i \approx T \cdot D'_j \tag{3}$$

without considering the position, where the scan was taken. Now a method is needed to estimate T. Since each (differential) point in the differential scan is a vector, it can be transformed into a polar coordinate system. A *Angle Histogram* is the (discrete) frequency distribution of the angles of the differential scans. This Angle Histogram is therefore a transformation from one sequence (the differential scan) to another sequence, the distribution of the discrete angles in the scan. After the Angle Histogram generation is applied to both differential scans,

$$A(S'_i)_k \approx T \bullet A(D'_j)_l \tag{4}$$

the rotation between this differential scans is now merely a index-shift in the histograms and can be found by cross-correlation of the two sequences. A problem arises here: this index-shift may be ambiguous. Therefore a rough estimation of the rotation-angle is necessary. In addition the cross-correlation delivers a quality measure after a normalization, that can be used to indicate, if both histograms have been good candidates to correlate.
An estimation for v is still sought. Since T is known now, it can be inserted into (1), so that $T D_j$ is replaced by D_j^*, the rotated scan:

$$S_i \approx D_j^* + v \tag{5}$$

In order to estimate v, a similar approach as for the rotation matrix is used; a distribution of scan points is computed. Since v has two dimensions, this must be done twice, once for each dimension of the coordinate system. One problem is, that sharp peaks in this distribution will occur only, if the longer lines in the original scans are orthogonal to the direction of the established distribution. Therefore the scans are rotated to the main direction, which can be found by determining the maximum in the angle histogram. This transforms (1) into

$$M \cdot S_i \approx M \cdot D_j^* + M \cdot v \tag{6}$$

where M is the rotation matrix for the main direction. The distributions for both axis of the coordinate system lead to

$$X(MS_i)_k \approx X(MD_j^*)_l + M \cdot v_x \tag{7}$$

$$Y(MS_i)_k \approx Y(MD_j^*)_l + M \cdot v_y \tag{8}$$

where the index-shift can also be determined by cross-correlation. This index-shift x/y between X_k and X_l, (respectively Y_k and Y_l) is equal to $M \cdot v$, so that v is calculable as

$$v = M^{-1} \begin{bmatrix} x \\ y \end{bmatrix} \tag{9}$$

Since there is also the problem of ambiguousness to solve, a rough estimation of v is needed. With the help of T and v, we can now transform the scan D_j to its correct origin, so that it can be used as a reference scan.

7.2 Establishing a Map for Position and Orientation Correction

If a scan of a laser-rangefinder is used as a position and orientation reference, a map of the environment that consists of such references is needed. The main problem here is, that such a map is not previously given, but must be constructed while the robot moves through its environment. The used approach is rather straight forward [10]: the first scan of the system is used as a start reference, and inserted into the grid based Correlator Map. While the system is moving on its path, the Correlator calculates its position and orientation from the actual Reference Point and the start reference. Meanwhile all newly corrected Reference Points are inserted into the appropriate grid cell of the map unless the cell is already occupied. If the start reference produces no longer a position and orientation correction of good quality, a new Reference Point is chosen from the Correlator Map as the start reference. The Correlator tests first, if there is a Reference Point entry in the map for the grid cell in the front area of the vehicle's actual position. This ensures that the Reference Points of already visited areas are considered first. If there are no Reference Points found, the system will use Reference Points from the grid cell behind its actual position. This enables map building in an unvisited region.

7.3 Consistent Position and Orientation Updates in a Distributed System

While an AMR moves, it is not only necessary to detect and calculate accumulated drift errors, but also a compensation of them is needed. The Correlator sends every 500 ms Position Errors to the Pilot, which the Pilot incorporates into its internal position. Since the Correlator does not know, if a Reference Point has taken that update into account, a representation for the position is needed, that allows to calculate the Position Error independently from already happened updates. The approach, that is used here is a simplified version of what can be found in [11]. If the Position Error P_e is defined as the transformation of a corrected position and orientation P given in a homogenous coordinate system into the uncorrected form P_u, the Position Error will be of an absolute size, regardless of how many corrections have been made. This can be expressed by the following equation:

$$P \cdot P_e = P_u \tag{10}$$

The pair of the corrected position and the Position Error is called *Position Information*. Assuming such a pair (R_p, R_{pe}) is attached to a Reference Point, for which the Correlator has calculated a new position R_{pn}, the new Position Error $R_{pe'}$ can be reckoned through

$$R_{pe'} = R_{pn}^{-1} \cdot R_p \cdot R_{pe} \tag{11}$$

This new Position Error $R_{pe'}$ can now be used to update the Position Information in the Pilot. Assuming the actual Position Information of the Pilot is (P_p, P_{pe}), then

$$P_p := P_p \cdot P_{pe} \cdot R_{pe'}^{-1} \tag{12}$$

$$\text{and } P_{pe} := R_{pe'} \tag{13}$$

leads to the new corrected Position Information. This scheme allows position updates regardless of the update history, since the position error is always expressed as an absolute value. Even if it is necessary to interpolate between different positions, e.g. during the construction of the Radar Map, this update scheme can be used, to normalize the used positions with (12) and (13) to the same Position Error.

8 Test results

Test runs have been made in the corridors of our laboratory. A global map as it was explored autonomously by MOBOT-IV can be seen in figure 6. The dimensions of the explored environment are approximately 70 by 55 meters. The dot marks the start point of the exploration tour. The vehicle needed approximately 15 minutes to explore the whole scenario at a maximum travelling speed of 40 centimeters per second. The amount of memory needed to store this map was about 40 kByte.

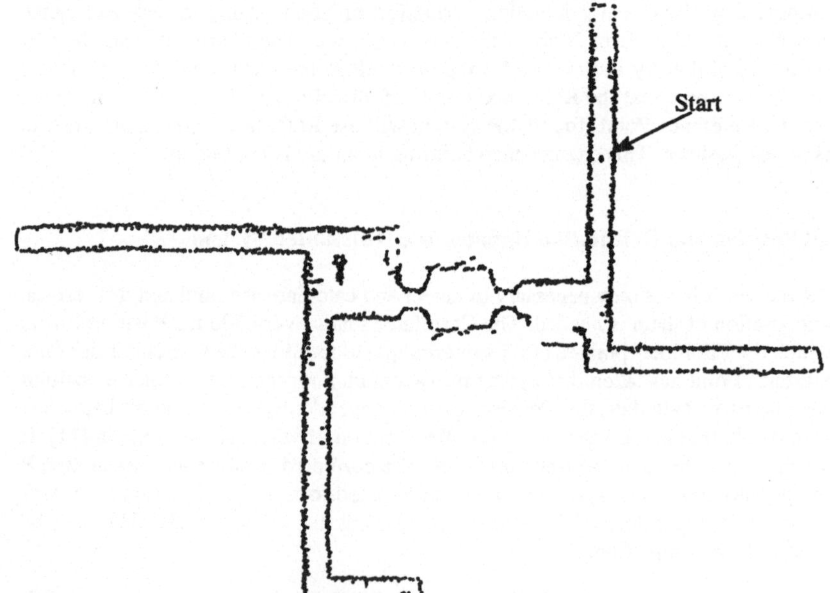

Figure 6: Global Map of corridor system

9 Conclusion

In this paper an autonomous mobile system is presented, that is able to explore its environment. No external landmarks are necessary, because of a correlation method based on features extracted from the raw sensor data. Test runs have shown, that the algorithms are able to control the mobile system in real-time. The internal map built up during the exploration phase is complete, consistent and can be used to navigate the vehicle inside the reachable area. Future work will concentrate on the problems of dynamic environments, so that walking persons could be tolerated during the exploration process or changes in the topological structure can be handled properly. In order to handle loop situations in the Correlator more general, the Correlator Map will be attached to the Global Map.

10 References

[1] N. S. V. Rao, S. S. Iyengar, B. J. Oommen, R. L. Kashyap, "On Terrain Acquisition by a Point Robot Amidst Polyhedral Obstacles", IEEE Journal of Robotics and Automation, Vol. 4, No. 4, Tsukuba, Japan, Aug. 1988, pp. 450-455

[2] B. J. Kuipers, Y. T. Byun, "A Qualitative Approach to Robot Exploration and Map-Learning", AAAI Workshop on Spatial Reasoning and Multi-Sensor Fusion, St. Charles, Illinois, Oct. 1987, pp. 390-404

[3] J. Iijima, S. Asaka, S. Yuta, "Searching Unknown Environment By A Mobile Robot Using Range Sensor - An Algorithm And Experiment", IEEE/RSJ International Workshop on Intelligent Systems 89, Tsukuba, Japan, Sep.1989, pp. 46-53

[4] T. Edlinger, E. v. Puttkamer, "Exploration of an indoor-environment by an Autonomous Mobile Robot", Intelligent Robots and Systems, Munich, Germany, Sep. 1994, pp. 1278-1284

[5] E. von Puttkamer, C. Wetzler, U. R. Zimmer, "ALBATROSS - The Communication Scheme as a Key to Fulfil Hard Real-Time Constraints", Proc. of the Euromicro '92 Realtime Workshop, Greece, 1992

[6] S. Hanan, "The Quadtree and Related Hierarchical Data Structures", Computing Surveys 16, No. 2, 1984, pp. 187-260

[7] P. E. Hart, N. J. Nilsson, B. Raphael, "A Formal Basis for the Heuristic Determination of Minimum Cost Paths", IEEE Transaction on Systems Science and Cybernetics, Vol. SCC-4, No. 2, July 1968, pp. 100-107

[8] R. O. Duda, P. E. Hart, "Pattern Classification and Scene Analysis", John Wiley & Sons, New York, 1973

[9] G. Weiß, C. Wetzler, E. v. Puttkamer, "Keeping Track of Position and Orientation of Moving Indoor Systems by Correlation of Range-Finder Scans", Intelligent Robots and Systems, Munich, Germany, Sep. 1994, pp. 595-601

[10] G. Weiß, E. v. Puttkamer, "A Map Based On Laserscans Without Geometric Interpretation", Intelligent Autonomous Systems-4 (IAS-4), Karlsruhe, Germany, March 1995, pp. 403-407

[11] R. Hinkel, "Konzeption eines echtzeitfähigen autonomen, mobilen Systems", PhD-Thesis, Dept. of Computer Science, University of Kaiserslautern, Germany, 1989, pp. 172-180

Selbstorganisierende Bildanalyse für die Navigation autonomer mobiler Roboter

G. v. Wichert und K. Kleiner

Technische Hochschule Darmstadt, Fachgebiet Regelsystemtheorie & Robotik,
Landgraf-Georg-Str. 4, D-64283 Darmstadt

1 Einleitung

Nach vielen Jahren der Forschung auf dem Gebiet autonomer mobiler Roboter
bieten sich gegenwärtig Perspektiven für den Einsatz der entwickelten Technologien durch vermehrt aufkommende Anwendungen im Dienstleistungsbereich.
Dabei steigen die Anforderungen an die Autonomie solcher Systeme sowie an die
Leistungsfähigkeit ihrer Sensorik und Informationsverarbeitung, wenn man sich
von eher einfachen Basisanwendungen hin zu Aufgaben bewegt, die durch eine
echte Interaktion mit einer komplexen und im allgemeinen dynamischen Umwelt
charakterisiert sind.

Während einfache Aufgaben, z.B. reine Transporte in Bürogebäuden, mit
Hilfe einfacher Distanzsensorik (Ultraschall) gut zu bewältigen sind, wächst bei
zunehmendem Detaillierungsgrad der Zielvorgaben (z.B. Suchen von Objekten)
die Notwendigkeit der Verwendung hochauflösender, bildgebender Sensoren. Die
stetig zunehmende, kompakt verfügbare Rechenleistung ermöglicht es, Systeme
zu planen, bei welchen die Auswertung von Videobildern nicht als „Aufsatz",
beispielsweise zur Lokalisierung von zu greifenden Gegenständen, sondern als
integraler Bestandteil des Gesamtsystems verwendet wird.

Der vorliegende Beitrag beschäftigt sich daher mit Methoden zur unüberwacht lernenden Bildanalyse für die autonome Navigation. Er gliedert sich dazu
wie folgt: Der nächste Abschnitt erläutert die hier betrachtete Problematik und
ordnet diese Arbeit in den Gesamtkontext ein. Im Anschluß wird die Vorgehensweise zur selbstorganisierenden Bildanalyse beschrieben, danach werden einige
experimentelle Ergebnisse aus einer normalen Laborumgebung aufgezeigt.

2 Bildbasierte Navigation

Für die sensorbasierte Navigation mobiler Roboter wurden in der Vergangenheit
typischerweise Ultraschallsensoren oder eindimensionale Entfernungsprofile lie-
fernde Laserscanner verwendet. Der große Vorteil dieser Sensoren besteht darin,
daß sie in kompakter Form die für die kollisionsfreie Bewegung erforderlichen
Distanzinformationen liefern. Aus diesen lassen sich, wie viele Untersuchungen
zeigen, auf vielfältige Art und Weise Karten der Umwelt erstellen, welche für die

langfristige Bewegungsplanung ebenso wie für die kurzfristige Kollisionsvermeidung verwendet werden können.

Der einzige, jedoch wesentliche Nachteil derartiger Sensoren resultiert aus der trivialen Feststellung, daß mit ihnen nur vertikale Umweltstrukturen, das heißt im wesentlichen die Form des den Roboter umgebenden Freiraumes, erkannt werden können. Im aktuell viel diskutierten Servicebereich werden sich jedoch Aufgabenstellungen ergeben, bei denen demgegenüber detailliertere Informationen über die Umwelt gewonnen werden müssen. Diese lassen sich jedoch, falls die Umwelt nicht speziell für den Roboter und seine Sensorik präpariert werden soll, nur mit hochauflösenden, bildgebenden Sensoren erfassen.

2.1 Ähnliche Arbeiten

Die meisten existierenden Systeme, die Videobilder zu Orientierungszwecken verwenden, lassen sich – je nachdem wie die Nutzung der Bildinformation in die Systemarchitektur eingebunden ist – grob in folgende Rubriken einteilen:

Direkte Sensomotorische Kopplungen: Diese Systeme koppeln die eingehenden Bildsignale (lernend) direkt mit motorischen Kommandos, um so das Lösen „einfacher" Aufgabenstellungen (Strassenverfolgung [5], Andocken an einer Marke [2]) zu erlernen. Es wird die Existenz eines Lehrers vorausgesetzt, welcher mögliche Lösungen demonstriert. Hier wird teilweise unter stark idealisierenden Annahmen bezüglich der Einfachheit der Szene und der Bildvorverarbeitung gearbeitet.

Bildverarbeitung als Add-On: Häugig navigieren die Roboter auch auf herkömmliche Weise mit Hilfe von Ultraschallsensoren oder Laserscannern. Ein Bildverarbeitungssystem dient dem Erkennen und eventuell auch dem Manipulieren von Objekten. Hier existiert eine Vielzahl von Arbeiten.

Modellbasierte Bildverarbeitung zur Kartenerstellung: Die letzte Gruppe von Systemen navigieren auf der Basis von Karten, welche modellbasiert erkannte Objekte als Landmarken enthalten (siehe z.B. [3]). Häufig wird hier 3D-Information verwendet.

Eine im eigentlichen Sinne bildbasierte Navigation betreiben nur die Systeme der dritten Gruppe. Sie interpretieren modellbasiert die von der Sensorik gelieferten Bilder. Dabei entsteht zum einen wegen der Notwendigkeit von vorgegeben Modellen einzelner Objekte oder der Umgebung ein gewisser Modellierungs- und Einrichtaufwand. Zum anderen ist es nicht einfach zu garantieren, daß die vom Bediener modellierten Umweltaspekte mit der vorhandenen Sensorik auch sicher erkannt werden.

Die Arbeiten von Kurz [4] haben gezeigt, daß für Basisaufgaben, wie die Navigation in unbekannter Umgebung, eine (vor allem modellbasierte) Interpretation der Sensordaten nicht zwingend erforderlich ist. Vielmehr reicht es aus, die *Situation*, in welcher sich das System zu einem gegebenen Zeitpunkt befindet, anhand der verfügbaren Sensordaten beschreiben und wiedererkennen zu können.

Von der Sensorik her ähnliche Situationen können dann in einem Selbstorganisationsprozeß zu *Situationsgebieten* zusammengefaßt, topologisch kartiert und für die Navigation verwendet werden. Modellierungsaufwand entsteht nicht, das System entscheidet selbst, welche Aspekte der Umwelt anhand der Sensordaten erfaßt werden können.

Im folgenden soll gezeigt werden, daß eine solche Situationsbeschreibung auch auf der Basis von Videobildern erstellt werden kann. Dabei wird darauf Wert gelegt, daß alle Prozesse unüberwacht und autonom vonstatten gehen. Es liegt prinzipiell auf keiner Ebene ein vom menschlichen Bediener vorgegebenes Modell zugrunde. Das System entwickelt selbsttätig eine *systeminterne Repräsentation der Umwelt.*

3 Selbstorganisierende Bildanalyse

Ziel einer jeden Bild- oder Szenenanalyse ist die Bestimmung von für diese Szene charakteristischen Merkmalen. In einer natürlichen Umgebung ist es häufig schwierig, wenn nicht gar unmöglich, einen standardisierten Satz von Merkmalen zu definieren, der einerseits die Szene ausreichend genau charakterisiert und dessen jeweilige Werte andererseits mit Methoden der Bildverarbeitung einfach aus dem vorliegenden Bild zu bestimmen sind. Will man, beispielsweise in einer Büroumgebung, einen Satz von generischen Objekten verwenden, deren Vorhandensein und Lage im Bild als für den Bildinhalt maßgeblich anzusehen sind, so ergibt sich zusätzlich zum Problem der Wahl geeigneter Objekte und deren Modellierung die Schwierigkeit, diese vom Bildhintergrund zu trennen. Bei Bildern wie dem in der Abbildung 1 links ist das sicherlich eher möglich als im rechten Bild, wo ein solcher Versuch von vorneherein unmöglich erscheint.

Abb. 1. Videobilder aus unpräparierten Innenräumen

Aus diesem Grund wird im weiteren der Ansatz verfolgt, die Bilder als Ganzes zu beschreiben und dabei die Wahl charakteristischer Merkmale dem System selbst zu überlassen.

Zunächst soll ein grober Überblick über das Vorgehen gegeben werden. Die Abbildung 2 zeigt eine Übersicht über den Prozeß der unüberwachten Extraktion von Szenenmerkmalen.

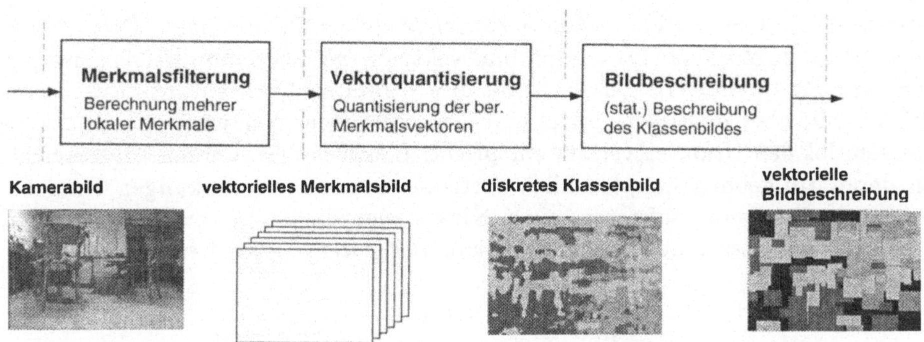

Abb. 2. Struktur des Merkmalsextraktionsprozesses

Die Extraktion erfolgt (hierarchisch) in mehreren Schritten. Zunächst werden die aufgenommenen Bilder einer mehrkanaligen Merkmalsfilterung unterzogen. Hier bewähren sich Filtersätze aus dem Bereich der Textursegmentierung (siehe z. B. [6]), die auf unterschiedliche Grauwertverläufe ansprechen. Steht eine Farbbildverarbeitung zur Verfügung, so ließen sich direkt die einzelnen Farbkanäle (evtl. nach einer Farbraumtransformation und Normierung) verwenden. Die so entstehenden mehrkanaligen Merkmalsbilder werden dann in einem zweiten Schritt zur Stabilisierung der Sensoreindrücke pixelweise einer Vektorquantisierung (durch selbstorganisierende Merkmalskarten) unterzogen. Aus dem resultierenden Klassenbild wird sodann in einem dritten Schritt eine vektorielle Bild- bzw. Szenenbeschreibung ermittelt. Anhand dieser Beschreibung lassen sich die Bilder vergleichen und zum Zweck des Kartenaufbaus durch eine weitere (neuronal) quantisierende Stufe gruppieren.

Das Vorgehen auf den einzelnen Verarbeitungsstufen wird im weiteren nacheinander erörtert.

3.1 Merkmalsfilterung und Vektorquantisierung

Es ist einleuchtend, daß man – einigermaßen realistische Umgebungs- und Arbeitsbedingungen vorausgesetzt – die Bilder nicht direkt anhand der Grauwerte analysieren sollte. Schon geringe Beleuchtungsschwankungen würden dazu führen, daß Bilder von ansonsten identischen Szenen einander nicht zugeordnet werden könnten. Daher ist es erforderlich, die Bilder zur Stabilisierung des Sensoreindrücke vorzuverarbeiten. Da es sich um Grauwertbilder handelt, in welchen die Information weniger im absoluten Grauwert eines Pixels, als in den lokalen Grauwertänderungen enthalten ist, liegt es nahe, anstatt der Grauwerte die lokale Textur in der Umgebung eines Pixels zu betrachten. Im Bereich der Textursegmentierung gibt es eine Reihe von Arbeiten, welche Texturmerkmale mit Hilfe von geeigneten Filtersätzen ermitteln [6].

Das prinzipielle Vorgehen zeigt dabei Abbildung 3: Ein Bild wird einer n-kanaligen Filterung unterzogen, deren Ergebnis ein ebenfalls n-kanaliges Merkmalsbild ist. Jedem Pixel wird so zunächst ein n dimensionaler Texturmerkmalsvektor zugeordnet. Diese Merkmalsvektoren werden dann mittels eines Kohonennetzes quantisiert. Das Resultat dieser zweiten Verarbeitungsstufe ist ein Klassenbild, bei dem jedes Pixel einer Klasse zugewiesen wird, die einem typischen lokalen Grauwertverlauf entspricht. Beispielsweise werden Bildbereiche, in deren Umgebung hauptsächlich vertikale Grauwertschwankungen einer bestimmten Intensität auftreten, einer Klasse zugewiesen. Die ersten beiden Arbeitsschritte entsprechen damit einer *unüberwachten Segmentierung* des Bildes.

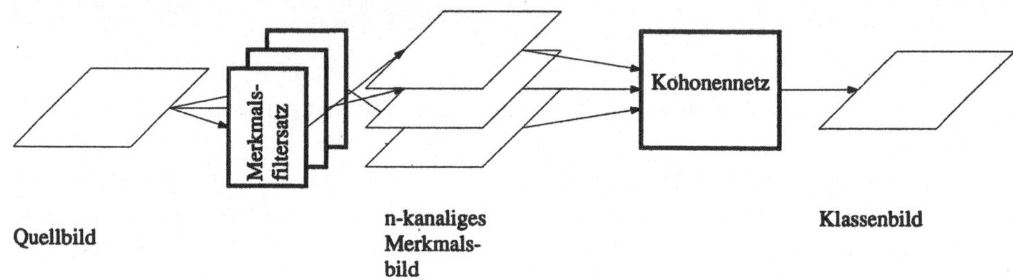

Abb. 3. Merkmalsfilterung und Vektorquantisierung

Am Beispiel einer Außenaufnahme zeigt Abbildung 4, wie mit dem Verfahren aus [6] auch in natürlichen Szenen Bereiche ähnlicher lokaler Textureigenschaften zusammengefaßt werden können.

Abb. 4. Ergebnis der unüberwachten Segmentierung einer natürlichen Szene

Die solchermaßen erzeugten Klassenbilder sind stabil gegenüber kleinen Verschiebungen des Kamerastandortes, das heißt die Form der segmentierten Gebiete ist nahezu unabhängig von der Lage des Gebietes im Bild. Damit wird sich die im weiteren zu bestimmende kompakte Bildbeschreibung bei stetiger Veränderung des Kamerastandpunktes (und damit der Roboterposition) ebenfalls stetig ändern. Dies ist für die Navigation in topologischen Karten von großer Bedeutung.

3.2 Bildbeschreibung

Um die mit der im vorigen Abschnitt geschilderten Methode stabilisierten Klassenbilder bzw. Sensoreindrücke für Navigationszwecke verwenden zu können, müssen diese in kompakter Form beschrieben werden. Dabei soll die Beschreibung für einen Vergleich der Bilder geeignet sein, der es ermöglicht, ähnliche Bilder zu Gruppen zusammenzufassen. Es liegt nahe, eine vektorielle Bildbeschreibung zu wählen. Jedem Bild wird ein charakteristischer Vektor zugeordnet. Anhand dieser Szenenmerkmalsvektoren können dann von einer zweiten quantisierenden Stufe Gruppen ähnlicher Bilder (entsprechend Situationen, in denen sich der Roboter befindet) zusammengefaßt werden.

Zur Konstruktion solcher Vektoren gibt es prinzipiell eine unbegrenzte Anzahl von Möglichkeiten. Die im folgenden Abschnitt vorgestellten Ergebnisse wurden erzielt, indem Histogramme fünf sich überlappender Bereiche des Klassenbildes bestimmt wurden. Diese Histogramme wurden dann zu einem Gesamtvektor zusammengefaßt. Dies ist in der Abbildung 5 dargestellt.

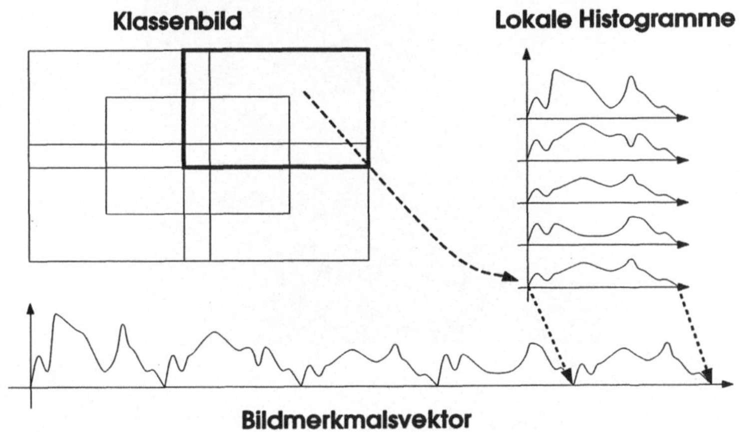

Abb. 5. Konstruktion einer vektoriellen Bildbeschreibung

Die zweite Quantisierungsstufe, welche anhand der Szenenmerkmalsvektoren ähnliche Bilder gruppiert, wurde bei den Experimenten durch ein *Growing Neural Gas Network* [1] gebildet. Dieses bietet gegenüber den klassischen Kohonennetzen die Fähigkeit, die Anzahl der Neuronen dynamisch entsprechend den Anforderungen der Eingangsdaten und während des Trainings zu wählen. Man ist somit nicht darauf angewiesen, die Anzahl der möglichen Klassen vorgeben zu müssen. Gegenüber dem von Fritzke publizierten Algorithmus wurden einige

Modifikationen vorgenommen. Diese ähneln sehr stark den in [7] vorgestellten Erweiterungen und sollen daher hier nicht näher erläutert werden.

4 Experimentelle Ergebnisse

In diesem Abschnitt soll die vorgestellte Methode zur selbstorganisierenden Bildanalyse anhand einer Beispielfahrt durch eine gewöhnliche und nicht speziell präparierte Laborumgebung demonstriert werden. Dabei kommt der mobile Roboter ALEF (siehe Abb. 6) zum Einsatz. Das Robotersystem verfügt über einen Ring von 24 Ultraschallsensoren, welche zur reaktiven Kollisionsvermeidung verwendet werden. Die Kollisionsvermeidung sowie einige andere Basisaufgaben werden an Bord von einem 486-PC erledigt. Darüberhinaus ist eine Videokamera installiert, deren Bilder über eine Funkverbindung analog zu einem stationären Steuerrechner übertragen werden. Dort werden sie digitalisiert und weiterverarbeitet. Zusätzlich existiert auch eine digitale Funkverbindung zur Kommunikation mit dem Steuerrechner.

Abb. 6. Der mobile Roboter ALEF.

Im Laufe der Beispielfahrt wurde eine Serie von 125 Bildern aufgenommen. An einem willkürlich gewählten Bild aus dieser Serie werden in der Abbildung 7 die einzelnen Schritte der Bildanalyse vorgeführt. Aus Gründen der Übersichtlichkeit bei der Darstellung wurden hier nicht die oben genannten Texturfiltersätze verwendet, sondern eine einfache jeweils vertikale und horizontale Sobelfilterung in einer dreistufigen Bildpyramide. Auf diese Weise erfassen die 6 Merkmalsfilter Grauwertschwankungen in zwei Richtungen sowie unterschiedlicher Reichweite. In der ersten Zeile der Abbildung sind Original und Klassenbild dargestellt, in der zweiten und dritten Zeile die einzelnen Kanäle des Merkmalsbildes. Der zugehörige Bildmerkmalsvektor ist in Bild 8 links dargestellt.

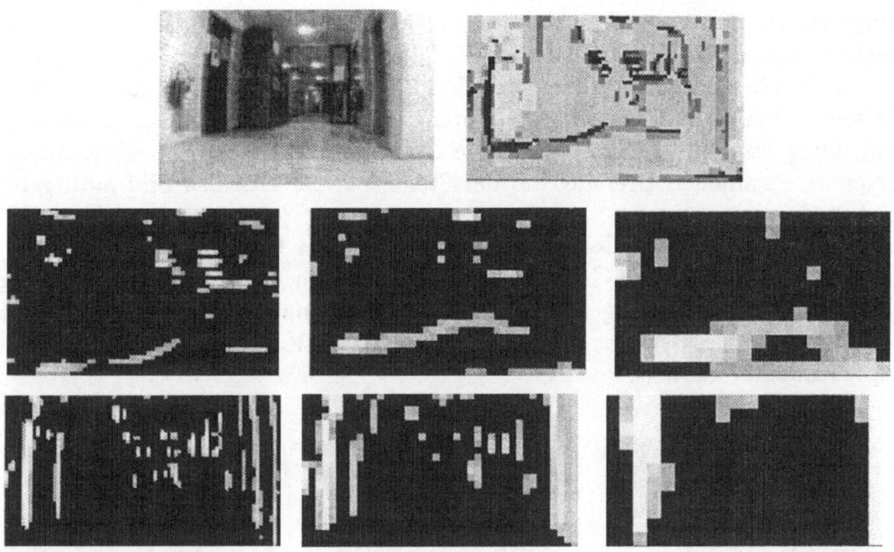

Abb. 7. Segmentierung eines Bildes aus der Beispielfahrt

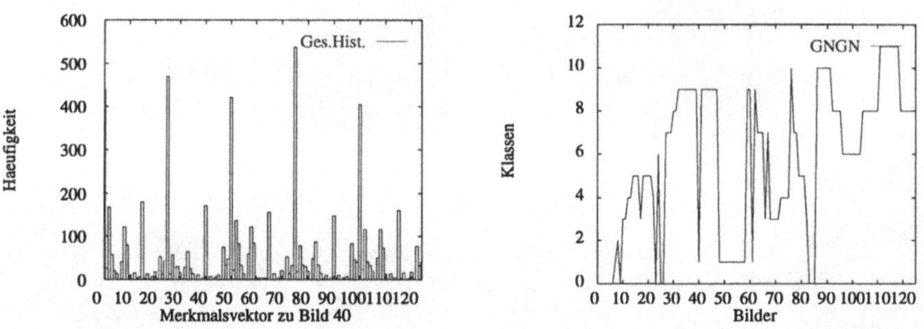

Abb. 8. Der Bildmerkmalsvektor und der Verlauf der Beispielfahrt

Da es auf diesen Seiten nicht möglich ist alle während der Beispielfahrt aufgenommenen Bilder mit ihrer Klassenzuordnung darzustellen, wird in der Abbildung 8 rechts in chronologischer Reihenfolge aufgetragen, welches Bild welcher Klasse zugewiesen wurde. Dabei wurden die Klassen in der Reihenfolge ihres Auftretens während der Fahrt numeriert, sodaß ein „Wiedererkennen" einer schon gesehenen Szene einem Abfall der Kurve entspricht.

An der Tatsache, daß es einige horizontale Bereiche gibt, ist zu erkennen, daß offensichtlich Bilder in sinnvoller Weise in Klassen eingeordnet werden. Es gibt in den meisten Fällen saubere Übergänge zwischen einzelnen Situationen Der Roboter bewegt sich zunächst in dem in der Abbildung 1 links gezeigten

Flur, passiert dann eine Tür sowie einen Schrank und dreht dann (ab Bild 27) langsam in den optisch sehr komplexen Raum aus Bild 8 rechts ein. Dort dreht er eine Runde und kommt dann bei Bild 75 wieder in den Flur, den er wieder der selben Klasse zuordnet wie am Anfang. Die abrupten Klassenwechsel in der Umgebung von Bild 60 sind die Folge einer – im Vergleich zur Bildaufnahme Frequenz – schnellen Drehung auf der Stelle, bei der sich das Bild naturgemäß stark ändert.

Die Bilder 86–102 in der Abbildung 9 zeigen das Einbiegen des Roboters in einen zweiten Raum. Die Gruppierung der Bilder erscheint plausibel. Die Frage, wann genau der Übergang von einer Situation zur nächsten erfolgt, liegt in der Verantwortung des Systems, da es sich bei den Situationen um eine systeminterne Repräsentation handelt.

Abb. 9. Einbiegen in einen Raum. Es wurde aus Platzgründen jedes zweite Bild ausgelassen. Die Situationsübergänge erfolgen jeweils am Zeilenanfang.

5 Schlußfolgerungen und Ausblick

Es wurde ein Verfahren zur selbstorganisierenden Bildanalyse vorgestellt, welches in der Lage ist, Videobilder auf Ähnlichkeit hin zu untersuchen. Dies erfolgt unüberwacht und selbsttätig. Auf Basis dieser Fähigkeit können im weiteren topologische Karten der Umwelt des Roboters zu Navigationszwecken erstellt werden. Mögliche Verbesserungsmöglichkeiten betreffen im wesentlichen die Konstruktion eines geeigneten Bildbeschreibungsvektors. Die in dieser Arbeit verwendete Histogrammtechnik verliert besonders in komplizierteren Situationen an Aussagekraft. Entsprechende Ideen existieren bereits.

Desweiteren ist die Verwendung von Farbinformationen geplant. Es ist zu erwarten, daß sich hier insbesondere in büroähnlichen Umgebungen Vorteile gegenüber den Grauwertbildern ergeben.

Sensorinformationen sind für ein autonomes System nur dann von Relevanz, wenn es gelingt sie zur Planung von Systemaktionen zu verwenden. Das bedeutet gleichzeitig, daß man die Frage nach Handlungsmöglichkeiten mit einbeziehen muß, wenn man die *Bedeutung* der Sensorinformation erlernen will. Das vorgestellte Verfahren zur Bildanalyse ignoriert dies bisher. In dieser Richtung sind ebenfalls weitere Untersuchungen geplant.

Literatur

[1] **B. Fritzke,** A Growing Neural Gas Network learns Topologies, to appear in:*Andvances in Neural Information Processing Systems (7)*, MIT Press, Cambridge, USA, 1995

[2] **P. Fäustle, W. Daxwanger, G. Schmidt,** Steuerung lokaler Fahrmanöver durch direkte Kopplung abbildender Sensorik an ein künstliches neuronales Netz, *10. Fachgespäch Autonome Mobile Systeme (AMS'94)*, pp. 214–225, Stuttgart,1994

[3] **D. Kim und R.Nevatia,** A Method for Recognition and Localization of Generic Objects for Indoor Navigation, *1994 ARPA Image Understanding Workshop*, November 13–16, 1994, Monterey (USA)

[4] **A. Kurz,** ALEF: An autonomous vehicle which learns basic skills and constructs maps for navigation, *Robotics and Autonomous Systems (14)*, pp. 171–183, 1995

[5] **D. A. Pomerleau,** Neural Network Perception for mobile Robot Guidance, *Kluwer Academic Publishers,*1993

[6] **T. Randen und J. Husoy,** Multichannel Filtering for Image Texture Segmentation, *Optical Engineering*, Vol. 33, No. 8, pp. 2617–2625, 1993

[7] **U. R. Zimmer,** Self-Localization in Dynamic Environments, *IEEE/SOFT Workshop BIES'95* , Tokyo, Japan, May 30–31,1995

Schnelle Objektdetektion mit Ultraschallsensor–Arrays

U. D. Hanebeck und G. Schmidt

Lehrstuhl für Steuerungs–und Regelungstechnik
Technische Universität München, 80290 München

Zusammenfassung Dieser Beitrag stellt ein Verfahren zur schnellen Detektion von Objekten und deren präzise Lokalisierung mit Ultraschallsensor–Arrays *beliebiger Topologie* vor. Experimente mit dem Ultraschallsensor–Array eines mobilen Serviceroboters demonstrieren die hohe erzielbare Winkelmeßgenauigkeit von $\pm 2^0$ und eine hohe Meßrate von 40 Hz bei Rundumsicht und 4 m Reichweite.

1 Einleitung

In diesem Beitrag wird eine allgemeine Methode zur schnellen Detektion und präzisen Lokalisation von Objekten mit Hilfe von Ultraschallwandler–Arrays beliebiger Topologie vorgestellt. Anwendung findet diese Methode zum Beispiel bei der Kollisionsvermeidung mobiler Systeme.

Der in [1], [2] gezeigte Einsatz einzelner rotierender Ultraschallsensoren ist nicht zur schnellen Detektion von Objekten geeignet. Werden mehrere Sensoren gleichzeitig betrieben, so bereitet die gegenseitige Beeinflussung der Sensoren Probleme. Abhilfe wird in [3] durch den abwechselnden Betrieb der Sensoren und eine nachträgliche Fehlerkorrektur geschaffen. Werden die Sensoren einzeln ausgewertet, so läßt die Winkelmeßgenauigkeit, bedingt durch die breite Schallkeule, zu wünschen übrig. Die in [4], [5], [6] vorgestellte kombinierte Auswertung der Distanzmeßwerte von zwei oder drei Sensoren führt zu starken Verbesserungen in der Winkelmeßgenauigkeit. Zur räumlichen Filterung der erhaltenen Rohdaten werden üblicherweise Rasterkarten verwendet [7], wobei eine gute Ortsauflösung mit einem hohen Speicherplatzbedarf erkauft wird.

Das hier behandelte Objektdetektions- und Lokalisierungssproblem wird in Abschnitt 2 formuliert. Abschnitt 3 diskutiert eine Methode zum quasi–gleichzeitigen Betrieb von vielen Sensorelementen. In Abschnitt 4 wird eine geschlossene Lösung für die Lokalisierung von verschiedenen Objektprimitiven mit einem beliebigen Wandler–Array angegeben. Die Meßunsicherheiten werden als amplitudenbegrenzt modelliert und ein mengentheoretisches Schätzverfahren hergeleitet. Abschnitt 5 zeigt ein Schema zur Gruppierung der von mehreren Objekten stammenden Abstandsmessungen. Ein Verfahren zur räumlichen Filterung der Rohdaten ohne Rasterkarte wird in Abschnitt 6 dargestellt. Experimente mit dem Ultraschallsensor–Array eines omnidirektionalen mobilen Serviceroboters zeigen die Vorteile des neuen Ansatzes in Abschnitt 7.

2 Problemformulierung

Es sei ein mobiler Roboter gegeben, auf dessen *Oberfläche* M Ultraschall–Sender und N Ultraschall–Empfänger auf gleicher Höhe befestigt sind. Der horizontale Schnitt durch das Fahrzeug auf der Sensormontagehöhe sei eine konvexe Fläche. Die von den Sensoren gemessenen Distanzen R_i seien mit einem additiven Fehler beaufschlagt, d.h. $R_i = \tilde{R}_i + \Delta_i$, $i = 1, 2, \ldots, N$. Fehlerfreie Werte von $*$ werden als $\tilde{*}$ bezeichnet, Nominal– und Schätzwerte als $\hat{*}$. Im Gegensatz zur üblichen Modellierung der Meßfehler als weiße, Gauß'sche stochastische Prozesse, werden Meßfehler hier als unbekannt, aber amplitudenbegrenzt modelliert. Die Distanzmeßfehler seien auf einen Ellipsoiden begrenzt, d.h.

$$(\Delta_1, \Delta_2, \ldots, \Delta_N)\, \mathbf{S}_\Delta^{-1}\, (\Delta_1, \Delta_2, \ldots, \Delta_N)^T \leq 1 \; , \tag{1}$$

wobei $\mathbf{S}_\Delta$ eine symmetrische, positiv definite Matrix ist. Dieser Ansatz erlaubt die Behandlung stark korrelierter oder deterministischer Fehlerquellen. Ein Beispiel ist die Detektion von Ultraschallsignalen mit einfachen Schwellendetektoren, wo durch die Form des Empfangssignals ein amplitudenabhängiger *systematischer* Fehler entsteht. Dieser *deterministische* Fehler ist schwer modellierbar, da die Amplitude eine Funktion vom Reflektorabstand, seinem Winkel zur Empfängerhauptachse und der Reflektorcharakteristik ist. Es können aber leicht Grenzen für diesen Fehler in der Form (1) angegeben werden.

Gesucht ist nun ein Verfahren zur schnellen Detektion der den Roboter umgebenden nächsten Hindernisse und deren genaue Lokalisierung. Im folgenden wird der in der Praxis wichtige zweidimensionale Fall diskutiert; eine Erweiterung auf drei Dimensionen ist leicht möglich.

3 Methode des virtuellen Punktwandlers

Üblicherweise werden zur Hindernisdetektion mehrere Sensoren unabhängig voneinander betrieben. Die gegenseitige Beeinflussung wird entweder durch abwechselnden Betrieb oder durch nachträgliche Fehlerkorrektur beseitigt. Hier wird nun ein Array von vielen Einzelsendern in einer Weise betrieben, daß das Schalldruckfeld eines einzigen Senders *approximiert* wird. Für ein Echo, welches an einem bestimmten Empfänger detektiert wurde, muß nicht entschieden werden, von welchem physikalischen Einzelsender der Sendepuls stammte. Damit wird ein quasi–paralleler Betrieb aller Sensoren in einem Array möglich. Um die Sendezeitpunkte zu definieren, nehmen wir eine virtuelle Kreiswelle an, welche sich vom virtuellen Sender her ausbreitet. Erreicht diese Welle einen physikalischen Sender, so sendet dieser einen Puls aus. Für M physikalische Sendeelemente kann nun ein Indexvektor I definiert werden, für welchen gilt

$$C_{I_i} < C_{I_{i+1}}, \; i = 1, 2, \ldots, M - 1 \; , \tag{2}$$

wobei C_k die Distanz des Senders k vom virtuellen Sender ist. Die Zeitdifferenz t_i zwischen dem Feuern von Sender I_i und Sender I_{i+1} ist damit gegeben als

$$t_i = \frac{C_{I_{i+1}} - C_{I_i}}{V_s}, \; i = 1, 2, \ldots, M - 1, \tag{3}$$

wobei V_s die Schallgeschwindigkeit in Luft ist. T_j bezeichnet die Zeit zwischen dem Feuern des ersten Senders I_1 und der Detektion eines Echos am Empfänger j, $j = 1, 2, \ldots, N$, wobei N die Anzahl der Empfänger ist. Die Distanzen R_j vom virtuellen Sender zu einem Reflektor und zurück zum Empfänger j berechnen sich als

$$R_j = T_j \cdot V_s + C_{I_1}, j = 1, 2, \ldots, N \ . \tag{4}$$

In Abhängigkeit von der Größe des Überwachungsbereiches wird eine bestimmte Anzahl von nebeneinander liegenden Sendern kombiniert.

4 Lokalisierung von Objekten

Wir betrachten N Empfänger an beliebigen, aber bekannten Positionen. Eine von
den Empfängern räumlich getrennte (virtuelle) Schallquelle sendet ein pulsförmiges Signal aus, welches von schallharten Objekten reflektiert wird. Für ein Objekt erhält
man damit $L \leq N$ Distanzen R_i vom Sender
zum Objekt und von dort zum Empfänger i.
Reale Gegenstände werden als Punkte oder

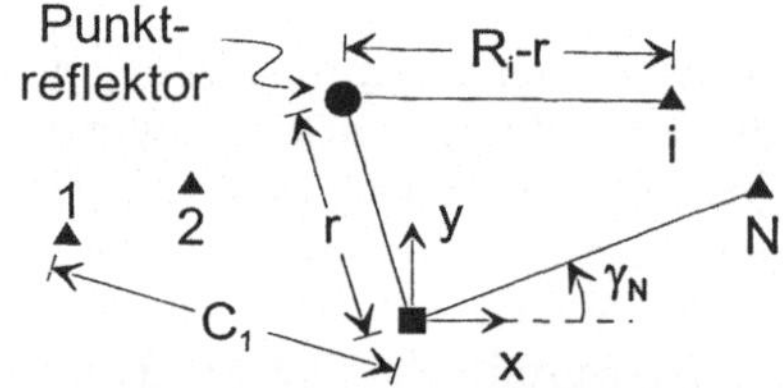

Abb. 1. Modell Punktreflektor.

durch ihre Tangentialflächen im Reflexionspunkt modelliert. Hier beschränken wir uns auf die exemplarische Diskussion des Punktreflektors; eine ausführliche Behandlung findet sich in [8]. Aus Abb. 1 entnehmen wir für die Position x, y des Punktreflektors

$$(R_i - r)^2 = (C_i^x - x)^2 + (C_i^y - y)^2 \ , \ C_i^x = C_i \cos(\gamma_i), \ C_i^y = C_i \sin(\gamma_i)$$

für $i = 1, 2, \ldots, L$. Für $L > 2$ handelt es sich um ein überbestimmtes Gleichungssystem. Mit $r^2 = x^2 + y^2$ ergibt sich der Fehlervektor $\underline{e}$ zu

$$\underline{e} = \underline{z} + 2r\underline{R} - \mathbf{H} \begin{pmatrix} x \\ y \end{pmatrix}, \ \underline{z} = \begin{pmatrix} C_1^2 - R_1^2 \\ C_2^2 - R_2^2 \\ \vdots \\ C_L^2 - R_L^2 \end{pmatrix}, \ \underline{R} = \begin{pmatrix} R_1 \\ R_2 \\ \vdots \\ R_L \end{pmatrix}, \ \mathbf{H} = 2 \begin{pmatrix} C_1^x & C_1^y \\ C_2^x & C_2^y \\ \vdots & \vdots \\ C_L^x & C_L^y \end{pmatrix} .$$

Statt der üblichen Fernfeldapproximation oder der iterativen Lösung durch Taylorreihenentwicklung leiten wir hier eine geschlossene exakte Lösung her. Vernachlässigen wir die Beziehung zwischen x, y und r für einen Moment, so ergibt sich die Menge aller möglichen Punktreflektorpositionen in Abhängigkeit von $\hat{r}$ als [9]

$$\Omega = \{(x, y) : (x - \hat{x}, y - \hat{y})\mathbf{S}_{\hat{x}\hat{y}}^{-1}(x - \hat{x}, y - \hat{y})^T \leq 1\} \tag{5}$$

mit $(\hat{x}, \hat{y})^T = \underline{\hat{\alpha}} + 2\hat{r}\underline{\hat{\beta}}$. $\underline{\hat{\alpha}}$, $\underline{\hat{\beta}}$ ergeben sich zu $\underline{\hat{\alpha}} = \mathbf{G}\underline{z}$, $\underline{\hat{\beta}} = \mathbf{G}\underline{R}$ wobei $\mathbf{G} = \left(\mathbf{H}^T\mathbf{E}^{-1}\mathbf{H}\right)^{-1}\mathbf{H}^T\mathbf{E}^{-1}$. $\mathbf{S}_{\hat{x}\hat{y}}$ ist gegeben als $\mathbf{S}_{\hat{x}\hat{y}} = d_{Punkt}\left(\mathbf{H}^T\mathbf{E}^{-1}\mathbf{H}\right)^{-1}$ mit einer Gewichtungsmatrix $\mathbf{E}$ und

$$d_{Punkt} = 1 - \left(\underline{z} + 2\hat{r}\underline{R} - \mathbf{H}\left(\hat{x}, \hat{y}\right)^T\right)^T \mathbf{E}^{-1}\left(\underline{z} + 2\hat{r}\underline{R} - \mathbf{H}\left(\hat{x}, \hat{y}\right)^T\right) \ . \tag{6}$$

Für einen Punktreflektor liegt die Menge der möglichen Fehler $\underline{e}$ unter der Annahme (1) in einem Ellipsoiden $\underline{e}^T \mathbf{E}^{-1} \underline{e} \le 1$. d_{Punkt} ist ein Maß für den Abstand des sich ergebenden Fehlers von der Oberfläche dieses Fehlerellipsoiden. Für $d_{Punkt} < 0$ ist die Voraussetzung (1) nicht erfüllt und der Fehler liegt außerhalb. Die Lösung für $\hat{r}$ ergibt sich als die größte Wurzel von

$$(4\hat{\underline{\beta}}^T \hat{\underline{\beta}} - 1)\hat{r}^2 + 4\hat{\underline{\alpha}}^T \hat{\underline{\beta}}\hat{r} + \hat{\underline{\alpha}}^T \hat{\underline{\alpha}} = 0 \ .$$

$\mathbf{E}$ ist gegeben als $\mathbf{E} = \mathbf{D}\mathbf{S}_\Delta\mathbf{D}^T$, mit [8]

$$\mathbf{D} \approx \left[\mathbf{I} - \underline{\tilde{R}}\, 2 \left[2 \left(\begin{array}{c} \tilde{x} \\ \tilde{y} \end{array} \right)^T \underline{\tilde{\beta}} - \tilde{r} \right]^{-1} \left(\begin{array}{c} \tilde{x} \\ \tilde{y} \end{array} \right)^T \mathbf{G} \right] (\tilde{\mathbf{R}}_D + 2\tilde{r}\mathbf{I}) \ . \tag{7}$$

Die Matrix $\mathbf{D}$ enthält die unbekannten wahren Werte $\tilde{R}_i$, $\tilde{\underline{\beta}}$ und $\tilde{r}^2$. Die gemessenen Distanzen werden als Approximation für die unbekannten wahren Distanzen $\tilde{R}_i$ verwendet. Im ersten Schritt wird $\mathbf{R}_D\mathbf{S}_\Delta\mathbf{R}_D$ statt $\mathbf{E}$ zur Lösung für $\hat{\underline{\alpha}}$, $\hat{\underline{\beta}}$ und $\hat{r}^2$ verwendet. Die erhaltenen $\hat{x}$, $\hat{y}$, $\hat{\underline{\beta}}$, $\hat{r}^2$ werden dann zur Approximation der wahren Werte in (7) herangezogen, um $\mathbf{D}$ zu berechnen. Iteration des beschriebenen Vorgehens führt zu keinen deutlichen Verbesserungen.

5 Objektextraktion

In diesem Abschnitt geht es um die Zuordnung der gemessenen Distanzen zu reflektierenden Objekten. Sowohl die Anzahl der reflektierenden Objekte als auch der jeweilige Objekttyp sind nicht bekannt. Die Bildung von Distanzgruppen sollte im Takt der Distanzmessung (25 ms) geschehen. Zur Herleitung eines schnellen Verfahrens werden daher im folgenden einige Annahmen über die verwendete Empfängertopologie gemacht, welche allerdings für eine große Klasse von Systemen vernünftig sind. Die Empfänger seien auf der Oberfläche eines schallundurchlässigen konvexen Körpers befestigt. Falls die Empfänger eine Direktivität, d.h. eine richtungsabhängige Empfindlichkeit, aufweisen, so schneiden sich die Achsen höchster Empfindlichkeit nicht. In einem Meßvorgang werden an einem Empfänger mehrere zeitlich hintereinanderliegende Echos detektiert. Eine weitere hier gemachte Vereinfachung besteht in der Verwendung nur des ersten detektierten Echos eines jeden

```
Anzahl=3, Start=1, NeueGruppe=TRUE
DO
    Bestimme Position für Punkt x_P, y_P,
    Fläche x_F, y_F für Sensoren Start ..
    .. Start+Anzahl und d_Punkt, d_Fläche
    IF d_Punkt > 0 OR d_Fläche > 0
      IF d_Punkt > d_Fläche
        x_T = x_P, y_T = y_P, Typ=PUNKT
      ELSE
        x_T = x_F, y_T = y_F, Typ=Fläche
      Anzahl++, NeueGruppe=FALSE
    ELSE
      IF NeueGruppe
        Start++
      ELSE
        x_T, y_T, Typ in Hindernisliste
        Start+=Anzahl-1
        Anzahl=3, NeueGruppe=TRUE
WHILE Start+Anzahhl-1 <= N
IF NeueGruppe==FALSE
    x_T, y_T, Typ in Hindernisliste
```

Abb. 2. Objektextraktion.

Empfängers. Zur Gruppierung der gemessenen Distanzen kann man sich unter den oben gemachten Annahmen auf die Untersuchung von zusammenhängenden Sensorgruppen beschränken. Aus der mengentheoretischen Formulierung ergibt sich auf natürliche Weise ein Hypothesentest. Die Hypothese „Punktreflektor" wird akzeptiert, wenn gilt $0 < d_{Punkt} \leq 1$. Entsprechend ergibt sich die Hypothese „Flächenreflektor" als wahr, wenn $0 < d_{Fläche} \leq 1$. Wenn beide Bedingungen erfüllt sind, wird die Hypothese mit dem größeren d gewählt. Wenn keine Bedingung zutrifft, werden beide Hypothesen verworfen. Zunächst werden die ersten drei Sensoren auf Konsistenz überprüft. Stammen die gemessenen Distanzen von einem Objekt, wird diese Gruppe Sensor für Sensor ausgedehnt. Eine sequentielle Version des Hypothesentests detektiert das Ereignis, daß ein hinzugekommener Sensor nicht mehr zur Gruppe gehört und die Gruppe wird abgeschlossen. Das Verfahren wird nun mit den angrenzenden drei Sensoren von neuem begonnen. Gehören schon die ersten drei Sensoren einer Gruppe nicht zusammen, wird der erste als Fehlmessung klassifiziert und das Verfahren wird mit den drei an diesen angrenzenden Sensoren neu aufgesetzt. Ein Struktogramm des Verfahrens ist in Abb. 2 dargestellt. Zur Lokalisierung der Reflektoren wird eine rekursive Version der in Abschnitt 4 vorgestellten Lösung verwendet.

6 Räumliche Filterung

Der gesamte Überwachungsbereich wird mit dem in Abschnitt 3 beschriebenen Verfahren in einem Schritt auf Hindernisse abgetastet. Es bleibt daher Zeit, die Hindernisdaten einer räumlichen Filterung zu unterziehen. In diesem Abschnitt wird beispielhaft an Punktreflektoren gezeigt, wie Lösungsmengen im Fahrzeugkoordinatensystem mit Hilfe der innerhalb einer geometrischen Toleranz bekannten Fahrzeugposition in Lösungsmengen bezüglich eines gemeinsamen Inertialkoordinatensystems transformiert werden. Diese Lösungsmengen werden in Abschnitt 6.2 auf Ähnlichkeit untersucht und im mengentheoretischen Sinne fusioniert. Anschließend wird ein Schema zur listenbasierten Verwaltung von Hindernisdaten vorgestellt, welches neue Messungen anhand ihrer Lösungsmengen mit den Verfahren aus Abschnitt 6.2 vergleicht und fusioniert. Das Verfahren gilt für statische und langsam bewegliche Hindernisse, läßt sich aber durch Verwendung von geeigneten Systemmodellen auch auf schnellbewegte Objekte erweitern.

6.1 Transformation in Inertialkoordinatensystem

Es sei ein Punktreflektor an einer Nominalposition $^F\hat{x}_R$, $^F\hat{y}_R$ im Fahrzeugkoordinatensystem detektiert worden. Wegen vorhandener Unsicherheiten können sowohl $^F x_R$, $^F y_R$ als auch die Fahrzeugposition im Inertialkoordinatensystem $^I x_F$, $^I y_F$ nur innerhalb einer bestimmten Toleranz angegeben werden. Die Lösungsmengen werden als

$$^F\Omega_R = \{(x,y) : (x - {}^F\hat{x}_R, y - {}^F\hat{y}_R)({}^F\mathbf{C}_R)^{-1}(x - {}^F\hat{x}_R, y - {}^F\hat{y}_R)^T \leq 1\} \quad (8)$$

$$^I\Omega_F = \{\underline{z} = (x,y,\psi) : (\underline{z} - {}^I\hat{\underline{z}}_F)^T({}^I\mathbf{C}_F)^{-1}(\underline{z} - {}^I\hat{\underline{z}}_F) \leq 1\} \quad (9)$$

bezeichnet. Für die Nominalwerte ergibt sich die übliche Transformation

$$\begin{pmatrix} {}^{I}\hat{x}_R \\ {}^{I}\hat{y}_R \end{pmatrix} = \begin{pmatrix} \cos({}^{I}\hat{\psi}_F) & -\sin({}^{I}\hat{\psi}_F) \\ \sin({}^{I}\hat{\psi}_F) & \cos({}^{I}\hat{\psi}_F) \end{pmatrix} \begin{pmatrix} {}^{F}\hat{x}_R \\ {}^{F}\hat{y}_R \end{pmatrix} + \begin{pmatrix} {}^{I}\hat{x}_F \\ {}^{I}\hat{y}_F \end{pmatrix} \tag{10}$$

der Reflektorpositionen in das Inertialkoordinatensystem. Für kleine Unsicherheiten ergibt sich als lineare Approximation für Abweichungen von den Nominalwerten

$$\begin{pmatrix} {}^{I}x_R - {}^{I}\hat{x}_R \\ {}^{I}y_R - {}^{I}\hat{y}_R \end{pmatrix} \approx \mathbf{G} \begin{pmatrix} {}^{I}x_F - {}^{I}\hat{x}_F \\ {}^{I}y_F - {}^{I}\hat{y}_F \\ {}^{I}\psi_F - {}^{I}\hat{\psi}_F \end{pmatrix} + \mathbf{H} \begin{pmatrix} {}^{F}x_R - {}^{F}\hat{x}_R \\ {}^{F}y_R - {}^{F}\hat{y}_R \end{pmatrix} \tag{11}$$

$$\mathbf{G} = \begin{pmatrix} 1 & 0 & -{}^{F}\hat{x}_R\,\hat{S} - {}^{F}\hat{y}_R\,\hat{C} \\ 0 & 1 & {}^{F}\hat{x}_R\,\hat{C} - {}^{F}\hat{y}_R\,\hat{S} \end{pmatrix}, \quad \mathbf{H} = \begin{pmatrix} \hat{C} & -\hat{S} \\ \hat{S} & \hat{C} \end{pmatrix}, \tag{12}$$

mit $\hat{S} = \sin({}^{I}\hat{\psi}_F)$, $\hat{C} = \cos({}^{I}\hat{\psi}_F)$.

Die lineare Abbildung eines Ellipsoiden ergibt wieder einen Ellipsoiden, die Summe zweier Ellipsoiden hingegen im allgemeinen nicht. Es läßt sich aber ein Hüllellipsoid für die Summe der zwei Ellipsoiden in (11) angeben [9]

$$^{I}\Omega_R = \{(x,y) : (x - {}^{I}\hat{x}_R, y - {}^{I}\hat{y}_R)({}^{I}\mathbf{C}_R)^{-1}(x - {}^{I}\hat{x}_R, y - {}^{I}\hat{y}_R)^{T} \le 1\} \tag{13}$$

mit

$$^{I}\mathbf{C}_R = \frac{1}{1-\kappa}\boldsymbol{\Xi} + \frac{1}{\kappa}\boldsymbol{\Gamma}, \quad \boldsymbol{\Xi} = \mathbf{G}\,{}^{I}\mathbf{C}_F\,\mathbf{G}^{T}, \quad \boldsymbol{\Gamma} = \mathbf{H}\,{}^{F}\mathbf{C}_R\,\mathbf{H}^{T} \tag{14}$$

für $0 < \kappa < 1$. κ kann nun „optimal" gewählt werden, um ein Maß der „Größe" von $^{I}\Omega_R$ zu minimieren. Das am einfachsten zu handhabende Maß ist $\mathrm{sp}({}^{I}\mathbf{C}_R)$, d.h. die Summe der Hauptdiagonalelemente von $^{I}\mathbf{C}_R$. Es läßt sich leicht zeigen, daß κ_{OPT} für diesen Fall durch

$$\kappa_{\mathrm{OPT}} = \frac{\sqrt{\mathrm{sp}(\boldsymbol{\Gamma})}}{\sqrt{\mathrm{sp}(\boldsymbol{\Xi})} + \sqrt{\mathrm{sp}(\boldsymbol{\Gamma})}} \tag{15}$$

gegeben ist.

6.2 Robuste Fusion zweier elliptischer Mengen

Falls sich zwei elliptische Mengen Ω_A, Ω_B überlappen, so läßt sich die Lösungsmenge durch Schnittmengenbildung einschränken. Die Schnittmenge ist nun aber im allgemeinen nicht wieder eine elliptische Menge. Es läßt sich allerdings ein Hüllellipsoid

$$\Omega_C = \{(x,y) : (x - \hat{x}_C, y - \hat{y}_C)\mathbf{C}_C^{-1}(x - \hat{x}_C, y - \hat{y}_C)^{T} \le 1\}$$

$$\begin{pmatrix} \hat{x}_C \\ \hat{y}_C \end{pmatrix} = \mathbf{D}\left\{ (0.5 - \lambda)\mathbf{C}_A^{-1}\begin{pmatrix} \hat{x}_A \\ \hat{y}_A \end{pmatrix} + (0.5 + \lambda)\mathbf{C}_B^{-1}\begin{pmatrix} \hat{x}_B \\ \hat{y}_B \end{pmatrix} \right\}$$

$$\mathbf{D}^{-1} = (0.5 - \lambda)\mathbf{C}_A^{-1} + (0.5 + \lambda)\mathbf{C}_B^{-1}$$

$$\mathbf{C}_C = (1 - \delta^2)\mathbf{D} \tag{16}$$

$$\delta^2 = (0.5 + \lambda)(0.5 - \lambda)\begin{pmatrix} \hat{x}_{BA} \\ \hat{y}_{BA} \end{pmatrix}^{T} \{(0.5 + \lambda)\mathbf{C}_A + (0.5 - \lambda)\mathbf{C}_B\}^{-1}\begin{pmatrix} \hat{x}_{BA} \\ \hat{y}_{BA} \end{pmatrix},$$

mit $\hat{x}_{BA} = \hat{x}_B - \hat{x}_A$, $\hat{y}_{BA} = \hat{y}_B - \hat{y}_A$, angeben, welcher die Schnittmenge für alle $-0.5 \leq \lambda \leq 0.5$ [1] enthält. Der Beweis ist nicht schwierig und wird hier aus Platzgründen nicht geführt. Es läßt sich weiterhin zeigen, daß neben $(\Omega_A \cap \Omega_B) \subset \Omega_C$ auch die interessante Eigenschaft $\Omega_C \subset (\Omega_A \cup \Omega_B)$ gilt. Es werden also durch die Hüll–Operation niemals neue Lösungspunkte eingeführt. Der Parameter λ kann nun „optimal" gewählt werden. Ein sinnvolles Kriterium ist das Volumen des Hüllellipsoiden, welches proportional zu $\sqrt{\det(\mathbf{C}_C)}$ ist. Für den vorliegenden zweidimensionalen Fall ergibt sich λ_{OPT} nach einigen Manipulationen als die eindeutige Wurzel von $P_3\lambda^3 + P_2\lambda^2 + P_1\lambda + P_0$ im Intervall $[-0.5, 0.5]$, mit

$$
\begin{aligned}
P_3 =\ & 8\{Q_A(D_A - 5D_B + D_{A+B}) + Q_B(D_B - 5D_A + D_{A+B}) \\
& -8(D_A + D_B)^2 + 2D_{A+B}[4(D_A + D_B) - D_{A+B}]\} \\
P_2 =\ & 4\{Q_A(5D_A + 3D_B + D_{A+B}) - Q_B(5D_B + 3D_A + D_{A+B}) \\
& +12(D_B^2 - D_A^2) + 6D_{A+B}(D_A - D_B)\} \\
P_1 =\ & 2\{Q_A(7D_A + 5D_B - D_{A+B}) + Q_B(5D_A + 7D_B - D_{A+B}) \\
& -4(D_A + D_B)^2 - 2D_{A+B}[4(D_A + D_B] - D_{A+B}]\} \\
P_0 =\ & Q_A(3D_A - 3D_B - D_{A+B}) + Q_B(3D_A - 3D_B + D_{A+B}) \\
& +2D_{A+B}(D_B - D_A)\ ,
\end{aligned}
\tag{17}
$$

wobei

$$
\begin{aligned}
& D_A = \det(\mathbf{C}_A),\ D_B = \det(\mathbf{C}_B),\ D_{A+B} = \det(\mathbf{C}_A + \mathbf{C}_B) \\
& Q_A = (\hat{x}_{BA}, \hat{y}_{BA})\mathbf{C}_A(\hat{x}_{BA}, \hat{y}_{BA})^T,\ Q_B = (\hat{x}_{BA}, \hat{y}_{BA})\mathbf{C}_B(\hat{x}_{BA}, \hat{y}_{BA})^T\ .
\end{aligned}
\tag{18}
$$

Die mengentheoretische Fusion nutzt die Diskrepanz zweier Lösungsmengen, um eine eingeschränkte Lösungsmenge zu erhalten. Den größten Informationszuwachs erhält man demnach durch Wahl von $\lambda = \lambda_{\mathrm{OPT}}$. Dies führt zu guten Ergebnissen, solange die Modellierung des Problems ausreichend genau ist. Unmodellierte Meßausreißer können aber unsinning kleine Lösungsmengen ergeben. Das Verfahren wird daher im folgenden durch die zusätzliche Verwendung eines Konsistenzmaßes bei der Einstellung des Parameters λ gegen Modellierungsfehler robustifiziert. Ein sinnvolles Konsistenzmaß ist durch das Verhältnis des exakten Schnittvolumens zum geometrischen Mittel der Ausgangsvolumina $V(.)$ [9]

$$
\mathrm{KM}(\Omega_A, \Omega_B) = \frac{V(\Omega_A \cap \Omega_B)}{\sqrt{V(\Omega_A)V(\Omega_B)}}\ ,
\tag{19}
$$

gegeben, wobei $0 \leq \mathrm{KM} \leq 1$ gilt. Zur Vereinfachung wird hier das Volumen des minimalvolumigen Hüllellipsoiden zur Approximation von $V(\Omega_A \cap \Omega_B)$ verwendet. Wir nehmen im folgenden an, daß Ω_A bereits aus einer Fusion stammt, Ω_B hingegen auf einer neuen Messung beruht. Sind Ω_A und Ω_B konsistent ($\mathrm{KM} = 1$), so verwenden wir λ_{OPT} zur Fusion. Sind Ω_A und Ω_B inkonsistent ($\mathrm{KM} = 0$), wird $\lambda = -0.5$ verwendet, d.h. $\Omega_C = \Omega_A$. Um schon für große KM ($0.9 \ldots 1.0$) ein

---

[1] λ wurde im Gegensatz zu [9] aus $[-0.5, 0.5]$ gewählt, um in den folgenden Ausdrücken Symmetrien zu erhalten.

minimales Volumen und für kleine KM (0 ... 0.1) den Fall $\Omega_C = \Omega_A$ zu erreichen, wird eine Sättigungsfunktion zur Bestimmung von λ aus λ_{OPT} und KM verwendet

$$\lambda = (\lambda_{\mathrm{OPT}} + 0.5)/[1 + \exp(-S(\mathrm{KM} - M))] - 0.5 \ , \tag{20}$$

mit $S = 10$, $M = 0.5$. Die Einführung von Konsistenzmaßen reduziert den Einfluß von unmodellierten Meßausreißern auf das Fusionsergebnis.

6.3 Überlappungstest für zwei elliptische Mengen

Um eine neue Messung mit allen bereits detektierten Hindernissen zu vergleichen, ist ein schneller Überlappungstest für jeweils zwei elliptische Mengen Ω_A und Ω_B nötig. Es kann gezeigt werden, daß $\delta^2(\lambda)$ aus (16) ein eindeutiges Maximum in $[-0.5, 0.5]$ aufweist [10]. Es gilt weiterhin: Für $\delta^2(\lambda_{\mathrm{MAX}}) \geq 1$ existiert keine Schnittmenge, für $\delta^2(\lambda_{\mathrm{MAX}}) < 1$ besitzen Ω_A, Ω_B gemeinsame Punkte. Als Erweiterung der Idee in [10] bestimmen wir λ_{MAX} als die Wurzel eines Polynoms. Für zwei Dimensionen ergibt sich λ_{MAX} als die einzige Wurzel von $K_4\lambda^4 + K_3\lambda^3 + K_2\lambda^2 + K_1\lambda + K_0$ im Intervall $[-0.5, 0.5]$, mit

$$
\begin{aligned}
K_4 &= 16(Q_A - Q_B)[D_{A+B} - 2(D_A + D_B)] \\
K_3 &= 32(Q_A - Q_B)(D_B - D_A) \\
K_2 &= 8\{-Q_A(D_{A+B} + 2D_A) + Q_B(D_{A+B} + 2D_B)\} \\
K_1 &= -8(Q_A + Q_B)(D_A + D_B) \\
K_0 &= Q_A(D_{A+B} - 2D_A + 2D_B) - Q_B(D_{A+B} + 2D_A - 2D_B) \ .
\end{aligned}
\tag{21}
$$

6.4 Verwaltung der detektierten Hindernisse

Die detektierten Hindernisse werden mit Hilfe einer Liste verwaltet, wobei jedes Element i eine Lösungsmenge ${}^I\Omega_R^i$ repräsentiert. Eine neue Messung j mit ${}^I\Omega_R^j$ wird nach Transformation in das Inertialkoordinatensystem auf Ähnlichkeit mit bereits vorliegenden Hindernissen überprüft. Hierzu wird der Überlappungstest aus Abschnitt 6.3 verwendet. Ist der Test erfolgreich, so werden ${}^I\Omega_R^i$ und ${}^I\Omega_R^j$ mit dem Verfahren aus Abschnitt 6.2 fusioniert und das Fusionsergebnis ersetzt ${}^I\Omega_R^i$. Ein Fusionszähler FZ_i wird inkrementiert. Ist der Test für kein Element in der Liste erfolgreich, so wird Messung j als neuer Reflektor gewertet und an die Liste angehängt.

Um den Speicherbedarf zu begrenzen, wird ein Element aus der Liste entfernt, wenn es bei einer vorgegebenen Anzahl von aufeinanderfolgenden Messungen nicht in eine Fusion einbezogen wurde.

Eine Subliste der aktuell relevanten Hindernisse wird in jedem Zeitschritt aus dieser Liste extrahiert. Ein Hindernis i ist dann relevant, wenn für den Fusionszähler $\mathrm{FZ}_i > \mathrm{FZ}_{\mathrm{MIN}}$ gilt und das Volumen der Lösungsmenge einen vorgegebenen Wert unterschreitet, d.h. falls $V({}^I\Omega_R^i) < \epsilon$.

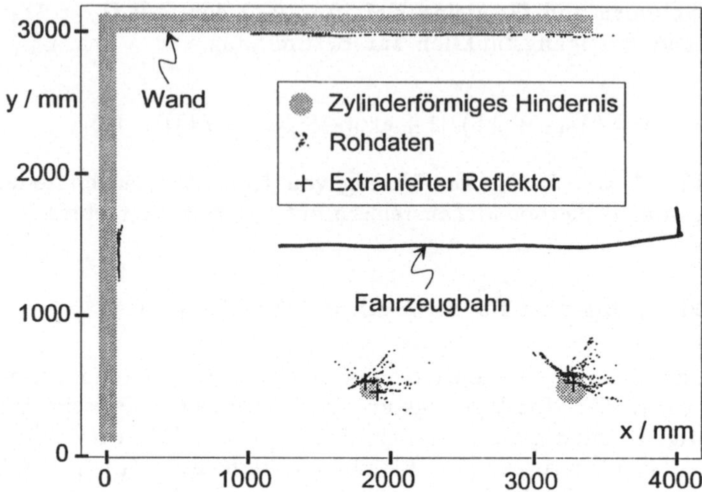

Abb. 3. Experimentelle Detektion und Lokalisierung von Objekten.

7 Experimentelle Validierung

Zur experimentellen Untersuchung des beschriebenen Verfahrens wird der omnidirektionale Serviceroboter ROMAN herangezogen. ROMAN verwendet ein Array aus jeweils 24 Ultraschallsendern und Empfängern, welche in einer Höhe von 50 cm über dem Boden angebracht sind. Eine ausführliche Beschreibung des Fahrzeugs und der Sensor–Hardware findet sich in [8]. Zur absoluten Lokalisierung bezüglich eines Inertialkoordinatensystems dient ein fahrzeugfestes laserbasiertes Winkelmeßsystem, welches die Winkel zu künstlichen Landmarken bezüglich des Roboterkoordinatensystem bestimmt, [11].

ROMAN bewegt sich entlang der in Abb. 3 eingezeichneten Bahn und tastet die Umgebung mit dem Verfahren aus Abschnitt 3 ab. Das Abtastintervall beträgt 25 ms. Es werden Wände und zwei zylinderförmige Hindernisse detektiert. Die gemäß Abschnitt 4 und 5 bezüglich des Roboterkoordinatensystems ermittelten Reflektorpositionen werden unter Verwendung der aus dem Lasernavigationssystem bekannten absoluten Fahrzeugposition und –orientierung in das Inertialkoordinatensystem transformiert. Die Positionen der zylinderförmigen Hindernisse werden zusätzlich mit dem Verfahren aus Abschnitt 6 räumlich gefiltert. Abbildung 3 zeigt sowohl ungefilterte Rohdaten als auch das Ergebnis der räumlichen Filterung. Durch die Filterung wird eine Winkelmeßgenauigkeit von etwa $\pm 2^{0}$ erzielt.

8 Wertung

Dieser Beitrag stellt ein neues Verfahren zur schnellen Detektion und Lokalisierung von Objekten mit Hilfe von Ultraschallsensor–Arrays beliebiger Topologie vor. Die schnelle Illumination eines großen Überwachungsbereichs wird durch ein Verfahren zum quasi–gleichzeitigen Betrieb von mehreren Ultraschall–Sendern gewährleistet. Eine hohe Winkelmeßgenauigkeit wird durch die Lokalisierung der Objekte mit einem Array von Empfangswandlern erreicht. Hierzu wird eine geschlossene Lösung hergeleitet, welche für Nah– und Fernfeld exakt ist.

Unsicherheiten in der Distanzmessung werden durch geometrische Toleranzen modelliert. Dieser mengentheoretische Ansatz erlaubt die Behandlung der bei Ultraschallsensorsystemen auftretenden stark korrelierten und deterministischen Meßfehler. Er führt auf natürliche Weise zu einem Hypothesentest, welcher Reflektortypen unterscheidet und inkonsistente Messungen verwirft. Sind mehrere Reflektoren vorhanden, werden die gemessenen Distanzen diesen zugeordnet. Ein effizientes Gruppierungschema verwendet eine rekursive Formulierung des genannten Hypothesentests und bleibt damit echtzeitfähig.

Weiterhin wird ein Verfahren zur räumlichen Filterung der Lokalisierungsrohdaten vorgestellt, welches ohne eine Rasterkarte arbeitet.

Zur Evaluierung der beschriebenen Methode wird das Ultraschallsensor–Array (24 Sender, 24 Empfänger) eines omnidirektionalen mobilen Serviceroboters verwendet. Es werden Rundumaufnahmen mit 4 m Reichweite innerhalb von 25 ms bei einer Winkelmeßgenauigkeit von $\pm 2^0$ erzielt.

Danksagung. Die Durchführung dieser Arbeit wird von der Deutschen Forschungsgemeinschaft im Rahmen des Sonderforschungsbereiches 331 „Informationsverarbeitung in autonomen mobilen Handhabungssystemen" gefördert. Die Autoren danken H. Berger, J. Stegmeier und S. Maier für ihre tatkräftige Unterstützung.

Literatur

1. J. L. Crowley, "Dynamic World Modelling for an Intelligent Mobile Robot Using a Rotating Ultrasonic Ranging Device," in *Proc. of the 1985 IEEE Int. Conf. on Robotics and Automation, St. Louis, MO*, 1985.
2. M. Drumheller, "Mobile Robot Localization Using Sonar," *IEEE Trans. on PAMI*, vol. 9, no. 2, pp. 325–332, 1987.
3. J. Borenstein and Y. Koren, "Noise Rejection for Ultrasonic Sensors in Mobile Robot Applications," in *Proc. of the 1992 IEEE Int. Conf. on Robotics and Automation, Nice, France*, pp. 1727–1732, May 1992.
4. R. Kuc and B. Barshan, "Bat–Like Sonar for Guiding Mobile Robots," *IEEE Control Systems Mag.*, vol. 12, no. 4, pp. 4–12, 1992.
5. Y. Nagashima and S. Yuta, "Ultrasonic Sensing for a Mobile Robot to Recognize an Environment – Measuring the Normal Direction of Walls –," in *Proc. of the 1992 IEEE/RSJ Int. Conf. on Intelligent Robots and Systems, Raleigh, NC*, pp. 805–812, 1992.
6. H. Peremans, K. Audenaert, and V. C. J., "A High–Resolution Sensor Based on Tri–Aural Perception," *IEEE Trans. on Robotics and Automation*, vol. 9, no. 1, pp. 36–48, 1993.
7. A. Elfes, "Dynamic Control of Robot Perception Using Stochastic Spatial Models," in *Information Processing in Autonomous Mobile Robots, Proceedings of the International Workshop, March 6–8, 1991, Technische Universität München, Germany* (G. Schmidt, ed.), pp. 77–92, Springer–Verlag, 1991.
8. U. D. Hanebeck and G. Schmidt, "A New High Performance Multisonar System for Fast Mobile Robot Applications," in *Intelligent Robots and Systems 1994 (IROS'94)* (V. Graefe, ed.), Amsterdam: Elsevier Science, 1995.
9. F. C. Schweppe, *Uncertain Dynamic Systems*. Prentice–Hall, 1973.
10. J. W. Perram and M. S. Wertheim, "Statistical Mechanics of Hard Ellipsoids I. Overlap Algorithm and the Contact Function," *J. of Comp. Physics*, vol. 58, pp. 409–416, 1985.
11. U. D. Hanebeck and G. Schmidt, "Absolute Localization of Fast Mobile Robots Based on an Angle Measurement Technique," in *IFAC Workshop on Intelligent Components for Autonomous and Semi–Autonomous Vehicles, Toulouse, France*, 1995.

Robuste Kalibrierung von CCD-Sensoren für autonome, mobile Systeme *

Stefan Lanser, Christoph Zierl

Technische Universität München
Forschungsgruppe Bildverstehen (FG BV), Informatik IX
Orleansstr. 34, 81667 München
email: {lanser,zierl}.informatik.tu-muenchen.de

Zusammenfassung. Um mit Hilfe eines CCD-Sensors quantitative Aussagen über die Umgebung eines autonomen, mobilen Systems (AMS) treffen zu können, ist eine ausreichend genaue Kamerakalibrierung unerläßlich. Die Kalibrierung muß dabei nicht nur die inneren Kameraparameter (Kammerkonstante, Hauptpunkt, Skalierungsfaktoren und Verzerrung) ermitteln, sondern auch die relative Lage des Sensors bezüglich des AMS selbst bzw. eines Manipulators (*hand-eye-calibration*). Neben ausreichender Genauigkeit muß sich ein solches Verfahren insbesondere durch leichte Handhabbarkeit auszeichnen, so daß eine Kalibrierung am Einsatzort des AMS erfolgen kann.

1   Einleitung

Zur videobasierten Unterstützung von Greifvorgängen bzw. zur videobasierten Navigation sind in vielen Fällen exakte quantitative Aussagen über die abgebildete Szene unerläßlich. Dies setzt eine ausreichend genaue Kamerakalibrierung voraus, im Zuge derer sowohl die Abbildungseigenschaften des Videosensors (*innere Kameraparameter*) als auch die Lage der Kamera bzgl. des Kameraträgers (Translation und Rotation) bestimmt werden müssen [9, 2].

Zur Bestimmung der inneren Kameraparameter sind zwei prinzipielle Vorgehensweisen möglich: Das *Tracking* von natürlichen Landmarken in Bildfolgen (z.B. [3, 4]) und die Verwendung spezieller Eichkörper (z.B. [7, 1]). Die Verwendung natürlicher Landmarken ist naturgemäß flexibler, gleichzeitig aber fehleranfälliger und setzt eine gut strukturierte Umgebung voraus. Da sich die gesuchten Kameraparameter während des Einsatzes eines AMS als weitgehend zeitlich stabil erwiesen haben, schränkt die Verwendung eines speziellen Eichkörpers die Flexibilität des Kalibrierverfahrens nicht ein. Gerade im Umfeld mobiler Systeme stellt dabei die Kombination eines leicht handhabbaren 2D-Eichkörpers (mit N kreisförmigen Marken, vgl. Abb. 1 (a)) zusammen mit dem aus der Photogrammetrie bekannten Bündelausgleich eine Alternative zur Verwendung eines aufwendigeren 3D-Eichkörpers dar.

---

* Diese Arbeit wird von der *Deutschen Forschungsgemeinschaft* im Rahmen des *Sonderforschungsbereichs 331*, "*Informationsverarbeitung in autonomen, mobilen Handhabungssystemen*", *Teilprojekt L9* unterstützt.

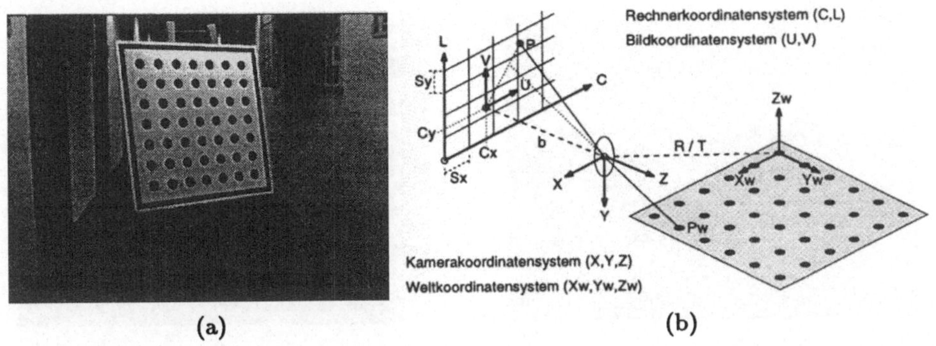

(a)   (b)

Abb. 1. (a) 2D-Eichkörper mit 49 kreisförmigen Marken mit Radius $r_M = 25\,mm$, (b) perspektivische Abbildung des Weltpunktes P_W in ein Pixel P.

In [5] wurde ein solches Verfahren beschrieben, das durch simultane Auswertung einer Vielzahl von Aufnahmen eines 2D-Eichkörpers die inneren Kameraparameter einer CCD-Kamera ermittelt. Darauf aufbauend stellt dieser Beitrag eine Methode vor, um in einem zweiten Verfahrensschritt die 6 Freiheitsgrade der relativen Lage der Kamera bzgl. des AMS bzw. eines Manipulators zu bestimmen. Dazu muß entweder die Relativbewegung zwischen mindestens zwei Aufnahmepositionen (z.B. bei der *hand-eye-calibration*) oder die relative Lage des AMS zum Eichkörper bekannt sein.

2 Kameramodell

Als Kameramodell wird das einer Lochkamera mit radialer Verzerrung verwendet, wie es beispielsweise von Lenz in [7] vorgestellt wurde. Es beschreibt die Abbildungen eines 3D-Weltpunktes P_W in ein Pixel $[c, l]^T$ des Videobildes durch folgende Transformationen (vgl. Abb. 1 (b)):

$$P_C = [x \; y \; z]^T = \mathcal{R}\,(P_W - \mathcal{T})$$
$$u = b\tfrac{x}{z} \quad \text{bzw.} \quad v = b\tfrac{y}{z} \tag{1}$$
$$\tilde{u} = \frac{2u}{1+\sqrt{1-4\kappa(u^2+v^2)}} \quad \text{bzw.} \quad \tilde{v} = \frac{2v}{1+\sqrt{1-4\kappa(u^2+v^2)}}$$
$$c = \frac{\tilde{u}}{S_x} + C_x \quad \text{bzw.} \quad l = \frac{\tilde{v}}{S_y} + C_y$$

Gleichung (1) umfaßt eine Koordinatentransformation vom Weltkoordinatensystem (WKS) ins Kamerakoordinatensystem (KKS), eine perspektivische Projektion in die Bildebene, eine radiale Verzerrung dieses projizierten Punktes (die kissen- bzw. tonnenförmige Verzeichnungen des Objektivs modelliert) und schließlich eine Diskretisierung und Hauptpunktverschiebung. $\mathcal{R}$ und $\mathcal{T}$ beschreiben die 3D-Lage des KKS bzgl. des WKS [2] (*äußere Kameraparameter*). Die *Kammerkonstante b*, der *Verzerrungskoeffizient κ*, die *Skalierungsfaktoren S_x,*

---

[2] nicht zu verwechseln mit der relativen Lage bzgl. des *Kameraträgers*.

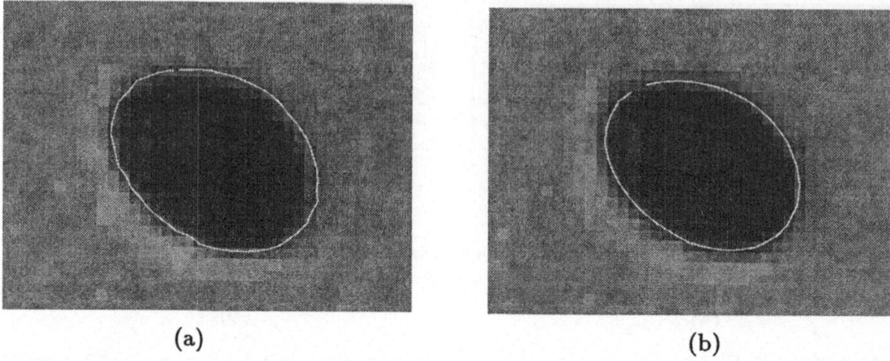

(a)　　　　　　　　　　　　　　　(b)

Abb. 2. 20-fache Vergrößerung einer Eichkörpermarke: (a) Kontursuche nach [6] (b) neue Kontursuche.

S_y und der *Hauptpunkt* $[C_x, C_y]^T$ sind lageunabhängig und beschreiben die eigentlichen Abbildungseigenschaften (*innere Kameraparameter*). Der Parameter S_y ist dabei bekannt, da das Videosignal i.a. zeilensynchron abgetastet wird.
Ist die Videokamera auf dem Manipulator eines AMS montiert, muß Gleichung (1) noch um zusätzliche 3D-Koordinatentransformationen erweitert werden, die die relative Lage $(\mathcal{R}_C, \mathcal{T}_C)$ der Kamera bzgl. des Manipulators bzw. die relative Lage $(\mathcal{R}_M, \mathcal{T}_M)$ des Manipulators bzgl. des AMS beschreiben. Die erste Zeile von Gleichung (1) wird dazu durch

$$P_C = \mathcal{R}_C \left(\mathcal{R}_M \left(\mathcal{R}_V \left(P_W - \mathcal{T}_V \right) - \mathcal{T}_M \right) - \mathcal{T}_C \right) \tag{2}$$

ersetzt. Ist die Kamera fest auf dem AMS montiert, entfällt die Transformation $(\mathcal{R}_M, \mathcal{T}_M)$. Nur wenn alle relativen Lagen bekannt sind, sind Rückschlüsse aus videobasierten Messungen auf die absolute Lage des AMS bzw. seines Manipulators bzgl. der Umwelt möglich.

3 Bestimmung der inneren Kameraparameter

In diesem Abschnitt wird die Bestimmung der innerern Kameraparameter b, κ, S_x, C_x und C_y skizziert, siehe auch [5]. Die Kalibrierung beruht auf einem Bündelausgleich, in dem simultan die Abweichungen zwischen projizierten Markenmittelpunkten und korrespondierenden Bildpunkten in Aufnahmen des Eichkörpers aus verschiedenen Blickwinkeln und Entfernungen minimiert werden (*Multibildkalibrierung*). Dazu müssen insbesondere die korrespondierenden Bildpunkte und geeignete Startwerte für die äußeren Kameraparameter zu jeder Aufnahme ermittelt werden.

3.1 Extraktion der Eichkörpermarken

In einem ersten Schritt werden die ellipsenförmigen Eichkörpermarken aus dem Videobild extrahiert. Die Detektion des Eichkörpers selbst ist aufgrund seiner charakteristischen Gestalt sehr einfach. In [5] wurde noch die subpixelgenaue Kontursuche nach [6] verwendet. Simulationen haben jedoch gezeigt, daß die Rauschanfälligkeit dieses Verfahrens (bedingt u.a. durch die verwendete kleine 2×2-Suchmaske) die erzielbare Genauigkeit in der Kalibrierung begrenzt. Die alte Kontursuche wurde daher durch ein neues Verfahren ersetzt, bei dem zunächst ein Gradientenfilter gefolgt von einer *Non-Maxima-Unterdrückung*, einer Schwellwertoperation und einer Skelettierung auf das Videobild angewandt werden. Die so detektierten Kantenpixel werden zu Konturen gruppiert und anschließend subpixelgenau verfeinert. Dazu wird der Gradient im Bild lokal durch ein Polynom zweiten Grades approximiert und das Maximum des Gradienten ermittelt. Die Konturrichtung geht dabei als Nebenbedingung für die Maximumssuche ein. Abb. 2 zeigt exemplarisch die alte und neue Kontursuche.

Die so gefundenen Konturen werden in die Bildebene zurücktransformiert, mit dem Startwert für κ entzerrt und einem Ellipsenausgleich unterworfen. Nicht ellipsenförmige Konturen werden dabei eliminiert. Die Projektion des arithmetischen Mittels der Brennpunkte der ermittelten Ellipsen ins Videobild ergibt schließlich die Meßpunkte $\tilde{m}_i$ für die Ausgleichsrechnung in Abschnitt 3.3.

Bei perspektivischer Projektion stimmt der 2D-Ellipsenmittelpunkt i.a. nicht exakt mit dem Abbild des 3D-Markenmittelpunktes überein [8] [3]. Dieser systematische Fehler verschlechtert die erzielbare Genauigkeit jedoch nicht allzu stark, wie die Simulationen in Abschnitt 5 zeigen.

3.2 Bestimmung geeigneter Startwerte

Als Startwerte für die inneren Kameraparameter reichen i.a. Herstellerangaben aus. Für die lageabhängigen äußeren Kameraparameter lassen sich geeignete Startwerte aus den Videobildern selbst berechnen; eine Vermessung des Kalibrieraufbaus ist daher nicht nötig. Bei Verwendung kreisförmiger Marken ist die Bestimmung solcher Startwerte recht einfach. Aus den ellipsenförmigen Abbildern der Marken lassen sich ihre 3D-Position und Orientierung im KKS für jedes einzelne Videobild rekonstruieren. Daraus erhält man eine robuste Schätzung der Eichkörperebene. Als Nebenprodukt dieser Ebenenschätzung lassen sich auch etwaige ellipsenförmige Bildstrukturen, die nicht zum Eichkörper gehören, eliminieren. Aus der Eichkörperebene und den rekonstruierten 3D-Positionen der Eichkörpermarken werden schließlich die benötigten Startwerte für $\mathcal{R}$ und $\mathcal{T}$ berechnet [5]. Scheitert die Ermittlung von Startwerten, wird das gesamte Verfahren ab der Kontursuche im Videobild mit veränderten Parametern für die Kontursuche wiederholt.

---

[3] Die Verwendung anders geformter Marken oder von Linienstrukturen auf dem Eichkörper wäre diesbezüglich vorteilhaft. Die kreisförmigen Marken sind jedoch sehr robust im Videobild detektierbar und erlauben auch eine einfache Berechnung von Startwerten für die äußeren Kameraparameter.

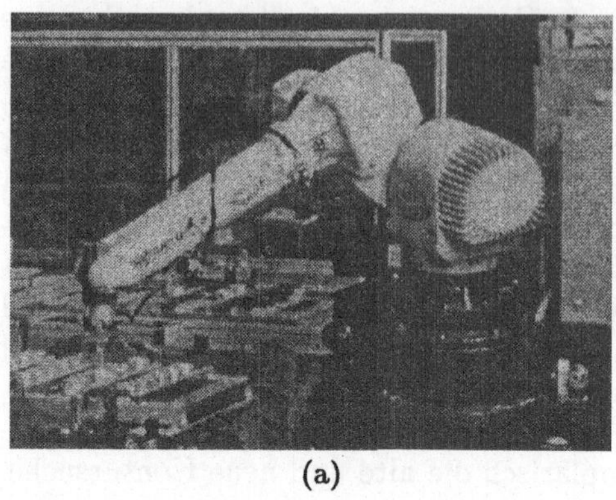

(a)   (b)

Abb. 3. MOBROB (*Mobiler Roboter*) des Instituts für Werkzeugmaschinen und Betriebswissenschaften (iwb) der TU München mit seitlich in der Roboterhand angebrachter CCD-Kamera (Der Manipulator selbst ist ein Manutec r15).

3.3 Parameterbestimmung durch Bündelausgleich

Ausgehend von Startwerten sowohl für die äußeren Kameraparameter $\mathcal{R}^k$ und $\mathcal{T}^k$ für jedes der verwendeten K Videobilder als auch - gemäß den Herstellerangaben - für die inneren Kameraparameter wird nun eine nichtlineare Ausgleichsrechnung durchgeführt. Dabei werden die Abstände zwischen den projizierten 3D-Markenmittelpunkten M_i und den extrahierten 2D-Markenmittelpunkten $\tilde{m}_i^k$ minimiert:

$$e(\mathbf{x}) = \sum_{k=1}^{K} \sum_{i=1}^{N} \left\| \tilde{m}_i^k - m_i(M_i, \mathbf{x}^k) \right\|^2 \longrightarrow \min \qquad (3)$$

$m_i(M_i, \mathbf{x}^k)$ ist dabei die Projektion eines 3D-Markenmittelpunktes im WKS in ein Pixel des k-ten Videobildes vermöge der Kameraparameter $\mathbf{x} = [\mathcal{R}^k, \mathcal{T}^k, b, \kappa, S_x, S_y, C_x, C_y]^T$ nach Gleichung (1).

Es hat sich als zweckmäßig erwiesen, die zu schätzenden Kameraparameter durch mehrere hintereinander geschaltete Ausgleichsrechnungen mit zunehmender Zahl von Unbekannten zu bestimmen. Dadurch werden sukzessive die Startwerte verbessert, bevor in die letzte Ausgleichsrechnung alle zu schätzenden Kameraparameter als Unbekannte eingehen.

4 hand-eye-Kalibrierung

Mit Hilfe des in Kapitel 3 beschriebenen ersten Verfahrensschrittes werden die inneren Kameraparameter ermittelt. Darauf aufbauend wird nun in einem zweiten Verfahrensschritt die relative Lage $(\mathcal{R}_C, \mathcal{T}_C)$ der CCD-Kamera bzgl. des Manipulators eines AMS geschätzt. Ist diese Koordinatentransformation bekannt, können beispielsweise Werkstücke videogestützt gegriffen werden, vgl. Abb. 3.

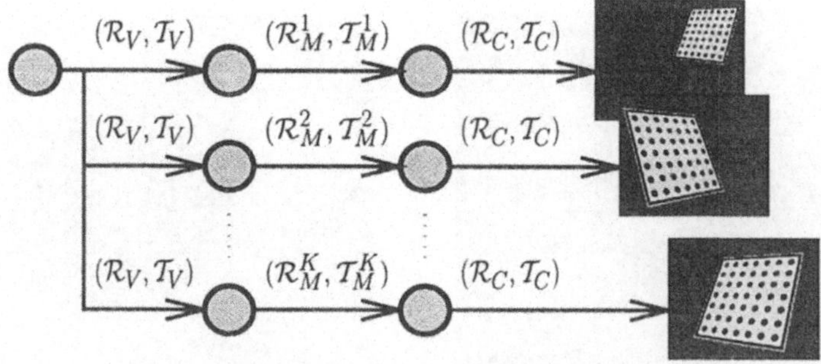

Abb. 4. Die der *hand-eye*-Kalibrierung zugrundeliegenden Koordinatentransformationen: $(\mathcal{R}_V, \mathcal{T}_V)$ ist die Lage des autonomen, mobilen Systems bzgl. des Eichkörpers; die Relativbewegungen $(\mathcal{R}_M^k, \mathcal{T}_M^k)$ des Manipulators werden als bekannt vorausgesetzt; gesucht ist insbesondere die relative Lage $(\mathcal{R}_C, \mathcal{T}_C)$ der Kamera bzgl. des Manipulators.

4.1 Vollständig vermessener Kalibrieraufbau

Ist der Kalibrieraufbau vollständig vermessen, sind also sowohl $(\mathcal{R}_V, \mathcal{T}_V)$ als auch $(\mathcal{R}_M, \mathcal{T}_M)$ aus Gleichung (2) bekannt, läßt sich die gesuchte relative Lage $(\mathcal{R}_C, \mathcal{T}_C)$ der Kamera bzgl. des Manipulators schon aus der im ersten Verfahrensschritt ermittelten relativen Lage $(\mathcal{R}^k, \mathcal{T}^k)$ der Kamera bzgl. des Eichkörpers aus einer einzelnen Aufnahmeposition berechnen:

$$\mathcal{R}_C = \mathcal{R}^k \mathcal{R}_V^{-1} \mathcal{R}_M^{-1}$$
$$\mathcal{T}_C = \mathcal{R}_M \mathcal{R}_V \left(\mathcal{T}^k - \mathcal{T}_V - \mathcal{R}_V^{-1} \mathcal{T}_M \right) \tag{4}$$

Ein solches Vorgehen ist allerdings in der Praxis schwer durchführbar und sehr fehleranfällig, da insbesondere die relative Lage des AMS bzgl. des Eichkörpers vermessen werden muß. Dieser Ansatz wird daher nicht weiter verfolgt.

4.2 Bekannte Relativbewegungen des Manipulators

Eine Alternative zur vollständigen Vermessung des Kalibrieraufbaus ist ein Ansatz, der nur bekannte Relativbewegungen des Manipulators zwischen den einzelnen Aufnahmepositionen voraussetzt, vgl. Abb. 4. Die anfängliche Lage (*Nullage*) des Manipulators bezogen auf den Eichkörper wird mitbestimmt, muß also nicht vermessen werden. Ein solches Verfahren ist bei Verwendung eines Manipulators mit entsprechender Positioniergenauigkeit einsetzbar. Analog zur Bestimmung der inneren Kameraparameter wird dabei eine größere Anzahl von Aufnahmepositionen angefahren, um die Robustheit des Verfahrens zu steigern.

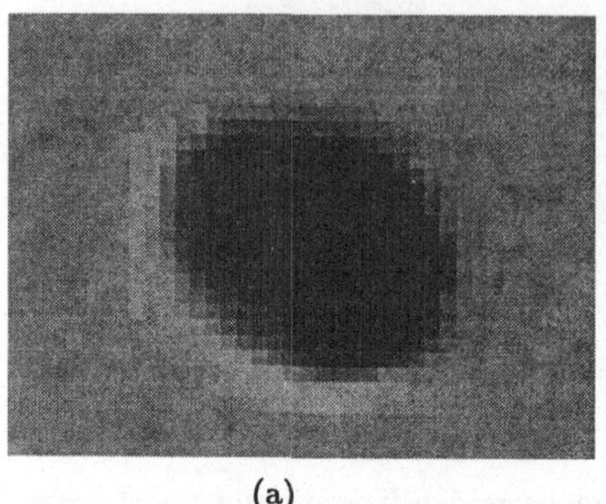
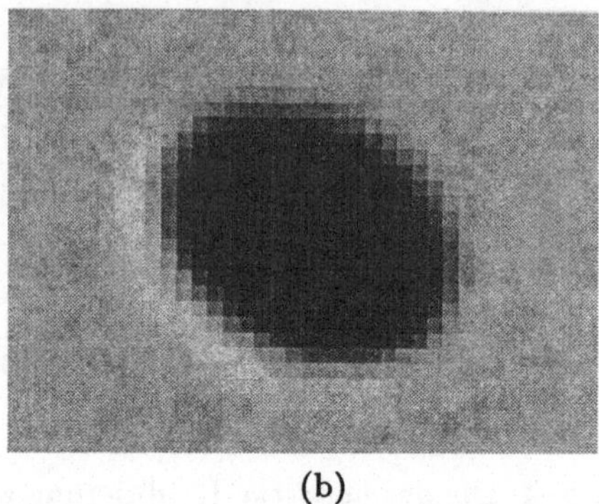

(a)   (b)

Abb. 5. 20-fache Vergrößerung einer Eichkörpermarke: (a) Videobild (b) Simulation.

Konkret wird folgende Fehlerfunktion [4] minimiert:

$$e(\mathbf{x}) = \sum_{k=1}^{K} \sum_{i=1}^{N} \| \tilde{s}_i^k \times c_i(M_i, \mathbf{x}, \mathcal{R}_M^k, \mathcal{T}_M^k) \|^2 \longrightarrow \min \tag{5}$$

$\tilde{s}_i^k$ ist der normierte Richtungsvektor des Sehstrahls durch den $i - ten$ Meßpunkt im $k - ten$ Videobild (einer Geraden im KKS durch den Ursprung und dem gemäß der ermittelten inneren Kameraparameter in die Bildebene zurückgerechneten Meßpunkt in der Bildebene). $c_i(M_i, \mathbf{x}^k, \ldots)$ ist der vermöge Gleichung (2) ins KKS transformierte Markenmittelpunkt M_i. $\tilde{s}_i^k \times c_i(M_i, \ldots)$ ist der Abstand des Markenmittelpunktes im KKS von dem zugehörigen Sehstrahl. $\mathbf{x}^k = [\mathcal{R}_V, \mathcal{T}_V, \mathcal{R}_C, \mathcal{T}_C]^T$ ist der Vektor der zu bestimmenden Unbekannten.

Die Lösung von Gleichung (5) erfolgt nach dem Newton-Verfahren mit Hilfe der Normalengleichungen $J^T J \mathbf{u} = J^T \mathbf{e}$, wobei $\mathbf{u}$ der Vektor der Korrekturwerte für $\mathbf{x}$ ist. Startwerte für $(\mathcal{R}_C, \mathcal{T}_C)$ ergeben sich durch eine grobe Vermessung des Manipulators. Daraus und aus der ermittelten Lage $(\mathcal{R}^k, \mathcal{T}^k)$ ergibt sich ein Startwert für $(\mathcal{R}_V, \mathcal{T}_V)$.

5   Experimente

Da bei Experimenten mit realen Aufnahmen einer CCD-Kamera in der Regel keine Referenzwerte für die tatsächlichen Kameraparamter zur Verfügung stehen, wurden umfangreiche Simulationen zur Ermittlung der erreichbaren Genauigkeit durchgeführt [5]. Dazu wurde der Eichkörper mit vorgegebenen Kameraparametern in unterschiedlichen Lagen subpixelgenau projiziert und geeignet eingefärbt.

---

[4] Glg. (5) minimiert analog zu Glg. (3) die Bild-Modell-Abweichungen. Denkbar ist auch die Minimierung der Abweichung zwischen den im ersten Verfahrensschritt ermittelten $(\mathcal{R}^k, \mathcal{T}^k)$ und der Komposition $(\mathcal{R}_C, \mathcal{T}_C) \circ (\mathcal{R}_M^k, \mathcal{T}_M^k) \circ (\mathcal{R}_V, \mathcal{T}_V)$.

[5] Experimente mit realen Videobildern sind in [5] zu finden.

	$b[mm]$	$S_x[mm]$	$C_x[Pix]$	$C_y[Pix]$	$\kappa[\frac{1}{m^2}]$
Referenzwert	12.4477	0.01056	385.04	290.18	-1018.93
Startwert	12.5000	0.01100	384.00	288.00	0.00
alle Bilder	12.4453	0.01056	384.49	289.54	-1019.22
Teilmenge 1	12.4486	0.01056	384.73	289.24	-1015.65
Teilmenge 2	12.4472	0.01056	384.29	289.79	-1021.02
Teilmenge 3	12.4457	0.01056	384.45	289.64	-1014.35
Teilmenge 4	12.4504	0.01056	384.03	288.99	-1018.51
Teilmenge 5	12.4497	0.01056	384.70	289.20	-1014.98
Teilmenge 6	12.4474	0.01056	384.70	289.94	-1018.77
Teilmenge 7	12.4482	0.01056	384.08	289.30	-1014.72
Teilmenge 8	12.4481	0.01056	384.57	289.53	-1018.54
Teilmenge 9	12.4477	0.01056	384.64	289.69	-1015.81
Teilmenge 10	12.4466	0.01056	384.11	289.42	-1017.10
Mittelwert	12.4480	0.01056	384.43	289.47	-1016.95
Standardabw.	0.00134	0.00000	0.26528	0.28095	2.08563

Tabelle 1. Ermittelte innere Kameraparameter b, S_x, C_x, C_y und κ für 10 Kalibrierungen mit je 15 simulierten Eichkörperaufnahmen.

Anschließend wurden diese idealen „Eichkörperaufnahmen" mit einem Gaußfilter geglättet und mit normalverteiltem Rauschen überlagert. An Hell-Dunkel-Übergängen wurde das Übersteuern der Kamera nachgebildet, vgl. Abb. 5.

Im folgenden werden die Ergebnisse von drei Experimenten präsentiert, die sich auf insgesamt 50 simulierte Eichkörperaufnahmen in verschiedenen Lagen stützen. Betrachtet wird zum einen die Gesamtmenge dieser Bilder und zum anderen 10 Teilmengen daraus mit je 15 Bildern.

5.1 Innere Kameraparameter

In einer ersten Reihe von Experimenten wurde die erzielbare Genauigkeit bei der Bestimmung der inneren Kameraparameter untersucht (siehe Tabelle 1). Zu beachten ist allerdings, daß im Gegensatz zur Realität in der Simulation das verwendete Kameramodell exakt erfüllt und der Eichkörper in sich „exakt vermessen" ist. Die prinzipiell erreichbare Genauigkeit des Kalibrierverfahrens ist jedoch ausreichend hoch, um auch in der Realität zufriedenstellende Ergebnisse erreichen zu können.

5.2 hand-eye-Kalibrierung

In einer zweiten Serie von Experimenten wurde das in Abschnitt 4.2 beschriebene Verfahren zur Ermittlung der relativen Lage der CCD-Kamera bzgl. des Manipulators untersucht. Dabei wurden die Kalibrierergebnisse über alle Bilder

	$\mathcal{R}_C$			$\mathcal{T}_C$		
	$\alpha[Grad]$	$\beta[Grad]$	$\gamma[Grad]$	$x[mm]$	$y[mm]$	$z[mm]$
Referenzwert	-86.200	3.300	-92.500	5.000	-7.000	-154.000
Startwert	-90.000	0.000	-90.000	0.000	0.000	-150.000
alle Bilder	-86.211	3.301	-92.495	5.567	-6.874	-154.126
Teilmenge 1	-86.208	3.303	-92.498	5.458	-6.997	-153.820
Teilmenge 2	-86.207	3.300	-92.497	5.626	-6.873	-154.686
Teilmenge 3	-86.207	3.302	-92.500	5.620	-7.009	-153.685
Teilmenge 4	-86.206	3.300	-92.496	5.544	-6.862	-153.345
Teilmenge 5	-86.205	3.302	-92.497	5.483	-6.865	-154.343
Teilmenge 6	-86.206	3.299	-92.499	5.514	-7.022	-153.532
Teilmenge 7	-86.206	3.301	-92.497	5.578	-6.848	-154.799
Teilmenge 8	-86.199	3.303	-92.496	5.788	-6.917	-154.570
Teilmenge 9	-86.208	3.299	-92.497	5.522	-7.112	-153.721
Teilmenge 10	-86.207	3.301	-92.496	5.567	-6.950	-153.614
Mittelwert	-86.206	3.301	-92.497	5.570	-6.946	-154.022
Standardabw.	0.00026	0.00133	0.00096	0.09401	0.08779	0.51872

Tabelle 2. Ermittelte relative Lage $(\mathcal{R}_C, \mathcal{T}_C)$ der Kamera bzgl. des Manipulators für 10 Kalibrierungen mit je 15 simulierten Eichkörperaufnahmen.

	$\mathcal{R}_C$			$\mathcal{T}_C$		
	$\alpha[Grad]$	$\beta[Grad]$	$\gamma[Grad]$	$x[mm]$	$y[mm]$	$z[mm]$
Referenzwert	-86.200	3.300	-92.500	5.000	-7.000	-154.000
Startwert	-90.000	0.000	-90.000	0.000	0.000	-150.000
Mittelwert (a)	-86.212	3.300	-92.495	5.701	-6.580	-155.727
Standardabw. (a)	0.02414	0.03277	0.01529	0.72127	1.58201	7.81741
Mittelwert (b)	-86.229	3.282	-92.489	5.442	-5.638	-160.265
Standardabw. (b)	0.11952	0.16976	0.10042	4.36164	8.95988	44.8465

Tabelle 3. Ermittelte relative Lage $(\mathcal{R}_C, \mathcal{T}_C)$ der Kamera bzgl. des Manipulators bei „verrauschten" Relativbewegungen $(\mathcal{R}_M^k, \mathcal{T}_M^k)$ zwischen den simulierten Aufnahmepositionen: (a) $\sigma = 0.01°$ bzw. $0.1\,mm$, (b) $\sigma = 0.05°$ bzw. $0.1\,mm$.

in Tabelle 1 für die inneren Kameraparameter zugrunde gelegt. Erwartungsgemäß erweist sich die genaue Kenntnis der Relativbewegungen $(\mathcal{R}_M^k, \mathcal{T}_M^k)$ des Manipulators als elementar, vgl. [2].

Diese Problematik wurde in zwei weiteren Experimenten genauer untersucht. Für die Menge aller zur Verfügung stehenden Bildern wurden die Relativbewegungen $(\mathcal{R}_M^k, \mathcal{T}_M^k)$ mit normalverteiltem Rauschen überlagert (begrenzt auf $\pm 2\sigma$). Dies führt zu einer merklichen Verschlechterung der zu schätzenden Lageparameter $(\mathcal{R}_C, \mathcal{T}_C)$, vgl. Tabelle 3.

6 Zusammenfassung und Ausblick

Der Beitrag stellt ein Verfahren zur Ermittlung der inneren Parameter einer CCD-Kamera sowie der relativen Lage der Kamera bzgl. eines Manipulators im Kontext autonomer, mobiler Systeme vor. Die Schätzung der inneren Kameraparameter erfolgt robust durch ein Bündelausgleichsverfahren. Die *hand-eye*-Kalibrierung setzt dagegen voraus, daß die Relativbewegungen des Manipulators sehr genau kontrolliert werden können, wie durch Simulationen belegt wurde. Es wird daher an einer Erweiterung des Verfahrens gearbeitet, bei der die exakten Relativbewegungen im Zuge der Kalibrierung mitgeschätzt werden. Außerdem sind in Zusammenarbeit mit dem Institut für Werkzeugmaschinen und Betriebswissenschaften (iwb) der TU München Experimente in einer Fertigungsumgebung in Vorbereitung, die die Praxistauglichkeit des Verfahrens untersuchen sollen.

Literatur

1. P. Beardsley, D. Murray, and A. Zisserman. Camera Calibration Using Multiple Images. In G. Sandini, editor, *Second European Conference on Computer Vision*, volume 588 of *Lecture Notes in Computer Science*, pp. 312–320. Springer-Verlag, 1992.

2. R. Beß. Kalibrierung einer beweglichen, monokularen Kamera zur Tiefengewinnung aus Bildfolgen. In W. Kropatsch and H. Bischof, Hrsg., *Mustererkennung*, Informatik Xpress 5, S. 524–531. DAGM, 1994.

3. O. D. Faugeras, Q. T. Luong, and S. J. Maybank. Camera Self-Calibration: Theory and Experiment. In G. Sandini, editor, *Second European Conference on Computer Vision*, volume 588 of *Lecture Notes in Computer Science*, pp. 321–334. Springer-Verlag, 1992.

4. R. I. Hartley. Self Calibration from Multiple Views with a Rotating Camera. In J.-O. Eklundh, editor, *Third European Conference on Computer Vision*, volume 800 of *Lecture Notes in Computer Science*, pp. 471–478. Springer-Verlag, 1994.

5. S. Lanser, C. Zierl, and R. Beutlhauser. Multibildkalibrierung einer CCD-Kamera. In G. Sagerer, S. Posch, and F. Kummert, Hrsg., *Mustererkennung*, Informatik-Fachberichte, S. 481–491. Deutsche Arbeitsgemeinschaft für Mustererkennung, Springer-Verlag, 1995.

6. R. Lenz. High Accuray Feature Extraction using Chain Code in Grey-value Images. Technical Report RC 56811, IBM, 1987.

7. R. Lenz. Linsenfehlerkorrigierte Eichung von Halbleiterkameras mit Standardobjektiven für hochgenaue 3D-Messungen in Echtzeit. In E. Paulus, Hrsg., *Mustererkennung*, Informatik-Fachberichte 149, S. 212–216. DAGM, 1987.

8. R. Lenz and D. Fritsch. Techniques for Calibration of the Scale Factor and Image Center for High Accuracy 3D Machines Metrology. *ISPRS Journal of Photogrammetry and Remote Sensing*, 45:90–110, 1990.

9. C. C. Wang. Extrinsic Calibration of a Vision Sensor Mounted on a Robot. *Transactions on Robotics and Automation*, 8(2):161–175, April 1992.

NEUROPA: Ein paralleles System zum neuronalen Einparken eines Autonomen Mobilen Roboters

Matthias Oberdorfer, Andreas Zell und Paul Levi

Universität Stuttgart
Institut für Parallele und Verteilte Höchstleistungsrechner (IPVR)
Lehrstuhl Praktische Informatik - Bildverstehen
Breitwiesenstr. 20-22, D-70565 Stuttgart
{msoberdo, zell, levi}@informatik.uni-stuttgart.de

Zusammenfassung: *Wir beschreiben hier die hybride Architektur eines parallelen Systems, das einen autonomen, mobilen Roboter in unbekannter Laborumgebung von beliebiger Position kamera- und ultraschallgesteuert in eine Parkbox oder einen markierten Parkplatz navigiert. Die wesentlichen Neuerungen des vorgestellten Systems sind 1) der gleichzeitige Einsatz neuronaler und symbolverarbeitender Komponenten innerhalb einer Architektur mit vier Abstraktionsebenen, 2) die Verwendung eines per Software realisierten neuronalen Active-Vision-Auges mit Retina-ähnlicher Struktur der rezeptiven Felder der Neuronen, 3) die Verwendung relativ kleiner Landmarken, die farbbasiert detektiert, danach fokussiert und über ein neuronales Netz erkannt werden, 4) der Einsatz eines regelbasierten Systems und eines Fuzzy-Reglers zur Suche nach geeigneten markierten Parkplätzen in der Erkundungsphase.*

1 Einleitung

Ein autonomes System, das mit einer großen Anzahl verschiedenartiger Sensoren und Aktuatoren ausgestattet ist und sich in einer bekannten oder unbekannten Umgebung mit einem bestimmten Ziel bewegen soll, benötigt ein komplexes System von Steuerkomponenten, das sich jeweils der auftretenden Situation anpaßt [Simmons 95]. Für den Entwurf einer Systemarchitektur eines mobilen Roboters ergibt sich aus den Umgebungsbedingungen und den Zielen des Systemarchitekten folgende Liste von Anforderungen:

- permanente Überwachung und Vorverarbeitung von Sensorendaten,
- permanente Überwachung und Steuerung von Aktuatoren,
- flexibel reagierende, autonome, parallel arbeitende Komponenten,
- Planungs- und Entscheidungsinstanzen auf verschiedenen Ebenen der Abstraktion.

In den meisten Forschungsprojekten wird zur autonomen Ausführung komplexer Aufgaben entweder eine Systemarchitektur mit drei Abstraktionsebenen verwendet, die sich klassischer KI-Methoden bedient oder aber eine einschichtige neuronale Architektur, die vor allem die Repräsentation von Trajektorien und Bewegungsabläufen realisiert, die mit Hilfe eines Lehrers und einer visuellen Eingabe eingeübt und später wieder abgerufen werden [Pomerleau 89], [Nguyen et al. 92], [Fäustle et al. 94]. Weiterhin sind Architekturen bekannt, deren einzelne Komponenten keine Funktionsebenen, sondern Verhaltensebenen darstellen. Jede Ebene repräsentiert ein bestimmtes Verhalten und verfolgt ein Ziel [Brooks 86]. Hybride Systeme enthalten verschiedenartige Architekturkomponenten (neuronal und symbolisch), wodurch die Nachteile der traditionellen hierarchischen Struktur durch eine Verbindung von expliziter Planung und reaktivem Verhalten, sowie von symbolischer und neuronaler Repräsentation behoben werden.

2 Problemstellung und Zielsetzung

Wir beschreiben hier den Entwurf und die Realisierung eines Systems, das eine konkrete komplexe Navigationsaufgabe erfüllt. Als Hardwarebasis dienen die Roboter der Universität Stuttgart [Levi et al. 94], die mit jeweils zwölf Ultraschallsensoren und einer CCD-Farbkamera ausgestattet sind. Die allgemeine Aufgabenstellung lautete:

Ein autonomes mobiles Roboterfahrzeug soll in einer ihm unbekannten Laborumgebung so navigieren, daß zunächst eine an unbekannter Position angebrachte visuelle Parkmarke gesucht, lokalisiert und identifiziert wird, um schließlich, je nach Typ des Parkplatzes (längs oder quer), in den vorgegebenen Parkraum einzuparken.

Bei dieser Aufgabe sind folgende Randbedingungen zu berücksichtigen:

- Der autonome mobile Roboter bewegt sich ohne externe Hilfe in ihm unbekannter Laborumgebung in Echtzeit. Das bedeutet, daß die Erkundungsstrategie unabhängig von der aktuellen Umgebung sein muß.
- Die Einsatzmöglichkeiten von neuronalen Netzen sollen in einer Untersuchung auf deren Verwertbarkeit als Komponenten in Systemarchitekturen autonomer mobiler Systeme ermittelt werden.
- Es stehen akustische und optische Sensoren zur Verfügung, deren aktuelle Daten zur Navigation herangezogen werden, so daß keine explizite Weltmodellierung der gesamten Umgebung notwendig ist. Das bedeutet, daß auch keine sukzessive Kartographierung der sensoriell erfaßten Umgebungsbereiche stattfindet.

Um ein autonomes mobiles System zu befähigen, einen solchen Auftrag auszuführen, ist zunächst eine Systemarchitektur als Basis zu entwerfen, in die für den Benutzerauftrag notwendige Komponenten eingebunden werden können. Es leiten sich für den Entwurf der Architektur folgende weiteren Problemstellungen ab:

- Wie können die Teilaufgaben "Navigation in unbekannter Umgebung", "Hindernisvermeidung" und "Suche nach einer Marke" konkurrierend realisiert werden?
- Welche neuronalen und klassischen Repräsentationsstrukturen eignen sich für die auszuführende Aufgabe, für die Lösungskomponenten und für den Weg zum Ziel der Lösung?
- Welchen Anforderungen muß das Multisensorsystem und die Systemarchitektur genügen, um für parallele Überwachung in Echtzeit und übergeordnete Planung geeignet zu sein?

Um einen Benutzerauftrag mit einer hohen Komplexität unter adaptiver Interaktion mit der Umgebung (aber unabhängig von Fremdeinwirkung) zu erfüllen, ist eine autonome Systemarchitektur notwendig, die als Grundlage für eine Steuerung des Roboters fungiert. Die Aufgabe wird dann innerhalb eines übergeordneten Plans bearbeitet, der die Elemente des Systems bedient. In diesem Beitrag werden beide Steuerungselemente vorgestellt.

3 Die Systemarchitektur

Das NEUROPA-System (NEUronales ROboter PArksystem) beinhaltet ein parallel arbeitendes Steuerungssystem, das eine permanente Überwachung und Verarbeitung von Sensordaten (Kamera und Ultraschall) und Aktuatorsteuerung (Fahrbefehle) gewährleistet und echtzeitfähige, ineinandergreifende Steuerkomponenten beinhaltet.

Die hier vorgestellte Systemarchitektur ist hierarchisch in vier Abstraktionsebenen gegliedert. Dabei handelt es sich um die strategische Ebene (strategic layer), die taktische Ebene (tactical layer), die reflexive Ebene (reflexive layer) und die transformative Ebene (transformative layer). Während des Betriebs findet ein Datenfluß von den unteren zu den oberen Ebenen oben und ein Kontrollfluß von den oberen zu den unten Ebenen statt (Abb. 1, links). Dabei fließen die Eingabedaten nur bis auf die Ebenen, deren Abstraktionsgrad eine Reaktion initiiert und einen Kontrollbefehl veranlaßt. Auf allen Ebenen werden Reaktionen durch autonome Zyklen realisiert, deren Entscheidungsfindung auf teilweise parallel arbeitenden Komponenten basiert.

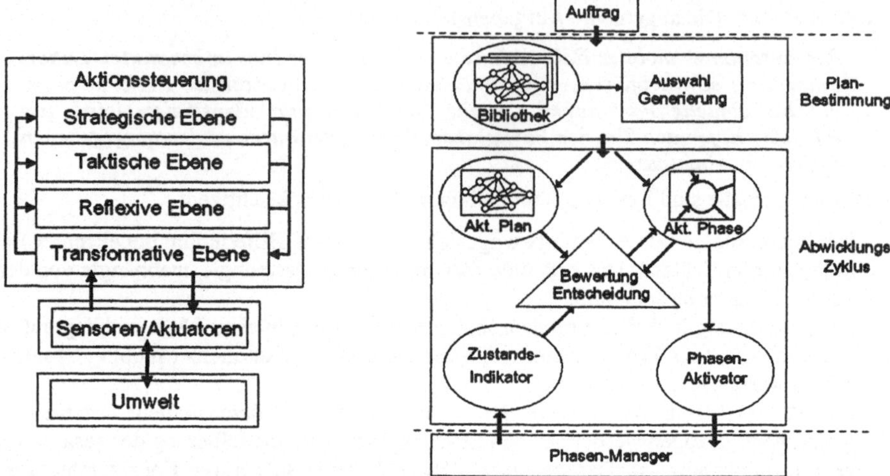

Abb. 1: links: die Abstraktionsebenen der Systemarchitektur, rechts: die strategische Ebene.

In der obersten Ebene, der strategischen Abstraktionsebene, ist eine Planungskomponente zu finden, die aufgrund des auszuführenden Auftrags eine strategische Repräsentation und Planung beinhaltet. Sie ist verantwortlich für eine globale topologische Wegplanung nach strategischen Gesichtspunkten auf der Basis von semantischen Netzen. Es werden die zu passierenden Zwischenstationen und zu verwendenden Komponenten der unteren Ebenen bestimmt, um das Ziel zu erreichen. In der darunterliegenden taktischen Ebene sind Verhaltenskomponenten zu finden, die eine Menge von der Situation angebrachten Verhaltensweisen (Taktiken) auswählen und deren konkurrierende Resultate bewerten. Diese Ebene dient der Lösung von Teilproblemen der benutzten Strategie, um ohne Kollisionen von einer globalen Zwischenstation zur nächsten zu gelangen. In der reflexiven Abstraktionsebene werden die Eingabedaten und Kontrollkommandos direkt gekoppelt, um reflexartig auf Veränderungen in der Umgebung reagieren zu können; beispielsweise können mit Hilfe einfacher reflexhafter Regeln Kollisionen vermieden werden. Die darunter befindliche transformative Abstraktionsebene ist die Schicht, die ihre Daten direkt von den Sensoren bezieht und die Ihre Kontrollbefehle direkt an die Aktuatoren weiterleitet. Auf dieser Ebene sind parallele Prozesse direkt mit den Sensoren und Aktuatoren des Systems verbunden. Für jeden Sensor existiert genau ein Prozeß, dessen Aufgabe es ist, die relevanten eingehenden Daten herauszufiltern und von einer hardwareabhängigen in eine hardwareunabhängige Form umzuwandeln.

3.1 Auftragsabwicklung in der strategischen Ebene

Die strategische Ebene besteht aus zwei Elementen: der Planbestimmung und der Auftragsabwicklung. Wenn ein Benutzer einen Navigationsauftrag an das System übergibt, muß zunächst ein Plan zur Lösung dieser Aufgabe bestimmt werden. Dieser Plan kann bereits in einer Bibliothek von Plänen innerhalb der Ebene vorhanden sein oder könnte prinzipiell auch durch eine KI-Plankomponente erst generiert werden. Ein strategischer Plan besteht aus vernetzten Phasen, diese beinhalten eine Menge von Verhaltensweisen, deren Taktik es ist, den Status des autonomen mobilen Systems so zu verändern, daß in eine der assoziierten Phasen übergegangen werden kann. Das bedeutet, daß durch die Koordination bestimmter Verhaltensmuster einer Phase versucht wird, die Bedingungen für den Übergang in eine neue Phase herbeizuführen. Auf diese Weise ist das Verfolgen der Lösungsstrategie unabhängig von zeitlichen Beschränkungen. Den zweiten Teil der strategischen Ebene macht der Abwicklungszyklus aus. Zu Beginn wird er in einem entsprechenden Startzustand aktiviert und geht dann phasenweise nach der Strategie des Lösungsplans vor.

Der autonome Abwicklungszyklus wird durch ein Zusammenspiel von fünf Komponenten realisiert (Abb. 1, rechts). Zum einen ist dies der aktuell gewählte strategische Plan. Die zweite Komponente ist der Zustandsindikator, der alle externen Sensor- und Aktuatorzustände und davon abhängige relevante Zustandsvariablen beschreibt. Die dritte Komponente beinhaltet den Kontext und den Status der aktuellen Phase. Basierend auf den Informationen der genannten Teilkomponenten bewertet die Kontrollkomponente die aktuelle Situation und entscheidet, ob mit der aktuellen Phase fortgefahren oder aber eine neue Phase eingeleitet werden soll. Falls eine neue Phase als Kontext eingestellt wird, gibt der Phasenaktivator an alle darunterliegenden Ebenen Kommandos, um das System mit den notwendigen Voraussetzungen zu initialisieren. Das bedeutet, daß Komponenten auf tiefer liegenden Ebenen vollständig abgeschaltet, durch andere ersetzt, oder ganz neue Komponenten hinzugenommen werden.

3.2 Die Taktik in einer Phase

Eine Phase umfaßt eine Reihe von konkurrierenden Verhaltensweisen, die als separate Softwarekomponenten realisiert sind und auf der Auswertung von Sensordaten, internen Zustandsvariablen oder festen Regeln basieren. Alle Verhaltensmuster berechnen ein Resultat, das entweder aus Werten für Zustandsvariablen oder Steuerbefehlen besteht.

Die Taktik einer Phase besteht darin, mit Hilfe der Aktuatoren so auf die Außenwelt einzuwirken, daß die empfangenen Sensordaten und der interne Kontext den Übergang in eine neue Phase ermöglichen. Dazu existiert auf der taktischen Ebene wiederum ein autonomer Zyklus, der sogenannte Phasenmanager, der aus vier Datenobjekt- bzw. Prozedur-Elementen besteht. Als Basis für den Phasenmanager dient das Datenobjekt Phase, das außer einer Liste von zu verwendenden reflexiven Komponenten auch deren Initialisierung, von ihr benötigte Ressourcen und die zu durchlaufenden sequentiellen Zwischenschritte und den Kontext der Phase enthält.

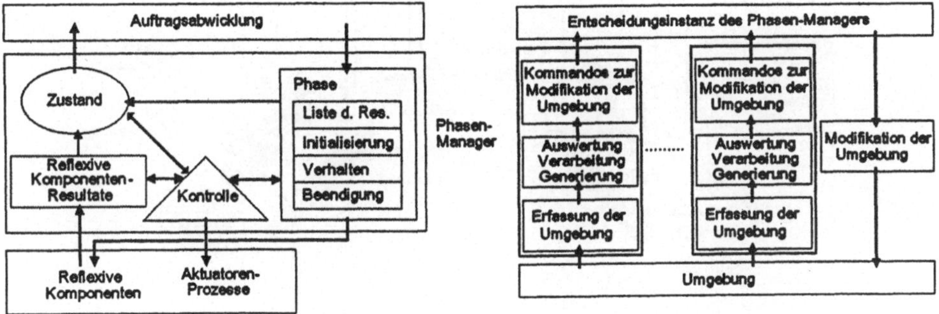

Abb. 2: Links: die taktische Ebene; rechts: die reflexive Ebene.

Die Entscheidungsinstanz bestimmt aus den Resultaten der reflexiven Komponenten und dem Kontext der Phase den für die obere Ebene sichtbaren Zustand der Phase. Eine weitere Aufgabe der Kontrolle besteht in der Entscheidung zwischen konkurrierenden reflexiven Komponenten. Wenn beispielsweise zwei unterschiedliche, parallel arbeitende Komponenten für den Antrieb widersprüchliche Fahrbefehle erzeugen, so wählt die Entscheidungsinstanz das auszuführende Kommando prioritätsgesteuert aus (Abb. 2, links).

Bei der Initialisierung einer Phase werden zunächst die benötigten Ressourcen belegt, dann die entsprechenden reflexiven Komponenten installiert und schließlich der Zyklus angestoßen. Eine Beendigung der Phase durch die darüberliegende strategische Ebene führt zur Deinstallation der reflexiven Prozeduren und Freigabe der Betriebsmittel.

3.3 Reflexive Verhaltenskomponenten

Die Reflexive Ebene besteht aus mehreren einfachen autonomen Zyklen, die als Verhaltenskomponenten bezeichnet werden. Hierbei wird ein Verhaltensmuster dadurch simuliert, daß auf eine bestimmte Folge von Eingabedaten eine dem Verhalten entsprechende Ausgabe erzeugt wird. Da die Ausgabe Auswirkungen auf die Außenwelt hat, die wiederum mit den Eingabesensoren detektiert wird, handelt es sich bei jeder Verhaltenskomponente um einen Regelkreis. Die erzeugten Ausgaben werden nur dann direkt an die Aktuatoren weitergeleitet, wenn je Aktuator nur eine Ausgabe erzeugt wurde. Bei parallel arbeitenden Verhaltenskomponenten, die auf denselben Aktuator zugreifen, entscheidet entweder eine definierte Priorität oder die darüberliegende taktische Ebene, welche Ausgabe zur Modifikation der Umgebung weitergeleitet werden soll (Abb. 2, rechts).

Parallel arbeitende Verhaltenskomponenten, die denselben Aktuator beeinflussen, basieren im Normalfall weder auf denselben Sensordaten oder Zustandsvariablen, noch auf derselben Kontrolltechnologie. Beispielsweise reagiert die Kollisionsvermeidung des hier vorgestellten Systems aufgrund von Ultraschallsensoren regelbasiert, während die visuelle Objektlokalisierung die Daten der Kamera neuronal auswertet. Beide Komponenten erzeugen jedoch Bewegungsbefehle für den Antrieb desselben Fahrzeugs.

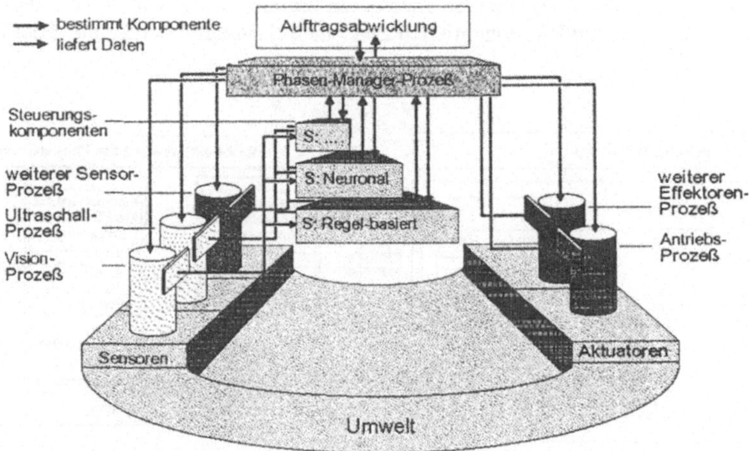

Abb. 3: Zusammenhang von strategischen, taktischen, reflexiven und transformatorischen Komponenten

Die verhaltensmodellierenden Steuerkomponenten beziehen die Eingabedaten nicht direkt von den Sensoren, sondern von den Sensorprozessen der transformativen Ebene (Abb. 3). Ebenso werden die Fahrbefehle nicht direkt an die Aktuatoren geschickt, sondern an die Aktuatorenprozesse weitergegeben.

3.4 Die transformative Ebene

Auf der transformativen Ebene besitzt jeder Sensor bzw. Aktuator einen eigenen Prozeß (Light-Weight-Process) der ihn permanent abfragt bzw. mit Steuerdaten versorgt (Abb. 3). Die Meßsignale der Sensoren werden in eine hardwareunabhängige Repräsentation umgewandelt und den hierarchisch übergeordneten Verhaltenskomponenten der reflexiven Ebene mittels Software-Schnittstellen übergeben. Dies hat folgende Vorteile:

1. Hierarchisch übergeordnete Komponenten haben ohne Wartezeit über eine Softwareschnittstelle zu jeder Zeit Zugriff auf die aktuellsten Sensordaten.

2. Es muß nicht auf die erfolgreiche Beendigung der Steuerbefehle von übergeordneten Komponenten gewartet werden. Dennoch wird die erfolgreiche Ausführung überwacht und bei Versagen entsprechend reagiert.

3. Eine Vorverarbeitung der Sensordaten, wie beispielsweise Linienextraktion in visuellen Sensordaten, wird bereits von einem Prozeß der transformativen Ebene geleistet und legt den Grundstein für die Echtzeitfähigkeit des Systems.

4. Die Vorverarbeitungskomponenten sind den Verhaltenskomponenten angepaßt. Sie werden beim Wechsel in eine neue Phase mit den Verhaltenskomponenten ausgewechselt (Abb. 4).

5. Eine Transformation der eingehenden hardwareabhängigen Meßwerte in normierte, hardwareunabhängige Meßdaten und der hardwareunabhängigen Steuerbefehle in maschinenabhängige Kommandos gewährleistet bessere Wartbarkeit übergeordneter Ebenen.

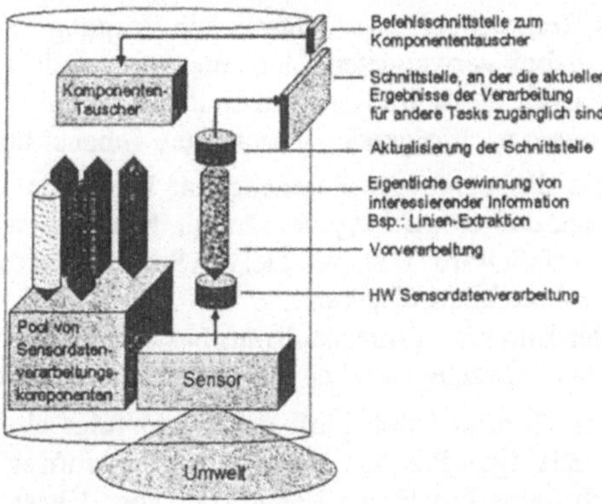

Abb. 4: Ein Leichtgewichts-Prozeß (thread) der transformativen Ebene

4 Auftrag: Parkplatz suchen, klassifizieren und einparken

Nachdem bisher die Architektur als Grundlage für die Erfüllung von Benutzeraufträgen beschrieben wurde, folgt die Realisierung der bereits beschrieben konkreten Aufgabe. NEUROPA basiert, wie bereits beschrieben, auf einer Systemarchitektur, die mit Phasenplänen arbeitet, die in der strategischen Abstraktionsebene abgearbeitet werden können. Ein Template des verwendeten Phasenplans zum Parken hat folgendes Aussehen:

188

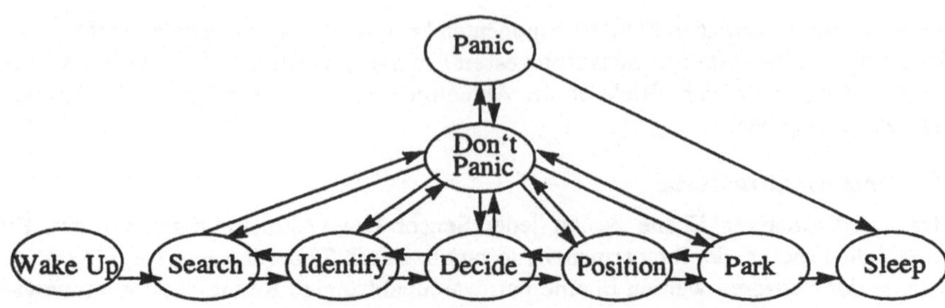

Abb. 5: Der Phasenplan zum Parken in NEUROPA.

Die Knoten sind die Phasen und die Kanten beschreiben die Phasenübergänge. Zunächst wird in der Phase WAKE_UP die Roboter- und Rechnerhardware (Fahrzeug, Sensoren, Framegrabber) und Software (Betriebssystem, Prozesse) des Systems initialisiert. In der folgenden Phase SEARCH beginnt die Suche nach dem Parkplatz, der mit Marken gekennzeichnet ist. Die Phase IDENTIFY dient zur Überprüfung und Verifizierung, daß es sich bei dem Schild um ein Parkplatzschild handelt. Nachfolgend wird in der Phase DECIDE entschieden, um welche Art von Parkplatz es sich handelt und nach Konsistenztests wird die Parkstrategie ausgewählt. Es kann ein Rückwärts-, Längs- oder Vorwärts-Quer-Parkvorgang ausgeführt werden. Die Phase POSITION richtet das Roboterfahrzeug so aus, um von einer Ausgangssituation den Parkvorgang einleiten zu können. Die Phase PARK führt den Parkvorgang anhand von klassischen oder neuronal erzeugten Trajektorien durch. Schließlich beendet die Phase SLEEP die Hardwareansteuerung und das Programmsystem.

Die speziellen Zustände DON'T PANIC und PANIC sind für das Abfangen temporär auftretender Fehler zuständig (Bildstörung, plötzliches Hindernis, kein Funkkontakt) und können notfalls die Parkvorgänge abbrechen und von neuem beginnen oder aber das System ganz beenden. Innerhalb dieses Beitrags soll repräsentativ der Vorgang des aktiven Suchens nach einer Parkmarke und die dabei verwendeten Elemente vorgestellt werden. Um ein Objekt (Parkschild) an einer beliebigen Stelle im Raum zu entdecken, sind folgende Verhaltenskomponenten notwendig, die in den nachfolgenden Abschnitten genauer beschrieben werden:

- Eine Suchstrategie, die das autonome Fahrzeug mit Hilfe von Ultraschall-Sensoren so durch den Raum bewegt, daß möglichst jeder Ort, an dem sich das Objekt befinden kann, vom Auge der Kamera erfaßt wird. Weiteres Ziel der Strategie ist die Vermeidung von Kollisionen des Roboters mit anderen Objekten.
- Ein neuronaler visueller Erkennungsmechanismus basierend auf Bildverarbeitung von Videokameradaten, der das Fahrzeug anhalten und positionieren kann.

Das Zusammenspiel dieser Komponenten läuft dabei wie folgt ab: Der autonome mobile Roboter startet von einer beliebigen Position aus mit dem Parkauftrag und sucht mittels eines einfachen regelbasierten Systems mit Fuzzy-Regler, der über Ultraschall Fahrtrichtung und Geschwindigkeit festlegt und eine reaktive Kollisionsvermeidung besitzt, einen Parkplatz. Dieser ist mit einem kleinen (DINA5-Größe) Parkplatzschild markiert. Während der Fahrt sucht das neuronale Active-Vision-Auge das Schild und beeinflußt die Fahrzeugsteuerung, um das Schild fokussieren und per Software auf eine normierte Größe zoomen zu können.

4.1 Ultraschallbasiertes Absuchen von unbekannter Umgebung

Wenn das autonome mobile System in der Phase SEARCH nach einem Parkschild sucht, um einparken zu können, so muß es sich in Echtzeit durch eine Umwelt bewegen, von der es keinerlei Information besitzt. Das Parkschild kann an einer beliebigen Stelle im Raum plaziert sein, sofern es für die Fahrzeugkamera durch Fahrmaneuver des mobilen Systems sichtbar werden kann. Das Fahrzeug selbst beginnt an einer beliebigen Stelle im befahrbaren Raum mit der visuellen Suche nach diesem Objekt. Dabei sind folgende Fragen zu lösen:

1. Nach welcher Strategie bewegt sich das autonome Fahrzeug, um den gesamten Raum nach einem Objekt abzusuchen?

2. Wie werden Hindernisdetektion und Kollisionsvermeidung realisiert und in der Strategie berücksichtigt?

Für die Realisierung eines Suchalgorithmus sind außerdem folgende Randbedingungen vorgegeben, die durch hardwareabhängige Zeitbeschränkungen entstehen. Durch die niedrige Datentransferrate (9600 Baud) bei der Kommunikation zwischen dem Steuerrechner und dem Fahrzeug ist die Übermittlung nur auf Fahrbefehle und Abfragen der Ultraschall-Sensoren begrenzt. Das bedeutet:

1. Es ist keine Abfrage gefahrener Entfernungen und Winkel möglich, ohne die Fahrgeschwindigkeit extrem zu reduzieren. Es wird also keine Odometrie verwendet.

2. Die Abfrage von acht Ultraschallsensoren dauert 1.6 s. Werden die Ultraschallsensoren einzeln abgefragt, so schwankt das Alter der zurückgelieferten Daten zwischen 0.2 s und 1.2 s.

3. Es darf gleichzeitig kein anderer Roboter mit Ultraschall im selben Raum navigieren, da noch keine Art der Absprache realisiert ist.

Bedingt durch diese Beschränkungen und dem Anspruch, daß sich das Fahrzeug in Echtzeit in der unbekannten Umgebung bewegt, wird keine symbolische Repräsentation der Außenwelt erstellt. Zur Lösung dieser Konflikte wurde ein einfaches regelbasiertes System (Select-Match-Execute) mit Fuzzy-Regler [Kosko 92] für die Fahrgeschwindigkeit geschaffen, das mit Hilfe der aktuellen Ultraschalldaten reaktive Entscheidungen über zukünftige Bewegungs- und Beschleunigungsverläufe des Fahrzeugs trifft. Die Suchstrategie ist gezwungen, lediglich von der aktuellen Situation der Sensordaten und internen Zustandsvariablen und der vorausgegangenen Situation auszugehen, um daraus eine Bewegungsrichtung und Bewegungsgeschwindigkeit zufallsgesteuert abzuleiten. Dies bedingt die Haltung eines Kontexts für die Speicherung der aktuellen Datenbasis und die Formulierung von Regeln (Wissensbasis, if-then-Rules) zur Erzeugung neuer strategischer Bewegungsbefehle. Der Inferenzmechanismus ist so realisiert, daß zuerst die erfüllbaren Regeln ermittelt werden. Dann wird die Regel aus der Konfliktmenge bestimmt, die in der aktuellen Situation am angemessensten erscheint, und anschließend wird diese an die hierarchisch übergeordnete Ebene weitergeleitet. Die Regelauswahl wurde über die Vergabe von Prioritäten realisiert.

4.2 Neuronales "Active-Vision-Auge" zur Markenlokalisation

Gleichzeitig mit dem ultraschallbasierten Navigieren findet eine automatische Fokussierung und Erkennung von Parkmarken durch die Rückkopplung eines neuronalen Netzes an ein steuerbares visuelles System statt.

Visuelle Systeme wurden bereits in mehreren Forschungsprojekten untersucht [Opstal et al. 94], [Zhou et al. 92], [Wehmaier et al. 89]. Das hier vorgestellte einfache Active-Vision-Auge bedient sich eines rückgekoppelten neuronalen Netzes, das versucht, die bei der Objekterkennung in dieser Anwendung existierenden zwei Hauptprobleme zu lösen:

1. die Bestimmung der Position des Objektes,

2. der Vergleich eines unbekannten Musters mit der Repräsentation des gesuchten Objekts.

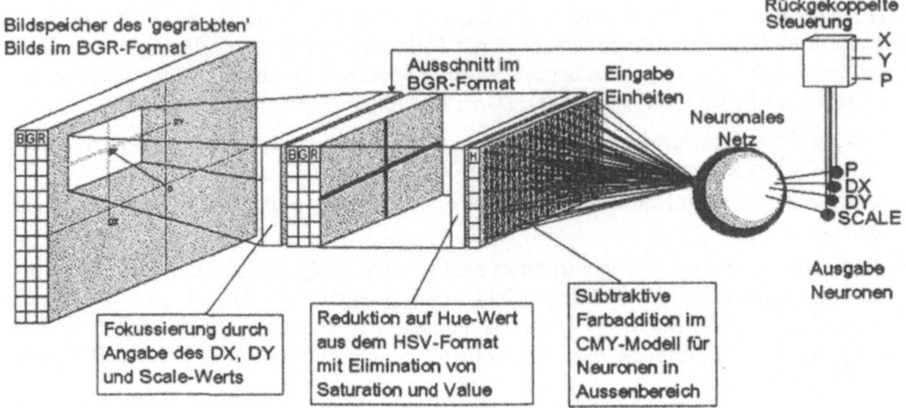

Abb. 6: Das neuronale Active-Vision-Auge

Beide Probleme werden im hier vorgestellten Verfahren auf ein neuronales Netz reduziert, das das visuelle System steuert. Das visuelle System besteht aus drei Komponenten:

1. Fokussiermechanismus: Mit Hilfe dieses Mechanismus kann ein beliebiges Teilbild aus dem Originalbild abgeleitet werden. Dazu sind drei Angaben notwendig: Verschiebung des Ursprungs in X- und Y-Richtung (DX und DY) sowie Vergrößerungsfaktor (SCALE), Auf diese Weise kann entweder das Gesamtbild betrachtet werden (jedoch mit geringer Auflösung) oder ein beliebiger Ausschnitt beliebig vergrößert oder verkleinert werden.

2. Farbreduktion: Die ursprünglichen drei Byte großen Pixel (RGB) werden auf das HSV-Farbmodell transformiert und der Hue-Wert wird auf das Intervall [0.0, 1.0] abgebildet. Auf diese Weise genügt für ein Pixel nur noch ein Eingabeneuron.

3. Neuronales Netz: Die Eingabeneuronen des neuronalen Netzes sind nicht symmetrisch in gleichen Abständen über das neu gewonnene innere Bild verteilt, sondern es wird dazu eine Retina-ähnliche Struktur der Verteilung der Neuronen verwendet (Abb. 7, rechts). In einem Kernbereich des Bildes ist jedes Pixel mit einem Neuron verbunden, in weiter außen liegenden Bereichen nimmt die Neuronzahl ab, das heißt, ein Neuron bekommt den Mittelwert von mehreren Pixeln. Realisiert wurde dies durch unterschiedliche Neuronentypen.

Die Erkennung eines Objekts läuft schematisch folgendermaßen ab. Die gesamte Bildinformation wird als Eingabe für das neuronale Netz benutzt. Dabei sind die äußeren Neuronen darauf trainiert, interessante Objekte (Schilder einer definierten Farbe) in den Mittelpunkt des Bildes zu rücken. Die inneren Neuronen sind darauf trainiert, das interessierende Objekt auf volle Bildgröße zu bringen. Dies geschieht über eine entsprechende Ausgabe von DX, DY, und SCALE, die über die Rückkopplung ein neues Bild einstellen. Ist das interessierende Objekt fokussiert (keine nennenswerten Ausgabewerte für DX, DY und SCALE), so identifiziert ein neuronaler Klassifikator anhand des Schildes, um welche Art von Parkplatz es sich handelt (senkrecht bzw. parallel zur Fahrtrichtung).

Das neuronale Netz zur Fokussierung ist ein vollständig vorwärts verknüpftes Netzwerk mit 1518 Eingabeneuronen, 10 verdeckten Neuronen und 4 Ausgabeneuronen. Die Eingabeneuronen werden direkt mit den vorverarbeiteten Bilddaten versorgt. Durch eine Transformation auf das Intervall [-1,1] werden Ausgabeneuronen (DX, DY und SCALE-Neuron) direkt zur Bewegung des internen visuellen Tracking- und Zoom-Ausschnitts benutzt. Das vierte Neuron zeigt an, ob ein interessantes Objekt im aktuellen Bildausschnitt vorkommt. Fall dies der Fall ist, wird ein weiteres neuronales Netzwerk mit ebenfalls 1518 Eingabeneuronen, 10 verdeckten und 5 Ausgabeneuronen zur Erkennung der Objekte eingesetzt. Das Klassifikationsnetzwerk kann dabei 3 Parkschilder und Bildübertragungsstörungen erkennen. Jedes Augabeneuron ist auf eines dieser Muster trainiert. Das letzte Ausgabeneuron liefert kodiert den Winkel des erkannten Objekts, so daß allein durch Ablesen des Zoomneurons im ersten Netzwerk und des Winkelneurons im zweiten Netz eine ungefähre Lokalisierung des Objektes möglich ist.

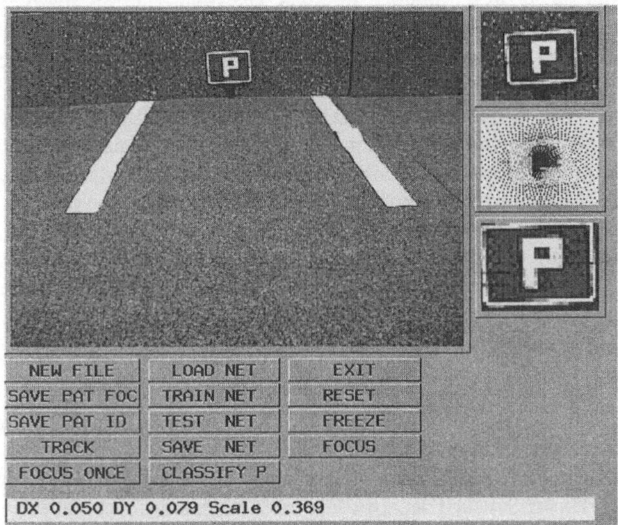
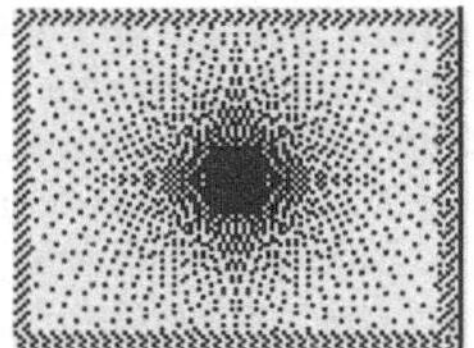

Abb. 7: links: Trainings-Anwendung von NEUROPA, rechts: Verteilung der Neuronen.

Für das interaktive Training und zum Testen der neuronalen Netze wurde zunächst eine Trainingsanwendung realisiert, die Videobilder des Roboters mit dem durch den Lehrer interaktiv vorgegebenen Fokussierungsverhalten kombinierte und als Trainingsmuster des neuronalen Netzes ablegte (Abb. 7, links) sowie das Netz mit Hilfe des Stuttgarter Neuronale Netze Simulators (SNNS) [Zell 94], [Zell et al. 95] trainierte. Die trainierten Netze wurden dann unter Verwendung eines Netzwerk-Compilers automatisch in C-Programme übersetzt und in die Roboter-Anwendung integriert.

Ein drittes bzw. viertes Netz steuert schließlich das Fahrzeug, um je nach Typ des Parkplatzes visuell gesteuert vorwärts fahrend (bei Parkplatz in Fahrtrichtung) bzw. Ultraschall-gesteuert rückwärts fahrend (bei Parkplatz senkrecht zur Fahrtrichtung) einzuparken. Hier wird ein neuronales Netz mit 1518 Eingabeneuronen, 10 versteckten und 20 Ausgabeneuronen verwendet. Von den 20 Ausgabeneuronen werden jeweils 10 zur Steuerung eines Antriebsrades eingesetzt. Im Unterschied zu anderen Arbeiten zu diesem Problem wird zur Kodierung der Geschwindigkeit der einzelnen Räder ein sog. Thermometercode verwendet. Dabei ist jedes Neuron in aufsteigender Folge mit einer bestimmten Geschwindigkeit assoziiert, die aber erst dann erreicht wird, wenn alle vorhergehenden Ausgabeneuronen über einem Schwellenwert liegen. Das neuronale Netzwerk lernt auf diese Weise anhand der Bilder eine Einpark-Trajektorie. In keiner Phase wird dabei eine symbolische Repräsentation der Umgebung erzeugt oder verwendet.

5 Zusammenfassung und Ausblick

Die in dieser Arbeit verwendete parallele, hybride Systemarchitektur mit vier Abstraktions-schichten hat sich als Grundlage für die Bearbeitung der beschriebenen Aufgaben bewährt. Durch die verwendeten autonomen Zyklen auf jeder Ebene konnten Verhaltensmerkmale simuliert und überwacht werden. Das phasengesteuerte Fahrzeug ist in der Lage, bei unbekannter Startposition in unbekannter Umgebung eine Parkmarke zu finden, zu erkennen und entsprechend einzuparken. Die praktischen Erfahrungen und Ergebnisse dieser Arbeit bestätigen, daß der Einsatz neuronaler Netze in autonomen mobilen Systemen sich als wertvolles Hilfsmittel erwiesen hat. Besonders wenn die Umgebung unbekannt ist oder die auftretenden Ereignisse zufällig sind, vollbringen neuronale Netze eine beachtliche Leistung, die durch klassische Methoden der KI nur schwierig erzielt werden können. So ist beispielsweise das visuelle Suchen und Verfolgen von Objekten in Echtzeit ohne Verwendung symbolhafter Berechnungsmethoden möglich. Neuronale Netze sind in der Lage, zusammen mit klassischen Komponenten wichtige Aufgaben in autonomen mobilen Systemen zu übernehmen. Dabei sind sie insbesondere für den Einsatz in der reflexiven Ebene echtzeitfähiger Systeme geeignet. Da die symbolische, sequentielle Verarbeitung von Sensorsignalen zu einem sehr hohen Rechenaufwand führt, bis die eigentlich wichtige Information extrahiert ist, erfüllen neuronale Netze als Stufe zwischen der Sensorhardware und einer abstrakten Ebene diese Rolle für manche Anwendungen effizienter.

Literatur

[Brooks 86] R. A. Brooks: A Robust Layered Control System for a Mobile Robot, IEEE Transactions on Robotics and Automation, Vol. RA2, No. 1, 1986, pp. 14-23.

[Fäustle et al. 94] P. Fäustle, W. Daxwanger, G. Schmidt: Steuerung lokaler Fahrmanöver durch direkte Kopplung abbildender Sensorik an ein künstliches neuronales Netz, in P. Levi, T. Bräunl: Autonome Mobile Systeme, AMS-94, Springer Verlag, 1994, pp. 214-225.

[Kosko 92] B. Kosko: Neural Networks and Fuzzy Systems, Prentice-Hall Intl., London, 1992

[Levi et al. 94] P. Levi, Th. Bräunl, M. Muscholl, A. Rausch: Architektur und Ziele der Kooperativen Mobilen Robotersysteme Stuttgart, in in P. Levi, T. Bräunl: Autonome Mobile Systeme, AMS-94, Springer Verlag, 1994, pp. 262-273.

[Nguyen et al. 92] D. Nguyen, Bernhard Widrow: The Truck Backer-Upper: An Example of Self-Learning in Neural Networks, 288-299, in G. A. Bekey, K. Y. Goldberg (Eds.): Neural Networks in Robotics, 1992.

[Opstal et al. 94] J. van Opstal, B. Kappen: Neural Representation of Saccadic Eye Movements in Monkey Superior Colliculus, Proceedings of IEEE ICNN 94, pp 84-95, 1994.

[Pomerleau 89] D. A. Pomerleau: ALVINN: An Autonomous Land Vehicle In a Neural Network, in Advances in Neural Information Processing Systems 1, D.S. Touretzky (Ed.), Morgan Kaufmann, San Mateo, CA, 1989

[Simmons 95] R. Simmons: The 1994 AAAI Robot Competition and Exhibition, AAAI Magazine, S 95, 19-30, 1995

[Wehmaier et al. 89] U. Wehmaier, D. Dong, C. Koch, D. van Essen: Modeling the Mammalian Visual System, in C. Koch: Methods in neural modeling, MIT Press, 1989, 335-360.

[Zhou et al. 92] Yi-Tong Zhou, Rama Chellapa: Artificial Neural Networks for computer vision, Springer Verlag, 1992

[Zell 94] A. Zell: Simulation Neuronaler Netze, Addison-Wesley, 1994

[Zell et al. 95] A. Zell, G. Mamier, M. Vogt, N. Mache, R. Hubner, S. Doring, K.-U. Herrmann, T. Soyez, M. Schmalzl, T. Sommer, A. Hatzigeorgiou, D. Posselt, T. Schreiner, B. Kett, G. Clemente and external contributors: SNNS, Stuttgart Neural Network Simulator, User Manual, Version 4.0, Univ. Stuttgart, Fakultät Informatik, Report No. 6/95, 1995.

Navigation mit eindimensionalen 360°-Bildern

Thomas Röfer
Zentrum für Kognitionswissenschaften, Universität Bremen
Postfach 330440, 28334 Bremen
E-mail: roefer@informatik.uni-bremen.de
WWW: http://www.informatik.uni-bremen.de/~roefer

1 Einleitung

Die Navigation autonomer mobiler Roboter ist noch immer kein vollständig gelöstes Problem. Roboter operieren in einer dreidimensionalen, veränderlichen Welt, in der sie in Echtzeit navigieren müssen. Methoden, die mit dreidimensionalen Weltmodellen arbeiten, sind sehr aufwendig: Das Modell muß erstellt werden, Sensordaten müssen mit dem Modell in Einklang gebracht werden und Veränderungen müssen eingetragen werden. Daher erscheint es sinnvoll, Methoden zu untersuchen, die weit weniger kompliziert sind. Eine Möglichkeit ist die Orientierung an biologischen Vorbildern, da selbst "einfache" Lebewesen hervorragende Navigationsleistungen vollbringen können.

Abbildung 1: Der Versuchsroboter

Cartwright und Collett (1983, 1987) nehmen z.B. an, daß sich Bienen die genaue Position eines Futterplatzes anhand des Bildes merken, das sie an der Futterstelle von ihrer Umgebung wahrnehmen. Wenn sie die Futterstelle ein zweites Mal aufsuchen und sich dabei bereits in ihrer Nähe befinden, können sie aus dem Bild, das sie während des Anflugs sehen, und dem gespeicherten Bild die Richtung zur Futterstelle berechnen.
Diese Methode ist interessant, weil sie es erlaubt, einen Ort wiederzufinden, ohne daß ein Modell der Umwelt existiert. Es wird lediglich ermittelt, wie stark sich Punkte des aktuellen

Bildes gegenüber den Punkten im Zielbild verschoben haben. Aus den Verschiebungen wird dann die notwendige Bewegungsrichtung berechnet.

Das Verfahren wurde auf dem kleinen Versuchsroboter in Abbildung 1 mit einem eindimensionalen "rundum"-Helligkeitssensor implementiert und erfolgreich getestet.

2 Zuordnung von Bildteilen

In Abbildung 2 und Abbildung 3 sind zwei Bilder zu sehen, die mit dem Helligkeitssensor aufgenommen wurden. Das erste Bild wurde an einer Zielposition aufgenommen, das zweite Bild an einer Position, die etwa 50 cm von dieser Zielposition entfernt ist Um nach diesen Bildern navigieren zu können, muß festgestellt werden, welcher Teil des zweiten Bildes einem bestimmten Teil des ersten Bildes entspricht. Hong et al. (1991) entwickelte ein Verfahren, das nach charakteristischen Punkten in einem der Bilder sucht und versucht, diese Punkte in dem zweiten Bild wiederzufinden. Charakteristische Punkte sind Punkte mit maximalem Intensitätswechsel. Während der Suche werden normalisierte Werte innerhalb kleiner Fenster aus beiden Bildern miteinander verglichen. Durch die Normalisierung ergeben sich allerdings viele Verwechslungen. Hong versuchte dem zu begegnen, indem er den Suchbereich nach ähnlichen Punkten sehr stark einschränkte, wodurch nur sehr geringe Verschiebungen im Bild gefunden werden können. Es scheint, daß es nicht ausreicht, die Helligkeit innerhalb kleiner Bereiche miteinander zu vergleichen, um korrespondierende Bereiche in den Bildern zu finden.

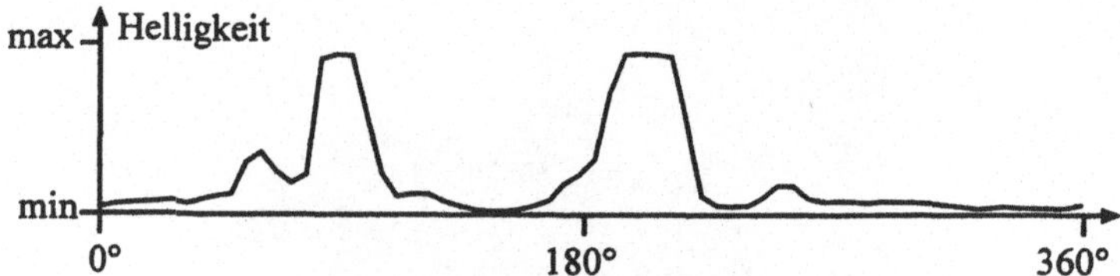

Abbildung 2: Typisches Bild an einer Zielposition

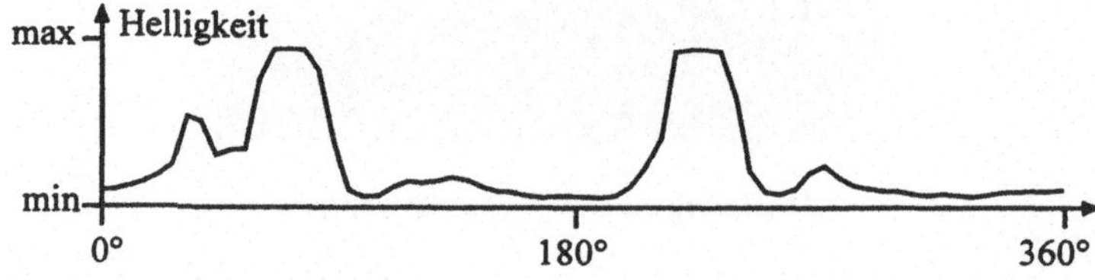

Abbildung 3: Bild einer Position, die etwa 50 cm von der Zielposition entfernt ist

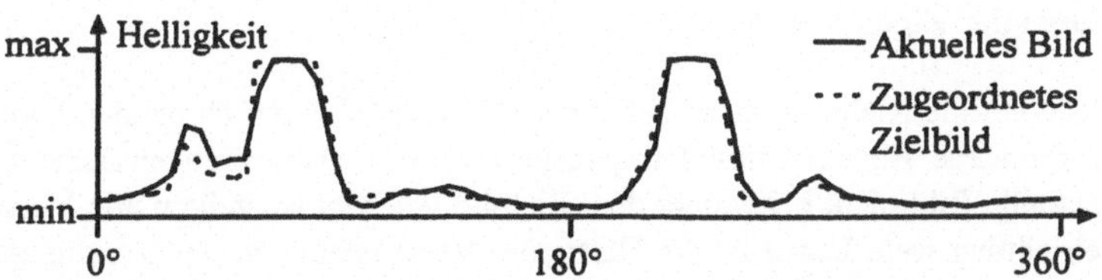

Abbildung 4: Zuordnung der Pixel des Zielbildes zu denen des aktuellen Bildes

Aus diesem Grund wurde von Röfer (1995a, 1995b) eine andere Methode entwickelt, die mehr Information aus den Bildern verwendet und daher zu besseren Ergebnissen kommt. Sie verwendet neben der Helligkeit noch deren erste und zweite Ableitung. Der entscheidende Vorteil gegenüber anderen Methoden ist aber, daß zusätzlich die Topologie der Pixel verwendet wird. Der Algorithmus geht davon aus, daß Punkte, die in einem Bild Nachbarn sind, auch in dem anderen Bild nebeneinander liegen. Diese Einschränkung sorgt dafür, daß die Bilder zuverlässig zur Deckung gebracht werden, solange die Nachbarschaftsbeziehungen in beiden Bildern tatsächlich gleich sind. Das Verfahren basiert auf einer modifizierten Version von Kohonens (1982) selbstorganisierender Merkmalskarte.

3 Berechnen einer Bewegung

Abbildung 5 zeigt eine typische Szene. Der Roboter hat an der Zielposition ein Bild aufgenommen. Ein bestimmter Punkt in der Umgebung wird durch Pixel P_i in dem Bild gesehen. Später befindet sich der Roboter an einer anderen Position und möchte zur Zielposition zurückkehren. Derselbe Punkt in der Umgebung wird nun durch Pixel P_j gesehen. Die Differenz i-j geteilt durch die Anzahl der Pixel p ist die Verschiebung s_i des Pixels[1]. Das Ziel des Roboters ist es, diese Verschiebung auf Null zu reduzieren. Wenn kein Pixel mehr verschoben ist, hat der Roboter die Zielposition erreicht.

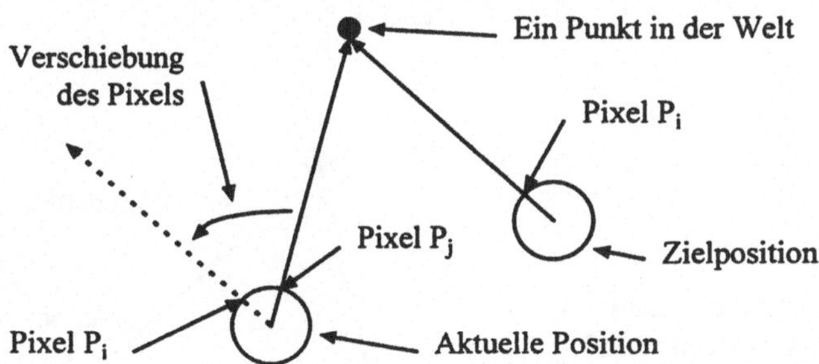

Abbildung 5: Die Peilungen eines Punktes der Umwelt in der aktuellen Position und der Zielposition

---

[1] Der Kohonen-Algorithmus liefert Zuordnungen, die genauer als ein Pixel sind, d.h. i-j ist reellwertig.

3.1 Berechnen der Eigenrotation

Bevor der Roboter die Richtung zum Ziel aus den Verschiebungen berechnen kann, muß eine eventuell vorhandene Eigenrotation kompensiert werden. Dazu eine einfache Überlegung: Wenn das aktuelle Bild nicht gegenüber dem Zielbild verdreht ist, zeigen alle Verschiebungen von der Zielrichtung weg. Daher ist die Hälfte der Verschiebungen positiv, die andere Hälfte negativ. Die Summe über alle Verschiebungen ist in diesem Fall Null. Wenn eine Verdrehung existiert, ist sie in jeder Verschiebung enthalten. Deshalb ergibt die Summe über alle Verschiebungen die Verdrehung multipliziert mit der Anzahl der Verschiebungen p. Daher kann die Eigenrotation bestimmt werden, indem der Durchschnitt über alle Verschiebungen gebildet wird. Diese wird verwendet, um die bereinigten Verschiebungen s_i' zu berechnen:

$$s_i' = s_i - \frac{1}{p}\sum_j s_j \tag{1}$$

3.2 Berechnen der Richtung zur Zielposition

Abbildung 6 illustriert den Algorithmus, mit dem die Richtung zum Ziel für jede einzelne Verschiebung berechnet wird. Wie in Hongs Bericht wird angenommen, daß der Roboter die Verschiebung eines Pixels am schnellsten verringern kann, wenn er die Mitte zwischen der Position des Pixels im aktuellen und im Zielbild bestimmt und sich dann senkrecht dazu bewegt. Da die Entfernung zu den gesehenen Objekten unbekannt ist, wird die Größe der Verschiebung als Länge für den dabei entstehenden Richtungsvektor verwendet. Dieser Vektor wird für jedes Pixel berechnet. Die einzelnen Vektoren werden dann zu dem endgültigen Fahrtrichtungsvektor zusammenaddiert. Dieser gibt dann die Richtung zur Zielposition an:

$$\beta = \tan^{-1} \frac{\sum_i s_i' \sin 2\pi\left(\frac{i}{p} - \frac{s_i'}{2} + \frac{1}{4}\right)}{\sum_i s_i' \cos 2\pi\left(\frac{i}{p} - \frac{s_i'}{2} + \frac{1}{4}\right)} \tag{2}$$

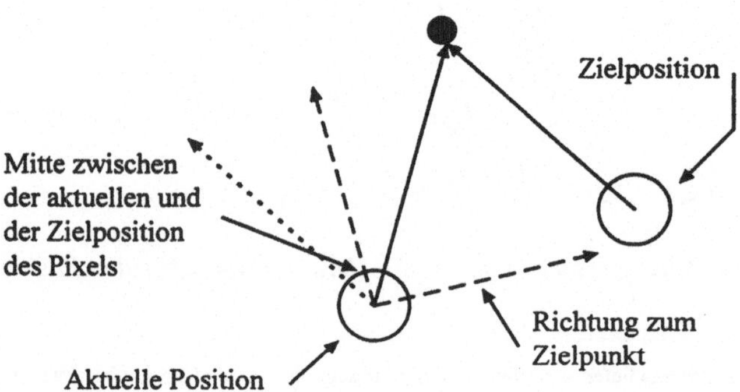

Abbildung 6: Bestimmen der Richtung zum Zielpunkt

3.3 Festlegen eines Abbruchkriteriums

Da der Roboter die Entfernung zur Zielposition nicht berechnen kann, arbeitet der Algorithmus inkrementell: Der Roboter berechnet die Richtung zum Ziel, fährt ein Stück und berechnet wieder die Richtung usw. Daher benötigt der Roboter ein Abbruchkriterium, das ihm sagt, wann er die Zielposition erreicht hat. Außerdem muß er wissen, wie weit er pro Schritt fahren soll. Für beides wird die Länge γ des unter 3.2 berechneten Vektors verwendet:

$$\gamma = \sqrt{\left(\sum_i s_i' \sin 2\pi \left(\frac{i}{p} - \frac{s_i'}{2} + \frac{1}{4}\right)\right)^2 + \left(\sum_i s_i' \cos 2\pi \left(\frac{i}{p} - \frac{s_i'}{2} + \frac{1}{4}\right)\right)^2} \tag{3}$$

Um die Strecke zu berechnen, die der Roboter in einem Schritt zurücklegt, wird γ mit einem konstanten Faktor multipliziert. Der Roboter hat das Ziel erreicht, wenn γ kleiner als ein vorgegebener Wert ist.

4 Lernen von Trajektorien

Die Entfernungen, die sich mit dieser Methode der Navigation überwinden lassen, hängen von der Distanz zu den wahrgenommenen Objekten ab:

- Sind die Objekte der Umgebung weit entfernt, können große Distanzen überwunden werden, da sich das Bild, das der Roboter von seiner Umgebung aufnimmt, bei Bewegung nur langsam ändert. Allerdings kann die Zielposition auch nur ungenau wiedergefunden werden, weil sich das Bild der Umgebung innerhalb mehrerer zurückgelegter Meter kaum ändert.

- Ist der Abstand zur Umgebung gering, können gelernte Positionen präzise wieder aufgesucht werden, allerdings können auch nur geringe Entfernungen überwunden werden, da sich das Bild der Umgebung bei Bewegung sehr schnell verändert und schon nach kurzer Fahrt keine Gemeinsamkeiten zwischen dem gelernten und dem aktuellen Bild mehr festzustellen sind.

Für die Biene trifft eher der erste Fall zu. Daher reicht ihr ein Bild, um die gewünschte Position wiederzufinden. Für einen Roboter, der im Innenraum navigieren soll, gilt der zweite Fall, d.h. er kann mit der bisher vorgestellten Methode keine großen Distanzen überwinden. Daher ist es notwendig, das Verfahren zu erweitern. Deshalb wird nicht mehr nur eine Zielposition gelernt, sondern eine ganze Folge von Positionen. Diese wählt der Roboter während einer Trainingsfahrt selbständig aus. Der Ablauf ist folgendermaßen:

1. Der Roboter wird an eine Startposition gebracht. Diese Position wird benannt, damit der Benutzer dem Roboter später mitteilen kann, wohin er fahren soll. Der Roboter nimmt ein Bild dieser Position auf.

2. Mit einem Joystick wird der Roboter entlang einer zu lernenden Trajektorie gesteuert. Während er fährt, bestimmt er mit dem in Abschnitt 3 vorgestellten Algorithmus die

Richtung zurück zur letzten gelernten Position, anfangs also zur Startposition. Liegt die so berechnete Richtung genau entgegengesetzt zur aktuellen Fahrtrichtung (mit einer Toleranz von +/- 15°), so ist das Zurückfinden zur letzten gelernten Position noch gewährleistet. Weicht die Richtung allerdings ab, hat sich das Bild der Umgebung so stark verändert, daß die Rückkehrrichtung nicht mehr korrekt bestimmt werden kann. In diesem Fall lernt der Roboter das Bild der vorletzten Position[2], an der die Rückkehrrichtung noch bestimmt werden konnte. Dadurch entsteht eine Folge von Bildern, bei der sichergestellt ist, daß der Roboter von einer Position, die durch ein Bild in dieser Folge repräsentiert wird, zu der Position fahren kann, deren Bild sich unmittelbar davor in der Folge befindet. Positionen, an denen der Roboter seine Fahrrichtung ändert, werden generell gelernt.

3. Dieser Vorgang wird so lange wiederholt, bis der Benutzer dem Roboter signalisiert, daß er die Endposition dieser Trajektorie erreicht hat. Das Bild dieser Position wird ebenfalls gelernt. Auch die Endposition wird benannt. Dadurch entsteht ein Datensatz, der die Bildfolge enthält sowie die Information, das diese Folge z.B. den Weg vom Wohnzimmertisch zur Wohnzimmertür darstellt.

4. Während der Trainingsfahrt wurde dem Roboter gezeigt, wie er von Punkt A zu einem Punkt B gelangt. Gelernt hat er aber das genaue Gegenteil: er kann nämlich bisher nur von Punkt B zurück zu Punkt A fahren. Um auch die andere Richtung zu lernen, fährt der Roboter von sich aus zu Punkt A zurück und lernt währenddessen den Weg von A nach B. Die dafür benötigten Bilder werden nicht separat gespeichert, sondern in die bereits bestehende Bildfolge eingefügt. Im Idealfall muß der Roboter auf dem Rückweg keine neuen Bilder mehr lernen.

Wird der Roboter mit vielen Trajektorien trainiert, spannen diese einen Graphen auf, in dem der Roboter Wege von einem Ort zu einem anderen finden kann.

5 Hindernisvermeidung

Der Roboter fährt die Bahn zwischen zwei gelernten Punkten nicht immer auf einer Geraden ab, sondern bewegt sich teilweise auch in einem leichten Bogen. Daher ist es notwendig, ihn mit einer Hindernisvermeidung auszustatten, die dafür sorgt, daß er z.B. den Wänden nicht zu nahe kommt. Wie auch das Navigationsverfahren kommt der hier vorgestellte Ansatz ohne ein Modell der Umwelt aus.
Der angenommene Roboter ist tonnenförmig und rundum mit entfernungsgebenden Sensoren ausgestattet. Jeder Sensor hat eine Reichweite von 25 cm. Da die Sensoren rundum montiert sind, „blickt" jeder Sensor in eine Richtung α_i relativ zum robotereigenen Koordinatensystem. Die von jedem Sensor gemessene Distanz wird als d_i bezeichnet.
Die Ausweichstrategie beruht auf einer einfachen Überlegung: Wenn ein Hindernis in den Wahrnehmungsbereich der Sensoren tritt, so sollte der Roboter eine Aktion ausführen, die dazu führt, daß er sich von dem Hindernis entfernt. Betrachtet man nur einen einzelnen Entfernungssensor, so ist es die beste Aktion, in die Richtung zu fahren, die dem Wahrnehmungsbereich des Sensors genau gegenüberliegt, d.h. geradewegs vom Hindernis weg in

---

[2] Die vorletzte Position wird gelernt, um auf der sicheren Seite zu sein.

Richtung $\alpha_i + \pi$. Als Fahrtstrecke reicht eine Distanz, die das Hindernis aus seinem Sensorbereich befördert, also die Sensorreichweite abzüglich der gemessenen Entfernung d_i. Berechnet man diesen Bewegungsvektor für alle Sensoren und addiert die Vektoren, erhält man einen Richtungsvektor h, der den besten Kompromiß zwischen den Ausweichrichtungen darstellt.

$$h = \sum_i (25 - d_i) \begin{pmatrix} \cos(\alpha_i + \pi) \\ \sin(\alpha_i + \pi) \end{pmatrix} \tag{4}$$

Da der Roboter bei der Vermeidung von Hindernissen weiterhin seine trainierte Trajektorie abfahren soll, wird der Vektor h gewichtet und zur normalen Fahrtrichtung hinzuaddiert. Dadurch wird die normale Fahrtrichtung modifiziert und der Roboter „gleitet" an Hindernissen vorbei.

Diese Art der Hindernisvermeidung sorgt zum Beispiel beim Durchfahren einer Tür dafür, daß der Roboter diese in der Mitte passiert. Außerdem bremst der Roboter vor der Tür leicht ab, erreicht zwischen den Türpfosten wieder seine normale Geschwindigkeit, verläßt die Tür mit etwas höherer Geschwindigkeit und kehrt zu seiner normalen Geschwindigkeit zurück, sobald er den Türbereich verlassen hat.

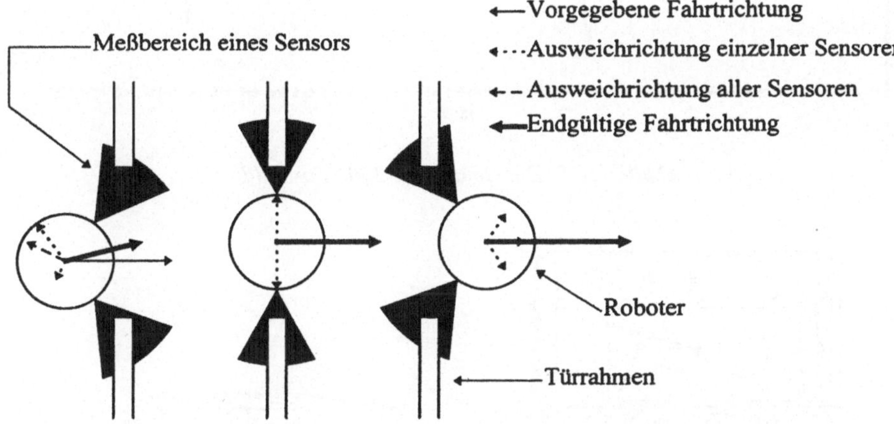

Abbildung 7: Schematische Darstellung des Durchfahrens eines Türrahmens

6 Simulationsergebnisse

Das hier vorgestellte Verfahren wurde in einer Simulation getestet. Diese wurde mit dem Robotik-Simulator *SimRobot* erstellt, der von Siems et al. (1994) entwickelt wurde[3]. Als Umgebung für den simulierten Roboter wurde eine Dachwohnung gewählt, die einem realen Vorbild nachempfunden und in Abbildung 9 zu sehen ist[4].

---

[3] SimRobot ist per WWW unter http://www.informatik.uni-bremen.de/~simrobot für verschiedene Plattformen erhältlich.

[4] Ein MPEG-Video der simulierten Wohnung kann unter der WWW-Adresse des Autors abgerufen werden.

Der simulierte Roboter verfügt über eine eindimensionale 360°-Farbkamera mit einer Auflösung von 64 Pixeln und über 16 Entfernungssensoren. Ein typisches Bild der Kamera ist in Abbildung 8 dargestellt. Gemessen an der Sensorausstattung des Roboters ist der Detailierungsgrad der simulierten Umgebung ausreichend, um realistische Ergebnisse zu liefern.

Für die Zuordnungsberechnung der Farbbilder werden - im Gegensatz zu den Experimenten mit dem realen Roboter - hier keine Ableitungen der Helligkeit verwendet, sondern auf sieben Stufen verschieden stark tiefpaßgefilterte Bilder. Da drei Farbkanäle existieren, zieht der Algorithmus daher 21 verschiedene Informationen pro Pixel heran, um die Verschiebungen zwischen den zwei Bildern zu berechnen. Dieses Verfahren liefert in der gesamten simulierten Wohnung zufriedenstellende Ergebnisse.

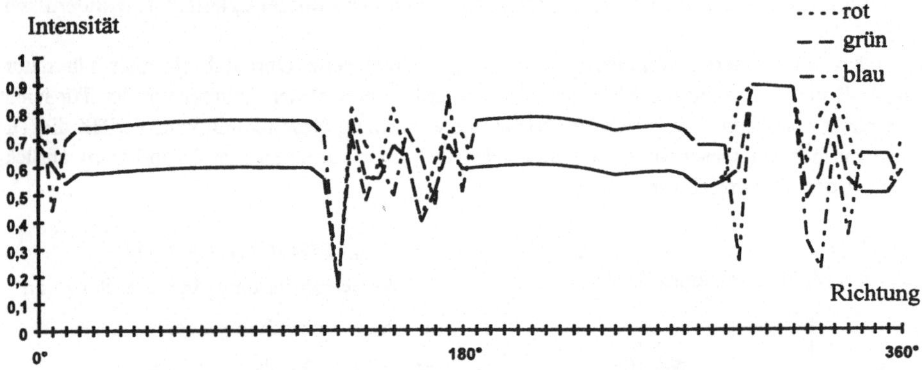

Abbildung 8: Ein simuliertes 360°-Farbbild

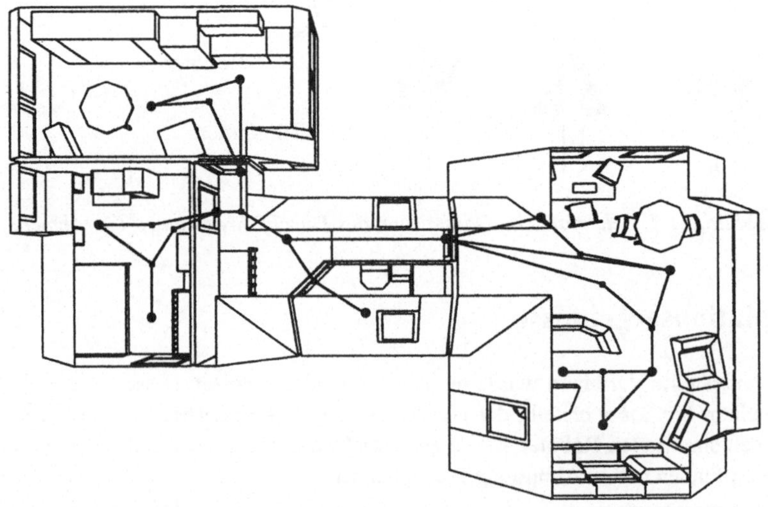

Abbildung 9: Darstellung von Trajektorien in einer simulierten Wohnung. Die schwarzen Punkte stellen die Endpunkte der Trajektorien dar, die Kästchen Positionen, an denen der Roboter die Fahrtrichtung ändern muß.

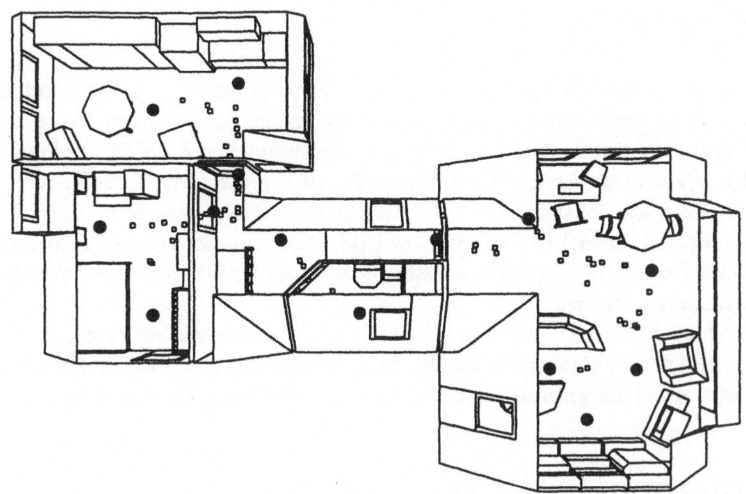

Abbildung 10: Darstellung der Positionen, an denen der Roboter ein Bild der Umgebung ge-lernt hat. Die schwarzen Punkte stellen die Endpunkte der Trajektorien dar, die Kästchen weitere Orte, die er gelernt hat.

In der Simulation wurden zwanzig Trajektorien trainiert. Beim Training dieser Wege lernt der Roboter 122 Bilder. Die Positionen, an denen die Bilder aufgenommen wurden, sind in Abbildung 10 zu sehen. 53 der gelernten Bilder sind durch Start- und Endpunkte sowie Punkte, an denen die Fahrtrichtung geändert wird, bereits fest vorgegeben. Die übrigen 69 Bilder hat der Roboter selbst ausgewählt. Der Speicherplatz für die 122 Bilder beläuft sich auf nur etwa 23 KB[5] - nicht viel für ein „Umweltmodell".

7 Zukünftige Arbeiten

Folgende Weiterentwicklungen sind für die Zukunft geplant:

- Der momentan in der Simulation verwendete Algorithmus arbeitet nur bei konstanten Beleuchtungsverhältnissen. Daher soll untersucht werden, inwieweit das Verfahren gegenüber Beleuchtungsschwankungen resistent gemacht werden kann. Hier ist z.B. an einen Wechsel des Farbmodells von RGB hin zu Farbe/Helligkeit/Sättigung gedacht. Bei entsprechender Gewichtung der Komponenten könnte eine Unabhängigkeit von der Beleuchtung erreicht werden.

- Da nichts den Test in der Realität ersetzen kann, soll das Verfahren auf einem realen Roboter implementiert werden.

---

[5] 122 Bilder mal 64 Pixel mal 3 Farbkanäle

8 Zusammenfassung

Ein Umweltmodell-freies Navigationsverfahrens wurde vorgestellt. Aus zwei eindimensionalen 360°-Bildern - eines an einer Zielposition aufgenommen, das andere an der gegenwärtigen Position - wurde die Fahrtrichtung zur Zielposition bestimmt. Diese aus der Biologie bekannte Methode wurde zu einem Navigationsverfahren für Roboter ausgebaut. Dabei navigierte ein Roboter ausschließlich anhand einer Liste von Bildern. Beim Abfahren einer Trajektorie „hangelte" er sich an dieser Liste von Bild zu Bild. Die dazu notwendigen Bilder wählte der Roboter während einer Trainingsfahrt selbständig aus. Das Verfahren wurde um eine einfache Hindernisvermeidung ergänzt.

Das Zurückkehren zu einer Zielposition anhand zweier Bilder wurde auf einem realen Roboter getestet. Das gesamte Navigationsverfahren wurde erfolgreich in einer Simulation implementiert. Die Übertragung der gesamten Arbeit auf einen realen Roboter ist geplant.

Danksagungen

T. Röfer wurde von der Deutsche Forschungsgemeinschaft und der Freien Hansestadt Bremen durch das Graduiertenkolleg „Raumorientierung und Handlungsorganisation autonomer Systeme" gefördert.

Literatur

Cartwright, B. A. / Collett, T. S.: Landmark Learning in Bees, Journal of Comparative Physiology 151, 521-543 (1983)

Cartwright, B. A. / Collett, T. S.: Landmark Maps for Honeybees, Biological Cybernetics 57, 85-93 (1987)

Hong, J., Tan, X. / Pinette, B. / Weiss, R. / Riseman, E. M.: Image-based Homing, Proc. of the 1991 IEEE International Conference on Robotics and Automation, 620-625 (1991)

Kohonen, T.: Self-organized Formation of Topologically Correct Feature Maps, Biological Cybernetics 43, 59-69 (1982)

Röfer, T.: Controlling a robot with image based homing, in: Krieg-Brückner, Roth, Schwegler (Hrsg.): ZKW Bericht Nr. 3/95, Universität Bremen (1995)

Röfer, T.: Image based homing using a self-organizing feature map, in: Proc. Int. Conf. Artificial Neural Networks, erscheint im Oktober (1995)

Siems, U. / Herwig, C. / Röfer, T.: SimRobot, ein System zur Simulation sensorbestückter Agenten in einer dreidimensionalen Umwelt, Krieg-Brückner, Roth, Schwegler (Hrsg.): ZKW Bericht Nr. 1/94, Universität Bremen (1994)

Raum-zeitlich ausgedehnte Regionen als Orientierungsmittel bei der Roboternavigation

S. Kockskämper, B. Neumann, U. Vogel
Universität Hamburg / Labor für Künstliche Intelligenz
Vogt-Kölln-Str. 30, 22527 Hamburg

1. Kurzfassung

Zur Bewältigung von Navigationsaufgaben muß ein autonomer mobiler Agent in der Lage sein, Routen zu lernen und zu reproduzieren. In unserem Ansatz wird eine Route als Folge von Bewegungsregionen (B-Regionen) aufgefaßt, die durch bestimmte qualitative raum-zeitliche Beziehungen zwischen den Signalen der Robotersensorik charakterisiert sind und als Landmarken verwendet werden. Prototypische B-Regionen werden dazu, abhängig von der Roboterwelt, auf der Basis von sog. Vorgangsmodellen definiert. Diese enthalten räumliche und zeitliche Informationen über die Umgebung und Bewegung des Agenten, so wie sie sich im zeitlichen Verlauf von Sensorsignalen (z.B. Abstandsmessungen) darstellen. Die Erkennung von B-Regionen wird von einem mehrstufigen Abgleichsverfahren geleistet, welches die Messungen mit vordefinierten Modellen vergleicht. In der Akquisitionsphase werden die erkannten B-Regionen zu einer Route zusammengefügt. In der Reproduktionsphase werden gelernte Routen nachvollzogen. Weicht der Roboter dabei von der gelernten Route ab, so werden geeignete Recovery-Aktionen eingeleitet, die ihn wieder auf „den richtigen Weg" zurückbringen.

2. Einleitung

Damit ein Roboter sich in seiner Umwelt orientieren kann, z.B. um Lasten von einem Ort zu einem anderen zu transportieren, muß er Orte unterscheiden und die eigene Lage bezüglich der Umgebung bestimmen können. Grundlage dafür ist eine Umgebungsrepräsentation, die je nach Aufgabe und Sensorik des Roboters unterschiedlich ausfallen kann. Ein Ansatz ist es beispielsweise, die Welt in Form einer Rasterkarte zu repräsentieren, die zwischen Freiraum und Hindernissen unterscheidet, und den Roboterstandort als Koordinate dieses Rasters aufzufassen (z.B. [Meystel91]). Daneben existieren qualitative Ansätze, die interessante Punkte in der Umgebung des Roboters identifizieren und räumliche Relationen zwischen Landmarken in Form eines Graphen abspeichern (z.B. [Kuipers,Byun87]). In beiden Fällen werden zur Navigation punktförmige Landmarken benutzt, die auf einzelnen Schnappschüssen der Umgebung basieren.

Ein Kriterium zur Beurteilung von Navigationsverfahren ist deren Robustheit gegenüber kleineren, nicht relevanten Pfadabweichungen. Sowohl durch die Ungenauigkeiten der verwendeten Sensorik, als auch durch den Schlupf der Räder entstehen in der Regel Abweichungen von den geplanten Positionen, die bei zu genauer Pfadvorgabe zu möglicherweise aufwendigen Pfadkorrekturen führen können. Wir meinen, daß Navigation bei qualitativen Pfadvorgaben einfacher und robuster durchgeführt werden kann.

Im vorliegenden Ansatz werden Bewegungsregionen (B-Regionen) als eine Möglichkeit zur qualitativen Pfadvorgabe betrachtet. B-Regionen enthalten qualitative Informationen über den zeitlichen Verlauf von Sensorsignalen (und damit über die Umgebung), die von einem Agenten während eines bestimmten Bewegungsverlaufes in einem räumlichen Abschnitt aufgenommen werden. Um B-Regionen als Orientierungsmittel für die Navigation zu verwenden, werden B-Regionenmodelle spezifiziert, die entlang einer vorgegebenen Route erfüllt werden müssen. Als formale Grundlage werden dazu Vorgangsmodelle sowie ein Verfahren zur Vorgangserkennung [Kockskämper,Neumann94] verwendet, mit dem Meßwertverläufe und deren zeitliche Lage zueinander qualitativ beschrieben und erkannt werden können.

Beispiel: Die schattierten Flächen zeigen B-Regionen, die zur Navigation in einer einfachen Umgebung in Frage kommen. Die Pfeile und die eingezeichneten Trajektorien deuten an, daß B-Regionen mit bestimmten qualitativen Bewegungen assoziiert sind.

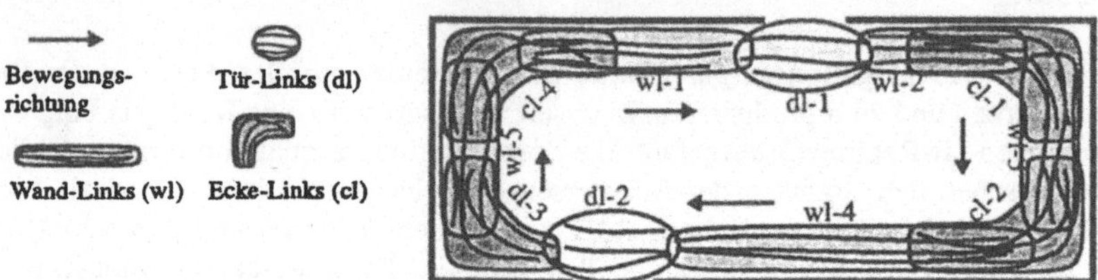

Abb. 1: Ein Beispiel für B-Regionen

Der Beitrag gliedert sich wie folgt: Wir werden in Abschnitt 3 zunächst unsere Untersuchungsumgebung - einen simulierten Roboter - vorstellen und anschließend, in Abschnitt 4, auf die Modellierung und Erkennung von B-Regionen eingehen. In Abschnitt 5 wird gezeigt, wie Routen gelernt und anschließend nachvollzogen werden können. Im Anschluß daran werden, in Abschnitt 6, Recovery-Werkzeuge vorgestellt, die zum Einsatz kommen, wenn der Roboter von einer gewünschten Route abweicht. Der Beitrag schließt mit einer Zusammenfassung und einem Ausblick in Abschnitt 7.

3. Die Domäne

Um unseren Ansatz auch experimentell untersuchen zu können, wurde ein simulierter physischer Roboters als Versuchsplattform verwendet. Dazu stand uns ein in Zusammenarbeit mit der Ecole National de Technique Advances (ENSTA) in Paris entwickelter Simulator zur Verfügung, der auf dem im folgenden vorgestellten „Robuter" basiert.

Abbildung 2 zeigt den „Robuter". Er wird an den Hinterrädern angetrieben. Die Vorderräder sind um eine vertikale Achse frei drehbar gelagert und laufen nur mit. Die Lenkung erfolgt mittels Differentialsteuerung, wobei Geschwindigkeit und Drehrichtung der beiden Antriebsräder unabhängig voneinander angesteuert werden können.

Der Roboter ist mit 12 Ultraschallsensoren ausgerüstet, von denen je drei an den vier Seiten der Basis angebracht sind. Die Sensoren rechts, links und hinten messen jeweils senkrecht zu der Seitenwand des Roboters, auf der sie angebracht sind. Dagegen sind die vorderen Sensoren jeweils um 30° versetzt, so daß der mittlere Sensor genau in Fahrtrichtung mißt, während die beiden seitlichen Sensoren jeweils 30° nach links bzw. rechts verdreht messen.

Der Simulator idealisiert das Verhalten des physischen Roboters in mancher Hinsicht. Bei der Sensorik wird angenommen, daß die Messungen der Ultraschallsensoren so weit vorverarbeitet sind, daß man die Abstände zu einem Hindernis in einer bestimmten Richtung statt in einem Richtungssegment erhält. Alternativ dazu kann man sich die Verwendung von Laser-Range-Scannern vorstellen, deren physikalische Eigenschaften die Vereinfachungen der Simulation exakt widerspiegeln. Die Bewegungen folgen den Bewegungskommandos präzise und müssen zur Simulation von Schlupf etc. künstlich gestört werden.

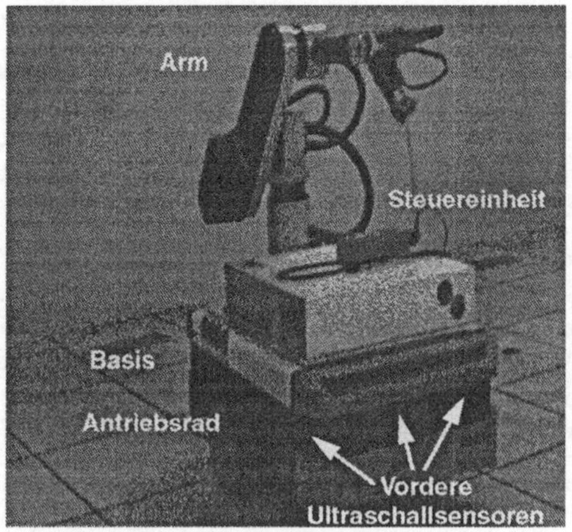

Abb. 2: Der „Robuter"

Für die unsere Experimente werden der Einfachheit halber nur konstante Bewegungs- und Drehgeschwindigkeiten verwendet. Als Umgebung des Roboters wird eine relativ einfach gestaltete zweidimensionale Welt angenommen, die aus Freiraum und Hindernissen besteht. Weiterhin wird davon ausgegangen, daß die Roboterwelt statisch ist, d.h. der Roboter ist das einzige bewegliche Element. Alle Hindernisse sind unbeweglich und persistent.

Wenn im folgenden von „dem Roboter" gesprochen wird, dann ist dieser simulierte Roboter gemeint.

4. Modellieren und Erkennen von B-Regionen

B-Regionen repräsentieren zeitliche Beziehungen zwischen der Aktorik und der Sensorik des Roboters, und damit implizit räumliche Eigenschaften der Umgebung entlang eines Bewegungsverlaufes. In diesem Abschnitt wird zunächst das Verarbeiten von Sensorsignalen beschrieben. Der zeitliche Verlauf von Sensorsignalen wird mit Prädikaten in eine qualitative Repräsentation überführt. Vorgangsmodelle spezifizieren zeitliche Muster von Signalverläufen, die im Strom der Sensordaten erkannt werden können und die sensorische Grundlage für die Navigation mit B-Regionen bilden.

Nach der Beschreibung der Sensordatenverarbeitung wird die formale Struktur einer B-Region vorgestellt. Sie verbindet Vorgangsmodelle mit den Aktorsignalen, die die zugehörigen Bewegungen generieren.

4.1 Verarbeitung von Sensorsignalen

Die Messungen der Sensoren werden in einem diskreten Zeitraster erfaßt, wobei eine Messung durch die Quelle q, den Wert v und den Meßzeitpunkt t beschrieben ist. Messungen sind in der Regel sowohl hinsichtlich ihrer Werte als auch hinsichtlich des genauen Meßzeitpunktes als unsicher anzunehmen, daher ordnen wir jeder Quelle entsprechende Toleranzbereiche zu. Damit ist eine Messung ein Tripel $(q, [v_{min}\ v_{max}], [t_{min}\ t_{max}])$, wobei die jeweiligen Intervallgrenzen den Toleranzen entsprechen. Um die Entwicklung von Meßwerten im Verlauf der Zeit zu beobachten, werden die Werte in einer sog. quantitativen Historie protokolliert.

Die Auswertung der Messungen erfolgt auf der Grundlage von Prädikaten, die sich auf einen oder mehrere Abstandssensoren stützen können. Prädikate werden in einem diskreten Zeitraster ausgewertet. Das Evaluieren von Prädikaten ist ein erster Schritt zur qualitativen Beschreibung der Sensordaten auf einer höheren Abstraktionsstufe und erfolgt unter Rückgriff auf die oben beschriebene quantitative Historie.

Prädikate erfassen verschiedene Arten von Bedingungen, die - über einen zusammenhängenden Zeitraum evaluiert - geeignet sind, den zeitlichen Verlauf der beobachtbaren Quantitäten in Form von Konstantheiten zu charakterisieren. In der Regel beziehen sich die Prädikate auf die Werte eines einzelnen Abstandssensors und beschreiben dessen qualitativen Verlauf (z.B. „die Abstandsmessung des linken Sensors wird größer"). Die Verknüpfung mehrerer Abstandssensoren kann auf transparente Weise durch Vorgangsmodelle erfolgen.

Aus den Evaluierungsergebnissen von Prädikaten werden Assertionen abgeleitet. Die einfachste Form der Assertion ist ein Zeitintervall, für das ein Prädikat durchgehend wahr ist. Assertionen stellen die Basis der Vorgangs- bzw. B-Regionenerkennung dar.

4.2 Vorgangsmodelle

Wie bereits erwähnt, stellte das Konzept der Vorgangsmodelle [Kockskämper,Neumann94] den Ausgangspunkt der Entwicklung von B-Regionenmodellen dar. Vorgangsmodelle erlauben es, interessante Vorgänge in Meßwerten zu definieren und zu erkennen. Angewandt auf Robotersensorik enthalten sie qualitative räumliche und zeitliche Informationen über die Umgebung des Agenten, so wie sie sich im zeitlichen Verlauf der Abstandsmessungen darstellen.

Vorgangsmodelle sind hierarchisch aufgebaut. Ein Vorgangsmodell besteht aus einer Vorgangs-Proposition, Zeitmarken, die für Beginn und Ende des Vorgangs stehen, sowie konjunktiv verknüpften Teilvorgängen und zeitlichen Relationen zwischen den Teilvorgängen.[1] Die Vorgangs-Proposition beschreibt die bei einem erkannten Vorgang mögliche Aussage. Sie besteht aus einem Prädikatsnamen und Argumenten, die während des Erkennungsprozesses instantiiert werden. Die Zeitmarken sind intervallwertig, um qualitative zeitliche Relationen wiedergeben zu können. Zeitintervalle bilden die Basis für die sukzessive Lösung eines Constraint-Propagierungsprozesses, der den Kern der Vorgangserkennung ausmacht. Um zeitliche Abhängigkeiten zwischen Vorgängen zu spezifizieren, sind einfache Ordnungsrelationen, beschränkte Differenzen zwischen Zeitmarken von Vorgängen, sowie die Menge der konvexen allenschen Relationen erlaubt (vgl. [Allen83] und [Nökel91]).

Vorgangserkennung mit Hilfe von Vorgangsmodellen kann als eine logische Herleitung der Vorgangs-Proposition angesehen werden. Demnach können komplexe Vorgangsmodelle als Inferenzregeln interpretiert werden, die es erlauben, die Vorgangs-Proposition aus den konstituierenden Teilvorgängen unter Berücksichtigung der spezifizierten zeitlichen Relationen herzuleiten.

Beispiel: Das folgende Vorgangsmodell spezifiziert die Verläufe der Abstandssensoren bei einer Geradeausfahrt durch einen Korridor.

```
(defevent :prop     ( :p-name      straight-forward-corridor-env
                       :local-name  sfc-env
                       :is-a        eventmodel
                       :args        ((?robot :is-a  robot)) )
```

---

1. Zusätzlich können noch ein lokaler Name und einige interne Variablen spezifiziert werden.

```
:timemarks    (sfc-e.B sfc-e.E)

:aux-vars ((val-right  :is-a distance
                       :property-of right-middle-sensor :part-of ?robot ))
          (val-left  :is-a distance
                     :property-of left-middle-sensor :part-of ?robot)))
:subevents ( (std1 :is-a   (steady      val-right  std1.Bstd1.E))
             (std2 :is-a   (steady      val-left   std2.Bstd2.E)))
:temp-constraints
           ( (std1.B     + 0      sfc-env.B)
             (std2.B     + 0      sfc-env.B)
             (sfc-env.E  + 0      std1.E)
             (sfc-env.E  + 0      std2.E)
             (std1 (intersects)   std2))
```

Alle zeitlichen Relationen eines Vorgangsmodells werden intern in Beziehungen der Form
t1 + c × t2 transformiert und in Form eines relationalen Graphen („eines Zeitnetzes ") modelliert. Jeder Knoten repräsentiert eine Zeitmarke und ist mit einem Minimum- und einem Maximum-Wert markiert, den sog. Grenzwerten der Zeitmarke. Kanten repräsentieren binäre
Relationen zwischen den Zeitmarken.

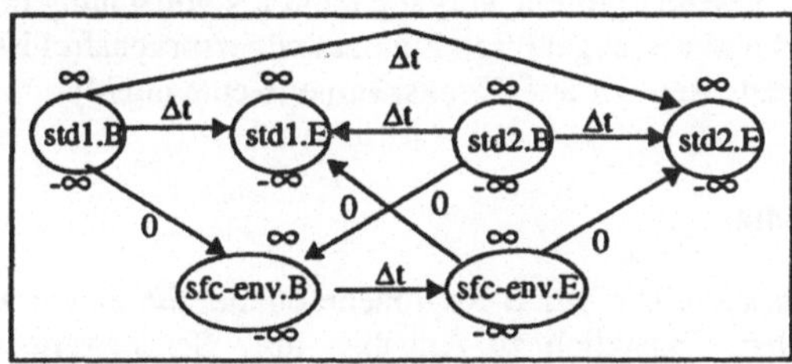

Abb. 3: Das zum Vorgangsmodell „straight-forward-corridor-env" gehörende Zeitnetz

Abb.3 zeigt das für die obige Spezifikation automatisch generierte Zeitnetz, das die interne
Struktur des Vorgangsmodells wiedergibt. Die Grenzwerte der Zeitmarken eines zeitinvarian-
ten Vorgangsmodells sind zunächst unbeschränkt (d.h. Minimum = -∞, Maximum = ∞) und
erhalten dann bei Instantiierung konkrete Werte.

4.3 Vorgangserkennung

Durch Vorgangserkennung werden Meßwerte auf das Auftreten von Vorkommnissen hin überwacht, die durch Vorgangsmodelle spezifiziert sind. Kern der Vorgangserkennung ist die
schritthaltende zeitliche Konsistenzprüfung von Modellen mit Meßdaten. Sobald neue Information bzgl. des Beginns oder Endes eines interessanten Vorgangs oder Teilvorgangs bekannt
wird, werden diese Daten mit den Vorgangsbeschreibungen abgeglichen. Neue Teilvorgänge
werden nur instantiiert, wenn sie den Beschränkungen des übergeordneten Modells genügen.
Begonnene Vorgänge werden nur fortgesetzt, wenn noch ein zeitlich konsistenter Abschluß
möglich ist.

Beim Erkennen eines Vorgangs werden konkrete Vorgänge (Assertionen) in den eingehenden
Daten an die entsprechenden Bestandteile eines Vorgangsmodells gebunden. Dabei kommen
nur solche in Betracht, deren Startzeitpunkt mit den bestehenden zeitlichen Beschränkungen
konsistent ist. Die aktuellen Grenzwerte einer Zeitmarke legen dabei ein sog. Erwartungsfenster fest. Kann eine Zeitmarke innerhalb dieses Fensters gebunden werden, so ist sie konsistent
mit den spezifizierten zeitlichen Relationen. Um das Fortschreiten des Erkennungsprozesses
zu protokollieren, wird den Zeitmarken ein Erwartungsstatus zugeordnet:

- noch-nicht-erwartet: Zeitmarken, deren Bindung noch nicht erwartet wird, weil die aktuelle Zeit vor dem Erwartungsfenster liegt,
- erwartet: Zeitmarken, deren Bindung erwartet wird, weil die aktuelle Zeit im Erwartungsfenster liegt,
- gebunden: Zeitmarken, die gebunden wurden,
- abgelaufen: Zeitmarken, die nicht mehr gebunden werden können, weil die aktuelle Zeit hinter dem Erwartungsfenster liegt.

Die Bindung einer Zeitmarke besteht aus den folgenden Schritten: Die Zeitmarke wird an den Start- bzw. Endzeitpunkt einer Assertion gebunden, sobald dieser bekannt ist. Durch dessen Unsicherheitsintervall werden die Grenzwerte der Zeitmarke in der Regel weiter eingeschränkt. Anschließend werden neue Werte zu anderen Zeitmarken im Netz propagiert, indem die jeweilig an einer Kante spezifizierte Relation auf den aktuellen Grenzwert angewendet wird. Dabei wird ein neuer Minimum-Wert entlang der Kanten, ein neuer Maximum-Wert entgegen der Kanten im Netz propagiert.

Die Markierungen aller Zeitnetze werden bei jedem Inkrementieren des diskreten Zeitindex aktualisiert. Technisch gesehen gilt ein Vorgang dann als vollständig erkannt, wenn alle Zeitmarken gebunden sind und das zugehörige Zeitnetz widerspruchsfrei ist. Für Details bzgl. der Vorgangserkennung verweisen wir auf [Kockskämper,Neumann94].

4.4 B-Regionenmodelle

In diesem Abschnitt beschreiben wir B-Regionenmodelle, die eine erweiterte Form der Vorgangsmodelle darstellen. Zusätzlich zu Angaben über Sensorwerte enthalten B-Regionen Angaben über die Roboterbewegungen, die mit den Sensorwerten assoziiert werden. Ein B-Regionenmodell besteht aus einer Proposition (mit den Bestandteilen Name, lokaler Name, Klassenzugehörigkeit und interne Variable), Zeitmarken, einem Bewegungsmodell (hier mit Translations- und Rotationsvorgängen), einem Umgebungmodell mit den zu erkennenden Sensorvorgängen, sowie den zeitlichen Beziehungen zwischen Bewegungs- und Umgebungsvorgängen. Die zeitlichen Beziehungen können, wie oben ausgeführt, qualitativer Natur sein. Um aus einem instantiierten Zeitnetz eine zeitlich eindeutige Bewegungssteuerung ableiten zu können, gilt jedoch die zusätzliche Vereinbarung, daß Bewegungen jeweils zu Beginn ihres Erwartungsfensters verändert werden.

Beispiel: Unten wird die Spezifikation des B-Regionenmodells „straight-forward-corridor" gezeigt. Im Bewegungsmodell der B-Region ist spezifiziert, daß der Roboter vorwärts fährt und dabei keine Rotation ausführt. Das Umgebungmodell spezifiziert, daß die Vorgänge „rechter Sensor konstant" und „linker Sensor konstant" relevant sind. Die Constraints beschreiben zeitliche Beziehungen zwischen Bewegungs- und Sensorvorgängen.

```
(defregion :prop    ( :p-name       straight-forward-corridor
                      :local-name   sfc
                      :is-a         regionmodel
                      :args         ((?robot:is-a   robot)) )
            :timemarks  (sfc.B sfc.E)
            :aux-vars ( (val-right :is-a distance
                                   :property-of right-middle-sensor :part-of ?robot))
                        (val-left  :is-a distance
                                   :property-of left-middle-sensor :part-of ?robot))
                        (trans     :is-a translation-spec
                                   :property-of ?robot
                        (rot       :is-a rotation-spec
                                   :property-of ?robot) )
            :motion   ( (fw  :is-a (forward     trans      fw.B fw.E))
                        (nr  :is-a (no-rotation rot        nr.Bnr.E)) )
```

```
:environment
        ( (std1 :is-a   (steady       val-right    std1.Bstd1.E))
          (std2 :is-a   (steady       val-left     std2.Bstd2.E)))
:temp-constraints
        ( (sfc  (starts, equals, finishes, during) fw)
          (sfc  (starts, equals, finishes, during) nr)
          (std1.B      + 0       sfc.B)
          (std2.B      + 0       sfc.B)
          (sfc-env.E   + 0       std1.E)
          (sfc-env.E   + 0       std2.E)
          (std1 (intersects)     std2))))
```

5. Navigation

B-Regionenmodelle bilden „Bausteine", mit denen qualitative Pfadvorgaben für die Roboternavigation formuliert werden können. Im folgenden wird davon ausgegangen, daß die Spezifikation der B-Regionenmodelle abgeschlossen ist, d.h. ein geeigneter Satz von Modellen zur Verfügung steht.

Durch die Aneinanderreihung von B-Regionen zu einer Route entsteht die vollständige Beschreibung einer Navigationsaufgabe. Eine Routenbeschreibung besteht aus einer nach ihren Startzeitpunkten geordneten Folge von B-Regionenmodellen sowie deren zeitlichen Beziehungen untereinander. Die zeitlichen Abhängigkeiten werden intern mit Hilfe eines gerichteten Graphen repräsentiert, dessen Knoten die Zeitmarken der B-Regionen und dessen Kanten die zeitlichen Relationen zwischen zwei aufeinanderfolgenden B-Regionen darstellen. Zwei ausgezeichnete Knoten sind mit Start bzw. Ende markiert. Die Struktur des Zeitnetzes auf Routenebene entspricht der Struktur der in Abschnitt 4.3 vorgestellten Zeitnetze auf Regionenebene.

In den folgenden Abschnitten beschreiben wir, wie Routen gelernt und dann zur Bewältigung einer Navigationsaufgabe nachvollzogen werden können.

5.1 Akquisitionsphase

Das Erlernen von Routen erfolgt in einer Trainingsphase, in der der Roboter vom Operateur entlang der gewünschten Trajektorie durch den Raum gesteuert wird. Auf der Basis einer Menge vordefinierter B-Regionenmodelle werden diejenigen B-Regionen registriert, die auf dem Weg vom Start bis zum Ziel (mit Hilfe der Vorgangserkennung) instantiiert werden konnten. Daraus wird dann eine Routenbeschreibung aufgebaut, die die oben vorgestellte Struktur besitzt.

Die folgende Abbildung gibt ein Beispiel dazu. Hier wurden entlang des gewünschten Pfades vier B-Regionen R1, R2, R3 und R4 erkannt.

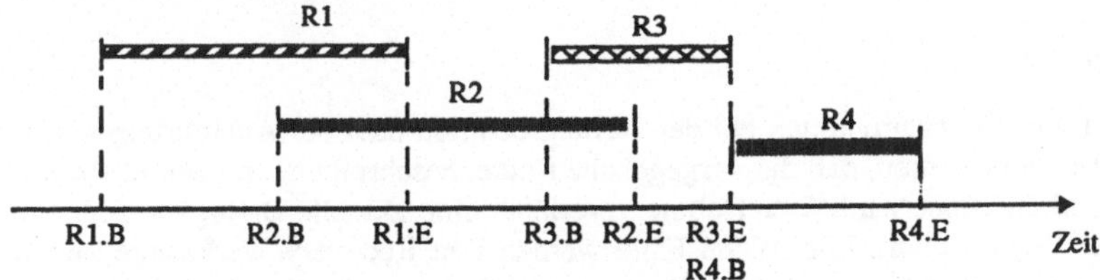

Abb. 4: Anordnung von B-Regionen auf einer Zeitachse

Für die Route wird damit folgendes Zeitnetz (automatisch) generiert:

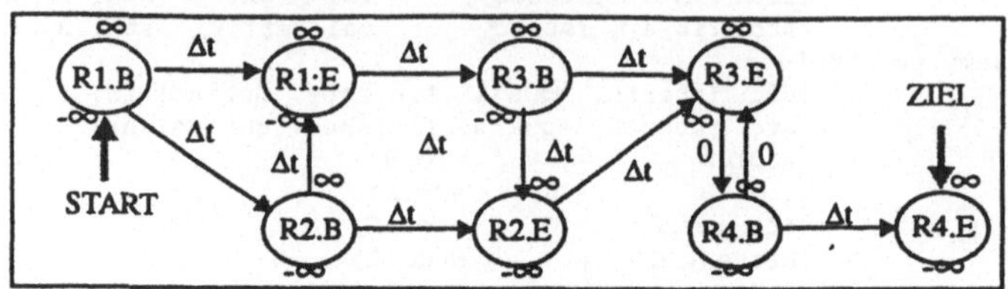

Abb. 5: Das Routen-Zeitnetz

5.2 Reproduktionsphase

In der Reproduktionsphase versucht der Roboter, eine in der Akquisitionsphase gelernte Route anhand der Routenbeschreibung nachzuvollziehen. Zur Routenverfolgung wird das Zeitnetz der Routenbeschreibung expandiert, indem alle Zeitmarken der in den B-Regionen spezifizierten Vorgänge (Umgebungs- und Bewegungsanteile) mit aufgenommen werden.

Wir gehen zunächst davon aus, daß der Roboter wie in der Akquisitionsphase plaziert wird. Durch Propagieren der aktuellen Zeit im Netz können die ersten auszuführenden Bewegungen ermittelt werden. Es handelt sich dabei um diejenigen, deren Beginn *erwartet*[1] wird. Gleichzeitig mit dem Ausführen der Bewegungen wird mit Hilfe der Vorgangserkennung überprüft, ob die Routenspezifikationen erfüllt sind, indem die eingehende Sensorinformation mit den Beschreibungen des Umgebungsmodells der aktuellen B-Regionen verglichen wird.

Die Routenbeschreibung liefert die für die Fortsetzung der Navigationsaufgabe erforderliche Information. Immer dann, wenn ein neuer Bewegungsvorgang *erwartet* wird, wird die entsprechende Bewegung ausgeführt und die Zeitmarken erhalten den Status *gebunden*. Dabei ist es ausgeschlossen, daß zwei Bewegungsvorgänge, deren Beginn *erwartet* wird, gegensätzliche Informationen enthalten, d.h. Bewegungsvorgänge, die unterschiedliche Bewegungsinformationen enthalten, stehen entweder in der Relation „before", „meets" oder „after" zueinander und werden daher nie gemeinsam *erwartet*. Bewegungsvorgänge, die sich zeitlich überlappen, beinhalten die gleiche Bewegungsinformation.

Die Routenerkennung bzw. -verfolgung verfährt gemäß diesem Zyklus solange, bis entweder das Ziel erreicht ist oder eine Netzinkonsistenz, d.h. eine Abweichung von der Route festgestellt wird. Hier zeigt sich der Vorteil der qualitativen Pfadvorgabe: Der Roboter ist bei der Reproduktion der gelernten Route nicht exakt an die gelernte Trajektorie gebunden, denn die B-Regionen definieren eine Menge verschiedener, für die Navigation jedoch äquivalenter Trajektorien. Erst wenn eine erwartete B-Region verlassen oder nicht erreicht wird, müssen geeignete Recovery-Maßnahmen eingeleitet werden.

5.3 Recovery

Aufgrund von Ungenauigkeiten bei der Anfangsposition oder der Ausführung von Bewegungen kann es vorkommen, daß die vorgegebene Routenbeschreibung mit den tatsächlichen Sensordaten inkonsistent wird: Der Roboter „verläßt" eine aktuelle B-Region oder erreicht die nächste B-Region nicht. Für solche Fälle werden ihm Recovery-Werkzeuge zur Verfügung gestellt, mit denen er zur aktuellen Route zurückfinden kann. Der Schlüssel zu geeigneten

---

1. d.h. die entsprechende Zeitmarke hat im Netz den Status „erwartet", siehe [Kockskämper,Neumann94]

Reparaturmaßnahmen sind (Teil-) Routenbeschreibungen, die bis zum Wiederfinden der verlassenen Route verfolgt werden.

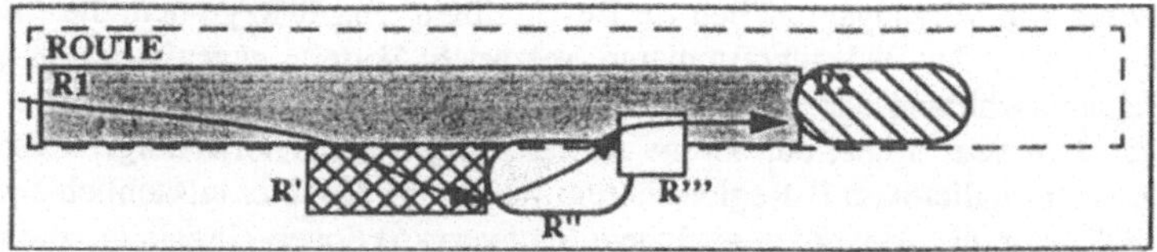

Abb. 6: Beispiel für eine Routenabweichung und das Zurückfinden zur Route

Beispiel: Die Route ROUTE (Abb. 6), die der Roboter aktuell verfolgt, besteht aus den B-Regionenmodellen R1 (z.B. „in einem bestimmten Abstand an der linken Wand entlangfahren") und R2. Angenommen der Roboter befindet sich in R1 und die Werte des linken Sensors steigen (statt, wie spezifiziert, konstant zu bleiben), d.h. er driftet in die von der aktuellen Route abweichende B-Region R' ab. In diesem Fall kann der Roboter durch entsprechendes Gegensteuern wieder parallel zur Wand ausgerichtet werden. Dazu muß die Bewegungsrichtung zweimal geändert werden. Dies ist hier dadurch angedeutet, daß der Roboter nacheinander die B-Regionen R" und R'" durchläuft (jede Bewegungsänderung ist hier einer neuen B-Region zugeordnet). Andernfalls könnte auch eine Recovery durch Drehen auf der Stelle, Zurückfahren in die verlassene Region und Drehen in Pfadrichtung erfolgen.

Recovery-Routen können als Ergänzungen bestimmter Routenbeschreibungen oder als allgemeine Reparaturverfahren bereitgestellt werden. Im ersten Fall werden die bisher vorgestellten linearen Routenbeschreibungen um Verzweigungen erweitert, mit denen der mögliche Eintritt in eine Recovery-Route sowie der Wiedereintritt in die Hauptroute spezifiziert werden.

Im zweiten Fall wird bei einer Routenabweichung nach einem auf die aktuelle Situation passenden Recovery-Werkzeugs gesucht. Das entsprechende Zeitnetz wird in das Zeitnetz der gewünschten Route an geeigneter Stelle „eingehängt" und als aktuelle Route verfolgt.

Der Spezifikationsrahmen für ein Recovery-Werkzeug ist für beide Fälle gleich:

$$\langle \hat{R}.B \quad R'.B; R' \text{ (meets) } R_{i1}; \{R_{i1} \text{ (meets)}...\text{(meets)} R_{in}\}^{\cdot} R_{in}.E \quad \bar{R}.E\rangle$$

$\hat{R}$ und $\bar{R}$ sind Regionen der gewünschten Route. Bei R' handelt es sich um die Region, in die der Roboter abgedriftet ist und die R_is stehen für die Gegenmaßnahmen, die ergriffen werden müssen. Das allgemeine Zeitnetz für eine solche Recovery-Routenbeschreibung ist in Abb. 7 zu sehen.

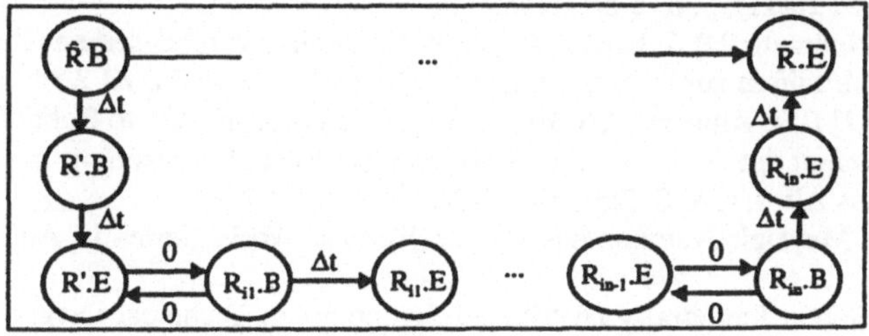

Abb. 7: Das allgemeine Recovery-Zeitnetz

6. Diskussion und Ausblick

Die Benutzung von Vorgangsmodellen zur Beschreibung von B-Regionen, die ein qualitatives sensorbasiertes Bild der Welt repräsentieren, verspricht Vorteile gegenüber rein quantitativen und auf Schnappschüssen der Umgebung basierenden Ansätzen. Das Verfolgen von Routen wird einfacher in dem Sinne, daß kleine Abweichungen nicht notwendigerweise zu Abweichungen in einer qualitativen B-Region führen. Weicht der Roboter tatsächlich einmal von der gelernten B-Region ab, so werden geeignete Recovery-Aktionen eingeleitet, die den Roboter wieder auf „den richtigen Weg" zurückbringen.

Der Beitrag zeigt darüberhinaus einen Weg zur Verbindung zahlreicher heterogener Sensorsignale zum Zwecke der Navigation auf. Durch die Beschreibung mithilfe qualitativer Prädikate können Sensorsignale in homogenen Strukturen (den Vorgangsmodellen) zusammengeführt werden. Dabei können zeitliche Beziehungen explizit und für die Navigation nutzbar gemacht werden.

Das Konzept der B-Regionen hat eine gewisse Ähnlichkeit mit der Trajektorienbeschreibung im Konfigurationsraum. Der Begriff „Konfiguration" wird hier jedoch in entscheidender Weise erweitert: Zusätzlich zu den Bewegungsdimensionen eines Roboters umfaßt eine Konfiguration Sensordimensionen, mit denen die Umgebung abgebildet wird. B-Regionen sind Teilräume dieses kombinierten Bewegungs- und Sensorraumes, mit denen Trajektorien spezifiziert werden, und entsprechen damit Teilräumen eines K-Raumes.

Die Abbildung räumlicher Gegebenheiten auf zeitliche Muster und deren Beschreibung mit Vorgangsmodellen erscheint zunächst nicht geeignet, die gegenüber verschiedenen Bewegungen invarianten Eigenschaften einer räumlichen Umgebung herauszustellen. In der Tat wird durch B-Regionen eher ein „subjektives" Raumempfinden modelliert, wie es in den Kognitionswissenschaften für bestimmte Phasen der menschlichen Entwicklung diskutiert wird [Yeap81]. Es ist jedoch möglich, die als unabhängigen Parameter in den B-Regionen verwendete Zeit mithilfe der Bewegungsdaten in Positions- und Orientierungsdaten relativ zur Startposition zu überführen. Das führt zu einem räumlichen Constraint-System anstelle des hier vorgestellten zeitlichen Constraint-Systems. Eine genaue Untersuchung dieser Variante ist allerdings noch nicht abgeschlossen.

7. Literatur

[Allen83] J.F. Allen: Maintaining Knowledge About Temporal Intervals, in: Communications of the ACM 26(11), p. 832-843, 1983.

[Kockskämper,Neumann94] S. Kockskämper, B. Neumann: Vorgangserkennung - ein wissensbasiertes Verfahren zur Überwachung technischer Prozesse; in: KI 2/94, S. 19 - 27, 1994.

[Kuipers,Byun87] B. J. Kuipers, Y. T. Byun: A Qualitative Approach to Robot Exploration and Map-Learning; in: Proc. of the Workshop on Spatial Reasoning and Multi-Sensor-Fusion, Los Altos, CA, S. 390-404, 1987.

[Meystel91] A. Meystel: Autonomous Mobile Robots; World Series in Automation Vol. 1, 1991.

[Nökel91] K. Nökel: Temporally Distributed Symptoms in Technical Diagnoses, in: Lecture Notes in Artificial Intelligence, Springer-Verlag, 1991.

[Yeap81] W. K. Yeap: Cognitive Map, University of Essex, Cognitive Studies Centre, CSCM-4.

Radarsensorbasierte Kartenerstellung in Innenräumen für Navigationsaufgaben

M. Rožmann, J. Detlefsen
Technische Universität München
Lehrstuhl für Hochfrequenztechnik – HFS
Arcisstraße 21, D-80333 München

1 Kurzfassung

Der Einsatz von mobilen Robotersystemen war bislang hauptsächlich auf den Bereich von modernen Fertigungsbetrieben beschränkt. Zur Ausführung von Transport-, Reinigungs- und Überwachungsaufgaben werden heute vermehrt mobile fahrerlose Handhabungssyteme eingesetzt, die über einen hohen Grad an Autonomie verfügen müssen. Ein Teilaspekt der Autonomie ist hier beispielsweise die Erkundung, also die Erfassung und geeignete geometrische Interpretation der Einsatzumgebung in Form einer elektronischen Karte. Damit ist das Roboterfahrzeug dann in der Lage, seinen Standort zu bestimmen und zu navigieren. Als aktiver, entfernungsbildgebender Sensor wird in diesem Beitrag ein hochauflösendes 94-GHz-Pulsradar verwendet, das die Daten für die Erzeugung der Karte liefert.

2 Einleitung und Übersicht

Der vorliegende Beitrag beschreibt ein Verfahren zur flexiblen, sensorbasierten Kartenerstellung und -aktualisierung. Solche Karten sind erforderlich, wenn ein autonomer mobiler Roboter über ein hohes Maß an Ortsflexibilität verfügen soll. Die für die Fahrzeugführung relevanten Aufgaben wie Standortbestimmung und Navigation sowie Ausweichen von Hindernissen, werden vielfach kartengestützt durchgeführt [1, 2, 3].

Die Erzeugung der elektronischen Karte erfolgt während einer sogenannten Explorationsfahrt. Dabei wird eine Folge von 2D-Radarbildern mit dem 94-GHz-Pulsradar aufgezeichnet. Die Vorverarbeitung der einzelnen Sensorbilder beinhaltet zur Zeit die Anwendung eines CFAR-Algorithmus sowie eines adaptiven Filters zur Verminderung von Störechos, die durch Mehrwegeausbreitung entstehen.

Die ermittelten Radaraufnahmen werden unter Berücksichtigung des momentanen Sensorstandortes in eine Rasterkarte mit einer Ortsauflösung von 10 cm eingetragen, die im folgenden als globale Rasterkarte bezeichnet wird. Für die weiteren Verarbeitungsschritte werden zusammenhängende Radarechogebiete durch Geradensegmente approximiert und in die sog. Linienkarte übernommen. Aus dieser Karte werden "unbekannte" Gebiete ermittelt, über die noch keine ausreichenden Rückstreuinformationen vorliegen und die vom Sensorfahrzeug erreicht werden können. Dorthin wird die Erkundungsfahrt fortgesetzt. In [3, 4, 5] werden Verfahren zur Sensordateninterpretation von Laser- und Ultraschallsensoren und Umgebungsmodellierung zur freien Navigation in unbekannten Umgebungen beschrieben. In diesem Beitrag soll die Eignung eines hochauflösenden Radarsensors als Quelle für Explorationsdaten demonstriert werden.

3 Beschreibung des Sensorsystems

Der entfernungsbildgebende Sensor ist ein kohärentes, monostatisches 3D-Puls-Doppler-Radar bei 94 GHz mit einem drehbaren Ablenkspiegel zur Strahlablenkung. Detaillierte Systembeschreibungen und Anwendungen sind in [6, 7, 8, 9] ausgeführt. Abb. 1 zeigt schematisch den Aufbau des Radarsensors. Eine Rillenhornantenne beleuchtet eine Fresnellinse mit einem Aperturdurchmesser von 168 mm. Dadurch wird eine schmale Antennenkeule mit einem Öffnungswinkel von 1° erzeugt. Die Steuerung des Ablenkspiegels in Azimut und Elevation erfolgt über zwei Schrittmotoren, womit sowohl eine kontinuierliche 2D-Rundummessung mit 3 Umdrehungen pro Sekunde als auch gezielte Messungen in Einzelrichtungen zur Verfolgung interessierender Objekte durchgeführt werden können.

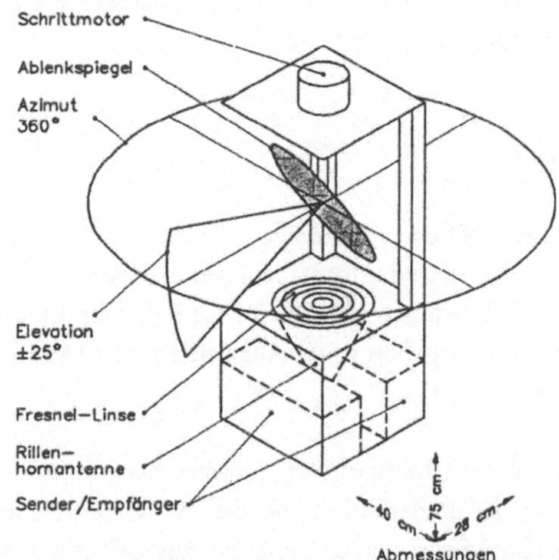

Abb. 1: Aufbau des Radarsensors und Sichtbereich.

Die Trägerfrequenz des Sensors beträgt 94 GHz und wurde im Hinblick auf hohes Winkelauflösungsvermögen und die zu erwartenden stärkeren, diffusen Rückstreubeiträge an natürlichen rauhen Oberflächen gewählt. Die Trägermodulation mit Pulsen von 1,7 ns Dauer bestimmt das Auflösungsvermögen zu etwa 20 cm. Dieser Wert ist für die sensorische Erfassung von Innenraumszenen ausreichend, da die Objektabmessungen typisch in diesem Bereich liegen. Zur Beleuchtung der Szene wird eine Pulsleistung von 10 mW emittiert. Dies entspricht einer effekti-

Modell und Sensorwahrnehmung ist im Bereich der Flurabschnitte erkennbar. Lücken treten dort auf, wo bedingt durch spiegelnde Reflexion (Fenster, Metallplatten), Abschattungen und Unerreichbarkeit mit dem Radarsensor keine Echos empfangen wurden. Die zwischen dem Flurabschnitt A und Eingangsbereich (Flur B) sichtbaren Echos sind Artefakte, die durch Mehrfachreflexionen bedingt sind, und wegen der Häufigkeit und Intensität ihres Auftretens durch Filterung nicht vollständig unterdrückt wurden.

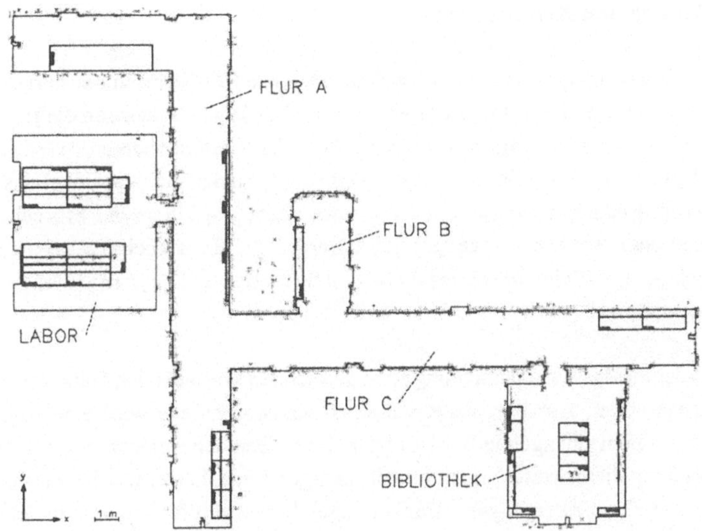

Abb. 2: Im CAD-Modell der Laborumgebung eingetragene Radarbilder.

Aus den im Pixelformat vorliegenden Geometrieinformationen der Rasterkarte wird das sensorspezifische Linienmodell abgeleitet. Zusammengehörige Echogebiete werden in Form von Geradensegmenten dargestellt. Dabei werden die zunächst flächenhaften Gebiete unter Berücksichtigung der Echointensitäten skelettiert, bis sie eine Querausdehnung von einem Pixel aufweisen [13]. Durch Ausgleichsrechnung werden dann die Linien ermittelt. Abb. 3 zeigt ein vorläufiges Ergebnis dieser Verarbeitungsschritte.

ven Sendeleistung von etwa 20 µW bei einer Pulsfolgefrequenz von 1 MHz. Der eindeutige Entfernungsmeßbereich beträgt 150 m.

Der homodyne, kohärente Empfänger setzt die rückgestreuten Signale direkt in das Videoband um. Ein breitbandiger Abtaster, dessen Abtastzeitpunkt in Inkrementen von 186 ps eingestellt werden kann, ermöglicht die Positionierung des Entfernungstores in Abständen von 2,8 cm. Nach der Digitalisierung des Videosignals liegen 10 000 Meßwerte pro Sekunde vor.

4 Datenerfassung und Kartenerstellung

Während einer Erkundungsfahrt werden zweidimensionale PPI-Scans in der horizontalen Ebene aufgenommen. Winkelauflösung und Entfernungsmeßbereich sind dabei an die gegebene Innenraumstruktur und -ausdehnung anzupassen. Aus den Radarrohdaten werden mit einem CA-CFAR-Algorithmus [10] die Echos extrahiert und für jeden Azimutwinkel das erste ausgewählt. In diesem Radarbild werden mit Hilfe eines adaptiven Filters die Störechos, die durch Mehrfachreflexionen entstehen, weitgehend unterdrückt. Zusätzlich reduziert dieses Filter "singuläre" Echos, also solche, bei denen die Abstände zu den umliegenden Echos eine definierte Schwelle überschreiten.

Für die Initialisierung der Kartenerstellung wird dem ersten vorliegenden Radarbild die Anfangskoordinate zugeordnet. Aus der pixelorientierten Radaraufnahme wird eine sog. Linienkarte erstellt, wobei zusammenhängende Echogruppen durch Geradensegmente approximiert werden. Unter Verwendung dieser ersten, noch unvollständigen Linienkarte, werden die "offenen Grenzen", die z.B. von Flurabzweigungen, Abschattungen hervorgerufen werden, in der modellierten Sensorumgebung bestimmt und daraus die relativen Koordinaten für einen Fahrbefehl des mobilen Roboters abgeleitet.

Es werden nun zusätzliche PPI-Scans aufgenommen, wobei für jede weitere Aufnahme die momentane Sensorposition bestimmt werden muß. Dies erfolgt durch Vergleich des Radarechobildes mit der vorliegenden Linienkarte, wobei die Abstände aller Echos zu den Modellinien minimiert werden [11, 12]. Das Radarbild kann jetzt positionsrichtig in die Rasterkarte eingetragen werden. Die Echoinformationen werden inkohärent überlagert. Mehrere Treffer in einer Rasterzelle erhöhen die Zuverlässigkeit für das Vorhandensein eines Objektes. Die Linienkarte wird solange schrittweise ergänzt und vervollständigt, bis das Roboterfahrzeug alle erreichbaren Gebiete der unbekannten Einsatzumgebung erkundet hat.

5 Experimentelle Ergebnisse

Während einer Explorationsfahrt in der Laborumgebung des Lehrstuhls wurden von verschiedenen Standorten etwa 120 PPI-Scans in der Elevation 0° aufgenommen. Die Superposition der vorverarbeiteten Radarbilder ist in Abb. 2 dargestellt. Der Echokarte ist ein manuell erstelltes CAD-Modell der Experimentierumgebung unterlagert. Eine gute Übereinstimmung zwischen

Abb. 3: Aus Radarbildern erstellte Karte mit extrahierten Linienelementen.

Zur Abschätzung der für Navigationsaufgaben erzielbaren Genauigkeiten ist an genau vermessenen Positionen in der Laborumgebung jeweils eine Standortbestimmung durch Vergleich von Radarbild mit Referenzkarte durchgeführt worden. In den folgenden Abbildungen sind die ermittelten Positionsfehler eingetragen.

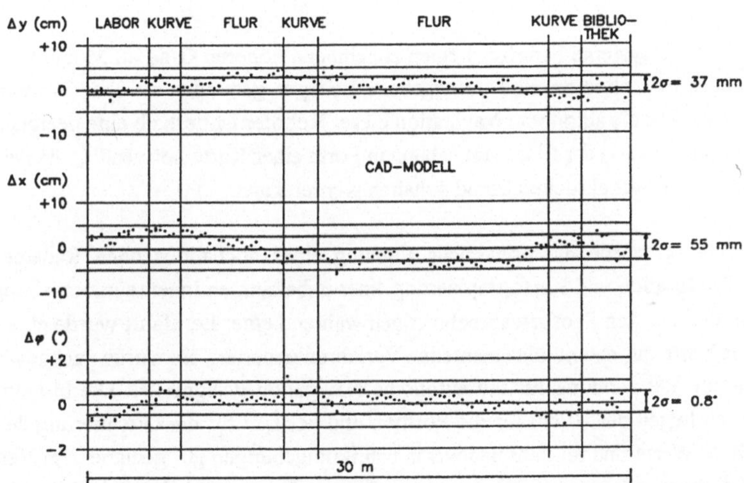

Abb. 4: Navigationsfehler bei der Positionsbestimmung unter Verwendung der CAD-Karte.

Abb. 4 zeigt die Abweichungen in x-, y- und φ-Richtung sowie die 2σ-Genauigkeiten bei Verwendung der manuell erstellten CAD-Karte (Abb. 2). Bei der Auswertung in Abb. 5 wurde dagegen die sensorspezifische Umgebungskarte verwendet. Hier sind die Genauigkeiten etwa um den Faktor 2 geringer.

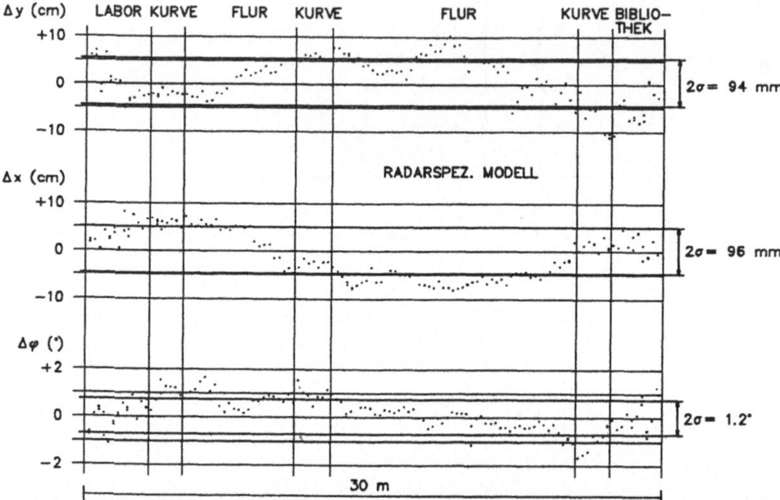

Abb. 5: Navigationsfehler bei der Positionsbestimmung unter Verwendung der sensorspezifischen Karte.

6 Zusammenfassung

Zukünftige Robotersysteme benötigen einen zunehmend höheren Grad an Mobilität und sollen sich selbständig und ohne an eine vorgegebene Leitspur gebunden zu sein, in ihrer Umwelt bewegen können. Für die autonome Navigation dieser Roboter ist deshalb eine geeignete sensorspezifische Repräsentation der Einsatzumgebung in Form einer Karte notwendig, die bei Umweltveränderungen stets auf aktuellen Stand gehalten werden kann.

In diesem Beitrag wurde die prinzipielle Eignung eines hochauflösenden Radarsensors bei 94 GHz zur Exploration und Kartographierung einer unbekannten Innenraumumgebung demonstriert. Basierend auf den Sensorwahrnehmungen während einer Lernfahrt wurde eine radarsensorspezifische Karte mit einem inkrementellen Verfahren generiert. Es wurde nachgewiesen, daß diese Karte zur Verwendung für die autonome Navigation geeignet ist. Die bislang erzielten Genauigkeiten liegen bei 10 cm für die Position und bei 1,2° für die Orientierung des mobilen Roboters. Diese Werte sind für Fahrmanöver in Fabrikumgebungen gut geeignet. Im Vergleich zu Laser- und Ultraschallsensoren, die zur Umgebungserfassung bei der Erkundung eingesetzt werden, zeichnet sich der verwendete Radarsensor durch seinen weiten Erfassungshorizont bei geringer Sendeleistung aus.

Danksagung

Diese Forschungsergebnisse entstanden im Rahmen des von der Deutschen Forschungsgemeinschaft (DFG), Bad Godesberg, an der Technischen Universität München geförderten Sonderforschungsbereiches SFB 331 "Informationsverarbeitung in autonomen, mobilen Handhabungssystemen".

Literaturstellen

[1] Neul, R.; Gilles, E. D.: Schiffsnavigation durch Vergleich von Radarbildern und elektronischer Karte, Proceedings Autonome Mobile Systeme, 6. Fachgespräch, Hrsg.: Rembold, U., Dillmann, R., Levi, P., Karlsruhe 1990, S. 197-219.

[2] Freund, E.; Dierks, F.; Lichtenecker, R.: Laserscannerbasierte freie Navigation autonomer Fahrzeuge, Proceedings Autonome Mobile Systeme, 8. Fachgespräch, Hrsg.: Rembold, U., Dillmann, R., Levi, P., Karlsruhe 1992, S. 34-47.

[3] Knieriemen, T.: Autonome mobile Roboter: Sensordateninterpretation und Weltmodellierung zur Navigation in unbekannter Umgebung, freie Navigation autonomer Fahrzeuge, BI-Wissenschaftsverlag, Mannheim, Wien, Zürich, 1991.

[4] Iijima, J., Yuta, S.: Searching Unknown 2-D Environment by a Mobile Robot with Range Sensor, Computers Elect. Engng., Vol. 18, No. 1, January 1992, S. 83-98.

[5] Rao, N.S., Iyengar, S.S.: Autonomous Robot Navigation in Unknown Terrains: Incidental Learning and Environmental Exploration, IEEE Transactions on Systems, Man and Cybernetics, Vol. 20, No. 6, Nov. 1990, S. 1443-1449.

[6] Rožmann, M.; Detlefsen, J.: Environmental Exploration based on a Three-Dimensional Imaging Radar Sensor, Proceedings of the 1992 IEEE/RSJ International Conference on Intelligent Robots and Systems, S. 422-429, IEEE Service Center, Raleigh, NC, 7-10 Juli, 1992

[7] Rožmann, M.; Detlefsen, J.; Lange, M.: Millimeterwellen-Radarsensor für autonome, mobile Fahrzeuge, 6. GMA/ITG Fachtagung, VDI Berichte 939: Sensoren: Technologie und Anwendung, S. 101-106, VDI Verlag, Bad Nauheim, 16.-18. März 1992

[8] Detlefsen, J; Rožmann, M.: Evaluation of 94 GHz Radar Sensor Images obtained from Industrial Environments Proc. of the 1992 Asia-Pacific Microwave Conference, Vol. 2, S. 687-690, Adelaide, 11.-13. August 1992.

[9] Lange, M.: Millimeterwellen-Sensoren für den Nahbereich", Dissertation, Lehrstuhl für Mikrowellentechnik, Technische Universität München, Mai 1991.

[10] Rohling, H.: Neue Verfahren zur störadaptiven Zielerkennung in einem CFAR-Prozessor, Symposium Radartechnik 1983, Deutsche Gesellschaft für Ortung und Navigation, München, 1983, S. 15.1-15.29.

[11] Detlefsen, J.; Rožmann, M.: Determination of Position and Orientation of Autonomous Vehicles in Production Type Environments Using a 94 GHz Radar Sensor, Proceedings of the ISNCR '94, Kawasaki, November 1994.

[12] Rožmann, M.; Detlefsen, J.: Standortbestimmung in Innenräumen mit einem hochauflösenden 94-GHz-Radarsensor, 8. Radarsymposium 14.-16. September 1993, in: H. J. Eberhardt, Deutsche Gesellschaft für Ortung und Navigation, Verlag TÜV Rheinland, Köln, S. 43-50, 1993.

[13] Klette, R.: Handbuch der Operatoren für die Bildverarbeitung, Vieweg Verlag Braunschweig, Wiesbaden, S. 247ff, 1992.

Kooperation mobiler Roboter in COMROS

W.A. Rausch, N. Oswald, Th. Bräunl und P. Levi

Universität Stuttgart,
Institut für Parallele und Verteilte Höchstleistungsrechner (IPVR),
Praktische Informatik –Bildverstehen, Breitwiesenstraße 20–22, D–70565 Stuttgart,
Email: {rausch,oswald,braunl,levi}@informatik.uni–stuttgart.de

Zusammenfassung Das Projekt COMROS (Cooperative Mobile Robots Stuttgart) beschäftigt sich mit der Kooperation von autonomen mobilen Systemen. Im vorliegenden Beitrag demonstrieren wir eine kooperativ ausgeprägte Roboterarchitektur anhand eines Verkehrsszenarios. Ausgehend von der Beschreibung der hardwaremäßigen Vernetzung der eingesetzten Roboter via Ethernet und den Kooperationsaspekten für autonome Agenten zeigen wir den Aufbau der Roboterarchitektur. Mit Hilfe eines 3D-Simulationssystems ist es möglich, die Effekte von Robotersteuerungsprogrammen und die Kooperation von mobilen Robotern vorab in beliebiger Umgebung und mit mehreren Fahrzeugen zu testen.

1 Einleitung

Im Projekt COMROS beschäftigen wir uns schwerpunktmäßig mit Verkehrsszenarien, wie sie sowohl im Straßenverkehr als auch in Fertigungsumgebungen oder im Dienstleistungssektor auftreten. Gerade in solchen Umgebungen ist der Bedarf an Absprachen und Verhandlungen enorm, will man einen sicheren und geregelten Verkehrsablauf gewährleisten. Kooperation zwischen mobilen Robotern im Verkehrsszenario ist jedoch nicht nur zum Zwecke einer gemeinsamen Navigation gefragt, Aspekte des kooperativen Sensoreinsatzes spielen ebenso eine wesentliche Rolle. Zur konzeptionellen Gestaltung einer Multiagentenarchitektur müssen daher die Bedürfnisse der Kooperation berücksichtigt werden. In einem großen Agentensystem ist es erforderlich, geeignete Kommunikationsmechanismen einzusetzen, um ein zügiges Reaktionsverhalten der Agenten zu ermöglichen. Deren Erprobung erfordert den Einsatz einer geeigneten Simulationsumgebung.

Wir haben eine prototypische Version zur kooperativen Überquerung von Verkehrskreuzungen implementiert. Nach einer kurzen Beschreibung des gegenwärtigen Hardwareaufbaus (Kapitel 2) und den Anforderungen der Kooperation (Kapitel 3) wird die daraus abgeleitete Architektur vorgestellt (Kapitel 4). Alternativ entwickelte Robotersteuerungen können zunächst in einem 3D-Simulationssystem getestet werden (Kapitel 5).

2 Datenaustausch zwischen Robotern

Die Grundlage der Kooperation bildet in unserem Modell die Kommunikation zwischen Robotern. Hierfür wurde eine Bibliothek *RoI* (Robot Interface) implementiert, die den Datenaustausch zwischen Unix-Rechnern und Robotern ermöglicht. Das heißt, die Roboter kommunizieren nicht direkt miteinander, sondern über ihre Steuerungsprozesse, die auf Workstations abgearbeitet werden. Die Kommunikation zwischen Workstation-Prozessen auf dem gleichen oder einem anderen Rechner wird über die PVM-Bibliothek (parallel virtual machine) [3] realisiert. Für den Datentransfer (Kontrollanweisungen) zwischen den Workstation-Prozessen und den Robotern wird eine Funkethernetstrecke eingesetzt.

Vor der Umstellung der Roboterkommunikation auf Funkethernet fand der Datenaustausch über RS-232 Modems statt. Messungen der Datenübertragungszeit ergaben, daß sich nicht nur das Zeitverhalten verbessert hat, sondern daß gleichzeitig eine zuverlässigere Kommunikation bei gleichzeitigem Einsatz mehrerer Roboter möglich wird (es treten keine permanenten „Funklöcher" mehr auf). Um einen kompletten Regelkreis auf einem Fahrzeug zu realisieren, wird derzeit ein Teil der Steuerungssoftware direkt auf das Fahrzeug verlagert (on-board vs. off-board).

3   Aspekte der Kooperation

Die Kooperationsfähigkeit autonomer Systeme beeinflußt die konzeptionelle Gestaltung der Architektur autonomer Systeme maßgeblich [11]. Kooperation findet nicht nur zwischen mehreren Agenten statt, sondern auch innerhalb einer individuellen Agentenarchitektur. Sie dient einerseits der Abstimmung unterschiedlicher Interessen der Agenten, andererseits dem agentenübergreifenden und agenteninternen Informationsaustausch von bereits vorverarbeiteten Sensordaten.

3.1   Externe Kooperation

In einem Verkehrsszenario ist der Bedarf an externer Kooperation dadurch gegeben, daß Agenten in einer gemeinsamen Umgebung operieren. Hier sind Absprachen für eine lokale und zeitliche Koordination der individuellen Aufgaben notwendig. Wir unterscheiden zwei Formen der externen Kooperation:

Die aufgabenspezifische Kooperation nutzt Verhandlungen und Absprachen, um individuelle Aufgaben zu erfüllen. Bezogen auf das Verkehrsszenario besteht Verhandlungsbedarf, um die Fahrreihenfolge vor Einmündungen und Kreuzungen zu bestimmen, oder den gegenseitigen Ausschluß zu gewährleisten, falls ein Agent einen Parkplatz oder eine enge Passage beansprucht. Die erforderlichen Verhandlungen finden entweder als Reaktion auf ein eingetretenes Ereignis oder im voraus statt.

Die sensorspezifische Kooperation ist notwendig, um Sensorinterferenzen zwischen Agenten mit sich überlappenden Sensorbereichen zu vermeiden. Der Einsatz aktiver Sensorik erfordert somit aufeinander abgestimmte Sensoreinsatzpläne.

Obige Aspekte der Kooperation implizieren, daß Absprachen und Verhandlungen auf unterschiedlichen Abstraktionsstufen stattfinden. Wir ordnen die sensorspezifische Kooperation dem untersten Abstraktionsniveau zu, während die aufgabenspezifische Kooperation auf höheren Abstraktionsebenen stattfindet.

Die korrespondierenden Ebenen kooperierender Agenten sind über dedizierte Kommunikationsmodule verbunden. Jede Ebene einer individuellen Architektur unterteilt sich in einen agentenspezifischen Steuerteil und einen Kommunikationsteil. Die Kommunikationsteile aller Agenten bilden das Kommunikationsnetzwerk und wickeln den kompletten Informationsaustausch ab. Die Steuerteile ermöglichen den Agenten eine unabhängige Bearbeitung ihrer Aufgabe. Die Interaktion zwischen Steuer- und Kommunikationsteil wird durch eine Broker/ Customer-Beziehung charakterisiert. Der Kommunikationsteil agiert als Broker, der die Aufgabe hat, den Plan des Agenten mit denen der anderen Agenten abzustimmen. Der Steuerteil (Customer) bestimmt dabei den Verhandlungsspielraum und bewertet das Ergebnis der Verhandlung.

3.2 Interne Kooperation

Die ageninterne Kooperation steht in engem Zusammenhang mit der Modellierung der individuellen Agentenarchitektur. Diese interpretieren wir gemäß der in [8] dargestellten Roboterarchitektur von COMROS, die sich durch ein Ebenenkonzept, bestehend aus einer strategischen, taktischen und reflexiven Ebene, auszeichnet. Jede Ebene beinhaltet unabhängige abstrakte Regelkreise, sogenannte Autonomiezyklen, die nebenläufig arbeiten. Autonomiezyklen, die auf derselben Ebene angesiedelt sind, können durch Nachrichtenaustausch eine Kooperationsbeziehung aufbauen. Auf diese Weise können Mehrfachberechnungen vermieden werden. Der gemeinsame Klient der kooperierenden Zyklen ist dafür verantwortlich, daß die kooperierenden Servermodule aufeinander zugeschnittene Aufträge erhalten. In den Abarbeitungsplänen der so spezifizierten Aufträge wird der Nachrichtenaustausch explizit unterstützt.

3.3 Strukturierung der Agentenarchitektur

Die Agentenarchitektur bildet eine Matrixstruktur, die aus nebenläufigen Prozessen besteht. Diese Struktur impliziert vertikale und horizontale Hierarchien. Die vertikale Hierarchie unterstützt den Planungsaspekt der Agenten, so daß Module einer bestimmten Ebene das Verhalten der Module der darunterliegenden Ebene definieren. Jedes Modul erfüllt dabei eine Doppelfunktion, als Server für die darüberliegende und als Client für die darunterliegende Ebene. Eine horizontale Hierarchie tritt dann auf, wenn zunächst gleichberechtigte Module auf eine gemeinsame Ressource konkurrierend zugreifen. Das Modul, das den Zugriff auf die Ressource bekommt, erhält eine Mastereigenschaft gegenüber den restlichen, sich unterordnenden Modulen (Slaves). Strategien zur dynamischen Koordination konkurrienden Zugriffe sind Gegenstand unserer aktuellen Forschung [9]. Insgesamt ergibt sich der in Abb. 1 dargestellte Aufbau der Agentenarchitektur.

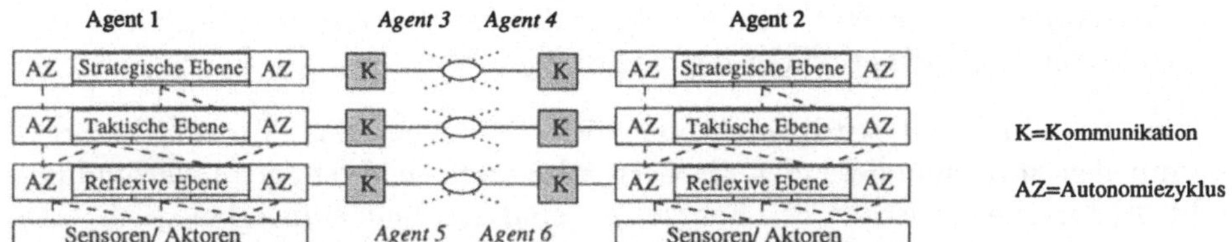

Abbildung1. Agentenarchitektur

4 Prototypischer Versuchsaufbau

Zur Erprobung unserer Architektur verwenden wir ein Szenario, in dem Roboterfahrzeuge markierte Linien, die Fahrwege beschreiben, verfolgen. Verhandlungen zwischen den Fahrzeugen sind notwendig, wenn mehrere Fahrzeuge gleichzeitig sich kreuzende Linien (Kreuzungen) überqueren wollen oder sich auf derselben Linie mit entgegengesetzten Fahrtrichtungen begegnen. Der augenblickliche Stand der Implementierung unterstützt das Fahren entlang einer Linie, das Erkennen und Überqueren einer Kreuzung sowie die Verhandlungen zwischen den Agenten. Zur Hindernisvermeidung wird die Ultraschallsensorik eingesetzt, wobei der Sensoreinsatz fahrzeugübergreifend koordiniert wird.

4.1 Kooperative Agentenarchitektur

Der navigatorische Aspekt des Szenarios hat die prototypische Ausgestaltung der Agentenarchitektur wesentlich beeinflußt. Die Architektur für unser Szenario umfaßt drei Schichten (vgl. Abb. 2). Die *taktische Schicht* ist für die vorausschau-

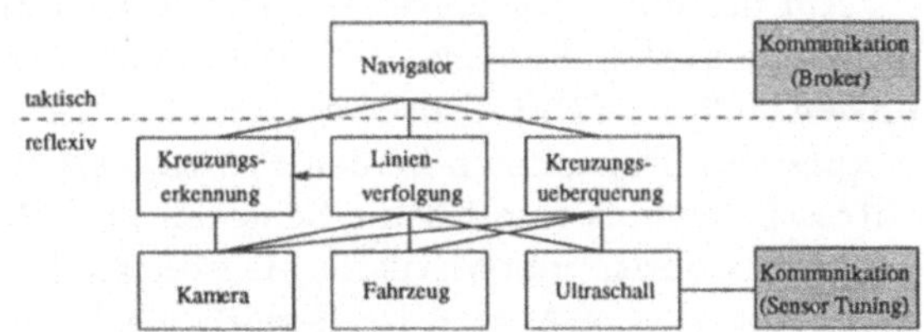

Abbildung2. Verkehrsszenario und Agentenarchitektur (taktische und reflexive Ebene)

ende Bahnplanung verantwortlich und wird durch den *Navigator* repräsentiert. Dieser Autonomiezyklus kennt prinzipiell drei Arbeitsphasen:

1. *Freie Fahrt:* Der Navigator geht zum Systemstart in diesen Zustand über und verbleibt dann solange in dieser Phase, bis eine Kreuzung erkannt wurde.
2. *Kreuzung erkannt:* Falls entlang der verfolgten Linie eine Kreuzung erkannt wurde, bemüht sich der Navigator in dieser Arbeitsphase um das Vorfahrtsrecht, um die Kreuzung überqueren zu dürfen.

3. *Kreuzung passieren:* Nachdem der Navigator das Vorfahrtsrecht erhalten hat, veranlaßt er das Überqueren der Kreuzung.

Das Vorfahrtsrecht wird durch einen Vermittlungszyklus (Broker) besorgt, der mit den korrespondierenden Brokern aller anderen Agenten in Verbindung steht. Absprachen zwischen den Fahrzeugen sind nur dann sinnvoll möglich, falls ein *Moderator* unter den gleichberechtigten Agenten bestimmt wurde. Der Moderator initiiert das in der betreffenden Situation adäquate Verhandlungsprotokoll. Durch das Abarbeiten des Protokolls stellt der Moderator den geregelten Nachrichtenaustausch zwischen den Agenten sicher. Das Verhandlungsprotokoll kann eine Vielzahl von Entscheidungsparametern wie z. B. Fahrzeuggeschwindigkeit, -priorität, Beschleunigungsvermögen usw. berücksichtigen. Im einfachsten Falle wird überhaupt nicht verhandelt und der Moderator beansprucht das Vorfahrtsrecht selbst. Auf der *reflexiven Ebene* sind mehrere parallel ablaufende Autonomiezyklen instantiiert, deren Einsatz vom Navigator eingeplant wird. Der Zyklus *Liniefahren* dient zur Fahrzeugansteuerung in der Phase *freie Fahrt*. Dieser Zyklus benutzt ein Modell, um im aufgenommenen Bild die Linie zu extrahieren. Anhand charakteristischer Daten aus der Vergangenheit wird der Suchbereich für die Linie geeignet eingegrenzt. Bildausfälle - verursacht durch Funkstörungen - werden bis zu einem gewissen Grad durch das Aufzeichnen dieser Daten kompensiert. Die ermittelte Lokalisierung der Linie dient der Kreuzungserkennung gleichzeitig als Hinweis für die Plazierung ihres Suchbereichs (region of interest). Zur Erfassung unbekannter Objekte benutzt der Liniefahrenzyklus die Ultraschallsensorik. Die *Kreuzungserkennung* verwendet ein geometrisches Modell und läuft parallel zum Zyklus Liniefahren. Sie schickt ein Signal an den Navigator, sobald sie eine Kreuzung erkannt hat. Daraufhin übergibt der Navigator die Fahrzeugkontrolle an den Zyklus *Kreuzungsüberquerung*. Dieser behält sie solange, bis der Kreuzungsbereich überquert wurde.

Auf der untersten logischen Schicht wird die Sensorik und die Aktorik über die Steuerzyklen *Kamera*, *Ultraschall* und *Fahrzeug* angesteuert. Der Kameraprozeß läuft als UNIX-Prozeß auf dem mit der Framegrabberkarte ausgestatteten Rechner ab. Die anderen beiden Prozesse arbeiten direkt auf dem Fahrzeug. Der Ultraschallzyklus feuert seine Sensoren in Abhängigkeit von der Fahrtrichtung. Die Reflexionscharakteristik der Sensorsignale erfordert, daß sämtliche Sensoren, deren aktustische Achsen im Bereich $\pm 90^\circ$ zur Fahrtrichtung liegen, periodisch gefeuert werden müssen [7]. Die fahrzeugübergreifende Koordination des Sensoreinsatzes erfolgt zum aktuellen Zeitpunkt nach einer *round-robin* Strategie.

4.2 Kooperationsaspekte

Externe Kooperation findet im vorliegenden Szenario auf taktischer und reflexiver Ebene statt. Auf taktischer Ebene verhandeln die Agenten um das Vorfahrtsrecht, falls sich die Fahrwege überschneiden. Das Moderationsrecht erhält das Fahrzeug, das als erstes die Kreuzung erkennt. Das daraufhin vom Moderator angestossene Kommunikationsprotokoll beinhaltet zum aktuellen Stand der Implementierung, daß jeder Agent anhand eines binären Würfels bestimmt, ob er fahren oder warten möchte. Die Agenten tauschen daraufhin ihre Absichten aus. Falls nur ein Agent fahren und alle anderen warten wollen, ist der Konflikt aufgelöst. Anderfalls müssen die Agenten erneut „verhandeln". In Zukunft werden wir weitere Parameter bei der Entscheidungsfindung berücksichtigen, wie z.B. Fahrzeuggeschwindigkeit und Fahrzeugpriorität.

Interne Kooperation findet zwischen den Zyklen Liniefahren und Kreuzungserkennung auf reflexiver Ebene statt. Liniefahren reduziert den Suchbereich zur Kreuzungserkennung durch Übermittlung der Lage der Linie.

Der Kamerazyklus fungiert als Servermodul für die Klienten Liniefahren, Kreuzungserkennung und Kreuzungsüberquerung. Konkurrierende Anfragen an den Kamerazyklus von Liniefahren und Kreuzungserkennung werden momentan nach dem FIFO-Prinzip behandelt. In Zukunft sollen Zyklen mit dynamischen Prioritäten versehen werden, so daß die Warteschlange vor dem Kamerazyklus gemäß den Prioritäten abgearbeitet wird. Derjenige Zyklus, der die Zugriffsberechtigung auf den Kamerazyklus erhält, wird dann *Master* gegenüber den anderen Zyklen (*Slave*).

5 Simulation

Das Ziel war die Entwicklung eines Werkzeugs, das den Aufbau einer simulierten Roboterumgebung ermöglicht und das Testen von Programmen für mobile Roboter gestattet, bevor diese auf den tatsächlichen Fahrzeugen eingesetzt werden. Eine Simulationsumgebung ist insbesondere für Programmiertechniken der neuronalen Netze oder der genetischen Algorithmen sinnvoll, da hiermit große Mengen von Trainingsdaten erzeugt werden können, die u.U. nur sehr schwierig von den realen Fahrzeugen abgeleitet werden können. So ist auch die Simulation von Kollisionen des Roboters (z.B. aufgrund von untrainierten Netzen oder Programmfehlern) gefahrfrei möglich.

5.1 Simulationssystem MOBS

Der „Mobile-Roboter-Simulator" (MOBS) ermöglicht eine physikalisch-basierte Simulation des mobilen Roboters „Robuter II" mit Betriebssystem „Albatros" (Robosoft Bayonne). Er wurde im Rahmen einer Diplomarbeit [10] implementiert und basiert auf Teilen des allgemeinen Simulations- und Animationssystems AERO [5]. Das Simulationssystem arbeitet mit einer Untermenge genau der Befehle (ASCII-Sequenzen), die auch für die Steuerung des physischen Fahrzeugs verwendet werden. Simuliert werden Odometrie, Bumper, Ultraschallsensoren (einschließlich mehrfache Reflexionen und Cross-Talks) sowie das Kamerabild des Roboters über das Paket „Inventor" einer SGI Graphik-Workstation. Das Simulationssystem arbeitet dreidimensional und erkennt Kollisionen zwischen Fahrzeugen bzw. einem Fahrzeug und einem Hindernis. Mit Hilfe eines grafischen Editors können dreidimensionale Szenen aufgebaut werden, die z.B.

Wände, Türen, Möbelstücke, Personen und mobile Roboter enthalten. Die Kommunikation zwischen Simulationsprogramm, Rendering des Kamerabildes und den Roboter-Steuerungsprogrammen wird mit dem Werkzeug PVM realisiert. Innerhalb des Simulationssystems können viele Roboter mit ihren zugehörigen Steuerungsprogrammen (eigenständige UNIX-Programme) interagieren. Abb. 3

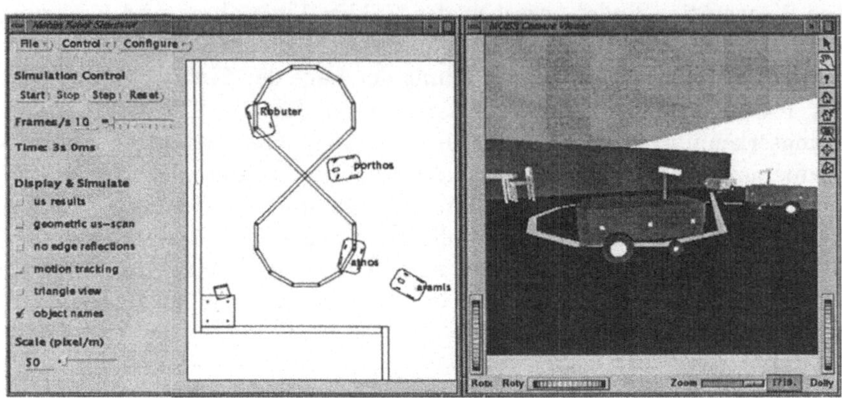

Abbildung3. MOBS Bildschirmanzeige

zeigt zwei typische Fenster des MOBS Simulationssystems. Links ist der Umgebungseditor mit den allgemeinen Kontrollfeldern zu sehen, im rechten Fenster befindet sich das Kamerabild aus dem Blickwinkel eines der Roboter in der Szene. Die Systemstruktur ist in Abb. 4 dargestellt. Das Robotersteuerungs-

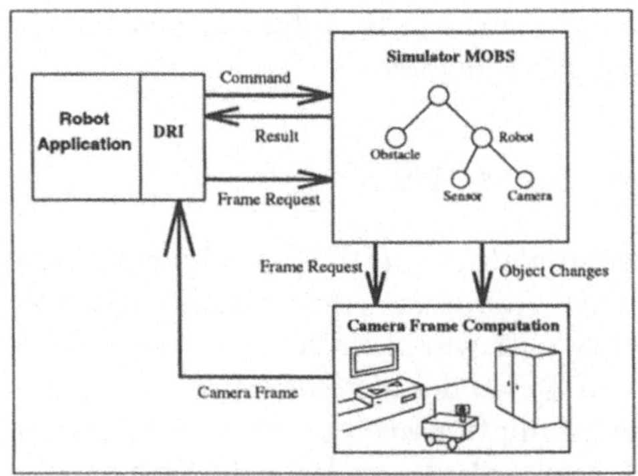

Abbildung4. Systemstruktur

programm verwendet die Schnittstelle DRI [2] um Daten mit dem Simulator auszutauschen. Die Unterscheidung zwischen Simulation und Realität geschieht hier mit Hilfe eines einzigen Parameterwertes, der zur Laufzeit angegeben werden kann, d.h. es ist keine Re-compilierung des Programmes erforderlich. Das Roboter- Steuerungsprogramm weiß selbst nicht, ob es mit der Simulationsumgebung oder einem realen Roboter verbunden ist. Die Kommunikation zwischen Roboter-Steuerungsprogrammen und dem Simulator ist bi-direktional. Fahrbefehle und Auslese-Anweisungen für Sensoren werden zum Simulator gesendet, welcher Quittungen (Prompt), Fehlermeldungen oder die gewünschten (berechneten) Sensordaten zurückliefert. Kameradaten können auf zwei verschiedene Arten erzeugt werden. Möglichkeit eins ist das Senden einer Anforderung vom Steuerungsprogramm an den Simulator. Hierbei wird von der Inventor-Grafik-Bibliothek der SGI ein Bild aus dem Blickwinkel des jeweiligen Roboters erzeugt und an den Roboter-Prozeß zurückgesendet. Die zweite Möglichkeit ist die Darstellung des Kamerabildes eines Roboters direkt an der Konsole der SGI. Hier kann über Video-out der Fensterinhalt direkt auf den Framegrabber des jeweiligen Rechners eines Roboter-Steuerungsprogramms geschaltet werden. Die zweite Möglichkeit ist nur für ein Fahrzeug je SGI Workstation durchführbar, ermöglicht jedoch eine Verarbeitung in Echtzeit.

5.2   Mechanik-Simulation

Alle Szenenobjekte sind als Gruppen von Dreiecken modelliert. Objekte können beweglich sein, wie beispielsweise ein mobiler Roboter, oder räumlich feststehen, wie beispielsweise eine Wand. Kollisionen zwischen einem fahrenden Roboter und einem Hindernis (z.B. Wand oder zweiter Roboter) werden durch Prüfung von Durchdringungen zwischen Objekten bestimmt. Wenn sich eine Kollision ereignet, wird der betreffende Roboter gestoppt und eine Meldung im Kontrollfenster angezeigt. Roboter-Fahrbefehle erlauben die Angabe von linearer Geschwindigkeit und Winkelgeschwindigkeit über eine bestimmte Strecke oder ein Zeitintervall. Der Zustand eines Roboter wird durch Position und Orientierung in der Ebene, linearer Geschwindigkeit, Winkelgeschwindigkeit, linearer Beschleunigung und Winkelbeschleunigung beschrieben. Die Geschwindigkeit wird aus der Beschleunigung über Integration bestimmt, ebenso berechnet sich die Position aus der Geschwindigkeit über Integration. Hierfür wird die Runge-Kutta-Methode vierter Ordnung verwendet.

5.3   Ultraschall-Modellierung

Es wurde Wert auf eine realitätsnahe Modellierung der Ultraschallsensoren gelegt. Neben andern Ansätzen in der Literatur [1][4][6][13] wurde vor allem das in [12] beschriebene Verfahren als Grundlage der hier vorgestellten Implementierung gewählt. Abb. 5(a) zeigt das Modell eines Ultraschallsensors, der mit Dreiecken angenähert wird. Die Weiterleitung des Ultraschallsignals wird durch den Öffnungswinkel α begrenzt, wodurch ein Kegel entsteht. Es werden nun die Schnittflächen des Ultraschallkegels mit Hindernissen im Raum gebildet, wobei der Kegelquerschnitt in Dreiecke zerlegt und auf die Hindernisflächen projeziert wird. Die Auftrefffläche wird anschließend zur Abstrahlfläche für den reflektierten Strahl. Falls die Auftrefffläche zu einem Ultraschallsensor gehört und die

228

Signalintensität über dem Schwellwert liegt, wird der Sensor aktiviert. Typische Ultraschall-Sensorfehler können mit dem Simulator nachgebildet werden. Abb. 5(b) zeigt das Problem von Mehrfachreflexionen: Das Ultraschallsignal wird zweifach reflektiert, bevor es zum Sensor zurückkehrt. Die längere Signallaufzeit täuscht hier ein weiter entferntes Hindernis vor.

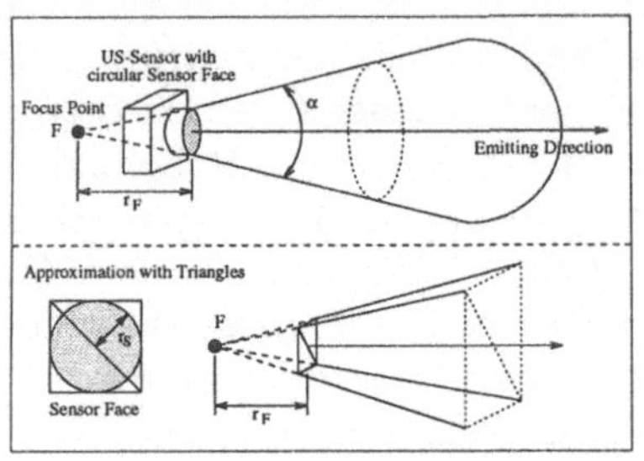

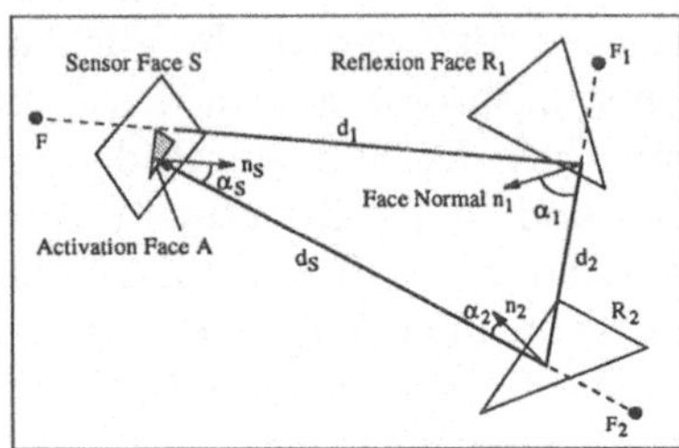

Abbildung5. (a) Ultraschallmodell (b) Mehrfachreflexionen

5.4 Kamera-Modellierung

Zur Erzeugung des Kamerabildes aus der Sicht eines der Roboter läuft ein separater Prozeß ab, der die Inventor-Bibliothek einer Silicon Graphics benutzt. Es wird ein dreidimensionales, hierarchisches Objektmodell verwendet. Für jedes Objekt wird seine Form, Farbe und Transformation zu einem Elternknoten angegeben. Die Form kann dabei entweder ein Quader oder eine durch Rechtecke und Dreiecke erzeugte Polygonfläche sein. Die Transformation definiert die räumliche Positon und Orientierung des aktuellen Teilbaums relativ zum Elternknoten. Mit dieser Methode können komplexe, aus vielen Einzelelementen bestehende Objekte sehr leicht verwaltet werden. Beispielsweise muß nur eine einzige Transformation auf die Wurzel eines Objektes ausgeübt werden, um das Objekt als ganzes zu drehen oder zu verschieben. Abb. 6 zeigt eine Sequenz von Kamerabildern für eine typische Roboterfahrt in einer Büroumgebung.

6 Zusammenfassung und Ausblick

Die Kopplung multiagenten-fähiger Architekturen ist Gegenstand intensiver Forschung. Das vorgestellte Verkehrsszenario verdeutlicht, wie Anforderungen an die Architektur realisiert wurden. Ressourcenkonflikte, wie sie beispielsweise beim wechselseitigen Zugriff des Linienfahrmoduls und des Kreuzungserkennungsmoduls auf den Framegrabber auftreten, versuchen wir mit Hilfe geeigneter dynamischer Priorisierung der zugreifenden Zyklen aufzulösen. Mit Hilfe des Simulationssystems ist es möglich, die Effekte von Robotersteuerungsprogrammen und die Kooperation von mobilen Robotern vorab in beliebiger Umgebung und mit vielen Fahrzeugen zu testen.

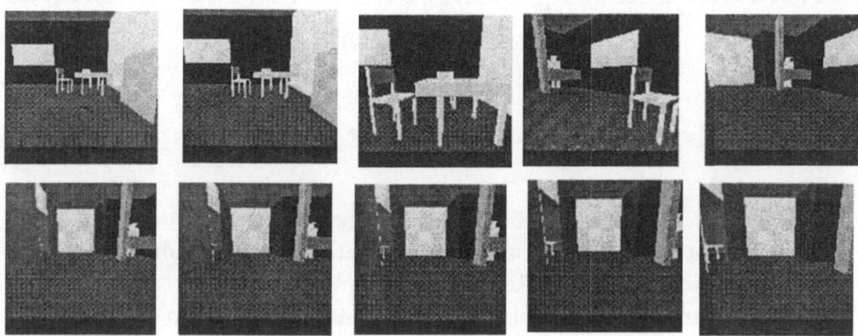

Abbildung6. Roboterfahrt mit MOBS

Literatur

1. Ahrens, U.: Möglichkeiten und Probleme der Anwendung von Luft-Ultraschallsensoren in der Montage- und Handhabungstechnik. Robotersysteme 1. Springer-Verlag (1985)
2. Bayer, H., Bräunl, Th., Rausch, A., Sommerau, M., Levi, P.: Autonomous Vehicle Control by Remote Computer Systems. **IAS-4** (1995) 158-165
3. Geist, A., Beguelin, A., Dongarra, J., Jiang, W., Manchek, R., Sunderam, V.: PVM 3 User's Guide and Reference Manual. Oak Ridge National Laboratory. Engineering Physics and Mathematics Division (1993)
4. Haines, N.F., Langston, D.B.: The reflection of ultrasonic pulses from surfaces. Journal of the Acoustical Society of America **65** no.5 (1980) 1443-1454
5. Keller, H., Stolz, H., Ziegler, A., Bräunl, Th.: Virtuelle Mechanik - Simulation und Animation von Mehrkörpersystemen. Universität Stuttgart. Informatikbericht Nr.8 (1993)
6. Kuc, R., Siegel, M.W.: Physically Based Simulation Model for Acoustic Sensor Robot Navigation. IEEE Trans. on Pattern Analysis and Machine Intelligence **9** no.6 (1987) 766-778
7. Kuc R., Barshan B.: Navigating vehicles through an unstructured environment with sonar. IEEE Robotics and Automation (1989) 1422-1426
8. Levi, P., Bräunl, Th., Muscholl, M., Rausch, A.: Architektur und Ziele der Kooperativen Mobilen Robotersysteme Stuttgart. **AMS-10** (1994) 262-273
9. Levi P., Muscholl M., Bräunl Th.: Cooperative Mobile Robots Stuttgart: Architecture And Tasks. **IAS-4** (1995) 310-317
10. Stolz, H.: Simulationssystem für autonome mobile Systeme mit Schwerpunkt auf Ultraschallsensorik. Diplomarbeit Nr. 1170. Informatik. Uni Stuttgart (1994)
11. Rausch, A., Oswald, N., Levi, P.: Cooperative crossing of traffic intersections in a distributed robot system. SPIE Sensor Fusion and Networked Robotics (1995) (wird veröffentlicht)
12. Robens, H.D.: Realitätsnahe Simulation von Ultraschallsensoren in dreidimensional modellierter Umgebung. Diplomarbeit. Informatik. Uni Kaiserslautern (1993)
13. Watanabe, S., Yoneyama, M.: An Ultrasonic Visual Sensor for Three-Dimensional Object Recognition Using Neural Networks. IEEE Trans. on RA **8** no.2 (1992) 240-249

Kooperierende Planung mehrerer autonomer Einheiten in der Produktion

K. Pischeltsrieder

Technische Universität München
Institut für Werkzeugmaschinen und Betriebswissenschaften
Prof. Dr.-Ing. G. Reinhart, Prof. Dr.-Ing. J. Milberg
Karl-Hammerschmidt-Straße 39, D-85609 Aschheim
e-mail: pi@iwb.mw.tu-muenchen.de

Kurzfassung

Dieser Artikel beschreibt eine Möglichkeit, die bisher meist zentralisierte Produktionsplanung auf alle mit der Aufgabenausführung befaßten Einheiten, d.h. Bearbeitungsmaschinen, Roboter, Transportsysteme, usw. zu verteilen. Dadurch soll das bisher nur unzureichend genutzte, sehr detaillierte lokale Wissen über den Zustand der Produktionsanlage, insbesondere bei der Behebung von Störungen, besser genutzt werden. Die Fähigkeiten aller Einheiten zum Treffen lokaler Entscheidungen werden für diesen Zweck erweitert. Der Wissensaustausch zwischen den Einheiten wird durch spezielle Verhandlungsprotokolle realisiert. Der vorgestellte Ansatz erweitert das auf Ausschreibungen und Angeboten beruhende Contract-Net-Protokoll (SMITH 1988) um Elemente zur mittelfristigen Aufgabenplanung. Um den autonomen Einheiten einen Vergleich mehrerer Angebote zu ermöglichen, wurde ein Punktesystem entwickelt, mit dessen Hilfe auch globale Aspekte in die lokalen Entscheidungen einfließen können.

Bei der verteilten kooperierenden Planung entscheidet zwar jede Einheit selbständig, welche Aufgaben sie durchführt, es wird in diesem Ansatz jedoch der Einsatz einer zentralen Koordinierungsinstanz vorgeschlagen, die die Planungen koordiniert und über die Einhaltung globaler logistischer Zielgrößen wacht.

1   Einleitung

Autonome Einheiten in der Produktion verfügen über immer mehr lokale Intelligenz. Um eine optimale Ausnutzung aller lokal verfügbaren Daten bei der Produktionsplanung zu gewährleisten, wird versucht, das Wissen aller intelligenten Einheiten in die Planung einzubeziehen. Nur durch einen optimalen Austausch von Entscheidungsgrundlagen kann eine intensive Zusammenarbeit gewährleistet werden. Die Anforderungen dieser sogenannten *kooperierenden Produktionsplanung* unterscheiden sich wesentlich von den Anforderungen an die eingesetzten Planungsalgorithmen herkömmlicher zentralisierter Planungssysteme. Verteiltes Planen impliziert immer eine aktivere, verzahntere Beteiligung der verschiedenen autonomen Einheiten beim Erlangen von einvernehmlichen Ergebnissen (MARTIAL 1993, S. 95). Konzepte für ein verteiltes Planen müssen deshalb auch Protokolle für Verhandlungen enthalten, mit denen die beteiligten Einheiten Informationen austauschen können. Die Planungsalgorithmen wiederum müssen die Verhandlungen unterstützen.

Im folgenden Abschnitt werden als Grundlage für verteiltes Planen zunächst die Mechanismen der Aufgabenweitergabe durch Verhandlungen erläutert. Der dritte und vierte Abschnitt befaßt sich mit der Anwendung der Verhandlungsprotokolle. Hier wird zum einen auf die Koordinierung der verteilten Produktionsplanung durch eine zentrale Instanz und zum anderen auf die Realisierung der zugehörigen lokalen Planungsinstanzen der autonomen Einheiten eingegangen.

2   Die Verhandlungen bei der kooperierenden Produktionsplanung

2.1   Überblick über die Verhandlungsschritte

Das verteilte Planen in einer Produktionsanlage mit vielen autonomen Einheiten ist ein relativ neues Forschungsgebiet, so daß hier höchstens auf Lösungen aus Forschungsgebieten mit ähnlichen Problemen zurückgegriffen werden kann. Die vorhandenen Verhandlungsprotokolle sind aber immer vom Anwendungsgebiet abhängig, so daß die wesentlichen Teile problemabhängig konzipiert werden müssen.

Das Contract-Net-Protokoll von SMITH (1988) bildet die Grundlage für viele Ansätze, in denen Verhandlungen notwendig sind, wie z.B. HAHNDEL & LEVI (1994, S. 1285FF). Es wurde aber ursprünglich zur schnellen, situationsangepaßten Verteilung von Datenverarbeitungsaufgaben entwickelt. Es löst deshalb nur das Zuordnungsproblem, d.h. die direkte Weitergabe von Aufgaben. Die lokale Planung von Aufgabenfolgen bei den einzelnen Verhandlungspartnern ist im Contract-Net-Protokoll nicht vorgesehen. Für den vorgestellten Ansatz wurde das Contract-Net-Protokoll um die Betrachtung von Bearbeitungszeitpunkten erweitert, die auch die Vergabe von in der Zukunft liegenden Aufträgen erlauben.

Für die Vergabe einer Aufgabe wird eine Ausschreibung durchgeführt (vgl. Abb. 1). Potentielle Auftragnehmer planen diese Teilaufgaben probeweise ein. Für die Angebotserstellung erfolgt temporär eine grobe kapazitive Einplanung der Teilaufgaben, die erst nach der Annahme des Angebots verfeinert wird. Wird für die Aufgabenbearbeitung zusätzlich die Hilfe anderer autonomer Einheiten benötigt, so werden für diese extern auszuführenden Teilaufgaben Ausschreibungen durchgeführt. Dabei wird das gleiche Verhandlungsprotokoll angewandt, das auch zur Übernahme von Aufgaben durch die autonome Einheit eingesetzt wird. Konnte eine Möglichkeit zur termingerechten Ausführung der intern und extern zu bearbeitenden Teilaufgaben gefunden werden, so wird der Aufwand zur Aufgabenbearbeitung abgeschätzt. Anhand dieser Daten wird ein Angebot erstellt und an den Auftraggeber gesandt.

Hat dieser das Angebot angenommen und einen Zuschlag erteilt, so müssen die bei der Angebotserstellung durchgeführten Abschätzungen der Einplanbarkeit von der autonomen Einheit verifiziert werden. Intern auszuführende Teilaufgaben werden jetzt endgültig eingeplant. Die Bearbeitungsreihenfolge aller eingeplanten Aufgaben wird dabei an die neuen Randbedingungen angepaßt und optimiert, so daß sich unter Umständen auch die Bearbeitungsreihenfolge der bereits eingeplanten Teilaufgaben ändern kann. Für die Durchführung von extern auszuführenden Teilaufgaben erfolgt die Annahme des besten Angebots sowie die Ablehnung aller anderen Angebote. Abhängig von der Annahme der Zuschläge für die extern auszuführenden Aufgaben sowie den Möglichkeiten zur lokalen Aufgabenausführung wird die Aufgabe endgültig angenommen oder abgelehnt.

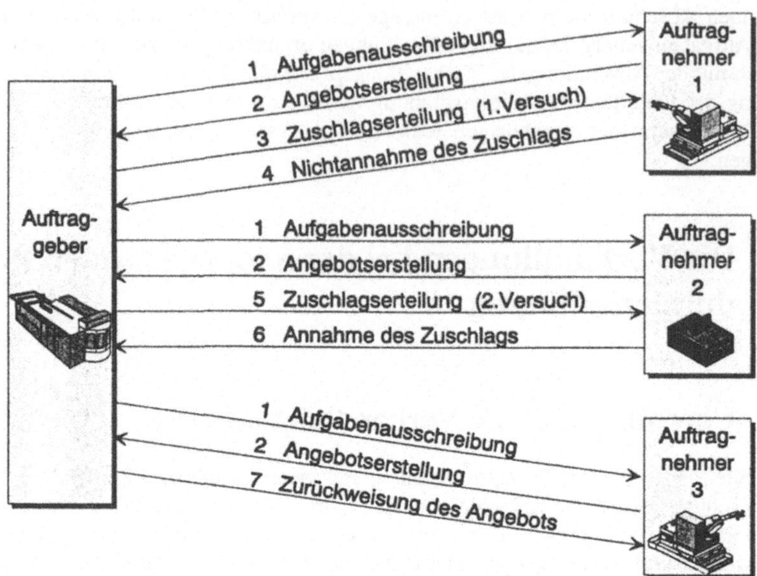

Abb. 1 :   *Grober Ablauf der Verhandlungen bei einer Vergabe von Aufgaben*

2.2   Grundlagen einer bewerteten Verhandlungsführung

Die autonomen Einheiten in einem Produktionssystem haben immer nur eine lokale Sicht des Gesamtsystems und können so nicht direkt beurteilen, wie sich ihr lokales Verhalten auf die globale Zielfindung auswirkt. Die Verhandlungen bei einer kooperierenden Planung sollen dem Austausch von Informationen dienen, um gemeinsam eine global gesehen möglichst optimale Bearbeitungsreihenfolge für die Aufgaben zu finden. Für den Austausch von Informationen muß es eine Möglichkeit geben, die eigene Bewertung einer Situation dem Verhandlungspartner zu vermitteln. Zum Vergleich der Sichtweisen mehrerer autonomer Einheiten sollten diese Bewertungen quantifizierbar sein.

Eine sehr anschauliche Möglichkeit bietet die Orientierung an der Marktwirtschaft als Vorbild aus dem Bereich der menschlichen Gesellschaft zur Behandlung von Interessenskonflikten (siehe auch (BURKHARD 1993, S. 162)). Analog dazu kann der Erfolg oder Mißerfolg jeder autonomen Einheit bei der Aufgabenplanung und -ausführung durch ein Punktesystem belohnt oder bestraft werden. Durch den Einsatz von lernenden Verfahren gibt es die Möglichkeit, ein für die globale Zielsetzung schädliches Verhalten, wie häufige Terminüberschreitungen oder die Nichterfüllung von angenommenen Aufgaben, zu "bestrafen".

Während den Verhandlungen zur Vergabe von Aufgaben werden drei verschiedene Punktearten festgelegt (siehe Abb. 2): Vom Auftraggeber zu zahlende Bonuspunkte für die korrekte Bearbeitung einer Aufgabe und vom Auftragnehmer zu zahlende Maluspunkte für die Nichtbearbeitung einer angenommenen Aufgabe sowie Maluspunkte für eine verspätete Fertigstellung einer angenommenen Aufgabe. Stellt der Auftraggeber dem Auftragnehmer zusätzlich Halbzeuge (oder sonstige Ressourcen) als Voraussetzung für die Aufgabendurchführung zur Verfügung, so werden bei den Verhandlungen auch vom Auftraggeber zu zahlende Maluspunkte für den Fall einer verspäteten Bereitstellung dieser Teile vereinbart. Mit diesen Punktezahlen kann der Auftraggeber Hinweise darauf geben, wie wichtig ihm die Bearbeitung der betreffenden Aufgabe ist und wie schwerwiegend die Konsequenzen einer nicht termingerechten Fertigstellung sind. Der Auftragnehmer kann im Gegenzug einen Hinweis geben, wie gut die betreffende Aufgabe in seinen lokalen Plan hineinpaßt.

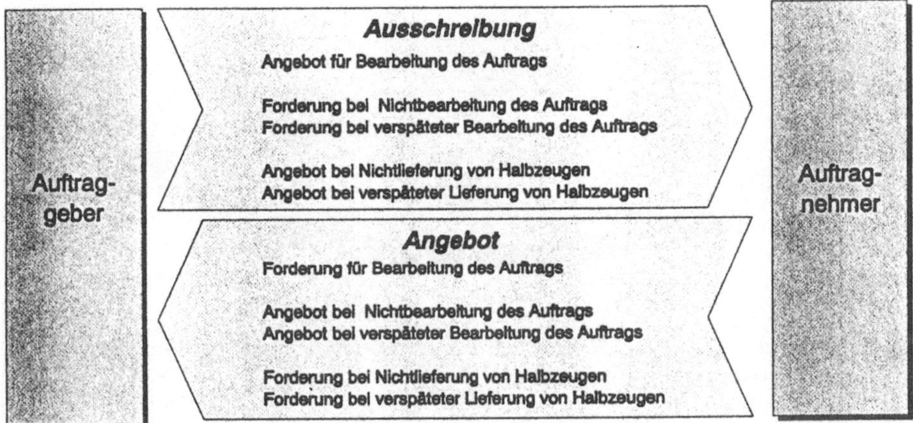

Abb. 2 :   Punktesystem für die Bewertung von Aufgaben in Ausschreibungen und Angeboten

Bei der Anwendung solcher Punktemechanismen ist allerdings zu beachten, daß die Abbildung marktwirtschaftlicher Mechanismen und Verhaltensweisen in die Produktionsumgebung zunächst nur relativ grob möglich ist. Es müssen deshalb vereinfachende Annahmen über das Verhalten der einzelnen autonomen Einheiten getroffen werden, um trotz der groben Abbildung ein möglichst optimales Planungsergebnis zu erhalten. So wird beispielsweise ein spekulatives Verhalten der autonomen Einheiten, bei dem die "Preise" für die Bearbeitung von Aufgaben durch Nichtannahme von Aufträgen mit niedrigen Punktezahlen künstlich in die Höhe getrieben werden, ausgeschlossen.

3   Einsatz einer zentralen Koordinierungsinstanz für die Steuerung der Produktionsplanung

Die Verteilung von Aufträgen innerhalb einer Produktion ist prinzipiell ohne eine zentrale Instanz möglich (siehe z.B. HAHNDEL & LEVI (1994, S. 1285FF)). Doch gerade für die Koordinierung der teilweise widersprüchlichen Zielsetzungen der einzelnen Einheiten und für die Überwachung logistischer Zielgrößen ist eine zentrale Instanz von Vorteil. Um sowohl die genannten Vorteile einer zentralen Instanz als auch die Vorteile einer verteilten Planung, wie die optimale Nutzung lokalen Wissens, zu verbinden, wird in diesem Ansatz eine sog. *Koordinierungsinstanz* eingesetzt (siehe Abb. 3). Allerdings hat diese im Gegensatz zu einem Leitsystem bei einer herkömmlichen zentralisierten Planung keine Befehlsgewalt. Sie kann die Aufgaben nur in Verhandlungen an die autonomen Einheiten verteilen.

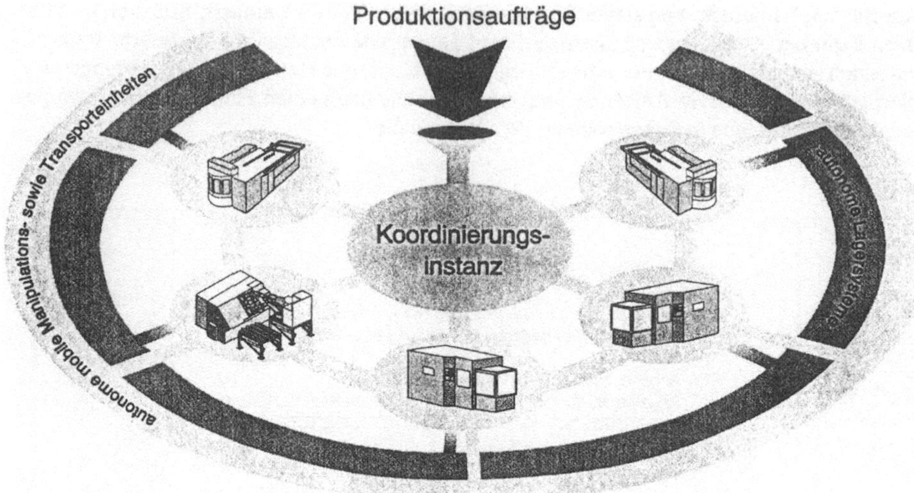

Abb. 3 :   Strukturierung einer Produktionsanlage autonomer Einheiten mit zentraler Koordinierungsinstanz

Eine genauere Beschreibung des Einsatzes der Koordinierungsinstanz ist in REINHART & PISCHELTSRIEDER (1995, S. 19FF) zu finden.

4   Die lokalen Planungen der autonomen Einheiten bei der verteilten Planung

4.1   Übersicht über die lokalen Planungsalgorithmen

Die verteilte Planung wie sie im zweiten Abschnitt beschrieben wurde, teilt die Planungsaufgaben einer autonomen Einheit in zwei vollkommen unterschiedliche Teile auf. Zum einen muß die lokale Einplanbarkeit einer Aufgabe bei der Angebotserstellung grob abgeschätzt werden und zum anderen ist eine exakte Einplanung von neuen Aufgaben nach Annahme eines Angebots erforderlich.

Diese Aufgaben werden von unterschiedlichen Teilen des Planungssystems durchgeführt (siehe Beispiel einer autonomen Bearbeitungszelle in Abb. 4). Für die Prüfung der Einplanbarkeit wird ein lokales Kapazitätsplanungsmodul eingesetzt. Die konkrete Planung führt hingegen ein Koordinierungsplanungsmodul durch.

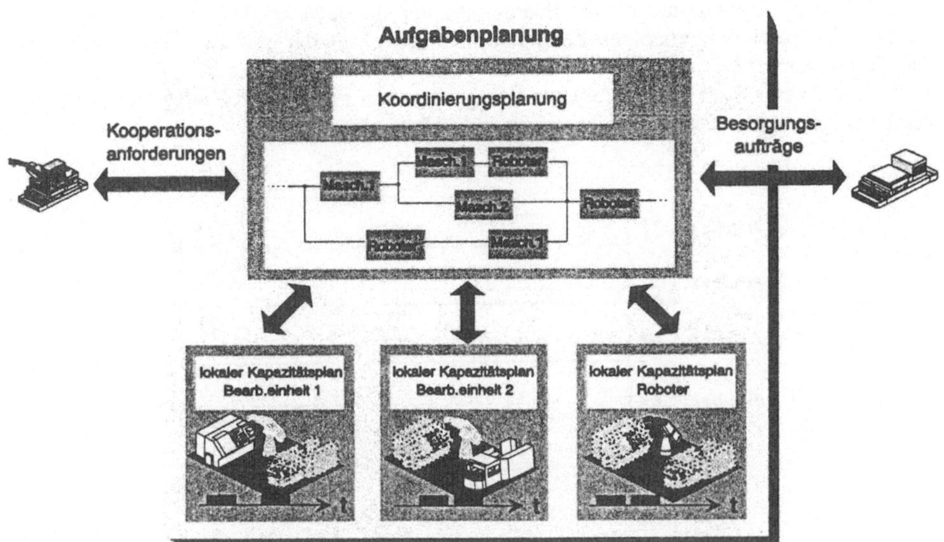

Abb. 4 :   Koordinierende Planung in einer autonomen Bearbeitungszelle mit zwei Bearbeitungseinheiten und einem Roboter

4.2   Lokale Kapazitätsplanung

Bei der Abgabe von Angeboten zur Aufgabenbearbeitung werden meist noch keine genauen Bearbeitungszeitpunkte angegeben, sondern nur ungefähre Intervalle, innerhalb derer eine Bearbeitung erfolgen soll. Diese Intervalle können sich ohne weiteres überlagern, soweit die Gesamtbelastbarkeit einer Bearbeitungseinheit nicht überschritten wird. Die Einplanung erfolgt ohne Berücksichtigung der Bearbeitungsreihenfolge rein kapazitiv in einen lokalen Kapazitätsplan.

Die Eintragungen in den lokalen Kapazitätsplan werden mit zwei multiplikativen Abwertungsfaktoren beaufschlagt. Beim ersten handelt es sich um den *zeitlichen Abwertungsfaktor*, der als Quotient aus der voraussichtlichen Bearbeitungszeit und dem für die Bearbeitung vorgegebenen Zeitintervall definiert ist. Er stellt die Verteilung der benötigten Bearbeitungskapazität auf das gesamte Bearbeitungsintervall dar. Der zweite Abwertungsfaktor berücksichtigt, daß nur ein gewisser Anteil der Angebote einer autonomen Einheit auch wirklich angenommen wird. Um zu verhindern, daß viele noch nicht beantwortete Angebote, von denen nur ein Bruchteil angenommen wird, die Ausstellung weiterer Angebote blockieren, stellt dieser sog. *stochastische Abwertungsfaktor* die Wahrscheinlichkeit für die Annahme eines Angebots dar.

Zur Kapazitätsüberwachung sind in der lokalen Kapazitätsplanung zwei Grenzwerte definiert. Die benötigte prozentuelle Auslastung der Kapazität kann zu einem Zeitpunkt auch über 1 (>100 %) liegen, sofern sich diese Überlastkapazität bei der späteren exakten Einplanung auf die benachbarten Zeiträume verteilen kann. Da Verschiebungen aber nur begrenzt möglich sind, muß jedoch trotzdem der Überlappungsfaktor Fü $(1 < \text{Fü} < 4)$ als obere Grenze für die Summe der eingeplanten Kapazitäten zu einem Zeitpunkt beachtet werden (siehe Abb. 5). Zusätzlich darf die Summe der für die Bearbeitung der eingeplanten Aufgaben benötigten Kapazitäten bis zu einem beliebigen Zeitpunkt nicht größer als die in diesem Zeitraum verfügbare Gesamtkapazität, multipliziert mit einem Faktor F_g sein (vgl. HAHNDEL & LEVI 1994, S 1288). Der Faktor F_g berücksichtigt die Übergangszeiten zwischen den einzelnen Aufgabenbearbeitungen und muß deshalb kleiner eins gewählt werden.

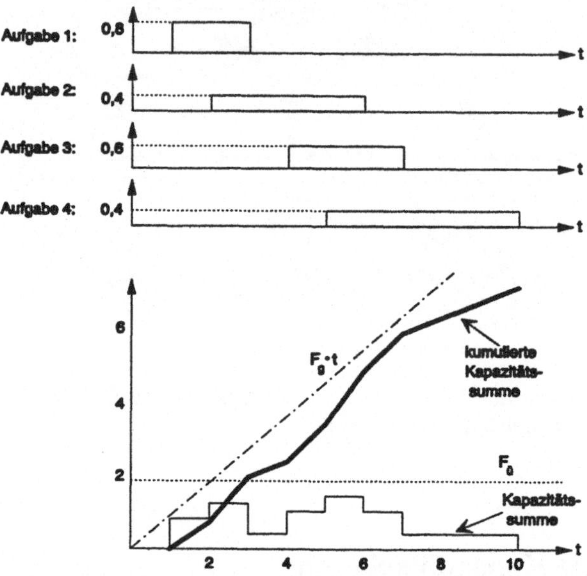

Abb. 5 :   Einbeziehung von Kapazitätsgrenzen bei der lokalen Kapazitätsplanung

4.3   Koordinierungsplanung

Die Koordinierungsplanung koordiniert die Arbeit mehrerer unabhängiger Komponenten einer autonomen Einheit, deren Bearbeitungskapazität vom lokalen Kapazitätsplanungsmodul abgeschätzt wird. Darüberhinaus organisiert sie auch eine Zusammenarbeit zwischen den lokalen Komponenten und anderen autonomen Einheiten, sofern das für die Bearbeitung einer Aufgabe notwendig ist. Herkömmliche, d.h. für die zentralisierte Planung ausgelegte Planungsalgorithmen konnten direkt an alle unterstellten Einheiten Befehle zur Bearbeitung von Aufgaben verteilen. Bei der verteilten Planung müssen jedoch die von den einzelnen kooperierenden Einheiten vorgegebenen Restriktionen berücksichtigt werden. Die Algorithmen müssen deshalb angepaßt werden.

Für den Planungsvorgang gibt es zwei grundsätzlich verschiedene Möglichkeiten. Beim ersten Ansatz wird zunächst versucht, eine aus lokaler Sicht sinnvolle Reihenfolge für die Bearbeitung der Gesamtaufgabe zu finden. Erst wenn eine aus lokaler Sicht gute Bearbeitungsreihenfolge gefunden wurde, wird versucht Auftragnehmer für die Teilschritte zu finden, die extern von anderen autonomen Einheiten oder kooperierend mit ihnen zusammen bearbeitet werden (siehe Beispiel in Abb. 6). Diese Vorgehensweise entspricht dem Vorgehen eines zentralen

Leitsystems bei der Aufgabenplanung. Lokale logistische Zielgrößen, wie die Auslastung, können bei diesem Verfahren optimal berücksichtigt werden. Allerdings wird der zeitliche Spielraum für die Bearbeitung der externen Teilschritte ohne Rücksprache mit den betroffenen Einheiten festgelegt. Ist die Bearbeitung eines externen Teilschrittes aber nicht zum vorgesehenen Zeitpunkt möglich, so ist das als neue Planungsrestriktion zu speichern und eine Neuplanung unter den neuen Voraussetzungen durchzuführen. Bei Kapazitätsengpässen einiger beteiligter Einheiten führt dieser Ansatz schnell zu sich wiederholenden unkoordinierten Versuchen neue Bearbeitungstermine für die Bearbeitung der externen Teilschritte zu finden.

Abb. 6 :   *Bearbeitungsplan bei Anforderung von anderen Einheiten zur Bearbeitung externer Teilschritte nach der internen Planung*

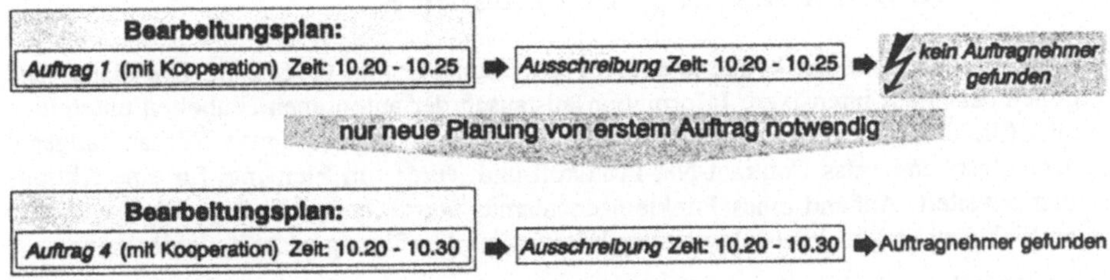

Abb. 7 :   *Bearbeitungsplan bei Anforderung von anderen Einheiten zur Bearbeitung externer Teilschritte während der internen Planung*

Bei der zweiten Planungsmöglichkeit werden die einzelnen Teilschritte nur schrittweise eingeplant (siehe Beispiel in Abb. 7). Bei externen Teilschritten wird vor der Einplanung sofort geprüft, ob für ihre Bearbeitung ein Auftragnehmer gefunden werden kann. Bei Terminschwierigkeiten kann sofort reagiert werden, so daß sich keine Auswirkungen für die bereits eingeplanten Aufgaben ergeben. Diese Methode führt zwar unter Umständen zu zeitlichen Engpässen bei der Einplanung der letzten Aufgaben. Bei einer guten Abschätzung des jeweils verbleibenden zeitlichen Spielraums kann jedoch mit dieser Methode zielgerichtet ein Bearbeitungsplan für die kooperierende Aufgabenbearbeitung erstellt werden.

4.4 Logistische Störungsbehandlung durch gezielte Umplanung

Bis jetzt wurde nur die Aufgabenverteilung in einer nicht gestörten Umgebung betrachtet. Der Verhandlungsmechanismus wird aber auch zur einheitenübergreifenden Störungsbeseitigung eingesetzt.

Bei der Produktionsplanung gibt es den Ansatz des "Höflichen Umplanens" (TSUKADE & SHIN 1994, S. 1986), bei dem eine gestörte Einheit zunächst versucht, das Problem lokal so zu lösen, daß sie die anderen Einheiten möglichst wenig behindert. Dadurch werden Kosten vermieden, die entstehen, wenn aus einem lokalen ein globales Problem wird und sich der Störungsbehebungsaufwand mehrerer Einheiten addiert.

Bei der Störungsbehebung muß immer zwischen einer technischen und einer logistischen Störungsbehebung unterschieden werden. Die technische Störungserkennung und -behebung ist für die Betrachtungen hier nur zur Ermittlung der voraussichtlichen Dauer der Störungsbehebung wichtig. Erst mit dieser Angabe kann bei der logistischen Störungsbehebung überhaupt abgeschätzt werden, welche Aufgabenbearbeitungen von der Störung tangiert sind. Können einzelne Aufgaben nicht termingerecht bearbeitet werden, so versucht die gestörte Einheit bei der logistischen Störungsbehandlung, sie an andere Einheiten weiterzugeben. Ist das nicht möglich, wird eine Neuplanung unter Berücksichtigung der durch die Bonus- und Maluspunkte repräsentierten Wichtigkeit der Aufgaben durchgeführt. Anschließend werden die Schätzungen für die neuen Fertigstellungstermine an die Auftraggeber der Aufträge, die nicht termingerecht ausgeführt werden können, gesandt. Diese können jetzt auch umplanen, um die Auswirkungen der Störung gering zu halten.

5 Zusammenfassung und Ausblick

Es wurde eine Methode zur kooperierenden Produktionsplanung vorgestellt. Die Planungsalgorithmen bauen auf intensivem Informationsaustausch der autonomen Einheiten untereinander mit Hilfe definierter Verhandlungsprotokolle auf. Der vorgeschlagene Verhandlungsmechanismus verwendet das Contract-Net-Protokoll und wurde um Elemente für eine Aktionsplanung erweitert. Anhand eines Punktemechanismus wurde beispielhaft gezeigt, wie autonomen Einheiten vergleichbare Bewertungskriterien zur Verfügung gestellt werden können.

Für die Aufgabenverteilung innerhalb einer Produktionsanlage wird eine zentrale Koordinierungsinstanz eingesetzt, die die einzelnen Teilaufgaben in Verhandlungen auf alle autonomen Einheiten verteilt. Mit Hilfe ihres globalen Überblicks kann sie auch logistische Zielgrößen wie globale Termintreue berücksichtigen.

Innerhalb jeder autonomen Einheit werden zwei verschiedene Planungsverfahren eingesetzt: Für die Überprüfung der lokalen Einplanbarkeit einer ausgeschriebenen Aufgabe wird eine Abschätzung der geforderten lokalen Bearbeitungskapazität in einem lokalen Kapazitätsplanungsmodul durchgeführt. Nach der Annahme eines Angebots werden die neuen Aufgaben von einem Koordinierungsplanungsmodul eingeplant, das das Zusammenwirken mehrerer unabhängiger Komponenten der autonomen Einheit sowie anderer autonomer Einheiten für die Aufgabenbearbeitung koordiniert.

Das Grundkonzept der kooperierenden Produktionsplanung hat sich in Experimenten als funktionsfähig erwiesen. Zur Steigerung der Effektivität gibt es allerdings noch einige Ansatzpunkte. Beispielsweise können die Bewertungsmechanismen prinzipiell erweitert werden, um noch mehr Informationen zwischen den Verhandlungspartner auszutauschen. Dadurch kann eine noch bessere Berücksichtigung globaler Zielvorgaben erreicht werden.

Darüberhinaus ist die Speicherung von Wissen über das Verhalten anderer Einheiten, z.B. über ihre Zuverlässigkeit, gerade bei selbständig handelnden Einheiten sinnvoll, um es in spätere Entscheidungen einzubeziehen. Die Integration lernender Algorithmen verspricht hier ein weiteres Potential für Verbesserungen.

Literaturverzeichnis

BURKHARD 1993

> Burkhard, H.-D.: Theoretische Grundlagen (in) der Verteilten Künstlichen Intelligenz. In: Müller, J. (Hrsg.): Verteilte Künstliche Intelligenz. Mannheim: BI 1993, S. 157-189.

HAHNDEL & LEVI 1994

> Hahndel, S., Levi, P.: A distributed task planning method for autonomous agents in a FMS. In: IROS '94 - IEEE/RS/GI Intern. Conf. on Intelligent Robots and Systems, München. Piscataway, NJ: IEEE 1994. S. 1285-1292.

MARTIAL 1993

> Martial, F.v.: Planen in Multi-Agenten Systemen. In: Müller, J. (Hrsg.): Verteilte Künstliche Intelligenz. Mannheim: BI 1993, S. 92-121.

REINHART & PISCHELTSRIEDER 1995

> Reinhart, G.; Pischeltsrieder, K.: Flexible Electrically-Powered Transport Vehicles in Future Production Structures. In: Rembold, U. (Hrsg.); Dillmann, R. (Hrsg.); Hertzberger, L.O. (Hrsg.); Kanade, T. (Hrsg): Proceedings of the Int. Conf. on Intelligent Autonomous Systems (IAS4), Karlsruhe. Amsterdam: IOS Press, 1995. S. 15-25.

SMITH 1988

> Smith, R. G.: The contract net protocol: High-level communication and control in a distributed problem solver. In: Bond, A. H. (Hrsg.); Gasser, L. (Hrsg.): Readings in Distributed Artifical Intelligence. San Mateo, CA: Morgan Kaufmann Publishers, 1988 , S. 357-366

TSUKADE & SHIN 1994

> Tsukade, T.; Shin, K. G.: Polite Rescheduling: Responding to Local Schedule Disruptions in Distributed Manufacturing Systems. In: Proceedings of 1994 IEEE Int. Conf. on Robotics and Automation, San Diego, California. Los Alamitos, California: IEEE Computer Society Press 1994, S. 1996-1991.

AMOS: Beherrschung vielfältiger Anforderungen durch dynamische Kombination und Konfiguration einfacher Mechanismen

Christian Schlegel, Jörg Illmann

Forschungsinstitut für anwendungsorientierte Wissensverarbeitung
FAW, Postfach 2060, D-89010 Ulm

{schlegel,illmann}@faw.uni-ulm.de

Zusammenfassung Damit ein Roboter in einer alltäglichen Umgebung eingesetzt werden kann, muß er auf ganz unterschiedliche Situationen geeignet reagieren können. Dazu benötigt er ein umfangreiches Repertoire von Verhaltensweisen. Durch Nutzung einer Wissensbasis zur Konfiguration von Basismodulen und der bei Eintreten eines Ereignisses auszutauschenden Nachrichten, lassen sich vielfältige Fähigkeiten auf der Basis weniger Module realisieren. Wie anhand von *Steer Angle Fields* erläutert wird, lassen sich darüberhinaus durch die Koppelung ansonsten rein reaktiver Module mit einer symbolischen Ebene Verhalten realisieren, welche strategisches Wissen benötigen.

1   Einleitung

Im Projekt AMOS (Autonome Mobile Systeme) werden grundsätzliche Fragestellungen zur durchgängigen Integration symbolischer und subsymbolischer Formen der Informationsverarbeitung am Beispiel eines Robotersystems untersucht. Dieses soll in die Lage versetzt werden, selbständig ein Modell der Umwelt aufzubauen und zu nutzen, um in relativ unstrukturierter Umgebung autonom agieren und dabei selbständig für die Aufgabenausführung bedeutsame Begriffe bilden zu können [3]. Ein wesentliches Merkmal der AMOS-Architektur ist die Integration sowohl symbolischer planender als auch subsymbolischer reaktiver Mechanismen.

Als Plattform wird ein industrielles fahrerloses Transportsystem verwendet, welches neben einem 2D-Laserscanner und Ultraschallsensoren auch über zwei Videokameras auf Pan-Tilt-Plattformen und einen 3D-Laserscanner verfügt. Auf dem Fahrzeug werden Transputer, Signalprozessoren und ein Notebook eingesetzt.

2   Motivation

Der Einsatz eines Roboters in einer alltäglichen Umgebung erfordert die Fähigkeit, in ganz unterschiedlichen Situationen zielgerichtet zu handeln. Dazu muß das System über ein umfangreiches Repertoire von Verhaltensweisen verfügen.

Vielfach ist es möglich, für Teilaufgaben relativ einfache und auf die Aufgabe spezialisierte Verfahren einzusetzen. Oft können sich auch die Einsatzbereiche unterschiedlicher Verfahren so ergänzen, daß sie erst gemeinsam die gestellten Anforderungen erfüllen können. Betrachtet man die bei Einsatz unterschiedlicher Verfahren auf einem Roboter entstehenden Informationsflüsse, stellt man meist fest, daß sich unterschiedliche Ansätze vielfach bereits dadurch integrieren lassen, daß der Informationsfluß zwischen Basismodulen je nach zu realisierendem Verhalten konfiguriert wird. Implementiert man eine Menge grundlegender Fähigkeiten (beispielsweise das Erzeugen einer Karte der Umgebung, das Planen eines Weges auf einer Karte oder Verfahren zur Überwachung des Umfeldes des Roboters), können daraus durch geeignete Verschaltung der auszutauschenden Nachrichten zwischen den Modulen unterschiedliche Verhaltensmuster aufgebaut werden.

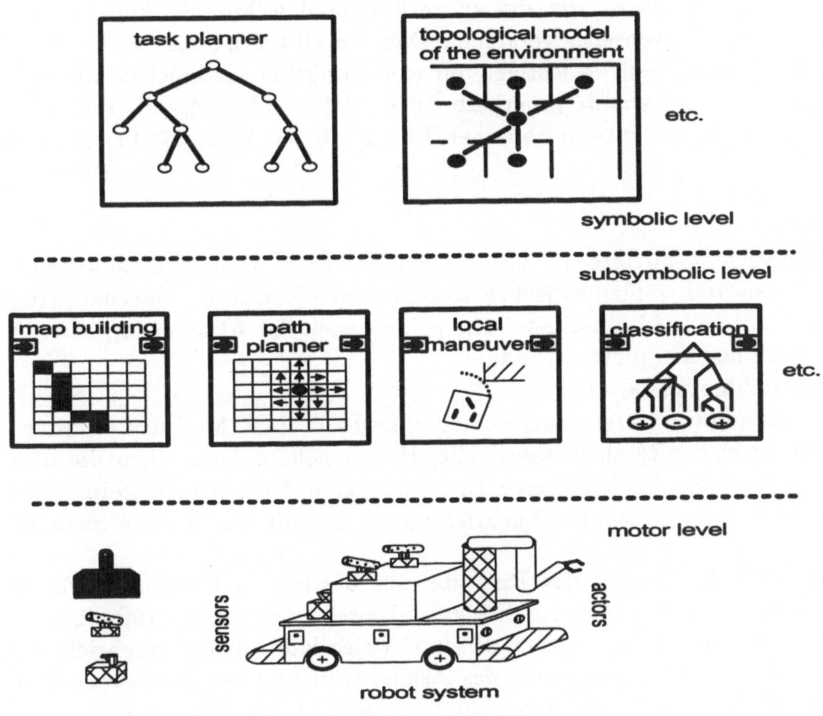

Abbildung 1. Einige Module des Systems

Zusätzliche Funktionalitäten können sowohl durch Kombination bereits vorhandener Module als auch durch Integration neuer Basismodule realisiert werden. Durch unterschiedliche Konfigurationen des Nachrichtenflusses können Module in verschiedenen Verhalten mitwirken und so, wenn sie einmal realisiert sind, mehrfach genutzt werden.

3   Der Ansatz

Die Basismodule werden erst durch eine geeignete Einstellung der Betriebsmodi und der auszutauschenden Nachrichten zu sinnvollen Verhaltensweisen kombiniert. Bei der Konfiguration müssen sowohl Randbedingungen in der Konfigurationsreihenfolge als auch in der Verträglichkeit gleichzeitig aktiver Modi beachtet werden. Aufgrund der Komplexität erfolgt die Repräsentation des notwendigen Wissens in einer Wissensbasis, wodurch sowohl die Verwaltung der Konfigurationen als auch der zulässigen Umkonfigurationen erheblich erleichtert wird.

Selbstverständlich kann nicht jedes Modul mit jedem verknüpft werden. Dies ist nur soweit möglich, wie die zu verknüpfenden Module über Nachrichten verfügen, die sie gegenseitig verstehen. Damit ergibt sich meist auch eine natürliche Granulierung, welche festlegt, ob eine Funktion als eigenständiges Modul oder aber nur als Variante innerhalb eines existierenden Moduls realisiert wird. Für die Module der subsymbolischen Ebene gibt es daher die folgenden Konfigurationsarten.

- Modus
  Unterschiedliche interne Abläufe werden über Moduseinstellungen vorgenommen und wählen zwischen verschiedenen Varianten innerhalb eines Modules aus. Zur Moduseinstellung gehört auch die Aktivierung bzw. Deaktivierung des kompletten Modules.
- Nachrichtentabelle
  Alle konfigurierbaren Nachrichten innerhalb eines Modules erhalten einen Eintrag in der Nachrichtentabelle. Hierzu gehören vor allem die innerhalb eines Modules detektierbaren Ereignisse, so daß die bei Eintreten des Ereignisses zu verschickenden Nachrichten frei konfiguriert werden können.

Das Vorkonfigurieren der Reaktion auf bestimmte Ereignisse erlaubt eine schnelle Behandlung, ohne im Ereignisfall erst langwierige symbolische Ableitungen durchführen zu müssen. Beispielsweise kann in die Nachrichtentabelle eines Modules zur Überwachung des lokalen Umfeldes des Roboters eingetragen werden, bei Verletzung des Warnbereiches sowohl eine Nachricht zum Stoppen des Fahrzeuges als auch eine Nachricht zur Information der symbolischen Ebene zu generieren.

4   Ausgewählte Module

In den folgenden Abschnitten werden ausgewählte Module mit ihren möglichen Moduseinstellungen und Nachrichtentabellen vorgestellt.

4.1 Das Modul Bereichsüberwachung

Die Bereichsüberwachung prüft dauernd, wo sich der Roboter bezüglich frei definierbarer Bereiche befindet. Bereiche werden mit Hilfe eines globalen Koordinatensystems über dem Einsatzgebiet des Roboters definiert, über eine eindeutig zu wählende Bezeichnung referenziert und können entweder geschlossene Polygone, Kreise oder auch Bereiche um eine Gerade sein. Es kann aber auch überwacht werden, ob sich die Ausrichtung des Fahrzeuges innerhalb eines bestimmten Winkelbereiches befindet. Das Modul verfügt über keine speziellen Betriebsmodi und kann als Server von anderen Modulen ohne Nebenbedingungen in Anspruch genommen werden.

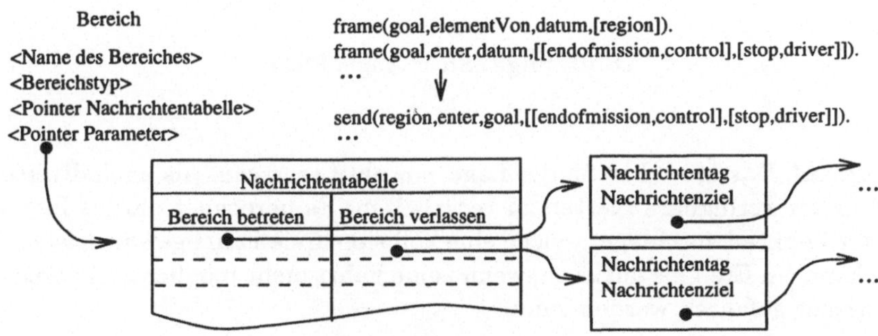

Abbildung2. Nachrichtentabelle

Die Nachrichtentabelle enthält für jeden angemeldeten Bereich frei definierbare Nachrichten für die Ereignisse *Betreten* und *Verlassen*. In Abbildung 2 ist diese Struktur veranschaulicht.

4.2 Das Modul SAF

Der Algorithmus In der einschlägigen Literatur existieren eine Vielzahl von verschiedenen lokalen Bahnplanungsverfahren. Ein Verfahren, welches die kinematischen Beschränkungen direkt berücksichtigt, sind die sogenannten *Steer Angle Fields (SAF)*, deren grundlegende Idee in [1, 2] vorgestellt wurde.

Wie in Abbildung 3 verdeutlicht, werden bei einer Dreiradkinematik mit Hilfe von Kreisbögen durch P und durch relevante Punkte der Außenkontur des Fahrzeuges diejenigen Intervalle von Lenkradeinschlägen bestimmt, welche zu einer Kollision mit dem Hindernis führen. Zur Berücksichtigung mehrerer Hindernisse sind die für jeden Hindernispunkt P einzeln bestimmten Intervalle zu kombinieren. Das Verfahren kann sowohl direkt auf 2D-Laserscans als auch auf Rasterkarten arbeiten.

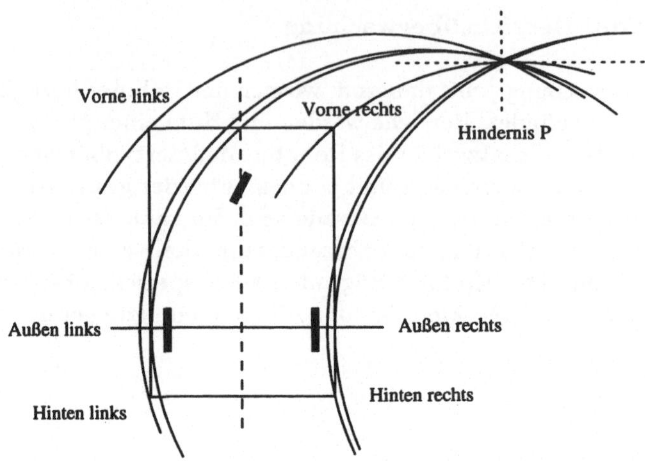

Abbildung3. Steer Angle Field

Das Modul Das Modul ist in der Lage, sowohl Laserscans als auch diverse auf dem Roboter verfügbare Karten zu verarbeiten. Es berechnet daraus Intervalle erlaubter Lenkradeinschläge, welche eine kollisionsfreie Fahrt gewährleisten. Das Modul kann ein Ereignis auslösen, wenn keine Fahrt mehr möglich ist beziehungsweise wieder gefahren werden kann.

– Nachrichtentabelle
  Die Nachrichtentabelle enthält Einträge für die beiden Ereignisse *gültiges Lenkradintervall vorhanden* und *kein gültiges Lenkradintervall vorhanden*.
– Parameter
  Zu definierende Parameter sind die Fahrtrichtung (Vorwärts, Rückwärts) und die maximale Entfernung der für die Berechnung des Steer Angle Fields zu berücksichtigenden Hindernisse. Zusätzlich kann durch Vorgabe von Lenkradwinkelbegrenzungen der Lenkradeinschlag begrenzt werden. Außerdem kann für bestimmte Modi ein anzufahrendes Ziel vorgegeben werden.
– Modus
  - unmittelbare Lenkradsteuerung (SAF_DIREKT)
    Ist diese Betriebsart eingeschaltet, generiert das Modul SAF einen Lenkradeinschlag gemäß der gewählten Strategie und der gesetzten Parameter und erzeugt Nachrichten zur direkten Ansteuerung des Lenkrades. Generell können andere Module jederzeit sowohl das SAF als auch den gewählten Lenkradeinschlag anfordern.
  - Strategie *links halten* (SAF_LINKS)
    Bei dieser Strategie wird der gemäß den Parametern größtmögliche Lenkradeinschlag nach links ausgewählt.
  - Strategie *rechts halten* (SAF_RECHTS)
    entsprechend oben größtmöglicher Einschlag nach rechts.

- Strategie *Gangmitte fahren* (SAF_GANG)
  In diesem Modus wird die Mitte des Intervalls gewählt, welches die Geradeausfahrt des Roboters enthält. Auf diese Weise kann sehr einfach in einem Gang unter Berücksichtigung von Hindernissen gefahren werden.
- weitere Betriebsarten
  Diverse Betriebsarten, welche den Lenkradwinkel so auswählen, daß der Roboter beispielsweise eine bestimmte Ausrichtung erreicht oder auf ein bestimmtes Ziel zufährt.

Normalerweise werden Steer Angle Fields zur Kollisionsvermeidung bei der Fahrt durch ein mit Hindernissen versehenes Gebiet eingesetzt. In Kapitel 5 wird erläutert, wie dieser Basismechanismus in Verbindung mit einer symbolischen Ebene zur Realisierung unterschiedlicher Verhalten genutzt werden kann. Eine ausführliche Darstellung findet sich in [4].

4.3 Das Videosystem

Das Videosystem stellt eine Reihe verschiedener Betriebsmodi zur Verfügung, die nach ihrer Aktivierung und Konfiguration fortlaufend die mit den Videokameras aufgenommenen Farbbilder analysieren. Sie können beispielsweise Überwachungsaufgaben übernehmen und ereignisgesteuert Nachrichten an andere Module senden, die darauf aufbauend komplexere Verhaltensweisen realisieren können. Folgende Betriebsmodi können genutzt werden.

Verfolgen eines Objekts In dieser Betriebsart hat das Videosystem die Aufgabe, ein Objekt zu verfolgen, das heißt, die Pan-Tilt-Einheit so zu steuern, daß das Objekt ständig im Bildzentrum gehalten wird. Dazu wird das Zielobjekt anhand von Farb- und Formmerkmalen identifiziert und im Bild lokalisiert. Anschließend wird die Abweichung zwischen Objektschwerpunkt und Bildmittelpunkt genutzt, um die Steuergröße zu berechnen, die dann als relative Positionskorrektur auf die Pan-Tilt-Einheit gegeben wird.

Das Ergebnis der Berechnung kann an andere Module, die in der Nachrichtentabelle eingetragen sind, verschickt werden. Diese Module können das Ergebnis zur Ausrichtung des Fahrzeugs oder anderer Geräte auf das verfolgte Objekt nutzen.

Lesen von Türschildern Diese Betriebsart ermöglicht die Identifikation von Räumen anhand von Türschildern. Nach Aktivierung werden zunächst die Parameter der Kamera (Brennweite) und des Schwenkneigekopfes (Pan- und Tilt-Winkel) anhand der erwarteten, üblichen Position von Türschildern in Gängen von Bürogebäuden bestimmt. Dazu wird die Pan-Tilt-Einheit auf die erwartete Position ausgerichtet und die Brennweite der Kamera so eingestellt, daß die erwartete Region erfaßt wird.

Das Modul untersucht nun fortlaufend die aufgenommenen Bilder nach Hinweisen auf Schilder. Werden derartige Hinweise gefunden, so wird anhand von

Merkmalen und Zwangsbedingungen verifiziert, ob es sich tatsächlich um ein Schild mit einer Raumbezeichnung handelt. Diese Bezeichnung wird gegebenenfalls extrahiert, gefundene Einzelzeichen für einen nachgeschalteten Klassifikator geeignet aufbereitet und das Klassifikationsergebnis (die detektierte Raumbezeichnung) an einen frei konfigurierbaren Empfänger verschickt.

Suchen von Objekten In dieser Betriebsart durchsucht das Videosystem ständig die Umgebung des Roboters nach spezifizierten Objekten und ist als Server (ähnlich der Bereichsüberwachung) allen Modulen zugänglich. Zu suchende Objekte können einfache Objekte sein, die durch Farb-, Textur- und Formmerkmale gekennzeichnet sind, oder komplexere Objekte, die sich aus einfachen Objekten zusammensetzen.

Dazu wird der gesamte erfaßbare Sichtbereich von den Pan-Tilt-Einheiten mäanderförmig abgefahren und die dabei aufgenommenen Bilder daraufhin untersucht, ob sie ein gesuchtes Objekt enthalten. Sobald ein derartiges Objekt gefunden wurde, wird dessen Beschreibung und gefundene Position an den Prozeß, der die Spezifikation eines Objektes vorgenommen hat, übermittelt. Anschließend wird der Suchvorgang fortgesetzt und im Suchbereich nach weiteren, der Beschreibung entsprechenden Objekten gesucht.

Nach Erfassung des gesamten Bereichs erzeugt das Modul eine entsprechende Meldung an den zuständigen Client und beginnt den Suchprozeß erneut.

5 Realisierte Verhaltensmuster

Mit Hilfe der zuvor beschriebenen Module können bereits eine Reihe interessanter Verhalten realisiert werden. Im folgenden werden einige Konfigurationen beschrieben.

5.1 Wendemanöver

Ein relativ einfaches Wendemanöver läßt sich aus einer Kombination der Module *SAF* und *Bereichsüberwachung* realisieren. Die verwendete Strategie entspricht dem Vorgehen beim Wenden in mehreren Zügen. Die Bereichsüberwachung muß einerseits das Erreichen der Zielausrichtung überwachen, andererseits aber auch prüfen, ob der Roboter einen zuvor für das Wendemanöver eingeräumten Bereich verläßt. Letzteres ist notwendig, damit festgestellt werden kann, ob sich der Roboter während des rein reaktiven Wendemanövers zu weit von der Startposition entfernt. Für das Wendemanöver werden 2D-Rundumscans des 3D-Laserscanners benutzt. Sobald in eine Richtung nicht weitergefahren werden kann, schickt das Modul *SAF* eine Nachricht an die symbolische Ebene. Diese ändert daraufhin die Fahrtrichtung, konfiguriert die Lenkwinkelbegrenzungen um und ändert den Betriebsmodus. Ist bei der Vorwärtsfahrt beispielsweise möglichst weit links einzuschlagen (SAF_LINKS), ist bei der anschließenden

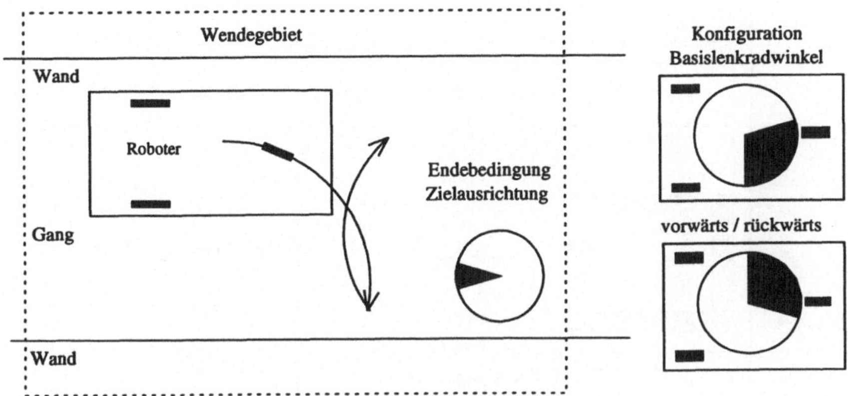

Abbildung4. Wenden im Gang

Rückwärtsfahrt möglichst weit rechts einzuschlagen (SAF_RECHTS). Das Modul *SAF* wird so konfiguriert, daß das Ergebnis direkt an die Lenkradregelung geschickt wird.

In Abbildung 4 ist ein typisches Wendemanöver gezeigt. Während die Module der subsymbolischen Ebene für die Ausführung unter Berücksichtigung der kinematischen Randbedingungen des Fahrzeuges und der aktuellen Hinderniskonstellation zuständig sind, ist in der symbolischen Ebene die Strategie zum Wenden abgelegt. Die Module der subsymbolischen Ebene sind so konfiguriert, daß sie immer dann eine Nachricht an die symbolische Ebene schicken, wenn diese zum Umkonfigurieren eingreifen muß.

5.2 Einparken in Aufzug

Ähnlich wie das Wendemanöver wird das Betreten des Aufzuges durch eine geeignete Konfiguration mehrerer Module in Verbindung mit einer Ablaufsteuerung innerhalb der symbolischen Ebene realisiert. Der Roboter fährt in die Nähe des Aufzuges, fordert ihn an (derzeit per Infrarotfernsteuerung), vermißt den geöffneten Aufzug mit Hilfe eines 2D-Rundumscans des 3D-Laserscanners, berechnet die Einparkgerade l und positioniert den Rangierbereich vor dem Aufzug. Unter Nutzung des Rangierbereiches richtet sich der Roboter geeignet aus, um dann unter Regelung der Ausrichtung gegenüber der hinteren Aufzugwand soweit in den Aufzug zu fahren, bis er nahe genug an dessen Rückwand steht. Während des Manövers wird mit Hilfe der Bereichsüberwachung sowohl das lokale Umfeld des Roboters als auch der für die Rangiermanöver vorgesehene Bereich überwacht. Bei einer Verletzung der Bereiche durch Hindernisse wird der Roboter angehalten.

Dieses Verfahren ist natürlich nicht in der Lage, ähnlich wie bekannte komplexe Bahnplanungsverfahren, immer dann in den Aufzug zu fahren, wenn es prinzipiell möglich wäre. Dennoch ist es für viele alltägliche Situationen völlig

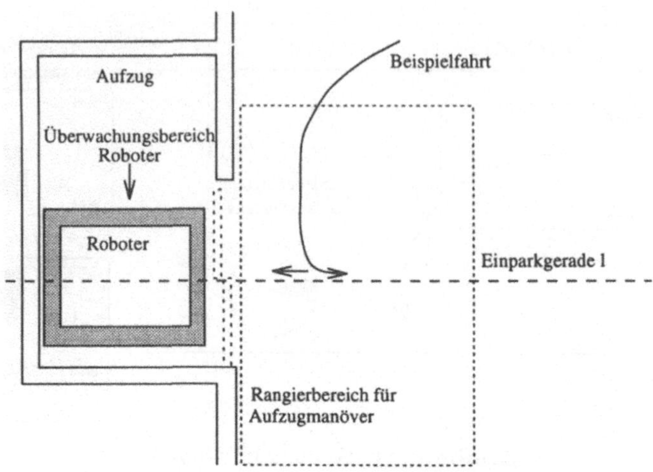

Abbildung5. Aufzugsituation

ausreichend, da normalerweise die Bereiche um Aufzüge freigehalten werden und der Roboter nur einen kleinen Bereich direkt vor dem Aufzug selbst für die Fahrmanöver benötigt. In problematischen Situationen (beispielsweise Hindernisse im benötigten Rangierbereich) werden zuvor konfigurierte Nachrichten an die symbolische Ebene geschickt, welche daraufhin entscheiden kann, wie weiter vorzugehen ist. Beispielsweise kann gehupt und eine begrenzte Zeitdauer gewartet werden, um dann das Manöver erneut zu versuchen.

5.3 Objekt verfolgen

Dazu wird im Videosystem der Betriebsmodus *Verfolgen eines Objekts* aktiviert. Dieser Modus lokalisiert zunächst das gesuchte Objekt im Bild und berechnet die Abweichung zwischen detektierter und gewünschter Bildposition. Die daraus bestimmte Richtung des zu verfolgenden Objektes relativ zum Fahrzeug wird an das Modul *SAF* geschickt. Dieses ist so konfiguriert, daß es aus den erlaubten Lenkwinkeln denjenigen auswählt, der das Fahrzeug am besten auf das Zielobjekt ausrichtet.

5.4 Fahren in einem Gang

Zum Auffinden eines bestimmten Zimmers innerhalb eines Ganges in einem Bürogebäude wird mit Hilfe des Modules SAF in der Betriebsart SAF_GANG rein reaktiv den Gang entlanggefahren und mit Hilfe des Videosystems und des Klassifikators nach Türschildern gesucht. Die symbolische Ebene erlaubt das Umschalten auf andere Verhalten, sobald der gewünschte Raum gefunden wurde und überwacht zudem die korrekte Abfolge der Zimmerbezeichnungen.

6 Diskussion

Die Möglichkeit, elementare Basismodule je nach Bedarf über geeignete Nachrichten zu unterschiedlichen Verhalten zu kombinieren, setzt einen leistungsfähigen Konfigurationsmechanismus voraus. Der Einsatz einer Wissensbasis erlaubt vor allem die effiziente Verwaltung unterschiedlicher Verhaltensmuster, die relativ einfache Integration weiterer Fähigkeiten und den situationsabhängigen Einsatz unterschiedlicher Konfigurationen. Allein durch Ändern der bei einem Ereignis zu verschickenden Nachrichten können situationsabhängige Reaktionen auf ein Ereignis realisiert werden. Die flexible Konfiguration von Nachrichten ermöglicht es, zum Zeitpunkt eines Ereignisses eine bereits vorbereitete Reaktion abzurufen. Damit kann die Flexibilität einer wissensbasierten Reaktion mit den Zeitanforderungen auf einem mobilen Roboter kombiniert werden. Durch die Interaktion einer symbolischen Verarbeitung mit Modulen der subsymbolischen Ebene kann strategisches Wissen bei robuster Ausführung genutzt werden.

Danksagung

Das AMOS-Team bedankt sich beim BMBF, der AMOS als Verbundprojekt mit industriellen Partnern fördert (01 IW 302A|1), sowie bei unserem Partner NOELL Autonome Roboter, Hamburg, für wertvolle Unterstützungsarbeit. Die Autoren danken Steffen Gutmann und Stefan Sarstedt für die Unterstützung bei den Implementationsarbeiten.

Literatur

1. Rudolf Bauer, Wendelin Feiten, and Gisbert Lawitzky. Steer angle fields: An approach to robust manoeuvering in cluttered, unknown environments. *Robotics and Autonomous Systems*, (12):209–212, 1994.
2. W. Feiten, R. Bauer, and G. Lawitzky. Steer angle fields: An approach to robust manoeuvering in cluttered unknown environments. In *Proc. Int. Workshop on Intelligent Robotic Systems*, pages 67–70, 1993.
3. M. Knick and F. J. Radermacher. Integration of subsymbolic and symbolic information processing in robot control. In *Third annual Conference on AI, Simulation and Planning in High Autonomy Systems*, pages 238–243. IEEE Computer Society Press, 1992.
4. Christian Schlegel. Arbeitstitel: Steer Angle Fields. Technical report, FAW Ulm, (in Vorbereitung) 1995.

Verteilte Robotersteuerung mit strukturadaptiven Steuerungsarchitekturen

Tim Lüth, Thomas Längle und Johan Hellqvist

Institut für Prozeßrechentechnik und Robotik (IPR)
Universität Karlsruhe, 76128 Karlsruhe
email: t.lueth@ieee.org

In diesem Beitrag wird das Konzept der strukturadaptiven Steuerungs-architekuren vorgestellt, mit dem dynamische Veränderungen des Informations- und des Steuerflusses zur Laufzeit vorgenommen werden können, um situations-abhängig hierarchische oder verhaltensorientierte Steuerstrukturen zu erzeugen. Unterstützt wird das Konzept durch einen speziellen Echtzeit-Roboter-Betriebs-systemkern. Angewendet wurde es bei der Implementierung von Montage-strategien auf mobilen Miniaturmanipulatoren.

1 Einleitung

Mit der Vielzahl von Komponenten, Aktivitäten und Beziehungen in den Steuerungen autono-mer Robotersysteme müssen die Fragen nach Koordination und Wettbewerb geregelt werden. Dies trifft nicht nur auf die Steuerung innerhalb eines Roboters zu, sondern auch auf kooperie-rende Steuerungen in *Multi-Roboter-Systemen*. Fragen der Korrektheit, der Leistung, aber auch der Verstehbarkeit und Erklärbarkeit erfahren eine zunehmende Bedeutung. Der Begriff *Struktur* beschreibt dabei die Verknüpfung der Bestandteile zu einem zusammenwirkenden Ganzen, der *Steuerungsarchitektur* (Wettstein, 1993).

Der Entwurf intelligenter Steuerungen wird auch in Zukunft immer mit experimenteller Entwicklung und iterativen Veränderungen verbunden sein. Eine universale Steuerungsarchi-tektur wird es nicht geben, da mit jedem zusätzlichen Sensor und Aktor neue Steuer- und Regelalgorithmen implementiert und getestet werden müssen. Typischerweise verlagern sich bei der Verwendung komplexer Sensoren und Aktoren immer mehr Bestandteile der Architek-turen in die Peripherie der Steuerungen. Damit verbunden ist eine immer stärkere Nebenläufig-keit von Informationsverarbeitungsprozessen.

Steuerungen autonomer Roboter sind komplexe Systeme, in denen viele unabhängig vonein-ander entworfene zeit- oder ereignisbasierte Regelkreise zusammenwirken. Beim gegenwärti-gen Stand der Technik entscheidet bereits nicht mehr die Qualität des einzelnen Algorithmus über die Leistungsfähigkeit sondern vielmehr die Steuerungsarchitektur. Daher muß sie syste-matisch betrachtet und für spezielle Aufgabenstellungen angepaßt werden. Dies kann auch zur Laufzeit erforderlich werden.

In diesem Beitrag wird das Konzept der strukturadaptiven Steuerungsarchitekturen vorge-stellt, mit dem dynamische Veränderungen des Informations- und der Steuerflusses zur Laufzeit vorgenommen werden können, um situationsabhängig hierarchische oder verhaltensorientierte Steuerstrukturen zu erzeugen. Unterstützt wird das Konzept durch einen speziellen Echtzeit-Roboter-Betriebssystemkern. Motiviert werden die Arbeiten durch den Wunsch, die Steuerun-gen autonomer Roboter zu kooperierenden Einheiten zusammenzuschließen. Erfahrungen mit einem komplexen mobilen Zweiarm-Roboter, KAMRO (Lüth und Rembold, 1994), hatten gezeigt, daß dabei selbst Echtzeit-Regelkreise *bedarfsabhängig* verkoppelt werden müssen.

2 Problemstellung

Autonome Roboter erfassen, modellieren und beobachten ihre Umwelt, um einen gewünschten Zielzustand zu erreichen oder diesen zu stabilisieren. Hierfür planen oder regeln sie nach festen Strategien und verändern diese Umwelt so, daß die Veränderung in einer zugrundegelegten *Metrik* den *Abstand* zwischen aktuellem und gewünschten Zustand *reduziert*. In quasikontinuierlichen Zustandsräumen wird normalerweise zeitbasiert geregelt, während in diskontinuierlichen (diskreten) Räumen Ereignisse beobachtet und geplant bzw. gesucht werden. Das Ziel sollte selbst in teilweise unbekannten Umgebungen und unter Störungseinflüssen erreicht werden.

Seit der Verwendung der Digitalrechner werden typischerweise Sensoren verwendet, um ein festes und in seinem Umfang vorab definiertes Umweltmodell zu "warten". Der Zielzustand ist innerhalb dieses Modells definiert, und Veränderungen der Aktuatoren und die daraus resultierenden Umweltveränderung sind mit Hilfe des Modells beschrieben. Der große Vorteil eines globalen zentralen Modells ist es, alle Relationen zwischen den Zuständen ableiten zu können und expliziten Zugriff auf diese zu haben. Andererseits lassen sich für komplexe Robotersysteme, die in ausgedehnten Umgebungen arbeiten, vollständige und fehlerfreie Modelle nicht mehr gewährleisten.

In Abb. 1 sind die vier Grundkomponenten eines intelligenten Regelsystems dargestellt: Sensorik (S), Zustandsbeobachter bzw. -modell (O/M), Regler bzw. Planer (C/P) und Stellgliedsteuerung (EC). Die Steuerung des Stellglieds und evt. des Sensors kann prinzipiell aus den gleichen Komponenten bestehen.

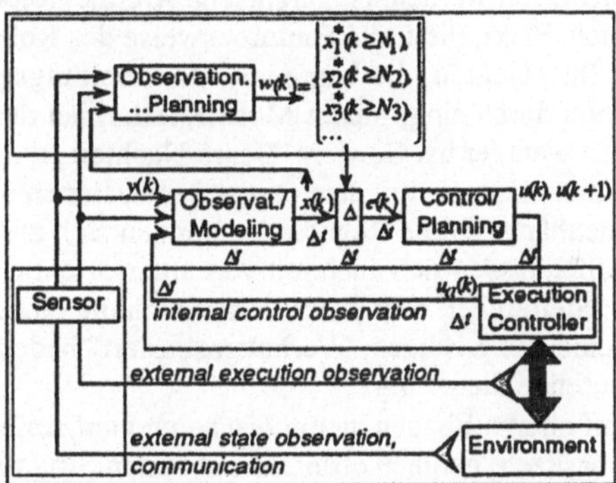

Abb. 1   Informationsfluß innerhalb von intelligenten Steuerungen (Lüth et al. 1995)

Der serielle Informationsfluß durch eine zentrale O/M-Komponente und eine C/P-Komponente führt zu einer zeitlichen Synchronisation der Stellgrößenvorgaben für die Stellgliedsteuerung. Zykluszeit sowie die Verzögerung zwischen Informationserfassung und Stellgrößengenerierung hängen von der Modellgröße und der freien Kapazität (Speicher, Verarbeitung, Kommunikation) des verwendeten Digitalrechners ab. Die für ein erfolgreiches autonomes Verhalten notwendige maximale Reaktionszeit wird aber durch die Dynamik der Umgebung bestimmt. Weiterhin kann nicht immer die ganze Umgebung beobachtet und alle Umweltveränderungen ununterbrochen gemessen werden. Viele Modellbestandteile können erst mit längerer Verzögerungszeit erfaßt werden. Einige können überhaupt nur als Ereignisse definiert werden.

Die unerwünschte Synchronisation aller Modellteile kann nur beseitigt und unterschiedliche Zeitanforderungen erfüllt werden, wenn die zentrale in eine dezentrale nebenläufige Informationsverarbeitung umgewandelt wird.

3 Stand der Technik

Die Grundlagen der intelligenten Steuerung wurden von Wiener (1948) erarbeitet. Erste Experimente mit autonomen mobile Robotern wurden 1951 von Shannon und von Walter (1961) durchgeführt; damals mit dezentralen analogen Regelkreisen. Die Idee, umfangreiche globale Modelle und Rechner zur Steuerung zu verwenden wurde von Nilsson (1969) publiziert. Zentrale Planungsverfahren für diskrete Zustandsräume wurden von Fikes (1972) vorgestellt und erste Ansätze zur dezentralen Planung stammen von Hayes-Roth (1979). Albus et al. (1981) führte dann *hierarchische Steuerungen* für die Steuerung autonomer Systeme ein. Die niedrigeren Stufen verwenden dabei vereinfachte Modelle und schnelle Zykluszeiten. Die feste hierarchische Struktur und der vorgegebene zentrale Steuerfluß wurde dann von Brooks (1986) kritisiert, der, inspiriert durch Braitenberg (1984), wieder dezentralen Steuerungen vorschlug. In diesen werden einzelne Regelkreise oder überlagerte Regelkreise als *Verhalten* bezeichnet. (1987) wurde dann die reaktive (echtzeitfähige) zentrale Planung durch Georgeff und Lansky vorgestellt. Dezentrale Echtzeit-Planung wurde von Thorpe et al. (1988) verwendet. Die Überlagerung von Stellgrößen in dezentralen Steuerungen wurde von Arkin (1990) systematisch eingeführt. In Musliner et al. (1993) wurde zum erstenmal auf das Problem unterschiedlicher Belastungszustände intelligenter Steuerungen und daraus resultierender Fehlverhalten eingegangen. Verteilte Planung für kooperierende Multi-Roboter-Systeme wurde von Lueth und Laengle (1994) vorgestellt.

In allen bisherigen Ansätzen wurden Steuerungsarchitekturen autonomer Roboter als statische Strukturen betrachtet, die nur einmal als festes Netzwerk aus Informationskanälen und Verarbeitungseinheiten entworfen werden. Hierarchische Architekturen bieten dann durch eine zentrale Steuerung maximale Flexibilität, die Funktionsweise des Roboters situationsabhängig zur Laufzeit festzulegen. Ihr Nachteil, die begrenzte Verarbeitungsgeschwindigkeit und die erzwungene Synchronisation durch ein globales Modell, fallen bei dezentralen, verhaltensorientierten Architekturen weit weniger ins Gewicht. Deren Nachteil ist die nur schwer vorhersagbare und erklärbare Funktionsweise, die mit dem experimentbasierten und iterativen Entwickeln von Regelkreisen zusammenhängt. Diese Regelkreise können sich zur Laufzeit unbeabsichtigt überlagern. Selbstverständlich lassen sich auch mit verhaltensorientierten Architekturen durch gezielte Überlagerung von Stellgrößen oder durch Unterbrechung einer Stellgrößenübertragung hierarchische Verhaltensschichten erzeugen. "Verhaltensbasiert" bedeutet eigentlich nur dezentral und unüberwacht ablaufende Steuerung.

Hybride Ansätze, die auf oberen Ebenen hierarchische und auf zeitkritischen Ebenen verhaltensorientierte Strukturen besitzen, beruhen ebenfalls auf festen Strukturen.

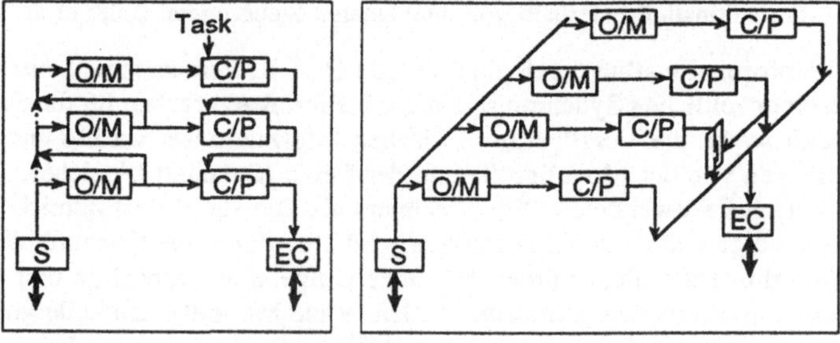

Abb. 2   a) Hierarchische Struktur, b) Nebenläufige verhaltensbasierte Struktur.

Ein flexibles Wechseln zwischen unterschiedlichen Strukturkonzepten, d.h. beispielsweise das Umwandeln eines Teils einer hierarchischen Steuerung in eine verhaltensorientierte Steuerung, ist bisher nicht bekannt.

4   Adaptive Steuerungsstruktur

Das in diesem Artikel vorgestellte Konzept der strukturadaptiven Steuerungsarchitekturen soll es ermöglichen, dynamische Veränderungen des Informations- und Steuerflusses zur Laufzeit durchzuführen. Damit werden mehrere Ziele verfolgt:

- Trennung von Regelalgorithmus und Steuerungsarchitektur, damit eine modulare Entwicklung komplexer Steuerungen und das Analysieren der Architektur möglich wird.

- Mögliche Reaktion auf Kapazitätsengpässe (Speicher, Verarbeitung, Kommunikation, Sensorik, Aktorik) durch das dynamische Verteilen von Regelkreiskomponenten auf zur Verfügung stehende Roboter bzw. Prozessoren.

- Anpassung an sich verändernde Realzeitanforderungen in dynamischen Umgebungen durch das vorübergehende Abschalten von Teilen der Steuerung sowie durch das Wechseln von hierarchischen zentralen Strukturen zu unüberwachten dezentralen Strukturen.

Die Trennung von Regelalgorithmus und Steuerungsarchitektur wird durch die Unterscheidung der *Informationsflüsse*, die über längere Zeit unverändert innerhalb von Regelstrukturen zwischen Sensorik und Aktorik fließen, von den *Steuerflüssen* erreicht, die beim Eintreten diskreter Ereignisse die Regelstrukturen verändern. Da komplexe Vorgänge (Wiederholung von Aufgaben, Optimierung) ereignisdiskret auch über den Steuerfluß geregelt werden können, ist eine saubere Darstellung besonders erforderlich.

Eine Architektur besteht dann zum einen aus nebenläufigen CLI-Modulen für die Grundkomponenten S, O/M, C/P, EC, innerhalb derer die Information über längere Zeit unverändert in gleicher Weise verarbeitet wird. Diese Information wird mit CLI (Control Loop Information) bezeichnet. Die Verarbeitung der Steuerinformation CSI (Control Structure Information) wird durch sauber davon getrennte ebenfalls nebenläufigen CSI-Module der Architektur erreicht. Diese verändern das Zusammenwirken sowohl von CLI-Modulen als auch von CSI-Modulen.

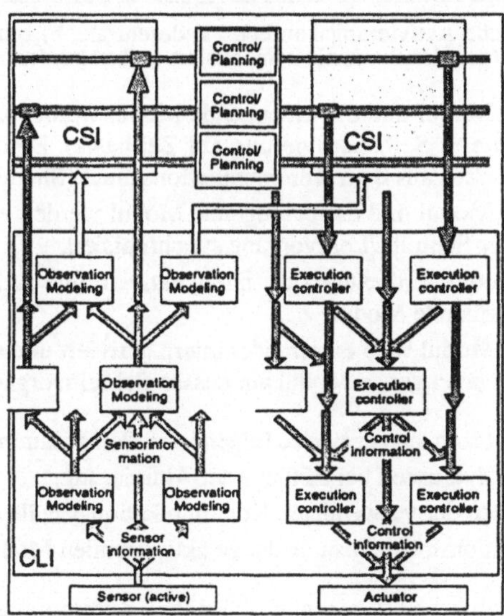

Abb. 3   Quasikontinuierliche Informationsverarbeitung (CLI) innerhalb der nebenläufigen Module für S, O/M, C/P, EC. Informationsverarbeitung (CSI) zur Veränderung der Strukturbeschreibung (Lüth et al. 1995)

5. Das Roboter-Betriebssystem

Die Module sind als Prozesse auf einem Multi-Tasking-Betriebssystem implementiert, das nur eine getaktete Taskumschaltung und eine zentrale Uhr zur Verfügung stellen muß.

Die Informationsübertragung zwischen den Modulen findet über Shared-Memory-Bereiche (überschreibender Zugriff) oder Puffer (sequentieller Schreibzugriff) statt. Die CLI wird typischerweise vom Empfängermodul verarbeitet und weitergegeben, während die CSI das Verhalten des Moduls verändert. Jedes Modul besitzt einen festen Speicherbereich für seine CSI. Daher kann das entstehende Steuerungssystem teilweise mit einem Echtzeit-Betriebssystem verglichen werden. Der Hauptunterschied besteht in der Abwesenheit eines zentralen Schedulers. Jeder Prozeß ist für das Einhalten seiner Laufzeitbedingungen selbst verantwortlich, in dem er seine CSI auswertet und seine eigene Aktivität selbst bestimmt und überwacht. Dabei werden von jedem Modul die vier grundsätzlichen Methoden des Zusammenwirkens von mehreren Modulen unterstützt (Abb. 4).

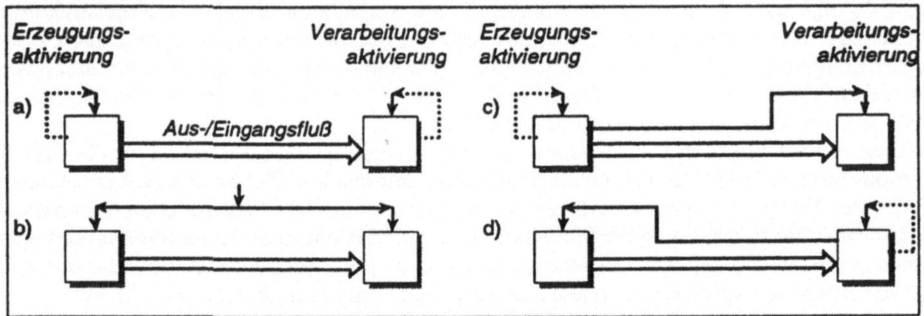

Abb. 4 Unterschiedliche Aktivierungskonzepte: a) dezentrale, b) zentral, c) vorwärts, d) rückwärts (gestrichelte Linie symbolisiert Selbstaktivierung)

a) Das verarbeitende Modul und das erzeugende Modul werden unabhängig voneinander aktiviert (bspw. intern: Selbstaktivierung auf Zeitbasis). Beide schreiben bzw. lesen dann asynchron in bzw. aus dem Kommunikationskanal (Shared-Memory, Puffer).

b) Das verarbeitende Modul und das erzeugende Modul werden von einem dritten Modul aus aktiviert und der Schreib-/Lesevorgang synchronisiert.

c) Das erzeugende Modul wird extern oder intern aktiviert und aktiviert nach dem Schreibvorgang das verarbeitende Modul.

d) Das verarbeitende Modul wird extern oder intern aktiviert und aktiviert vor dem Verarbeitungsprozeß das erzeugende Modul auf dessen Schreibvorgang es wartet.

Die CSI eines Moduls setzt sich auszugsweise folgendermaßen zusammen:

* Konstanten für die Zykluszeit bei zeitbasierter Aktivierung,
* Namen und Adressen der verwendeten Kommunikationskanäle sowie
* Namen und Interaktionsmechanismen der zu aktivierenden Module.

Die einzelnen Algorithmen arbeiten nur noch über ihre Kommunikationskanäle. Mit dieser Softwareunterstützung kann das Konzept der strukturadaptiven Steuerungsarchitekturen in einem ersten Schritt umgesetzt werden. Das so entstandene (dezentrale) Roboter-Betriebssystem hat den Namen CAIC (Cooperative Architecture for Intelligent Control). Es wurde bisher als Erweiterung des BIOS der mobilen Miniaturmanipulatoren Khepera (K-Team 1994) implementiert.

Ein wichtiger Bestandteil des Systems sind noch die Module, die eine Verwaltung der Kommunikationskanäle übernehmen, wenn mehrere Module in den selben Shared-Memory-Bereich schreiben möchte. Dieses Problem entsteht, wenn zwei dezentrale Regler das gleiche Stellglied mit unterschiedliche Stellgrößen ansprechen. Die wichtigste Aufgabe von CAIC ist es augenblicklich diese Situation zu Laufzeit zu erkennen. Die Methode zur Integration der Werte innerhalb der Verwaltungsmodule auf der Basis von Prioritäten oder Gewichten muß situationsabhängig vom Entwickler festgelegt werden. Für autonome Systeme muß die Methode typischerweise dynamisch zur Laufzeit verändert werden.

6 Dynamische Aufgaben- und Steuerungszerlegung

In der Einleitung wurde bereits erwähnt, daß die strukturadaptiven Steuerungsarchitekturen auch dazu dienen sollen, zu einem späteren Zeitpunkt, mehrere autonome Roboter zu kooperierenden Einheiten zusammenzuschließen. Zu einer dabei durchzuführenden Aufgabenstellungen gehört eine entsprechende Steuerungsstruktur. Im Fall einer kooperativen Aufgabenausführung muß diese Steuerungsstruktur beispielsweise auf zwei Roboter bzw. Sensoren, Prozessoren, Aktoren verteilt werden. Dabei lassen sich die Komponenten S, O/M, C/P und EC für den Fall eines einfachen Regelkreises mit zwei verschiedene Methoden zerlegen und verteilten:

- Zerlegung der Aufgabenstellung in eine Menge asynchron parallel ausführbarer Teilaufgaben, deren Steuerungsstrukturen eine geringe Kapazität (Speicher, Rechenleistung, Kommunikation, Sensorik, Aktorik) erfordern. Die Aufgabe kann dann von einem Roboter sequentiell oder von mehreren Robotern parallel ausgeführt werden.

- Verteilung der Komponenten S, O/M, C/P und EC auf mehrere Roboter, so daß ein Optimum hinsichtlich der erforderten und vorhandenen Kapazität erzielt wird. Die Aufgabe muß dann von mehreren Robotern ausgeführt werden.

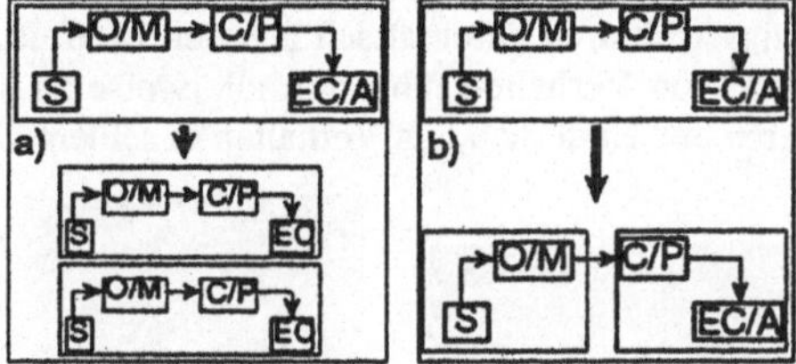

Abb. 5   Zerlegung einer aufgabenabhängigen Steuerungsstruktur in mehrere unabhängige Teilstrukturen (a) oder in gekoppelte Steuerungskomponenten (b)

Beide Methoden können dazu verwendet werden Aufgabenstellungen zu bearbeiten, selbst wenn keiner der beteiligten Roboter genug freie Kapazität besitzt, um sie alleine bewältigen zu können.

7 Experimente

Das bisher beschriebene Konzept wurde in dem Projekt KACORs (Karlsruhe Cooperative Robots) getestet. Dort werden mehrere mobile Manipulatoren vom Typ KHEPERA dazu einge-setzt, autonom einen Montage-Benchmark (Cranfield-Assembly-Benchmark) zu bearbeiten. Dabei sind die Montageteile im Vergleich zu den Robotern relativ groß und schwer. Die im Urzustand völlig unabhängig arbeitenden Roboter müssen daher zur Bewältigung der Aufgabe miteinander kommunizieren, eventuell ihre Aktionen koordinieren und bei Bedarf zum Schieben und Tragen großer Teile auch kooperieren. Zum gegenwärtigen Stand der Arbeiten ist noch nicht klar, ob die kleinen Roboter die Montage komplett alleine bewältigen können, oder nur zusammen mit dem KAMRO (Lüth und Rembold, 1994). Auch werden bisher bei der Montage keine kooperativen Aufgaben- oder Steuerungszerlegungen verwendet.

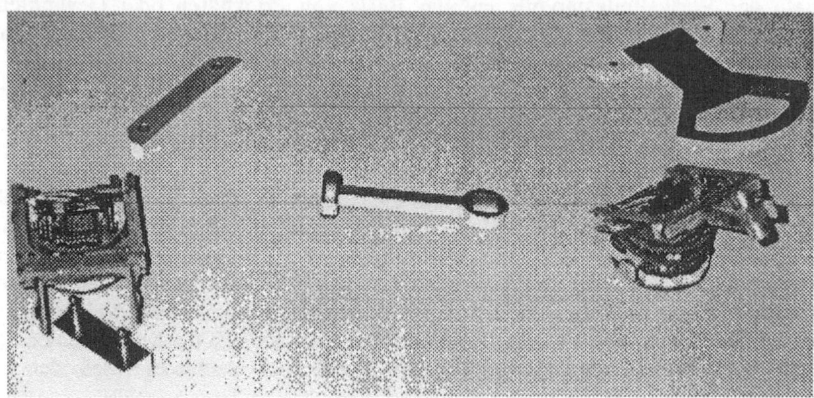

Abb. 6   KACORs (Karlsruhe Cooperative Robots)

Grundsätzlich sind auf jedem Roboter zwei Module (S) zeitbasiert aktiv, die für die Kommunikation mit einer Workstation und die Sensorik notwendig sind. Ein weiteres Modul (EC) übernimmt die Integration der Stellgrößen für die Geschwindigkeitsregelung der Antriebsräder. Daneben verfügen die Roboter augenblicklich über ca. 20 Verhaltensweisen, die auf etwas weniger Modulen (O/M bzw. C/P) basieren.

Die Verhalten werden über ihren Namen von der Workstation aus aktiviert. Entsprechend werden dann die Steuerungsstrukturen automatisch aus den Modulen zusammengesetzt und vernetzt. Eine Überlagerung von Verhalten führt normalerweise zu einem Strukturnetzwerk, das sich durch das Aktivieren und Entfernen von Verhalten in seinem Umfang verändert.

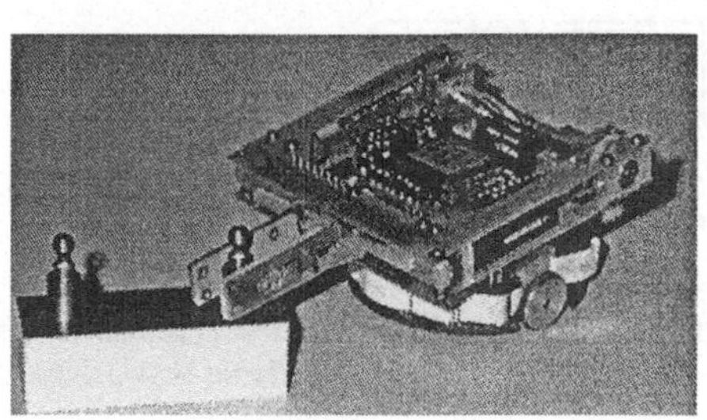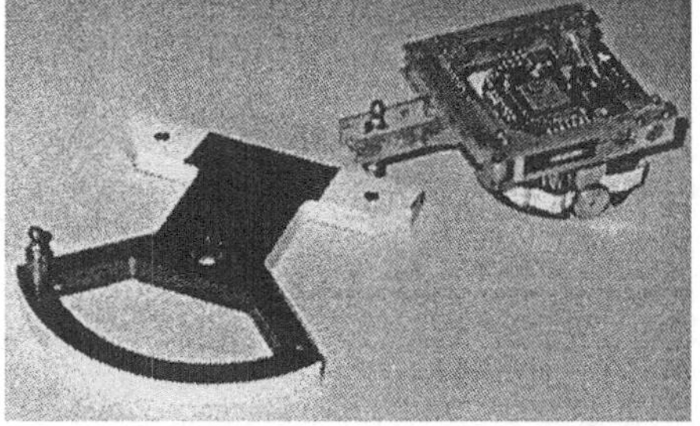

Abb. 7   Khepera-Roboter beim Greifen und Fügen eines *Spacer* des *Cranfield-Assembly-Benchmark*

In Abb. 7 sind die beiden wichtigsten Verhalten dargestellt: *Grip-Spacer* und *Insert-Spacer*. Beide Steuerungsstrukturen enthalten Strategien zum wiederholten Durchführen der Greif- bzw. Fügeoperationen, sollten sie nicht erfolgreich sein.

Während der Montage (Lueth und Laengle, 1995) sucht ein Roboter zuerst die *Spacerbox*, wobei er alle entdeckten Objekte umrundet und über eine Faltungsoperationen die Sensorwerte mit aufgezeichneten Wertesequenzen vergleicht. Hat er die Box entdeckt, dann wird eine Ecke der Box angefahren und der Greifer gesenkt. Das Schließen des Greifers erfolgt dezentral durch einen Beobachter der Lichtschranke im Greifer. Kommt der Greifer zum Stillstand, wird ein Anhebevorgang aktiviert.

Das Fügen mit dem Roboter erfolgt nach ähnlichen Prinzipien, wobei hier der Aufwand in der schnellen Auswertung der Sensoren und der Kopplung von Sensorinformation liegt.

8 Zusammenfassung und Ausblick

Steuerungen autonomer Roboter sind komplexe Systeme, in denen viele unabhängig voneinander entworfene zeit- oder ereignisbasierte Regelkreise zusammenwirken. Beim gegenwärtigen Stand der Technik entscheidet bereits nicht mehr die Qualität des einzelnen Algorithmus über die Leistungsfähigkeit sondern vielmehr die Steuerungsarchitektur. Daher muß sie systematisch betrachtet und für spezielle Aufgabenstellungen angepaßt werden. Das in diesem Artikel vorgestellte Konzept der strukturadaptiven Steuerungsarchitekturen ermöglicht es, dynamische Veränderungen des Informations- und Steuerflusses zur Laufzeit durchzuführen.

Das Konzept wurde als dezentrales Roboter-Betriebssystem CAIC auf den Khepera-Robotern implementiert. Es erlaubt die schnelle Realisierung komplexer Steuerungen.

In der Zukunft wird CAIC weiter entwickelt, und nach der Fertigstellung eines lokalen Kommunikationssystems für die Roboter werden kooperative Aufgabenstellungen bearbeitet.

Anerkennung

Diese Arbeiten wurden am Institut für Prozeßrechentechnik und Robotik, IPR, an der Fakultät für Informatik der Universität Karlsruhe durchgeführt. Die ersten Ideen zu diesen Arbeiten stammen aus dem bilateralen Forschungsvorgaben "Cooperative Architecture for Intelligent Control" zwischen dem IPR und dem ETL (MITI-AIST, Tsukuba, Japan). Es wurde von der Alexander von Humbold-Stiftung und der Science and Technology Agency, Japan, gefördert. Besonderer Dank gilt auch anderen im Projekt mitwirkenden Studenten wie Jochen Heinzmann und Ronald Grasmann.

Literatur

Albus, J.S., Barbera,A.J., Nagel,R.N. (1981): Theory and practice of hierarchical control. IEEE Comp. Soc. Int. Conf., pp. 18-39.

Arkin, R.C. (1990): Integrating behavioral, perceptual, and world knowledge in reactive navigation. Robotics and Autonomous Systems, 6 (1&2), pp. 105-122.

Braitenberg, V. (1984): Vehicles. Experiments in Synthetic Psychology, MIT Press.

Brooks, R.A. (1986): A Robust Layered Control System for a Mobile Robot. IEEE Trans. on Robotics and Automation, 2, pp. 14-23.

Fikes, R.E.; Hart, P.E.; Nilsson, N.J. (1972): Learning and Executing Generalized Robot Plans. Artificial Intelligence, 3(4). Reprinted in Readings in Planning (1990), Morgan Kaufmann Publishers, pp. 251-288.

Georgeff, M.P.; Lansky, A.L. (1987): Reactive Reasoning and Planning. National Conference on Artificial Intelligence, Menlo Park, CA. Reprinted in Readings in Planning (1990), Morgan Kaufmann Publishers, pp. 729-734.

Hayes-Roth, B.; Hayes-Roth, F. (1979): A Cognitive Model of Planning. Cognitive Science, . Readings in Planning (1990), Morgan Kaufmann Publishers, pp. 245-262.

K-Team 1994 K-Team (1994): Khepera User Manual, Ver. 3.0, LAMI-EPFL, Lausanne, Swiss.

Lueth, T.; Th. Laengle, J. Heinzman (1995): Dynamic Task Mapping for Real-Time Controller of Distributed Cooperative Robot Systems. DCCS IFAC Workshop on Distributed Computer Control Systems, Toulouse-Blagnac, France, September, pp. in print.

Lueth, T.C.; Laengle, Th. (1994): Task Description, Decomposition, and Allocation in a Distributed Autonomous Multi-Agent Robot System. IROS IEEE/RSJ Int. Conf. on Intelligent Robots and Systems, Munich, Germany, Sep. , pp. 1516-1523.

Lueth, T.C.; Rembold, U. (1994): Extensive Manipulation Capabilities and Reliable Behavior at Autononomous Robot Assembly. IEEE Int. Conf. on Robotics and Automation, San Diego, CA, May 8-13, pp. 3495-3500.

Lüth, T.: Th. Längle (1995): Video-Aufnahme: ARCS - Adaptive Robot Control Structre.

Musliner, D.J., E.H. Durfee, K.G. Shin (1993): CIRCA: A Cooperative Intelligent Real Time Control Architecture. IEEE Trans. on System Man and Cybernetics, 23,6, pp. 1561-1574.

Nilsson, N.J. (1969): A Mobile Automaton: An Application of Artificial Intelligence Techniques. IJCAI Int. Joint Conf. on Artificial Intelligence, Washington D.C., USA.

Thorpe,C., Hebert,M., Kanade,T., Shafer,S. (1988): Vision and Navigation for the Carnegie-Mellon Navlab. IEEE Trans. on Pattern Recognition and Machine Intelligence, 10, 3, pp. 362-373.

Walter, W. G. (1961): The Living Brain, Köln.

Wettstein, H. (1993): Systemarchitektur, Hanser Verlag.

Wiener, N. (1948): Cybernetics, Paris, New York.

Positionsregelung für nichtholonome mobile Roboter

Oliver Kaiser[1], Rolf Pfiffner[1], Sjur Vestli[1] und Alessandro Astolfi[2]

[1] Institut für Robotik
[2] Institut für Automatik
Eidgenössische Technische Hochschule Zürich
CH-8092 Zürich, Schweiz

Zusammenfassung. Am Institut für Robotik der ETHZ wurde ein kinematischer Positionsregler auf drei mobilen Robotern mit zwei verschiedenen Konfigurationen realisiert. Die Trajektorien dieses Reglers sind glatt und weisen keine Punkte auf, in denen der Roboter die Richtung ändert. Mit Via-Punkten ist die Vorgabe von Trajektorien möglich. Simulation und Messung stimmen gut überein. Der Beweis der globalen asymptotischen Stabilität ist möglich.

1 Einführung

Die Positionsregelung von mobilen Robotern ist in den vergangenen Jahren zu einem populären Forschungsgebiet der Mobilrobotik und der Anwendung von nichtlinearen Regelungen geworden. Triebfeder dieser Bemühungen sind der Einsatz von mobilen Robotern in flexiblen Produktionsstrassen, Autopiloten für Strassenfahrzeuge oder automatisches Parkieren von Fahrzeugen.

Ein mobiler Roboter mit konventionellen Rädern ist nichtholonom, weshalb herkömmliche Regelstrategien nicht eingesetzt werden können [4, 5]. Vereinfacht kann gesagt werden, dass man sich mit konventionellen Rädern Bewegungseinschränkungen einhandelt, weil in Richtung der Radachse keine Bewegung möglich ist. Im Alltagsleben wird diesen Beschränkungen normalerweise mit Parkmanövern begegnet.

Um einen mobilen Roboter zu positionieren, sind grundsätzlich zwei Strategien möglich, wobei auch Kombinationen denkbar sind.

1. Ein Wegplaner generiert eine stetige und glatte Trajektorie zum Zielpunkt und der mobile Roboter wird dieser Trajektorie nachgeregelt.
2. Ein kartesischer Regler führt den Roboter von der aktuellen zur gewünschten Position, ohne dass eine Trajektorie geplant wird.

Der erste Fall ist einfacher als der zweite, denn solange sich das Referenzfahrzeug entlang der Trajektorie bewegt, ist das linearisierte kinematische Modell eines Fahrzeuges steuerbar [4] und es können einfache, lineare Regler verwendet werden, um das Fahrzeug der Trajektorie folgen zu lassen. Ein solcher Regler ist beispielsweise in [12] zu finden.

Die Positionsregelung ohne Trajektorienplanung ist schwieriger, denn es kann mit dem Theorem von Brockett (z.B. zitiert in [4]) gezeigt werden, dass es für einen mobilen Roboter mit einem Differentialantrieb, wie er durch (1) beschrieben wird, keine glatte Zustandsrückführung geben kann, die den Roboter in einem Punkt stabilisiert. Es werden daher zeitvariable und stückweise stetige Rückführungen vorgeschlagen [4, 13].

$$\begin{aligned}
\dot{x} &= v\cos(\theta) \qquad & x, y, \theta &: \text{Position und Orientierung} \\
\dot{y} &= v\sin(\theta) \qquad & v &: \quad \text{Vorwärtsgeschwindigkeit} \\
\dot{\theta} &= \omega \qquad & \omega &: \quad \text{Rotationsgeschwindigkeit}
\end{aligned} \tag{1}$$

In allen Arbeiten [1, 3, 4, 13] wird nur die Kinematik des mobilen Roboters betrachtet und es wird nach einem kinematischen Regler für das System beschrieben durch (1) gesucht. Natürlich greift dies bei realen Robotern zu kurz. Doch durch die Verwendung von unterlagerten Geschwindigkeitsreglern wie in Abb. 1 schematisch dargestellt, kann das kinematische Verhalten hinreichend gut approximiert werden.

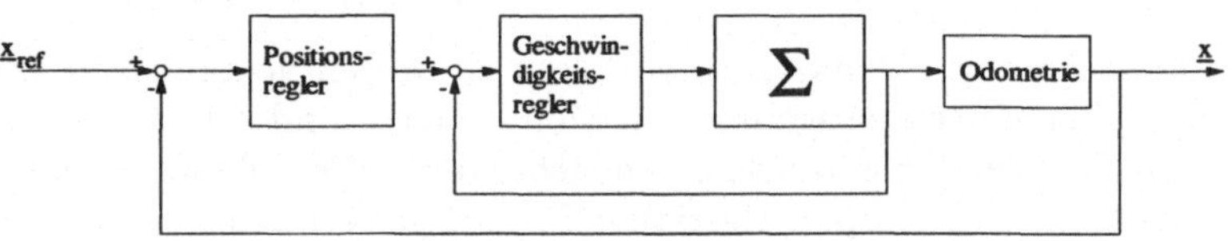

Abb. 1. Die Reglerstruktur

Badreddin hat eine Zustandstransformation und einen Fuzzy-Regler gefunden, der einen mobilen Roboter des Typs (1) stabilisiert [3]. Stabilitätsbeweise konnte er jedoch keine angeben. Astolfi hat den Regler aus [3] vereinfacht und konnte dafür die globale asymptotische Stabilität beweisen [1]. Im Gegensatz zu den Reglern in [10] und [13] sind die Trajektorien dieses Reglers glatt, d.h. sie weisen keine Punkte auf, in denen die Bewegungsrichtung ändert.

In der vorliegenden Arbeit wurde der für den praktischen Einsatz nur bedingt geeignete Regler aus [1] modifiziert und verbessert. Der Beweis der globalen asymptotischen Stabilität ist auch für diesen Regler möglich. In den meisten Publikationen zu diesem Thema werden nur Simulationen präsentiert. Lediglich in [3] und [10] werden auch Hinweise auf Implementationen gemacht. Im Rahmen des Postroboterprojekts am Institut für Robotik der ETHZ, bei dem die Post innerhalb eines Institutgebäudes durch einen mobilen Roboter verteilt werden soll, wurde der verbesserte Regler auf drei mobilen Robotern mit zwei verschiedenen Konfigurationen erfolgreich realisiert. Die Übereinstimmung von Simulation und Messung ist ausserordentlich gut.

Diese Arbeit ist so aufgebaut, dass zuerst die Theorie zum Verständnis des Reglers dargelegt wird und die Änderungen gegenüber [1] aufgezeigt werden. Anschliessend werden die Roboter vorgestellt, auf denen der Regler implementiert wurde. Ein eigenes Kapitel nehmen die Probleme und ihre Bewältigung bei der Implementierung ein, ebenso die Präsentation der Messresultate.

2 Theoretische Grundlagen

2.1 Polarkoordinaten

Einen wesentlichen Punkt in der Positionsregelung nach [1, 3] bildet die Betrachtung des mobilen Roboters in "Polarkoordinaten" [3], deren geometrische Interpretation Abb. 2 zu entnehmen ist. Die erste Koordinate ist der Abstand ρ

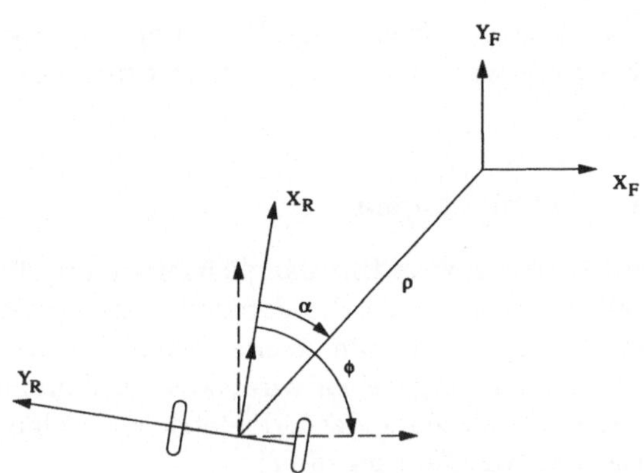

Abb. 2. Polarkoordinaten

des Roboterbezugspunktes vom Ursprung des raumfesten Koordinatensystems. Der Winkel α sagt aus, wie der Roboter zum Zielpunkt orientiert ist. Die dritte Koordinate ϕ ist der Winkel zwischen der aktuellen Orientierung des Roboters und der gewünschten im Zielpunkt.

Die kinematische Beschreibung eines Roboters mit Differentialantrieb wie in (1) lautet in Polarkoordinaten:

$$\begin{aligned}
\dot{\rho} &= -\cos\left(\alpha\right)v \\
\dot{\alpha} &= \frac{\sin\left(\alpha\right)}{\rho}v - \omega \\
\dot{\phi} &= -\omega
\end{aligned} \tag{2}$$

2.2 Lineare Rückführungen

In [1] werden die Rückführungen (3) verwendet.

$$
\begin{aligned}
v &= k_\rho \rho \\
\omega &= k_\alpha \alpha + k_\phi \phi
\end{aligned}
\tag{3}
$$

Falls

$$
\alpha \in \left(-\frac{\pi}{2}, \frac{\pi}{2} \right]
\tag{4}
$$

und

$$
\phi \in (-\pi, \pi]
\tag{5}
$$

ist das Gesamtsystem bestehend aus (2) und (3) asymptotisch stabil, wenn die Regelparameter (6) erfüllen [1].

$$
\begin{aligned}
k_\rho &> 0 \\
k_\phi &< 0 \\
k_\alpha + k_\phi - k_\rho &> 0
\end{aligned}
\tag{6}
$$

Bedingung (4) stellt jedoch keine Einschränkung dar, wenn die Vorwärtsrichtung des mobilen Roboters einfach so definiert wird, dass (4) immer erfüllt ist.

2.3 Verbesserte Rückführungen

Die Rückführungen (3) weisen zwei Unzulänglichkeiten auf, die den praktischen Einsatz in Frage stellen. Einerseits ist die Vorwärtsgeschwindigkeit von der Distanz vom Zielpunkt abhängig und andererseits springen die Sollwerte für v und ω, wenn ein neuer Zielpunkt vorgegeben wird, was ein Durchdrehen der Räder und somit eine massive Verfälschung der Odometrie zur Folge hätte.

Mit den modifizierten Rückführungen (7)

$$
\begin{aligned}
v &= k_\rho \mathrm{f}(\rho)\mathrm{g}(t) \\
\omega &= (k_\alpha \alpha + k_\phi \phi)\, \mathrm{g}(t)
\end{aligned}
\tag{7}
$$

wobei

$$
\mathrm{f}(\rho) = \frac{2v_0}{\pi} \arctan\left(\frac{\pi}{2v_0}\rho \right)
\tag{8}
$$

und

$$
\mathrm{g}(t) = \frac{\left(\frac{t}{T}\right)^4}{1 + \left(\frac{t}{T}\right)^4},
\tag{9}
$$

werden diese Effekte weitgehend eliminiert.

Durch die Verwendung der sigmoiden Funktion $\mathrm{f}(\rho)$ anstelle von ρ wird die Vorwärtsgeschwindigkeit auf $k_\rho v_0$ limitiert. Das langsame Anfahren wird durch die Multiplikation der Rückführung mit $\mathrm{g}(t)$ errreicht. Der Beweis der asymptotischen Stabilität ist auch für diese Rückführungen möglich.

Satz 1. *Das System (2) mit den Rückführungen (7) ist asymptotisch stabil in Ω*

$$\Omega = \left\{ (\rho, \alpha, \phi) \mid \rho \geq 0, \alpha \in \left(-\frac{\pi}{2}, \frac{\pi}{2} \right], \phi \in (-\pi, \pi] \right\}, \qquad (10)$$

wenn

1. die Bedingungen (6) erfüllt sind
2. $0 < \frac{f(\rho)}{\rho} \leq 1 \qquad \forall \rho \geq 0$
3. $f'(\rho) < \infty \qquad \forall \rho \geq 0 \qquad$ d.h. $f'(\rho)$ nach oben beschränkt ist
4. $g(t)$ positiv definit ist.

Beweis. Der Beweis kann mit der Lyapunovfunktion (11) geführt werden.

$$V = k_\phi^2 (\phi - \alpha)^2 + 2k_\phi k_\rho \frac{f(\rho)}{\rho} (\cos \alpha - 1) - \beta^2 k_\phi k_\rho \rho^2 \qquad (11)$$

wobei β einfach eine hinreichend grosse reelle Zahl ist.

3 Beschreibung der Roboter

Ein Projekt an der ETHZ hat sich zum Ziel gesetzt, die Post innerhalb eines Institutgebäudes mit einem mobilen Roboter zu verteilen , wozu eine mobile Roboterplatform beschafft wurde [7]. Der Postroboter (Abb. 3) soll zur Hauswartloge fahren, dort die Kisten mit der sortierten Post selbständig aufladen und sie anschliessend auf die einzelnen Sekretariate verteilen. Auf dem Rückweg zur Loge soll die ausgehende Post befördert werden.

Abb. 3. Der Postroboter (l) und der Robuter (r) des Instituts für Robotik. Beim Postroboter fehlt noch der Lademechanismus für die Postkisten.

Als Entwicklungs- und Testplatform steht am Institut ein älterer mobiler Roboter – Robuter genannt [11] – zur Verfügung (Abb. 3). Neue Algorithmen und Sensoren werden zuerst auf diesem Roboter getestet, bevor sie im Postroboter eingesetzt werden. Durch die Verwendung der gleichen Echtzeitentwicklungsumgebung [8], ist die Portierung von Software problemlos möglich.

Beide Roboter besitzen die kinematische Konfiguration eines Differentialantriebes (1). Der Robuter ist sehr wendig, weil die Motoren recht grosszügig dimensioniert wurden und der Roboter rund ist. Aus regelungstechnischer Sicht ist der Postroboter nicht so günstig. Die Antriebsräder sind nicht in der Mitte und besitzen eine sehr grosse Reibung. Auch das Stützrad läuft nicht so leicht wie beim Robuter.

Der dritte·betrachtete Roboter steht an der TU Ilmenau (D). Er besitzt vorne ein gelenktes und angetriebenes Einrad ohne Lenkwinkelbeschränkung [9]. Diese Kinematik ist eigentlich vierter Ordnung und besitzt zwei nichtholonome Beschränkungen [2].

Abb. 4. Der mobile Roboter der TU Ilmenau

Wir haben auch für diesen Typ die vereinfachte Dynamik (1) angenommen, und die Verzögerung, die sich aus dem Drehen des Vorderrades ergibt, als weitere Störung des kinematischen Verhaltens aufgefasst. Dies ist umso mehr zulässig, weil der Positionsregler des Lenkwinkels ziemlich steif ist (Anregelzeit bei kleinen Winkeländerungen: 0.15 s).

4 Die unterlagerten Geschwindigkeitsregler

Für die mathematische Betrachtung des Positionsreglers vernachlässigt man die ganze Dynamik des Roboters und stützt sich nur auf die kinematische Beschreibung (1). In Wirklichkeit ist dies keinesfalls so, da die Antriebsmotoren nur ein endliches Moment aufbringen können und der Roboter über eine gewisse Masse verfügt. In der Praxis reduziert man diese dynamischen Einflüsse durch

1. sehr steif eingestellte, unterlagerte Geschwindigkeitsregler und
2. geglättete Sollwertverläufe, die die unterlagerten Geschwindigkeitsregler nicht überfordern.

Im Anschluss an eine Parameteridentifikation konnten die Geschwindigkeitsregler so eingestellt werden, dass eine Anregelzeit von 0.3 s erreicht wird. Es
zeigte sich, dass dies für das Funktionieren des Positionsreglers ausreichend ist.

5 Implementierung des Positionsreglers

Bei der Realisierung des Positionsreglers traten einige Aspekte zutage, die bei
der rein theoretischen Betrachtung keine Rolle spielen. Sie sind im folgenden
dargestellt. Eine detailliertere Diskussion der einzelnen Punkte befindet sich in
[6].

5.1 Zweiter Regler im Zielpunkt

Zur Berechnung der Geschwindigkeiten müssen die Positonswerte (x, y, θ) in die
Polarkoordinaten (ρ, α, ϕ) transformiert werden. Für $\rho = 0$ ist α nicht definiert.
Bereits für kleine ρ wird deshalb auf einen zweiten Regler geschaltet, bei dem
$\rho = 0$ und $\alpha = \phi$ gesetzt werden und folglich nur noch die Orientierung gemäss
der zweiten Gleichung aus (7) korrigiert wird.

Um ein Durchdrehen der Räder zu vermeiden, müssen die Sollwertverläufe
von v und ω stetig sein. Um dies auch in den Umschaltpunkten zu gewährleisten,
werden die Sollwerte durch eine Glättung stetig gehalten.

5.2 Hysterese beim Umschalten zwischen den Regler

Das Umschalten zwischen Reglern kann zu Schwingungen, ja sogar Instabilität
führen, auch wenn jeder Regler für sich stabil ist. Um dies zu vermeiden, wurde
beim Umschaltpunkt eine Hysterese eingeführt. Für $\rho < \rho_1$ wird auf den Orien-
tierungsregler geschaltet. Zurück auf den Positionsregler geht es aber erst wieder,
wenn $\rho > \rho_2$ ist. Wobei $\rho_1 < \rho_2$ gelten muss.

Der Positionsregler arbeitet natürlich umso genauer, je kleiner ρ_1 und ρ_2
sind. Es hat sich gezeigt, dass die Schaltschwellen umso kleiner gewählt werden
können, je besser die Regelgüte der Geschwindigkeitsregler ist.

	ρ_1	ρ_2
Robuter	0.5 cm	1 cm
Postroboter	1 cm	5 cm
Einradtyp	2 cm	5 cm

Tabelle 1. Umschaltradien der beiden Regler

5.3 Glatte Trajektorien

Um zu garantieren, dass die Trajektorien des Reglers glatt sind, wird in [1] gefordert, dass

$$k_\alpha + 2k_\phi - \frac{2}{\pi}k_\rho > 0 \tag{12}$$

gilt. Bei Einhaltung dieser Bedingung sind die Werte für α zwar immer stetig, für ϕ können jedoch Unstetigkeiten auftauchen. Durch eine konservative Abschätzung [6] erhält man die stärkere Forderung

$$k_\alpha + \frac{8}{3}k_\phi - \frac{2}{\pi}k_\rho > 0 \tag{13}$$

Mit Reglerparametern, die dieser Bedingung genügen, sind auch Trajektorien wie in Abb. 7 möglich.

5.4 Via-Punkte

Soll sich ein mobiler Roboter in einer Umgebung mit Hindernissen bewegen, muss es eine Möglichkeit geben, die Trajektorie vom Start- zum Zielpunkt vorzuschreiben oder zumindest einzuengen. Um dies beim Regler (7) zu ermöglichen, wurden Via-Punkte eingeführt.

Bei Via-Punkten wird neben der Position (x, y, θ) auch die Genauigkeit ρ_{Schalt} angegeben. Sobald der Roboter weniger als ρ_{Schalt} vom Via-Punkt entfernt ist, wird auf den nächsten Punkt umgeschaltet, wodurch die Via-Punkte mit $v \neq 0$ angefahren werden können.

6 Vergleich Simulation und Messung

Nachfolgend sind drei besonders anspruchsvolle Trajektorien aufgezeichnet, wobei die durchgezogenen Linien für die Messung, die gestrichelten für die Simulation stehen. Zur Illustration wurde jeweils ein stilisierter Roboter mit der halben Spurbreite hineingezeichnet.

6.1 Robuter

Der reale Roboter kann der Sollgeschwindigkeit nicht ganz folgen und fährt ein wenig langsamer ab (Abb. 5). Im Laufe der Fahrt holt er diesen Rückstand jedoch wieder auf. Die Übereinstimmung von Messung und Simulation ist auch bei den zeitlichen Verläufen der einzelnen Grössen (Abb. 6.1) bemerkenswert.

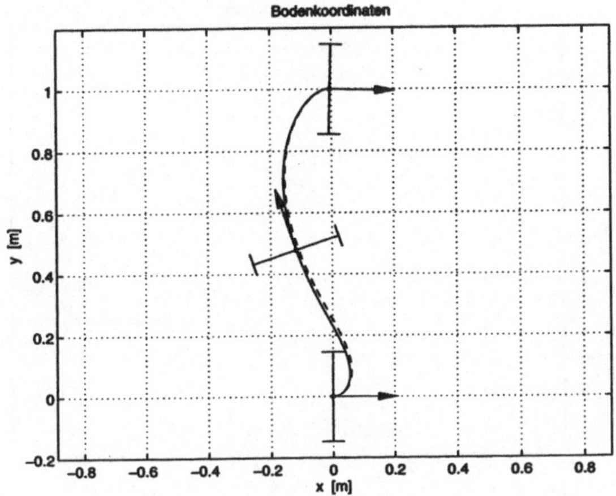

Abb. 5. Trajektorie beim Robuter.

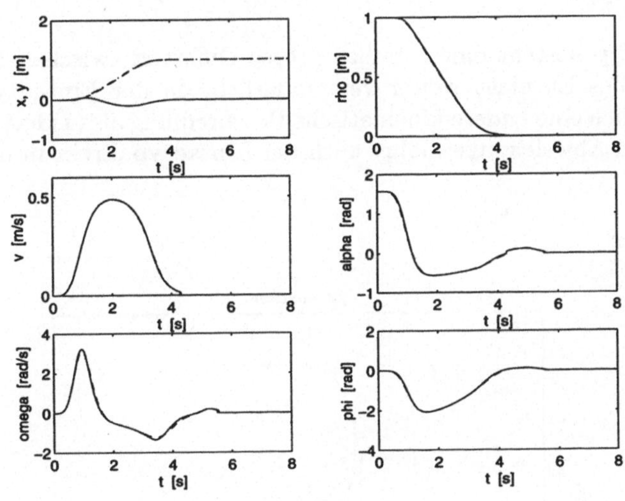

Abb. 6. Zeitlicher Verlauf der einzelnen Variablen beim Robuter.

6.2 Postroboter

Beim Postroboter wurde als Zielpunkt (1 m, 0 m, π rad) gewählt. Auch hier herrscht eine gute Übereinstimmung und der Postroboter findet in den vorgegebenen Zielpunkt (Abb. 7).

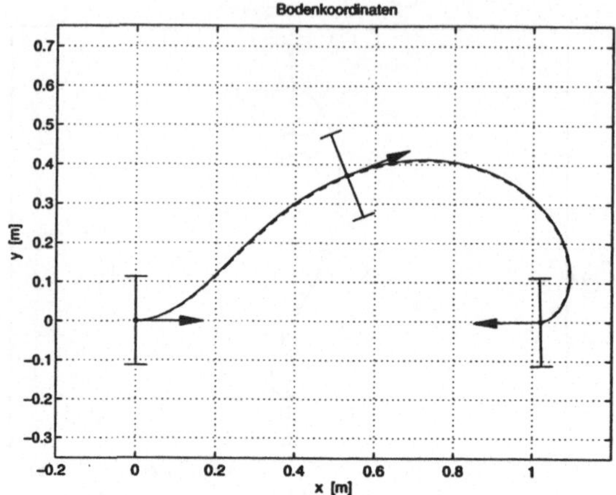

Abb. 7. Trajektorie beim Postroboter.

6.3 Einradtyp

Beim Einradtyp besteht eine ziemlich grosse Differenz zwischen Messung und Simulation. Dies ist nicht weiter verwunderlich, da der Einradtyp wie schon gesagt, eigentlich eine andere kinematische Beschreibung als (1) hat. Trotz diesen relativ grossen Abweichungen fährt auch der Einradtyp direkt in den Zielpunkt (Abb. 8).

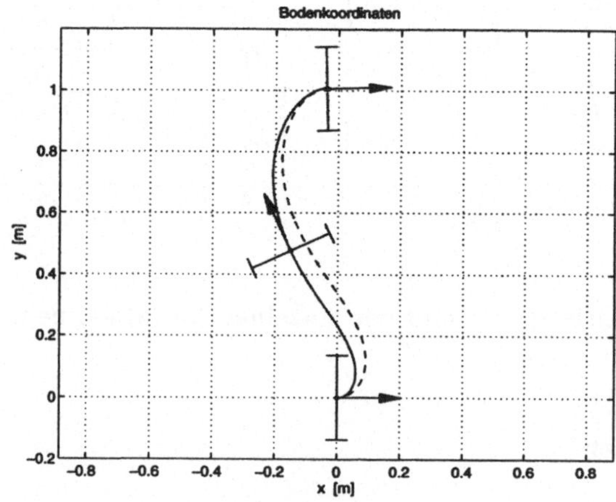

Abb. 8. Trajektorie beim Einradtyp.

7 Schlussfolgerungen und Ausblick

Der von uns modifizierte Positionsregler funktioniert auch im praktischen Einsatz gut und kann ohne grossen Aufwand implementiert werden. Die Güte hängt nur von der Leistung der unterlagerten Geschwindigkeitsregler ab, d.h. je besser es gelingt, den dynamischen Roboter durch die unterlagerten Geschwindigkeitsregler dem kinematischen Modell anzunähern, umso genauer wird die Positionsregelung. Durch das gute Funktionieren des Positionsreglers und die Erweiterung auf Via-Punkte kam man dem Endziel der selbstständigen Postverteilung durch den Postroboter ein schönes Stück näher.

Literatur

1. A. Astolfi. *On the Stabilization of Non-Holonomic Systems.* 33rd Conference on Decision and Control, Orlando, FL. 1994. Invited Session: Discontinuous Stabilizing Control Design.
2. A. Astolfi. *Exponential Stabilization of a Car-like Vehicle.* Proc. IEEE International Conference on Robotics and Automation, Nagoya, Japan, 1995.
3. E. Badreddin, M. Mansour. *Fuzzy-Tuned State-Feedback Control of a Non-Holonomic Mobile Robot.* IFAC World Congress, Sydney. 1993.
4. C. Canudas de Wit, H. Khennouf, C. Samson, O. J. Sørdalen. *Nonlinear Control Design for Mobile Robots.* In *Recent Trends in Mobile Robots.* World Scientific. Singapore, 1993.
5. G. Champion, B. d'Andrea-Novel, G. Bastin. *Controllability and State Feedback Stabilizability of Non-Holonomic Mechanical Systems.* Int. Workshop in Adaptive and Nonlinear Control: Issues in Robotics. Grenoble, France, 1990. Proc. in Advanced Robot Control, vol. 162, Springer-Verlag, 1991.
6. O. Kaiser, R. Pfiffner. *Positionsregelung für mobile Roboter.* Studienarbeit am Institut für Robotik, Eidgenössische Technische Hochschule Zürich, 1995.
7. *MM-DD Users Guide.* mecos Robotics AG, Technopark Zürich, 8005 Zürich, 1995.
8. *D'nia User Guide and Programmers Manual.* mecos Robotics AG, Technopark Zürich, 8005 Zürich, 1995.
9. R. Möller und P. Paschke. *Software-Beschreibung mobile Roboterplattform.* Interner technischer Bericht. Technische Universität Ilmenau, Fachgebiet Neuroinformatik, 1995.
10. W. Oelen, H. Berghuis, H. Nijmeijer, C. Canudas de Wit. *Hybrid Stabilizing Control on a Real Mobile Robot.* IEEE Robotics and Automation Magazine, Juni, 1995.
11. *Robuter User's Manual.* Robosoft SA, 47, Allées Marines, F-64100 Bayonne.
12. C. Samson. *Path Following and Time-Varying Feedback Stabilization of a Wheeled Mobile Robot.* Proc. Conf. ICARCV Singapore, 1992.
13. O. J. Sørdalen. *Feedback Control of Nonholonomic Mobile Robots.* Dr. ing. thesis. Departement of Engineering Cybernetics. The Norwegian Institute of Technology, Trondheim, Norway. 1993.

Eine adaptive Steuerungsarchitektur zum Erlernen höherer Verhaltensweisen für autonome mobile Systeme*

Winfried Ilg und Karsten Berns

Forschungszentrum für Informatik an der Universität Karlsruhe (TH),
Gruppe Interaktive Planungstechnik
Haid–und–Neu–Str. 10–14, 76131 Karlsruhe
(e–mail: ilg@fzi.de, berns@fzi.de)

Zusammenfassung Eine adaptive Steuerung in unbekannten Umwelten und sich ändernden Prozeßbedingungen sowie eine kontinuierliche Erweiterung des Verhaltensrepertoires zählen zu den wesentlichen Zielsetzungen autonomer mobiler Systeme. Verbunden mit zahlreichen weiteren spezifischen Anforderungen wie beispielsweise Robustheit, Sicherheit und Echtzeitfähigkeit entsteht ein komplexes Steuerungsproblem, welches mit den derzeit eingesetzten Verfahren im Bereich der adaptiven Steuerung bei realen technischen Anwendungen noch nicht zufriedenstellend gelöst werden kann.

In diesem Artikel wird ein hybrider Lernansatz und eine darauf aufbauende Konzeption einer Lernarchitektur vorgestellt, die mit Hilfe verschiedener Repräsentationsformen und Lernverfahren sowie der Integration unterschiedlicher Wissensquellen effizientes Lernen von Verhaltensteuerungen in komplexen Systemen ermöglicht.

1 Einleitung

Während auf Forschungsebene zahlreiche Ansätze im Bereich adaptiver Verhaltenssteuerung und experimentellem Lernen entwickelt wurden und auch einige interessante Anwendungen existieren, konnten diese Ansätze trotz hohen Anwendungspotentials für adaptive, sich ändernden Prozeßbedingungen anpassende Steuerungskonzepte derzeit noch nicht auf komplexe technische Systeme übertragen und eingesetzt werden.

Die Ursachen hierfür liegen in den komplexen Anforderungen beispielsweise hinsichtlich Robustheit, Sicherheit und Echtzeitfähigkeit, die neben der angestrebten Adaptivität der Steuerung beim Einsatz realer Systeme unbedingt zu beachten sind. Diese umfassende Problemstellung kann derzeit von den einzelnen existierenden adaptiven Ansätzen nicht hinreichend gelöst werden.

– Adaptive Ansätze im Bereich der analytischen Regelungstechnik [1] beziehen sich im wesentlichen auf eine Parameteranpassung bezüglich sich ändernder

---

* Die hier vorgestellte Forschungsarbeit wird von der Deutschen Forschungsgemeinschaft (DFG Di 330/8–1) unterstützt.

Prozeßbedingungen und ermöglichen keinen Aufbau neuer Verhaltensweisen oder Fähigkeiten.

– Symbolische Lernverfahren [11] eignen sich im wesentlichen zum Lernen auf höheren Verhaltensebenen, die im Gegensatz zu unteren Verhaltensebenen (Sensorebene) symbolisch beschrieben werden können.

– Neuronale Netze, die sich aufgrund ihrer Generalisierungsfähigkeit und Fehlertoleranz besonders für die Anwendung auf den unteren Verhaltensebenen mit kontinuierlichen Zustands- und Aktionsräumen eignen, können in zwei unterschiedlichen Lernstrategien eingesetzt werden [2]:

  • Offline-Betrieb mit überwachtem Lernen. Hierbei wird das geforderte Systemverhalten mit Hilfe von Beispielsequenzen eingelernt und generalisiert. Neue, von den Trainingsbeispielen prinzipiell verschiedene Verhaltensmuster können so nicht erlernt werden. Ferner ist es gerade in komplexen Systemen teilweise schwierig, die benötigten repräsentativen Beispieldaten zur Beschreibung der geforderten Verhaltensmuster zu erzeugen.

  • Online-Betrieb mit selbständigem experimentellem Lernen (Reinforcement Learning). Das Systemverhalten wird dabei durch experimentelles Erzeugen von Aktionssequenzen und anschließender Adaption aufgrund aufgabenspezifischer Bewertungen optimiert. Mit solchen experimentellen Lernansätzen aus dem Bereich des Reinforcement Learning ist es prinzipiell möglich, selbständig neue Verhaltensweisen und Fähigkeiten zu erlernen. Die entsprechenden Lernvorgänge erfordern jedoch in komplexen Systemen mit hochdimensionalen Zustands- und Aktionsräumen oft eine sehr hohe Anzahl von Trainingsversuchen, was hinsichtlich der Sicherheit und des Verschleiß realer Systeme sehr problematisch ist und den Einsatz dieser Verfahren bei technischen Anwendungen derzeit weitgehend verhindert.

Die oben angestellten Betrachtungen über Anwendungspotentiale und Defizite der einzelnen adaptiven Ansätze unterstützen die These, daß die Realisierung adaptiver Steuerungsarchitekturen weniger mit der Weiterentwicklung einzelner Ansätze, sondern eher durch die Integration verschiedener Ansätze in hybriden adaptiven Steuerungsarchitekturen zu verwirklichen ist.

Verschiedene Forschungsarbeiten zielen darauf ab, unterschiedliche Problemrepräsentationen (symbolisch, subsymbolisch, Fuzzy-Regeln) und Lernverfahren in hybride Lernansätze zu integrieren. So wird in [16] ein Reinforcement Verfahren mit der Unterstützung durch Erklärungsbasiertes Lernen entwickelt, und in [9] die Kombinationsmöglichkeiten unterschiedlicher Problemrepräsentationen untersucht.

In dem Bereich der Steuerungskonzepte werden in vielen Architekturen (beispielsweise [6] und [13]) hybride Strukturen mit Planungsmodul und reaktivem Element eingesetzt, um situationsabhängiges Verhalten generieren zu können.

Der aufgezeigten Richtung folgend, wird in diesem Artikel ein hybrider Lernansatz und die darauf aufbauende Konzeption einer adaptiven Steuerungsarchitektur beschrieben, die durch das Zusammenwirken unterschiedlicher Wissensrepräsentationen und Lernverfahren effizientes Lernen in komplexen Systemen ermöglicht. Die Anwendung der Lernarchitektur wird anhand der adaptiven Steuerung von Laufmaschinen verdeutlicht.

2 Lernansatz

Die angestrebte Erhöhung der Effizenz des experimentellen Lernens soll durch die Integration in einen zyklischen hybriden Lernablauf gewährleistet werden, dessen Ablauf in Abbildung 1 dargestellt wird.

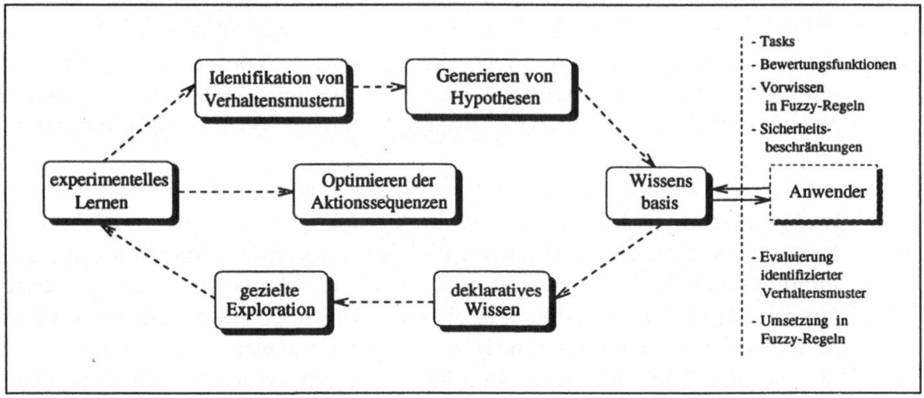

Abbildung1. Interaktives Lernen mit verschiedenen Repräsentationen und Lernverfahren sowie der Interaktion mit dem Anwender.

Grundlage des Lernvorgangs ist das Wissen des Anwenders einerseits in Form von taskspezifischen Beschreibungen (Bewertungsfunktionen) und andererseits in Form von Bereichs- und Verhaltenswissen (Sicherheitsbeschränkungen der Zustands- und Aktionsräume, heuristische Verhaltensbeschreibungen).

Dieses vorhandene Wissen soll beim experimentellen Lernen zur Sicherheit der Maschine und als Basiswissen zum effizienteren Lernen genutzt werden. Gelingt es, das vom Anwender eingebrachte Verhaltenswissen[2] zu integrieren, so kann das experimentelle Lernen zur Optimierung der Verhaltensweisen eingesetzt werden, was die Anzahl der benötigten Trainingsversuche wesentlich reduziert.

Während des experimentellen Lernens sollen – neben der Optimierung der Verhaltensweisen – aus den generierten Aktionssequenzen und den erreichten Bewertungen neue Verhaltensmuster und Systemzusammenhänge identifiziert werden, um sie wiederum zur zielgerichteten Exploration beim Lernen einzusetzen. Auf diese Art und Weise entsteht ein zyklischer Lernvorgang, der eine kontinuierliche Optimierung der Verhaltensteuerung ermöglicht und auf unterschiedliche Verhaltensebenen anwendbar ist.

---

[2] Denkbar ist beispielsweise Verhaltenswissen in Form von heuristischen Beschreibungen oder auch in Form von Beispielsequenzen.

Um diesen hybriden Lernablauf mit unterschiedlichen Wissensrepräsentationen ausführen zu können, müssen geeignete Strategien zum Zusammenwirken und Schnittstellen zwischen den jeweiligen Repräsentationsformen gefunden werden. Die für die Interaktion mit dem Anwender geeigneten Repräsentationsformen sind analytische Formeln (Bewertungsfunktionen) und Verhaltenswissen in Form von Regeln oder heuristischen, Fuzzy-Regeln ähnlichen Beschreibungen. Im Gegensatz dazu eignen sich zum experimentellen Lernen speziell auf unteren, sensorgesteuerten Verhaltensebenen Neuronale Netze mit subsymbolischer Wissensrepräsentation. Zur Interaktion subsymbolischer und symbolischer Repräsentationen existieren zahlreiche Arbeiten, die sich sowohl mit der Integration [7][14], als auch mit der Identifizierung von Wissen aus Neuronalen Netzen [15] beschäftigen.

3 Lernarchitektur

In diesem Abschnitt wird die Umsetzung des vorgestellten Lernansatzes in verschiedene Komponenten einer Lernarchitektur beschrieben. In bezug auf den zyklischen Lernansatz muß aber nicht nur auf die Realisierung der einzelnen Bausteine, sondern besonders auch auf die Interaktion in der hybriden Architektur eingegangen werden.

3.1 Adaptives Steuermodul

Kernstück der Lernarchitektur ist das adaptive Steuerungsmodul, das mittels des Einsatzes von Reinforcement Learning die angestrebten Lern- und Optimierungsvorgänge realisiert. Das eingesetzte Konzept (Abbildung 2) baut auf dem Algorithmus des AHC-Lernen (Adaptive Heuristic Criticer) [3] auf, welcher das Optimieren von Aktionssequenzen mit verzögerter Bewertung sowie die Behandlung von kontinuierlichen Zustands- und Aktionsräumen ermöglicht.

Ausgehend vom aktuellen Sensorzustand und einer lokalen Repräsentation des Zustandsraumes werden eine interne Bewertung und die auszuführenden Aktionen erzeugt. Der interne Kritker dient zur Bewertung des aktuellen Zustands, falls innerhalb einer Aktionssequenz keine externe, analytisch berechenbare Bewertung ermittelt werden kann.

Während des Lernprozesses werden zuzüglich der vom Netz erzeugten Aktionen Aktionsoffsets zur Exploration im Aktionsraum erzeugt. Eine intelligente Wahl der Aktionsoffsets, und damit eine zielgerichtete Exploration im Aktionsraum, kann wesentlich zu einer Leistungssteigerung des Lernkonzeptes beitragen. Hier bietet sich die Möglichkeit, mit der Integration anderer Wissensquellen eine – im Gegensatz zur üblichen stochastischen – wissensbasierte Offsetermittlung durchzuführen. Die Adaption der internen Bewertungsfunktion sowie der Aktionselemente geschieht nach dem TD(λ)-Algorithmus [3].

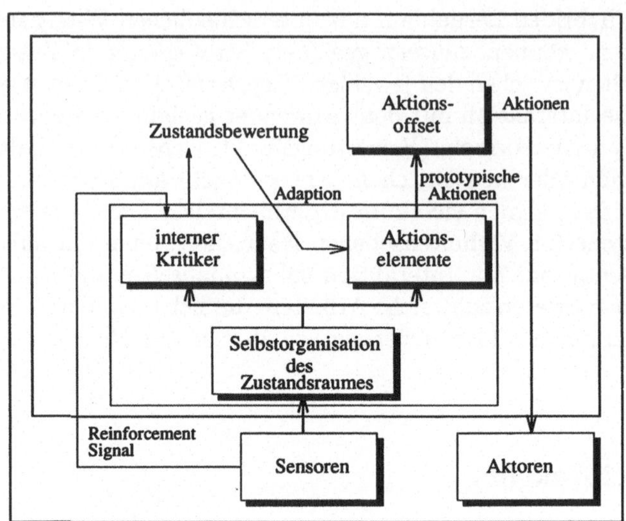

Abbildung2. Konzept des AHC-Lernens.

3.2 Selbstorganisierende Neuronale Netze

Um inkrementelles online Lernen zu ermöglichen, werden selbstorganisierende, wachsende RBF-Netzwerke (Radial Basis Functions) [12] mit lokaler Zustandsrepräsentation eingesetzt (Abbildung 3). Aufgrund der wachsenden Netztopologie und der lokalen Repräsentation kann beim Auftreten unbekannter Sensorzustände in einfacher und effizienter Weise Vorwissen eingebracht werden. Ein neues Exemplarneuron wird eingefügt und die dazugehörigen Aktionsgewichte mit vorhandenem Bereichs- bzw. Verhaltenswissen initialisiert. So kann das Steuerungsmodul schon vor dem eigentlichen Lernvorgang auf ein hohes Wissensniveau gebracht werden. Nähere Beschreibungen zur vorgestellten Netzarchitektur und Initialisierung der Exemplarneuronen finden sich in [10].

3.3 Analysemodul

Das Analysemodul soll während des Lernvorgangs vom Netz erlernte Verhaltensmuster extrahieren, die wiederum zur zielgerichteten Exploration eingesetzt werden können. Zur Realisierung dieses Moduls werden Verfahren zur Extraktion von Wissen aus Neuronalen Netzen angewandt. Aufgrund der lokalen Repräsentation der eingesetzten RBF-Netzwerke vereinfacht sich die Gewinnung von Regelwissen. Ein Verfahren zur Extraktion von Fuzzy-Regeln aus RBF-Netzen ist beispielsweise in [8] zu finden.

3.4 Wissensbasis

In der Wissensbasis soll den Lernprozeß unterstützendes Wissen gesammelt werden. Dafür müssen flexible Wissensrepräsentationen gefunden werden, um

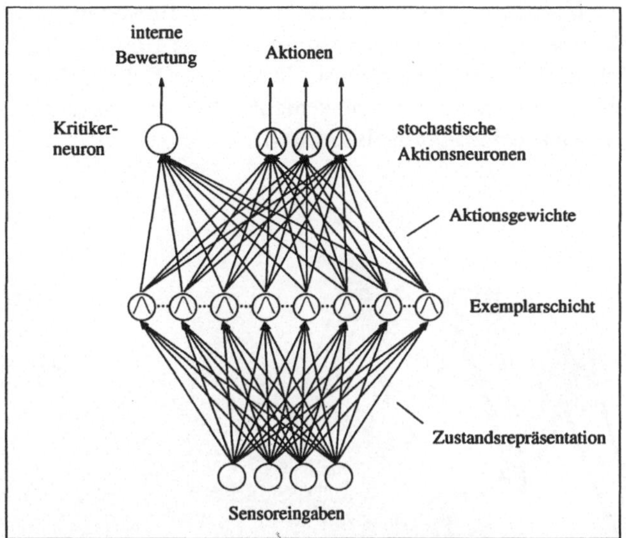

Abbildung3. Realisierung des AHC-Konzepts mittels eines wachsenden RBF-Netzes. Beim Auftreten unbekannter Situationen (Sensorzustände) wird ein neues Exemplarneuron mit wissensbasierter Initialisierung der Aktionsgewichte eingefügt.

möglichst viel verfügbares Wissen – einschließlich heuristisches Verhaltenswissen – in den Lernprozeß integrieren zu können. Dabei ist einerseits die Initialisierung der Aktionsgewichte beim Einfügen neuer Exemplarneuronen in die Netztopologie und andererseits die Auswahl geeigneter Aktionsoffsets zur zielgerichteten Exploration zu betrachten. Zur Initialisierung der Gewichte eignen sich beispielsweise einfache Verhaltensregeln, die vom Anwender aufgestellt werden. Eine diesbezügliche Anwendung wird in Abschnitt 4 bei der Einzelbeinsteuerung einer Laufmaschine näher erläutert. Um heuristisches, nicht in exakte Regeln faßbares, Wissen in die Lernarchitektur integrieren zu können, müssen jedoch noch flexiblere Wissensrepräsentationen wie beispielsweise Fuzzy– Regeln integriert werden.

4 Lernen der Einzelbeinsteuerung der Laufmaschine LAURON

Zur Illustration der vorgestellten Lernarchitektur wird die Anwendung des hybriden Lernvorgangs an der Einzelbeinsteuerung der Laufmaschine LAURON [5] (Abbildung 4) gezeigt.

Die Einzelbeinsteuerung bildet die unterste Verhaltensebene der Steuerungsarchitektur für Laufmaschinen[3], auf der höhere Verhaltensebenen wie Beinkoor-

---

[3] Nähere Betrachtungen zum Thema Steuerungsansätze für Laufmaschinen finden sich in [4].

dination und Hindernisbewältigung aufbauen. Der Bewegungsablauf eines Einzelbeins besteht aus einer Schwingphase, in der das Bein in der Luft nach vorne bewegt wird, und einer Stemmphase, in der das Bein auf dem Boden steht und den Maschinenkörper nach vorne schiebt. Den schematischen Verlauf einer Schwingphasentrajektorie zeigt Abbildung 5.

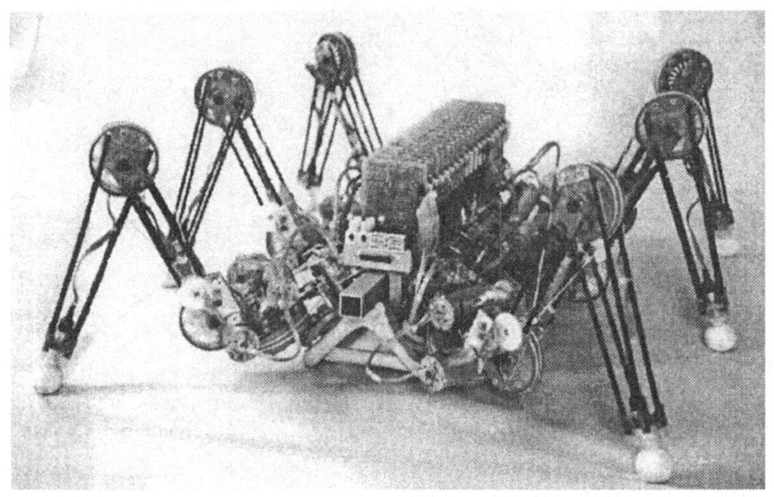

Abbildung4. Die sechsbeinige Laufmaschine LAURON

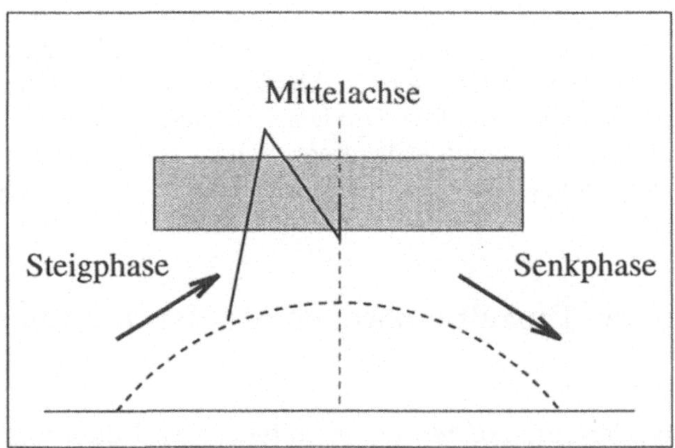

Abbildung5. Darstellung einer prototypischen Schwingphasentrajektorie. Befindet sich das Bein hinter der Mittelachse, wird es angehoben, ist die Mittelachse überschritten, wird das Bein bis zum Aufsetzen auf dem Boden abgesenkt.

	Bodenkontakt	Steigphase	Senkphase
$act^{proto}_{\alpha 1}$	0	++	++
$act^{proto}_{\alpha 2}$	++	+	−
$act^{proto}_{\alpha 3}$	+	+	−

Tabelle 1. Darstellung des für den Lernprozeß der Standardtrajektorie eingesetzten Vorwissens. Für die drei verschiedenen Zustandsklassen Bodenkontakt, Steigphase und Senkphase werden jeweils unterschiedliche prototypische Aktionsklassen zur Initialisierung der Aktionsgewichte für die Gelenkwinkel (Hüftgelenk α_1, Oberschenkelgelenk α_2 und Unterschenkelgelenk α_3) bereitgestellt. Die eingesetzten Symbole (+−) bedeuten eine unterschiedlich starke Erhöhung bzw. Erniedrigung der jeweiligen Gelenkwinkel.

Der typische Verlauf des Lernvorgangs einer Schwingphasentrajektorie ist in Abbildung 6 dargestellt. Aufgrund des eingesetzten Vorwissens (Tabelle 1) kann die prinzipielle Bewegungsform schon am Anfang des Lernvorgangs ausgeführt und eine hohe Bewertung erzielt werden. Durch die Initialisierung der Aktionen wird der Suchraum auf die interessanten Teilbereiche eingeschränkt und die Ausführung sicherheitskritischer Aktionen vermieden. Die Ausführungsqualiltät der Beintrajektorien nimmt während des Lernvorgangs kontinuierlich zu, die mit fortschreitendem Lernen abnehmende Varianz in den Bewertungen wird durch die fortdauende Exploration verursacht. Bei einem Abstand von unter 0.5cm vom Zielpunkt kann von einer gelungenen Schwingphasentrajektorie gesprochen werden, was nach etwa 250 Versuchstrajektorien fast ausnahmslos erzielt wird.

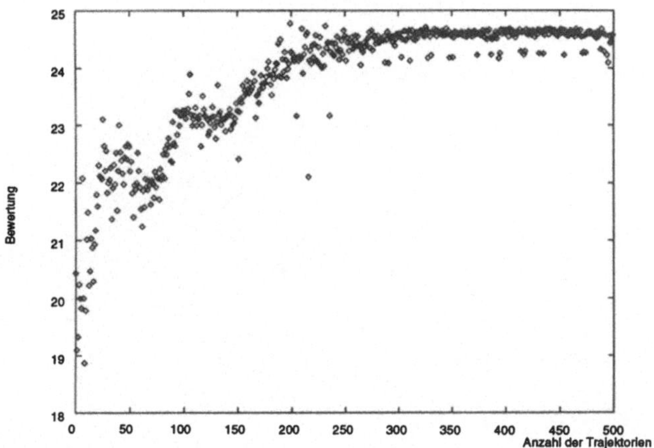

Abbildung 6. Der Lernprozeß einer Schwingphasentrajektorie. Die Bewertung gibt den Abstand zum geforderten Zielpunkt in cm an. Bei exaktem Erreichen des Zielpunktes wird die maximale Bewertung erzielt.

5 Zusammenfassung und Ausblick

In diesem Artikel wurde das Konzept eines hybriden Lernansatzes für adaptive Steuerungsarchitekturen vorgestellt. Aufgrund der Integration verschiedener Wissensrepräsentationen kann die Leistungsfähigkeit von Ansätzen aus dem Bereich Reinforcement Learning so gesteigert werden, daß auch die Anwendung in realen technischen Problemstellungen realisierbar ist.

Der vorgestellte Ansatz der hybriden Lernarchitektur wird in der zukünftigen Arbeit auf verschiedenen Ebenen erweitert. Besonderes Augenmerk wird dabei auf die Integration von weiteren Wissensrepräsentationen sowie Steuerungs- und Lernansätzen gelegt. So soll das Zusammenwirken von analytischen Regelalgorithmen und Neuronalen Netzen untersucht werden. Auf dem Gebiet der Integration symbolischer und subsymbolscher Ansätze ist besonders die Identifikation von gelernten Verhaltensmustern und Systemzusammenhängen interessant, um den Lernprozeß noch effektiver und für den Anwender transparenter zu gestalten.

Das Konzept der hybriden Lernarchitektur ist zum Einsatz in verschiedenen Anwendungsfeldern vorgesehen. Die Tests zum Entwickeln höherer Verhaltensweisen laufen derzeit auf der sechsbeinigen Laufmaschine LAURON. Die weiterentwickelte Lernarchitektur wird zur adaptiven Steuerung einer gerade in Entwicklung stehenden vierbeinigen Laufmaschine eingesetzt werden. Diese Anwendung ist in bezug auf das dynamische Verhalten noch komplexer, da im Gegensatz zum Sechsbeiner kein statisch stabiles Laufen möglich ist und die Dynamik der gesamten Maschine stärker in den Lern- und Steuerungsprozeß miteinbezogen werden muß.

References

1. K. J. Aström and B. Wittenmark. *Adaptive Control.* Addison Wesley, 1995.
2. A. G. Barto. Connectionist learning for control: An overview. In W. Th. Miller III, R. S. Sutton, and P. J. Werbos, editors, *Neural Networks for Control*, chapter 1, pages 5–58. The MIT Press, Cambridge, Massachusetts, 1990.
3. Andrew G. Barto, Richard S. Sutton, and Charles W. Anderson. Neuronlike adaptive elements that can solve difficult learning control problems. *IEEE Transactions on Systems, Man and Cybernetics*, SMC-13:834–846, 1983.
4. K. Berns. *Steuerungsansätze auf der Basis Neuronaler Netze für sechsbeinige Laufmaschinen.* Infix-Verlag, 1994.
5. St. Cordes. Konzeption und Realisierung einer flexiblen Steuerungsarchitektur für eine sechsbeinige Laufmaschine. Diplomarbeit, Forschungszentrum Informatik an der Universität Karlsruhe, 1994.
6. J.-Y. Donnart and J.-A. Meyer. A hierrachichal classifier system implementing a motivationally autonomous animat. In D. Cliff, P. Husbands, J.-A. Meyer, and S.W. Wilson, editors, *From Animals to Animats: Proceedings of the Third International Conference On Simulation Of Adaptive Behavior*, pages 144–153, 1994.
7. W. Eppler. *Vorstrukturierung neuronaler Netze mit Fuzzy Logik.* VDI-Verlag, Düsseldorf, 1993.
8. S. K. Halgamuge, W. Poechmueller, A. Pfeffermann, and P. Schweikert. A new method for generating fuzzy classifcation systems using RBF neurons with extended RCE learning. In *Proceedings of the International Conference on Neural Networks*, pages 1589–1594, Orlando, Florida, 1994.
9. V. Honavar. Towards learning systems that integrate different strategies and representations. Technical Report TR93-22, Iowa State University of Science and Technology, Department of Computer Science, 1993.
10. W. Ilg. Eine Lernarchitektur zur adaptiven Steuerung der Laufmaschine LAURON. Diplomarbeit, Forschungszentrum Informatik an der Universität Karlsruhe, 1994.
11. J. Kreuzinger. *Eine Architektur zur Anwendung symbolischer Lernverfahren in der Robotik.* infix-Verlag, 1994.
12. J. Moody and Ch. Darken. Fast learning in networks of locally-tuned processing units. *Neural Computation*, 1:281–294, 1989.
13. Joseph O'Sullivan. Towards a robot learning architecture. Technical report, School of Computer Science, Carnegie Mellon University, 1994.
14. J. W. Shavlik and G. G. Towell. An approach to combining explanation-based and neural learning algorithms. In J. W. Shavlik and T. G. Dietterich, editors, *Readings in Machine Learning*, pages 828–839. Morgan Kaufmann Publishers, San Mateo, California, 1989.
15. S. Thrun. Extracting rules from artificial neural networks with distributed representations. In G. Tesauro, D. Touretzky, and T. Leen, editors, *Advances in Neural Information Processing Systems 7*. Morgan Kaufmann Publishers, San Mateo, California, 1995.
16. Sebastian B. Thrun and Tom M. Mitchell. Lifelong robot learning. Technical Report IAI-TR-93-7, Universität Bonn, Institut für Informatik III, July 1993.

A System Architecture for Experimental Autonomous Vehicles

Ole Ravn, Associate Professor,

Anders Pjetursson, Research Assistant and

Nils A. Andersen, Associate Professor

Institute of Automation, Technical University of Denmark,
Building 326, DK-2800 Lyngby, Denmark, E-Mail: or@iau.dtu.dk

Abstract

The paper describes the software architecture for control of an experimental autonomous vehicle. The test bed nature of the system is emphasised in the choice of architecture making reconfigurability, data logging and extendability simple. The central element of the architecture is the 'global database' that serves several purposes, such as storing system parameters, making signals available for data logging and inter-process communication.

Standard software components are used to a large extent, OS-9 as real-time operating system, Mshell for plan execution and MATLAB for building user interface on the remote operator console. The choice of these standard software components is explained and the individual components demonstrated.

Examples of how specific tasks are implemented using the architecture are given.

Keywords: Mobile robots, test bed systems, automation systems, software architectures.

1 Introduction

The construction of a number of experimental autonomous guided vehicles (AGV) have been reported in the literature. [IAV, 1993], [Halme and Koskinen, 1995], [Yoshikawa and Miyazaki, 1993], [ISER, 1995]. The main emphasis of these papers has been the investigation of different algorithms and methods and not on the software architecture and the aspects related to the experimental nature of the AGV. Much software and architecture seems to have been developed from the basis each time a new AGV has been build. This has made it more difficult and resource demanding to make experimental work than really needed if emphasis from the beginning was on the experimental and other aspects of software architecture. Our experience related to system architecture and programming with the work in the project 'A Modelling Framework for Integrated Design of Transport Systems' is presented in this paper. The aim of the overall project is to investigate methods used to describe the modelling and design of transport systems (intelligent vehicles) in a general way. Examples of such vehicles are mobile land based robots, underwater vehicles (AUV) etc. As a means of verification and comparison of different algorithms a test bed Autonomous Guided Vehicle (AGV) has been build. For more information on construction and control of the test-bed AGV please refer to one of the following references, [Ravn and Andersen, 1993a], [Ravn and Andersen, 1993b],

[Christensen and Lind, 1993], [Andersen et al., 1995a], [Andersen et al., 1995b], [Ravn et al., 1995], [Andersen et al., 1994].

The software system of the test bed should make experimenting with different system architectures simple from the algorithm developers point of view. A scalable complexity of implementing new algorithms should be possible. This means that a simple high-level specification of the task to be performed should be easily implementable and when the feasibility of the implementation has been shown a more efficient implementation could be done without much additional effort. The architecture should support a hierarchical approach to the specification of tasks and the specification in a high-level and simple way should work at both mission and task level. This means that it should be possible to specify a mission in high-level terms as well as new task level components, the latter could then later be implemented in a more efficient way. An example of such a high-level specification is the docking algorithm given here: First go to the point in front of the docking station at a specific distance, move towards the docking station at a fixed speed using the beacon navigation [Andersen et al., 1995b] until the force exceeds a specific level, then stop.

Below are listed a few of the desirable features of the software architecture given in the paper:

- Safety. Changing parts of the algorithms should not make the basic parts (drive control etc.) fail. This is a problem when the system architecture is monolithic in the sense that one big program controls a operation of the vehicle. When new components or modifications of existing components are done there is a risk that programming errors will crash the whole program with the effect that control of the system may be lost. It is not possible to prevent programming mistakes especially on an experimental platform where several developers modify code. Using memory manager functions to protect against e.g. pointer errors is the simplest way to handle this. However is demands that the system is divided into several program modules that can be protected independently. Of cause the risk still exists that programming errors (e.g pointer errors) will crash one module, but sensitive parts like the motion controller module should be in one module which is checked extensively.

- Extendability. New algorithms, software and real sensor should be added in a natural way. For an experimental test-bed system to work well it is essential that the algorithm developers are able to integrate new algorithms seamlessly into the system. This should be possible without having to understand the whole system in depth and simple rules for integration should exist. For instance if a new physical sensor is added to the system configuration it should be simple for the developer to write a driver module and access the information from the new sensor other places in the system. The control of the sensor should be decoupled from the user in a client-server fashion. New software modules should on the other hand be able to access all the data provided by other modules in the system in a simple and straightforward manner, not by reprogramming the modules that deliver the data.

- Encapsulation. The algorithm developer should have a powerful script like language for describing new features based on already implemented modules. In developing autonomous vehicles the hierarchical architecture is one of the primary approaches. However in implementing commands in applications encapsulation and embedding commands into others is a very important feature. As outlined earlier when describing the docking procedure in high-level terms a prototyping of new commands in high-level terms is important, as well as the possibility to re-implement commands in a more efficient way later. For a mission oriented architecture encapsulation is also important as it provides ability to specify the mission more clearly.

In section 2 the basic components of the architecture are described and in section 3 the central element 'the global database' is outlined. In section 4 a few examples of the functionality that can be implemented in the architecture are given.

2 Basic Components of the Architecture

Most of the basic components of the software systems are ready-made or based on ready-made programs:

- Real-time operating system: OS-9, This form the basis for the total system on the AGV giving access to the usual low-level real-time and task synchronization functions. Hard real-time tasks, like the motion controller module is made using these low-level function. The global database takes advantage of these functions as well.

- Plan Execution: Mshell, As high-level plan execution module a standard shell for the OS-9 system is tested. This gives access to statement control structures such as if-the-else, while and for-loops. The basic problem in this approach seem to be performance i.e. execution speed of the scripts (plans). It is also unclear at this point exactly how asynchronous events should be handled.

- Diagnosis: CLIPS, is a expert system shell developed at NASA which is supposed to be used for diagnosis. It can either be run as a process on the remote console machine or on the AGV on a separate processor or maybe as a low priority task on the main board. CLIPS will get its input signals from the 'global database'.

- User interface on remote station: MATLAB GUI. As graphical interface and basis for the plan generation system the standard package MATLAB is used. This provides platform independence as the interface can be executed on either PC's or UNIX systems. The GUI system of MATLAB provides easy access to the basic components such as buttons, rulers etc. The plan generation module is also implemented in MATLAB.

Figure 1 shows the AGV and remote console and the distribution of components.

When designing an architecture for a complex real-time system such as an AGV different objectives has to be met. The execution of the hard real-time modules, i.e Motion controller, Vision Controller and pan-tilt controller has to be correct with respect to time, the soft real-time modules are less critical and the aspect of easy development of new modules can be taken

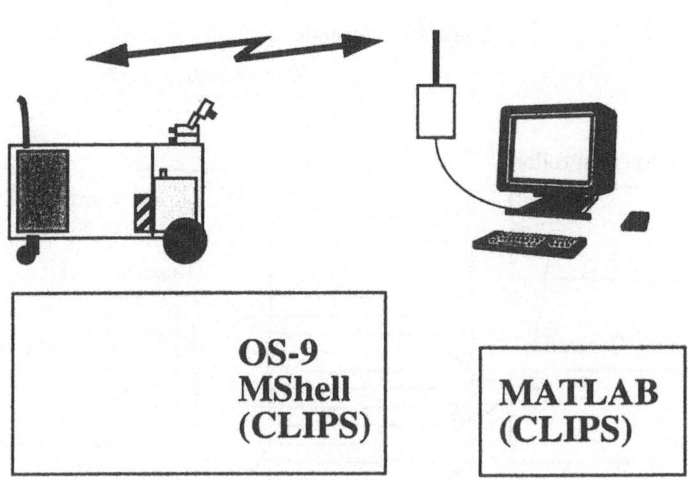

Figure 1. Basic software components of the architecture.

into account. Another important aspect not treated further here is the reactivity to asynchronous events. Figure 2 show the role of the global database as the central component of the system on the AGV. The hard real-time modules use the database for retrieving start-up parameter settings and export internal signal that other modules can utilize. A number of soft real-time tasks such as the battery monitoring system also use the database for retrieving parameter settings but also use the database for communication and triggering of other tasks. The specific mechanism for this is discussed below.

3 Global Database

For the purpose of data collection, exchange and synchronisation of tasks a software module called, 'global database' has been written. It contains information for different purposes:

- Parameters for system modules.
- Signals made available for data logging
- Inter-process communication. i.e. a means of controlling the program flow.
- Linking the modules together.

The 'global database' is a library of functions with real-time database capabilities. The 'global database' has the possibility of controlling the program flow through inter-process communication and provides semaphore protection of common variables. Further more the 'global database' has the capability of sending signals when a variable value is changed i.e. if the variable value is rewritten. Protection of variables against unstable programs are provided through the use of a datamodule in combination with a memory management unit (MMU) and through a read/write access list for every variable. This encapsulation of data enhances system stability and modularity. Finally the 'global database' contains a start-up synchronisation and a termination clean-up functionality.

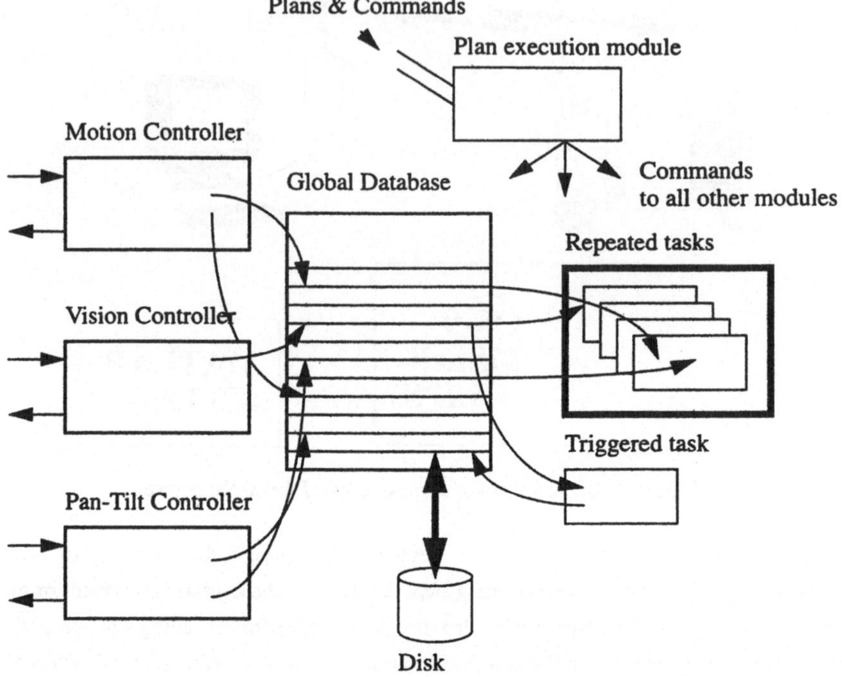

Figure 2. The global database as a central component in the of the architecture

The variables to be placed in the 'global database' are entered in an ASCII file using a plane text editor. The file must contain information about the names and initial value of every variable. A read/write access list to a variable is given either as specific names of the tasks with read/write access or with the string 'all' indicating that there are no restrictions on accessing the variable. Finally it is possible to enter the name of a 'watch' (if the variable is rewritten) semaphore that can be used together with different data logging facilities.

The functions in the 'global database' are illustrated in Figure 3.

Two functions are available for initialisation of the database. One function is the *_gv_os9upload* which is used by the database host task. This function reads the ASCII input file, create and initialise the common datamodule and create and initialise the used semaphores. The other function *_gv_init* is used by all the database clients. This function links to the common datamodule and waits for the end of the host initialisation.

To access the database there are basically two different entries. One way is to initialise pointers to the different database entries and use the pointers in the following read/write accesses. The pointer is initialised by using the *_gv_os9link* function which is called with the ASCII name of the variable. Following this slow initialisation the functions using fast pointer access *_gv_os9read* and *_gv_os9write* can be used. This method of accessing the 'global database' is

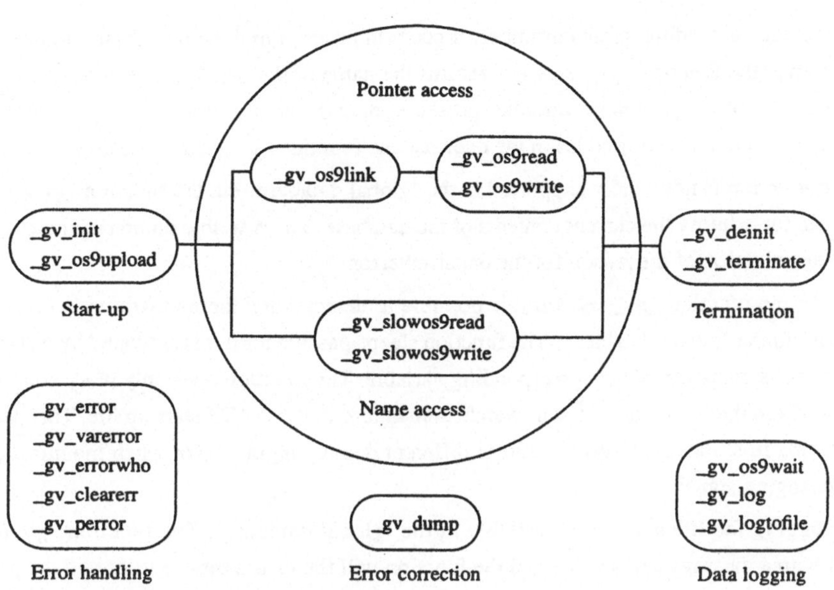

Figure 3. The functions in the 'global database'

the preferred in real-time applications due to the possibility of placing the slow _gv_os9link function in the initialisation phase of the program. The other method of accessing the database is to use the slow calls _gv_slowos9read and _gv_slowos9write. These two functions are a combination of the prior mentioned link and read/write calls and are handy to use in slow non-real-time applications like external accesses to the database. Common for these two methods of accessing the database are the possibility of protecting data by using a global semaphore. A call to the database can either block the semaphore, release the semaphore, block and release the semaphore or ignore the semaphore. This semaphore protection works on the whole database and not only on the selected entry. The read and write functions compares the current task ID with the access list entries for the variable in order to determine whether access is allowed for the task. If the task does not have the correct permission an error code is returned and the global value is left untouched.

Termination of the 'global database' is made available through two function calls. The client function _gv_deinit which disconnects to the common data area and the _gv_terminate function which tests and if necessary releases all semaphores in order to prevent clients from ending in a deadlock. After checking that all clients including those waiting for a 'watch' event to occur has terminated, the _gv_terminate function deallocates the common memory and semaphores.

Error monitoring and handling are especially important in real-time applications. In the 'global database' several functions are made in order to support error handling. The function _gv_error returns the error codes from any prior errors and the function _gv_perror prints an error message according to the current error code. In order to find the particular variable causing the error the function _gv_errorwho_ returns the name of the first variable with an error and it is then possible to get a more variable specific error code by using the function _gv_varerror_. To be able to clear all error codes in the database the function _gv_clearerr_ is used.

Error correction is not widely supported in the 'global database' but the function _gv_dump_ is available for printing the current contents of the database. This variable dump can then be used in the examination of the reason for the occurred error.

By using the function _gv_os9wait_ it is possible to detect when there is written in one of the variables in the 'global database'. The function sleeps passive until it is activated by a signal to the 'watch' semaphore of the corresponding variable. The function does only work with variables to whom there are connected a 'watch' semaphore in the ASCII start-up file. This passive monitoring functionality is very useful in different debugging phases or when monitoring e.x. slow changing signals.

Data logging facilities are also available in the 'global database'. The function _gv_log_ is called with a message and a value and the function will then store these entries and the precise time when the function was called in a buffer. When the buffer is full the external task _gv_logtofile_ will write the contents of the buffer to a file. The separation of the file handling from the real-time application is made in order to reduce the time consumption in the hard real-time application.

A very important issue when working with a database in real-time systems is how time consuming the database is compared with the more unstructured but faster global variables. Time measurements with the 'global database' has been made on a Motorola 68040 singleboard computer in order to determine the time loss by using the 'global database'. The given execution times are in microseconds, but only comparison between the given times is informative. It can be seen in the table that database calls are between 24 and 38 times more time-consuming than direct accesses to global variables. The function _gv_os9write_ is slower than _gv_os9read_, due to the check for an existing watch semaphore.

	'Global database'		Direct access	
	Read	Write	Read	Write
No use of semaphore	13	19	0.8	0.8
Use of database semaphore	29	30		

This time loss by using the 'global database' is considered to be small compared to the major enhancement that the 'global database' is offering to the real-time functionality, data encapsulation and program stability.

4 Application examples

Several application programs for the AGV using the 'global database' have been developed. One example is a slow sampling battery monitoring module that is maintaining information about the condition of the AGV's battery in the database. The module is only connected to the basic AGV program through the 'global database', and is capable of writing the measured status in the corresponding entry in the database. If an error occurs in the module the program can not damage any other variables in the AGV database due to the write access list in the 'global database'.

Another application is an oscilloscope program. This program links to the 'global database' and adds the possibility of sampling different AGV database variables with a given sampling frequency. The variable names to monitor are written into an ordinary ASCII file. This makes it simple to switch between the variables to monitor due to the fact that the program does not have to be recompiled. The ASCII file can be very useful when testing new algorithms for the AGV.

A program scheduler has also been made. This scheduler has access to the 'global database' on the AGV and it is then possible develop different system monitoring programs.

5 Conclusion

The paper has presented a software architecture suitable for use with experimental autonomous vehicles. The system consists of mainly ready made components that are in turn linked into a complete system. The main newly made component is the so-called global database that acts at a link between the different modules of the system. The global database also acts as an aid of data-logging, which is very important under experimental conditions.

Several examples that shows the versatility of the architecture is given. A battery power monitoring system and a scheduler for non-critical tasks.

6 Acknowledgements

Support for the development of the Autonomous Guided Vehicle test-bed from STVF under contract no 16-5115-2 PG is greatfully acknowledged.

7 References

Andersen, G. L., Christensen, A. C., and Ravn, O. (1994). Augmented models for improving vision control of a mobile robot. In *Proceedings of the 3rd IEEE Conference on Control Apllications*, Glasgow, Scotland.

Andersen, G. L., Christensen, A. C., and Ravn, O. (1995a). Mobile robot navigation in indoor environments using highways and off-road. In *Proceedings of the 2nd IFAC Conference on Intelligent Autonomous Vehicles*, Espoo, Finland.

Andersen, N., Henriksen, L., and Ravn, O. (1995b). Navigation and control of an experimental intelligent vehicle. In *Proceedings of the 2nd IFAC Conference on Intelligent Autonomous Vehicles*, Espoo, Finland.

Christensen, A. and Lind, M. (1993). A modelling framework for integrated design of agv systems. In *Proceedings of the First Workshop on Intelligent Autonomous Vehicles*, Southampton, England.

Halme, A. and Koskinen, K., editors (1995). *2nd IFAC Conference on Intelligent Autonomous Vehicles*.

IAV (1993). *First Workshop on Intelligent Vehicles*.

ISER (1995). *International Symposium on Experimental Robotics*.

Ravn, O. and Andersen, N. A. (1993a). An intelligent vehicle – indoor navigation. In *Proceedings of the 9. Fachgespräch über Autonome Mobile Systeme AMS 93*, München, Germany.

Ravn, O. and Andersen, N. A. (1993b). A test bed for experiments with intelligent vehicles. In *Proceedings of the First Workshop on Intelligent Autonomous Vehicles*, Southampton, England.

Ravn, O., Henriksen, L., and Andersen, N. (1995). Visual positioning and docking of non-holonomic vehicles. In *Proceeding of the 4th International Symposium on Experimental Robotics — ISER'95*, Stanford, California, USA.

Yoshikawa, T. and Miyazaki, F., editors (1993). *Experimeal Robotics III, The 3rd International Symposium.*. Springer-Verlag.

Steuerung eines teilautonomen mobilen Systems mit einer ultraschallbasierten künstlichen 3D-Sicht

Michael Pauly, Martin Kehr

Lehrstuhl für Technische Informatik, RWTH Aachen
Ahornstr. 55, D-52074 Aachen
email: pauly@techinfo.rwth-aachen.de

Zusammenfassung Um ein teilautonomes mobiles System beim Wegfall der Videoübertragung effektiv und schnell navigieren zu können, werden weitere Navigationshilfen benötigt. In diesem Bericht wird eine Navigationshilfe vorgestellt, die dem Operateur eine dreidimensionale künstliche Sicht der erkundeten Umgebung liefert. Grundlage für diese 'Kamerasicht' bildet eine linienbasierte Repräsentation der Umgebung. Ein Vorteil dieser 'synthetischen Kamera' gegenüber einer realen Kamera ist, daß der Operateur seinen Blickpunkt frei wählen kann, d.h. er ist nicht mehr an eine festgelegte Kameraposition gebunden.

1 Einleitung

Bei den heute eingesetzten teilautonomen mobilen Robotern nimmt die Mensch-Maschine Schnittstelle bei der Kommunikation zwischen Operateur und Roboter einen immer größeren Stellenwert ein. Besonders bei Navigationsaufgaben ist eine enge Zusammenarbeit und ein guter Informationsfluß erforderlich [1].

Vielfach werden heute, neben anderer Sensorik, Videokameras eingesetzt, die dem Operateur die für die Navigation notwendigen Informationen zur Verfügung stellen. Da Videokameras jedoch nur ein eingeschränktes zweidimensionales Bild der Umgebung liefern, ist meist weiterer technischer Aufwand notwendig, um das Fahrzeug kollisionsfrei navigieren zu können [2].

Desweiteren ist der Einsatz von Kameras, z.B. bei der Verwendung von mehreren mobilen Einheiten, aufgrund von Bandbreitenbegrenzungen oder bei schlechten Licht- und Sichtverhältnissen z.B. beim Auftreten von Rauch oder Dampf, nur beschränkt möglich. Trotzdem muß das Fahrzeug auch in solchen Situationen durch enge Passagen präzise navigiert werden können. In diesen Fällen benötigt der Operateur zusätzliche Navigationshilfen, wie z.B. autonome Funktionen (Hindernisumfahrung) oder weitere Instrumentierung [3].

Am Lehrstuhl für Technische Informatik werden zur Zeit Steuerungs- und Navigationskomponenten für das Servicerobotersystem TAURO (TeilAUtonomes RObotersystem) entwickelt [4]. Dabei wird, aufgrund von Bandbreitenbegrenzungen beim Einsatz von mehreren mobilen Plattformen, weitgehend auf die Verwendung von Video verzichtet. Lediglich im Bedarfsfall kann das Bild der Onboard-Kamera dazugeschaltet werden. Alternativ zu einem Videobild wird dem Operateur eine dreidimensionale Computergraphik der Umgebung angeboten (virtuelle Kamera). Diese synthetische Sicht basiert auf einem geometrischen Weltmodell, das mit Hilfe von nicht-visuellen Sensordaten (Ultraschall) erzeugt wurde.

Der Einsatzbereich von TAURO erstreckt sich auf die Überwachung von gut strukturierten Umgebungen [5], wie sie z.B. in Museen und Lagerhallen vorhanden sind. Aufgeteilt ist TAURO in einen Leitstand und eine mobile Einheit, wobei alle rechen- und speicherplatzintensiven Operationen im Leitstand durchgeführt werden, um den Roboter möglichst klein und leicht zu halten.

2   Systemaufbau

Abbildung 1 zeigt den Aufbau der bei TAURO verwendeten Navigationshilfe bestehend aus den Modulen zur Bahnkontrolle, Kartographierung, Graphikerzeugung sowie dem internen Modell. Als Eingangsdaten stehen die aktuellen Sensordaten (Ultraschall) und die Steuerbefehle des Operateurs zur Verfügung. Aus den Steuerbefehlen berechnet das Modul zur Bahnkontrolle den aktuellen Fahrzeugzustand (Fahrzeugposition und Orientierung), der zusammen mit den Sensordaten vom Kartographierer zur Erzeugung des Weltmodells verwendet wird. Im nächsten Schritt wird aus der auf diese Weise entstandenen Repräsentation der Umgebung eine dreidimensionale Computergraphik erzeugt.

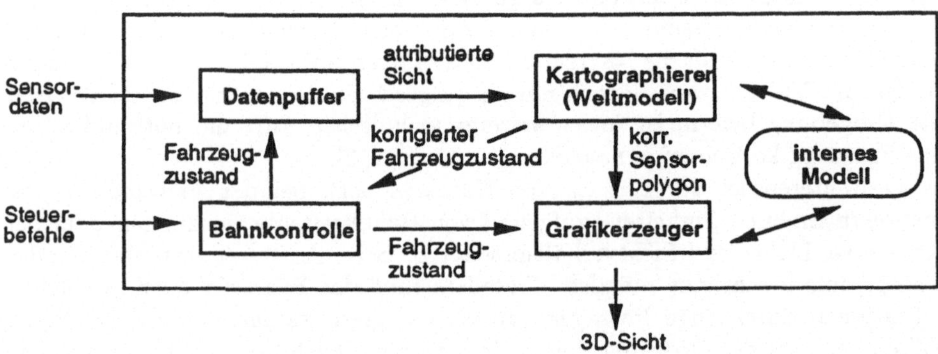

Abbildung 1: Gesamtsystem zur Erzeugung einer künstlichen dreidimensionalen Sicht (Navigationshilfe)

Kartographierer: Grundlage für die Erzeugung der künstlichen Sicht ist eine linienbasierte Repräsentation der Umgebung. Diese wird aus den von den Ultraschallsensoren ermittelten Entfernungswerten gewonnen. Die so berechnete

Karte wird in einer für die spätere Verarbeitung geeigneten Baumstruktur abgespeichert. Dabei erfolgt eine Zuordnung der einzelnen Linien zu Objekten mit Hilfe eines wissensbasierten Systems.

Bahnkontrolle: Das Modul zur Bahnkontrolle berechnet auf Grundlage eines internen Fahrzeugmodells die Trajektorie sowie die aktuelle Position der mobilen Plattform, in Abhängigkeit von den eingegebenen Steuerbefehlen.

Graphikerzeuger: Aus den einzelnen vom Kartographierer erzeugten Elementen (Linien und Polygonzüge) generiert dieses Modul eine dreidimensionale Sicht in Abhängigkeit von dem jeweiligen Blickpunkt bzw. der jeweiligen Kameraposition.

Internes Modell: Das interne Modell beinhaltet alle für die Fahrzeugsimulation sowie für die Visualisierung notwendigen Daten. Dazu gehören u.a. alle dynamischen Fahrzeugparameter, Fahrzeugabmessungen sowie Informationen über Größe und Art der vorhandenen Objekte.

3 Weltmodellierung

Ziel ist ein geometriebasiertes Weltmodell, welches einerseits die Sensordaten in einer geeigneten Repräsentation archiviert, andererseits Strukturen bereitstellt, die eine realitätsnahe Visualisierung unterstützen.

3.1 Aufbau des Weltmodells

Weltmodelle lassen sich in zwei grundlegende Arten der geometrischen Repräsentation aufteilen: die raster- und die linienbasierten Darstellungen. Bei der rasterbasierten Darstellung [6] wird die Umwelt mit einem Gitternetz definierten Gitterabstands überzogen. Eine Sensoraufnahme wird in dieses geometrische Modell integriert, indem alle Rasterpunkte, in denen sich ein Hindernis befindet, als belegt gekennzeichnet werden.

Bei den linienbasierten Modellen [7] werden aus den Sensordaten Linien bzw. Kurvensegmente extrahiert. Das geometrische Modell besteht dann aus einer Menge solcher Kurvensegmente, die den Grundriß der Umgebung beschreiben. Im Folgenden wurde eine Linienrepräsentation verwendet, da diese sich besser zur Visualisierung eignet [8].

Für eine spätere Visualisierung ist es notwendig, Objekte explizit identifizieren zu können. Aus diesem Grund werden die Beziehungen zwischen den Objekten wie folgt beschrieben (Abb. 2):

Jedem Raum werden durch die Beziehungen i. und ii. die entsprechenden Wand- bzw. Hindernislinien zugeordnet, wobei Hindernislinien eindeutig zu genau einem Raum, Wandlinien jedoch zu mehreren Räumen gehören können.

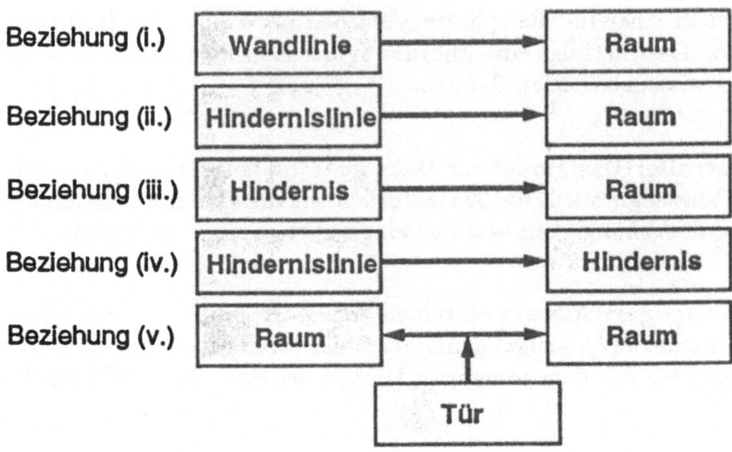

Abbildung 2: Beziehungen zwischen einzelnen Objekten des Weltmodells

Durch die Beziehung iii. wird jedes Hindernis genau einem Raum zugeteilt. Beziehung iv. ordnet einem Hindernis diejenigen Linien zu, aus denen es erkannt wurde.

Die Realisierung des Weltmodells erfolgt mit Graphen, Bäumen und Zeigern (Abb. 3). Das gesamte Modell besitzt eine hierarchische Struktur. Im Zentrum des Entwurfs steht ein Graph, der die Beziehung v. verkörpert (z.B. Abb. 3: Büro, Labor, Flur). Die Knoten des Graphen repräsentieren die Räume. Die Kanten sind mit den Verbindungstüren der betreffenden Räume markiert. Diese Raumknoten dienen gleichzeitig auch als Wurzelknoten für Bäume, die die Beziehungen i., ii. und iii. darstellen.

Jedem Raum werden 3 Bäume zugeordnet. Jeweils ein Baum enthlt die Wandlinien, einer die Hindernislinien und einer die Hindernisobjekte des Raumes. Die Hindernisobjekte selber dienen als Wurzelknoten für einen Baum, der alle dem Hindernis zugeordneten Hindernislinien enthält (Beziehung iv.).

Ein so erstelltes Weltmodell bietet einen effizienten Zugriff auf Linien und stellt dem Modul Grafikerzeuger die Daten für die weitere Verarbeitung in einer geeigneten Form zur Verfügung.

3.2   Erzeugung des Weltmodells

Ein Hauptproblem bei der Kartographierung ist die Ungenauigkeit der Sensordaten. Diese können durch die Sensorik selber oder durch Unregelmäßigkeiten der Hindernisoberflächen verursacht werden. Die Folge hiervon ist, daß keine exakte Kongruenz zwischen Sensordaten und bereits vorhandener Karte existiert. Andererseits ist die Positionsangabe der Koppelnavigation von Zeit zu Zeit aufgrund von Schlupf der Antriebsräder zu korrigieren. Deswegen muß jede Positionskorrektur basierend auf Kongruenzfindung mit einem Restfehler behaftet

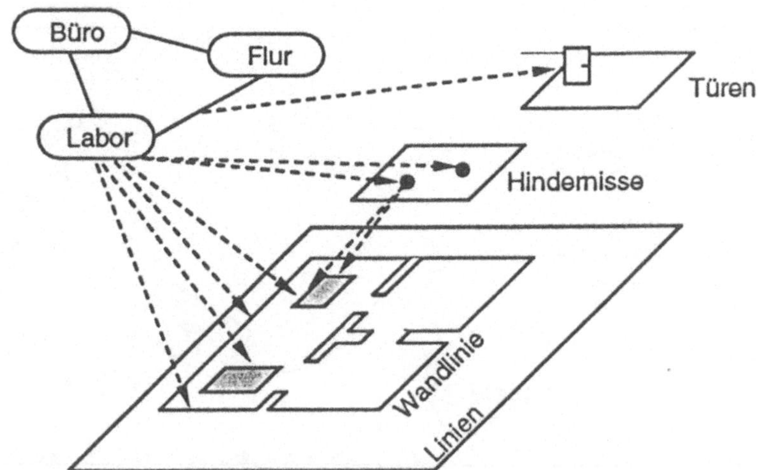

Abbildung 3: Aufbau des Weltmodells auf der Grundlage einer linienbasierten Repräsentation der Fahrzeuumgebung

sein. Dies wirkt sich wiederum auf die Integration der Sensordaten in die Karte aus, da die Position der Hindernisse mindestens diesen Restfehler erbt.

Zur Verarbeitung der von den Ultraschallsensoren gelieferten ungenauen Sensordaten kommt ein Extended-Kalman-Filter (EKF) zum Einsatz [9]. Ausgangspunkt des Kartographierungsprozesses ist eine Menge von Entfernungsmeßwerten, die ähnlich einem Radarbild kreisförmig um das Fahrzeug verteilt sind (Abb. 4). Die Meßwerte werden durch Punkte repräsentiert, die mit individuellen Kovarianzmatrizen versehen sind.

Aus diesen Punkten extrahiert ein Recursive-Line-Fitting Algorithmus einzelne Liniensegmente [10]. Diese werden mit einem EKF weiter verfeinert und die jeweiligen Kovarianzen bestimmt. Das so erhaltene Sensorpolygon dient mehreren Zwecken. Zum einen stellt es eine unmittelbare Beschreibung der Freifläche um das Fahrzeug dar, was später bei der Visualisierung und auch beim Löschen nicht mehr vorhandener Objekte genutzt werden kann. Zum anderen beschreibt der Rand des Sensorpolygons Hindernis- oder Wandkonturen.

Die berechneten Wandkonturen werden mit den in der bereits ermittelten Karte vorhandenen Wänden in Kongruenz gebracht, um dann den akkumulierten Fehler der Koppelnavigation durch EKF-Einsatz zu berichtigen. Hierzu verwendet der Kartographierer heuristische Entscheidungsregeln [7], um Ähnlichkeiten im Sensorpolygon und der Grundrißkarte zu entdecken.

Für die gefundenen Wandkonturen werden die entsprechenden Meßpunkte verwendet, um den Fahrzeugzustand, bestehend aus Orientierungswinkel und Position, mittels EKF zu korrigieren. Durch Verwendung der Meßpunkte anstatt der Liniensegmente erhält man eine höhere Iterationszahl der Filtergleichungen, was zu verläßlicheren Ergebnissen führt (Abb.: 6).

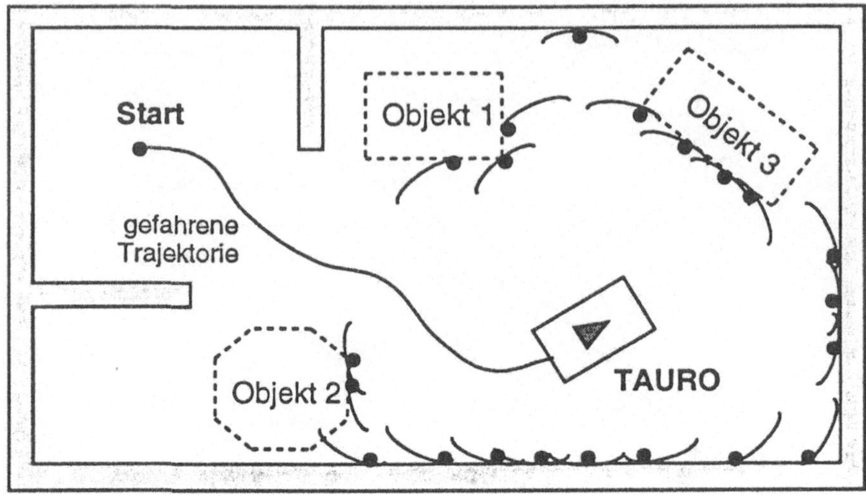

Abbildung 4: Monemtaufnahme der von den Ultraschallsensoren aufgenommenen Entfernungswerten mit der jeweiligen Sensorreichweite

Mit der so korrigierten Fahrzeugposition werden die restlichen Hinderniskonturen aus dem Sensorpolygon in die geometrische Karte übertragen (Abb. 5). Es wird hierbei ein globales Koordinatensystem verwendet. Dies liegt zum einen in der späteren Visualisierung begründet, für die die Karte in globalen Koordinaten vorliegen muß. Zum anderen brauchen Korrelationen der Hindernisfehler untereinander nicht berücksichtigt zu werden, da zur Positionskorrektur ausschließlich die Wände herangezogen werden.

Die Integration des Sensorpolygons geht so vonstatten, daß zunächst nach Korrespondenzen mit bereits kartographierten Hindernissen gesucht wird. Diese werden dann dazu benutzt, die Positionsangaben der Hindernisse mittels EKF zu verbessern und ihre Kovarianzen zu verringern. Die übrigen Liniensegmente werden als neue Hindernisse in die Karte aufgenommen, wobei sie die Kovarianz des Fahrzeugzustandes erben.

4 Visualisierung

Zur Visualisierung wird die linienbasierte geometrische Karte in einem ersten Schritt zu einem dreidimensionalen Modell erweitert, indem Wände eine für Büroumgebungen typische Höhe von 2 m und Hindernisse eine Höhe von 1 m erhalten. Jedes Geradenstück der Karte wird somit durch eine senkrecht stehende Rechteckfläche, deren eine Kantenlänge durch die Länge des Geradenstückes und deren Höhe durch die Geradenart (Wand, Objekt) bestimmt ist, dargestellt (Abb. 7).

Die Wahl des Blickpunktes liegt in der Hand des Bedieners. Er hat die

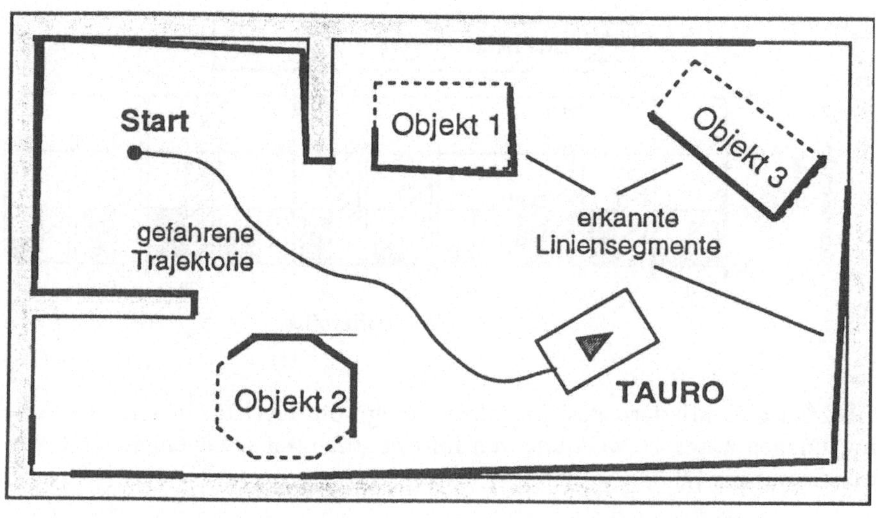

Abbildung 5: Linienbasierte Karte aus den während der Fahrt aufgenommenen ungenauen Sensordaten

Möglichkeit entweder seinen Blickpunkt frei in der virtuellen Welt zu positionieren, oder fest an das Fahrzeug zu binden. Bei einer fahrzeugfesten Position erhält man die gewohnte Perspektive, als wenn man sich an Bord des Fahrzeugs befände. Hierbei bewegt sich der Blickpunkt synchron zum Fahrzeug. Abbildung 8 zeigt den Vergleich eines von einer realen Onboard-Kamera aufgenommene Bild (oben) mit einer in der gleichen Position berechneten synthetischen Sicht (unten).

Für den Fall der freien Blickpunktwahl ist es erforderlich, eine Darstellung des Fahrzeugs in die virtuelle Welt zu integrieren. Dabei muß sich das Fahrzeug in der virtuellen Welt genau so verhalten wie die reale mobile Plattform. Zu diesem Zweck ist ein internes Modell vorhanden das alle dynamischen Eigenschaften und die Abmessungen der mobilen Plattform beinhaltet.

Als weiteres Element wird die aktuelle Freifläche (Sensorpolygon) in die Darstellung eingeblendet (Abb.: 7). Diese markiert den zuletzt gemessenen, befahrbaren Bereich um das Fahrzeug. Dieser Bereich bewegt sich nicht kontinuierlich mit, sondern wird entsprechend der Rate, mit der Sensoraufnahmen erzeugt werden, aktualisiert. Die Freifläche ist durch farbige Bereiche auf dem Fußboden markiert.

Die Ausgabe der erzeugten Grafikdarstellung erfolgt auf einem Bildschirm in monokularer Weise. Als Eingabemedium wird eine Tastatur sowie ein SpaceBall mit 3 translatorischen und 3 rotatorischen Freiheitsgraden verwendet. Dieser kann sowohl zur Bewegung des freien Blickpunktes als auch zur Steuerung des

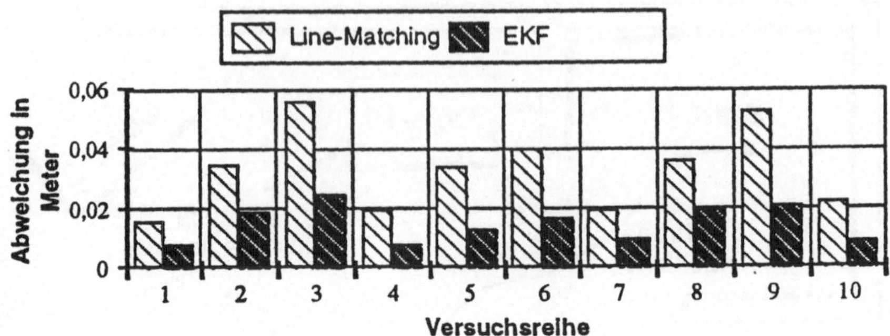

Abbildung 6: Mittlere Positionsabweichung von TAURO in unterschiedlichen Umgebungen unter Verwendung von Liniensegmenten sowie einem EKF zur Positionskorrektur [7]

Fahrzeugs verwendet werden. Bei der Steuerung des Fahrzeugs erfolgt eine Einschränkung auf zwei Freiheitsgrade (Translation entlang der x-Achse; Rotation um die z-Achse). Ferner können über die Tastatur Blickpunkte gewechselt sowie Blickwinkel und andere Parameter verändert werden.

5 Zusammenfassung und Ausblick

Die Navigation und Steuerung von mobilen Robotern bei einer fehlenden Bildübertragung (Bandbreitenbegrenzung) oder bei gestörter Sicht, z.B. durch Rauch oder Dampf, erfordert zusätzliche Hilfsmittel. Die in dieser Arbeit vorgestellte Navigationshilfe ergänzt bzw. ersetzt das reale Kamerabild durch eine dreidimensionale Computergraphik der bereits erkundeten Umgebung. Als Grundlage für die künstliche Sicht dient eine linienbasierte Repräsentation der Umgebung, generiert aus den von Ultraschallsensoren ermittelten Entfernungsdaten.

Aus diesen von der mobilen Plattform gelieferten Entfernungsmeßwerten wird in einem ersten Schritt eine linienbasierte Repräsentation der Umgebung erzeugt. Diese wird in einem zweiten Schritt in einer dreidimensionalen synthetischen Sicht visualiert.

Der Operateur kann seinen Blickpunkt und somit den Standpunkt der virtuellen Kamera frei wählen. Damit hat er die Möglichkeit, z.B. hinter bereits erkannte Hindernisse zu sehen oder in engen Passagen zusätzliche Hilfe bei einer manuellen Navigation zu erhalten.

Das vorgestellte Weltmodell stellt die Möglichkeit zur Verfügung, bereits vollständig erfaßte Objekte explizit identifizieren zu können. Somit besteht einerseits die Möglichkeit, den Objekten bei der Visualisierung realistischere Darstellungen zu geben, z.B. durch zusätzliche geometrische Informationen oder Texturen aus einer Datenbank. Andererseits kann diese Information für eine spätere Routenplanung, z.B. zur Zielortbestimmung, verwendet werden.

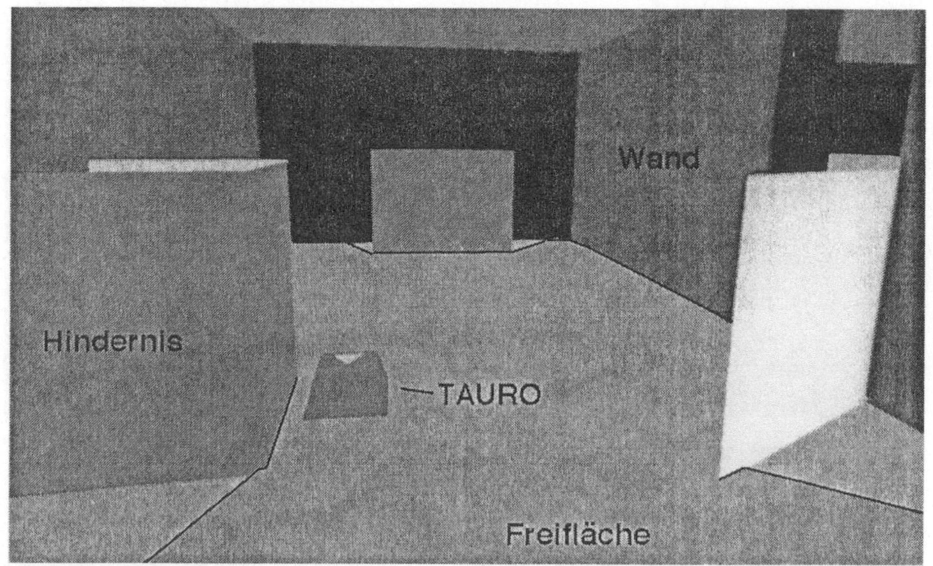

Abbildung 7: Blick aus der Vogelperspektive auf TAURO (virtuelle Kamera)

References

[1] Stein W., Huland W.D., Furchtbar S.: Zur Analyse und Simulation teilautonomer mobiler Systeme - Untersuchungsansätze zur Führbarkeit von Telerobotiksystemen. Forschungsinstitut für Antropotechnik, Bericht Nr. 93, Wachtberg-Werthhoven (1991)

[2] Stein W.: Visualisierungserfordernisse in der Telerobotik. In: Möller R. (Hrsg.): Visualisierung in der Simulationstechnik, Springer-Verlag, Berlin (1993)

[3] Langen A., Baum W.: Navigationsassistent für teilautonome mobile Roboter. In: Schmidt G. (Hrsg.): 9. Fachgespräch über Autonome Mobile Systeme, München (1993)

[4] Pauly M., Kraiss K.-F.: A Concept for Symbolic Interaction with Semi-Autonomous Mobile Systems. 6th IFAC/IFIP/IFORS/IEA Symposium on Analysis, Design and Evaluation of Man-Machine Systems, Boston, USA (1995)

[5] Pauly M.: TAURO - Teilautonomer Serviceroboter für Überwachungsaufgaben. In: 11. Fachgespräch über Autonome Mobile Systeme, Karlsruhe (1995)

[6] Elfes A.: Sonar-Based Real-World Mapping and Navigation. IEEE Journal of Robotics and Automation, Vol. RA-3, No. 3, pp. 249-265 (1987)

[7] Crowley J.L.: Navigation for an Intelligent Mobile Robot, IEEE Journal of Robotics and Automation, Vol. RA-1, No. 1, pp. 31-41 (1985)

[8] Kehr M.: Steuerung eines Telepräsenzfahrzeuges in einer teilweise unbekannten Umgebung: Umweltmodellierung und Entwicklung alternativer Navigationstechniken. Diplomarbeit, Lehrstuhl für Technische Informatik, RWTH Aachen (1994)

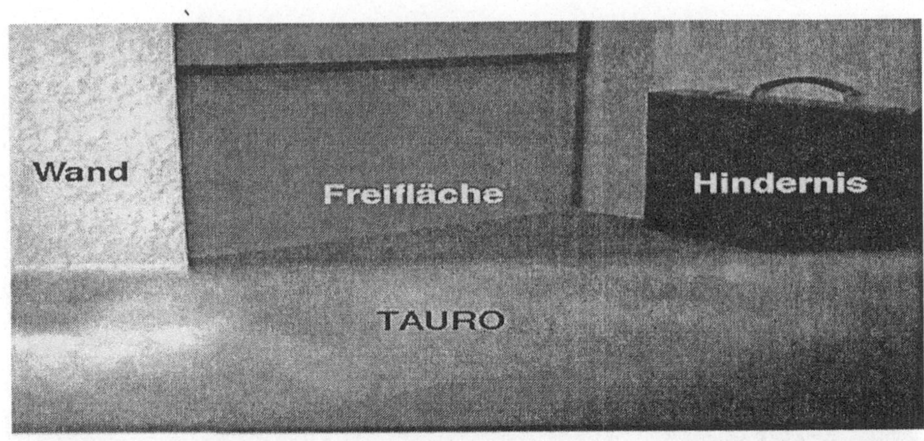

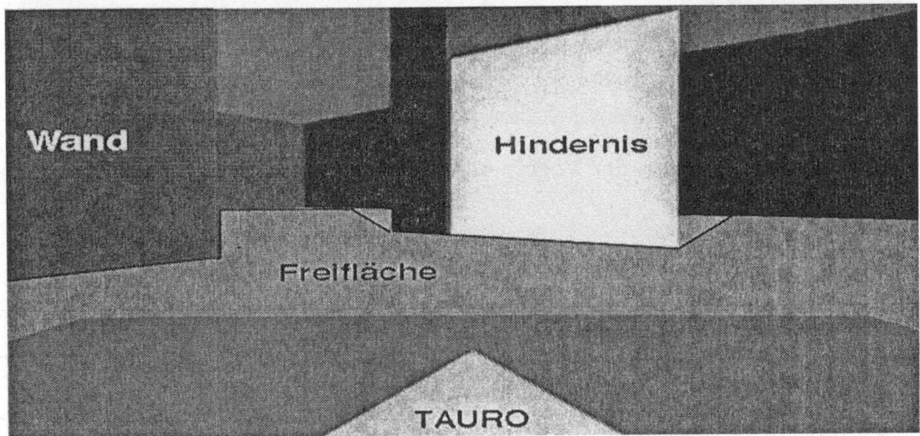

Abbildung 8: Reales Kamerabild der Onboard-Kamera (oben) und Bild der virtuellen Kamera aus gleicher Position (unten)

[9] Ayache N., Faugeras O.D.: Maintaining Representations of the Environment of a Mobile Robot. IEEE Transactions on Robotics and Automation, Vol. 5, No. 6, pp. 804-819 (1989)

[10] Drumheller M.: Mobile Robot Localization Using Sonar. IEEE Transactions on Pattern Analysis and Machine Intelligence, Vol. PAMI-9, No. 2, pp. 325-332 (1987)

Natürlichsprachliche Instruktionen an einen autonomen Serviceroboter

Eva Stopp[1], Thomas Laengle[2]

[1] SFB 314 – Projekt VITRA, FB 14 Informatik
Universität des Saarlandes, D-66041 Saarbrücken
email: stopp@cs.uni-sb.de
[2] Institut für Prozeßrechentechnik und Robotik
Prof. Dr.-Ing. U. Rembold und Prof. Dr.-Ing. R. Dillmann
Universität Karlsruhe, D-76128 Karlsruhe
email: laengle@ira.uka.de

Zusammenfassung. Im Gebrauch von autonomen Robotersystemen wird es gerade im Servicebereich immer wichtiger, dem Benutzer eine flexible und intelligente Schnittstelle zu bieten: natürliche Sprache als für Menschen übliche Kommunikationsform kann dabei als effizientes Mittel dienen.

Eine der wichtigsten Aufgaben in diesem Zusammenhang ist die Spezifikation von Aufgaben an den Roboter. Allein schon hier zeigt sich, daß gerade die Flexibilität natürlicher Sprache, die auf der einen Seite der Mensch-Maschine Kommunikation zum Vorteil gereicht, auf der anderen Seite wegen ihrer Komplexität zu größeren Problemen führen kann. So werden beispielsweise in vielen Fällen räumliche Ausdrücke verwendet, um Orte bzw. Objekte zu beschreiben, auf die sich eine Instruktion beziehen soll, und die von der Schnittstelle interpretiert werden müssen.

1   Einleitung

Mit immer intelligenteren Robotern wächst auch der Bedarf nach besserer Kooperation zwischen Mensch und Maschine bzw. zwischen Maschinen untereinander (siehe [1, 22]). Dies gilt insbesondere beim Einsatz von Robotern im Servicebereich. Da in unstrukturierter Umgebung nicht alle Maschinen auf die gleiche Art und Weise programmiert bzw. kontrolliert werden können, erhofft man sich durch Kommunikation mittels natürlicher Sprache ein effizientes Mittel zum leichteren Gebrauch hochtechnisierter Systeme ([24, 13]).

Gibt man einem Benutzer die Möglichkeit, intelligenten Systemen natürlichsprachlich Anweisungen zu geben, so tauchen vielfältige Probleme auf, die in der Flexibilität natürlicher Sprache wurzeln. Anweisungen können sich in Form, Inhalt und Intention sehr stark unterscheiden: beispielsweise treten sie nicht nur im Imperativ auf, sondern können auch deklarativ formuliert werden. Weitere Schwierigkeiten ergeben sich in der Interpretation, wenn ein Objekt identifiziert, räumliche Information analysiert oder mehrere Sätze miteinander in Beziehung gesetzt werden müssen.

2   Stand der Forschung

Es gibt bereits einige Arbeiten, die sich mit der Kombination von Robotik und natürlicher Sprache beschäftigen. Anweisungen an eine Maschine zur Durchführung von Aufgaben gehören dabei zu den natürlichsten Anwendungen in der Mensch-Maschine Kommunikation. Das bekannte SHAKEY-System verstand beispielsweise einfache Kommandos, die in natürlicher Sprache gegeben wurden [16]. Sato und Hirai [18] beschäftigten sich mit sprachunterstützten Instruktionen, während Torrance [21] eine natürlichsprachliche Schnittstelle zu einem mobilen Roboter entwickelt hat, der sich innerhalb von Büroräumen bewegen konnte. Moratz et al. [14] zielen auf natürlichsprachliche Instruktionen an einen Montageroboter und präsentieren dabei ein System zur Integration von Sprachverstehen und visueller Perzeption. Die Verbindung zwischen perzeptueller Information aus Sensordaten auf der einen Seite und verbalen Ausdrücken auf der anderen Seite bildet ein wichtiges Ziel im natürlichsprachlichen Zugang zu Robotiksystemen. Erste Resultate in ähnlicher Richtung wurden bereits bei der Bildszenenanalyse erzielt [3, 9, 15, 25]. Lobin in [11] beschreibt einige theoretische Aspekte der natürlichsprachlichen Kommunikation mit Robotersystemen aus der Sicht eines Computerlinguisten. Ebenfalls relevant sind Arbeiten über den den Zugang zu simulierten 2D- oder 3D-Umgebungen [2, 4, 5, 23].

3   Kamro und Kantra

Der Karlsruher Autonome Mobile RORoter (KAMRO) (siehe [13]) ist ein autonomer mobiler Zweiarm-Roboter mit der Fähigkeit zur Fehlererholung, der zur Durchführung von Serviceaufgaben wie Montage oder Transport entwickelt wurde. KAMRO besteht aus einer mobilen Plattform, die sich omnidirektional bewegen kann, zwei Puma 260 Manipulatoren und einer Reihe von Sensoren für Navigation und Manipulation. Die Aufgaben und Roboteroperationen lassen sich auf verschiedenen Abstraktionsebenen beschreiben: Montagevorranggraphen, implizite Elementaroperationen (pick, place) und explizite Elementaroperationen (grasp, transfer, finemotion, join usw.). Zur Laufzeit wird eine geeignete Sequenz von Elementaroperationen abhängig von Position und Orientierung der Werkstücke auf dem Montagetisch generiert, die unter ständiger Kontrolle des Realzeit Roboterkontrollsystems durchgeführt wird. An das Planungssystem zurückgelieferte Status- und Sensordaten ermöglichen es, die korrekte Ausführung des Plans zu überprüfen und gegebenenfalls zu korrigieren (siehe Kontrollarchitektur in Abb. 1).

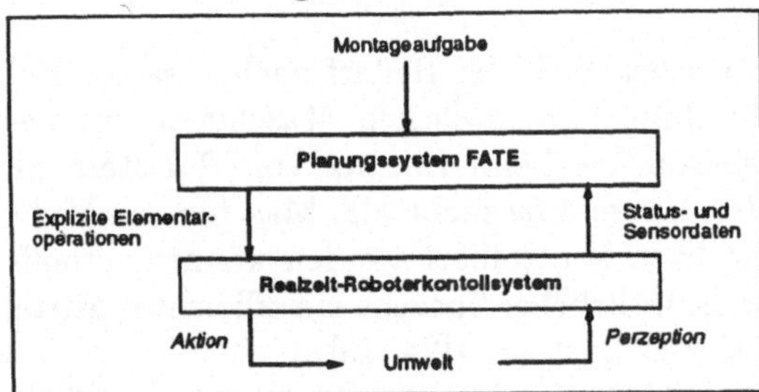

Abb. 1.

KAMRO hat eine Reihe von Sensorsystemen, die es ihm ermöglichen, seine Umgebung zu erforschen und zu analysieren. Mit Hilfe dieser Informationen erstellt er ein Modell der Umwelt. Da Sensorinformationen jedoch nie vollständig sind, kann es passieren, daß er nicht in der Lage ist, das fehlende Wissen selbst herzuleiten. In einem solchen Fall ist es sinnvoll, den Benutzer danach zu fragen. Aus diesem Grund sollte ein Dialog zwischen Benutzer und autonomem System stattfinden (siehe [12, 10]). Das für KAMRO entwickelte Dialogsystem KANTRA (Kamro Natural Language TRAnslator) basiert auf Arbeiten im VITRA-Projekt und soll für die folgenden vier Hauptaufgaben eingesetzt werden:

- **Aufgabenspezifikation:** Operationen und Aufgaben werden auf verschiedenen Abstraktionsebenen gegeben.
- **Ausführungserläuterung:** Eine Montageoperation wird nicht immer in der gleichen Reihenfolge abgearbeitet, deshalb soll hier der Benutzer auf dem Laufenden gehalten werden.
- **Erklärung der Fehlererholung:** Im Zuge der Fehlererholung werden Pläne geändert, so daß beim Benutzer Verständnisschwierigkeiten auftreten können. Diese sollen an passender Stelle oder auf Rückfrage geklärt werden.
- **Aktualisierung und Beschreibung der Umgebungsrepräsentation:** An dieser Stelle soll der Informationsabgleich zwischen Roboter und Benutzer stattfinden.

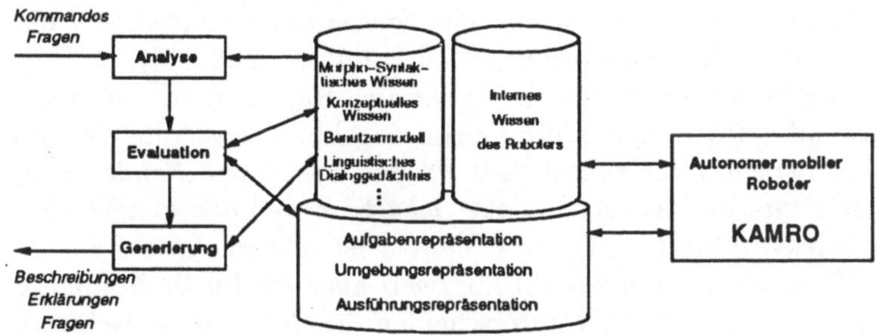

Abb. 2. Architektur von KANTRA

Die Architektur von KANTRA (siehe Abb. 2) ist davon geprägt, daß ein Teil der Wissensquellen gemeinsam mit KAMRO genutzt werden: Aufgabenrepräsentation, Umgebungsrepräsentation und Ausführungsrepräsentation. Jedes System hat außerdem eigene Wissensquellen, die internes Wissen beinhalten, das wichtig für die Durchführung seiner jeweiligen Aufgaben ist. Das Dialogsystem selbst besteht aus einer Analysekomponente, die die natürlichsprachlichen Äußerungen des Benutzers in eine semantische Repräsentation übersetzen soll, einer Auswertungskomponente, die die Äußerungen in bezug auf internes Weltwissen des Systems auswertet, und einer Genierungskomponente, die Informationen aus der Auswertungskomponente in natürlichsprachliche Äußerungen übersetzt.

4   Räumliche Relationen in VITRA

Nach Herskovits [8] kann zwischen der Grundbedeutung (= „basic meaning")
einer Präposition und einer Instanz in Abhängigkeit von dem zu lokalisierenden Objekt (LO) und einem oder mehreren Referenzobjekten (RO oder REFO)
unterschieden werden.[1] Diese sogenannte **räumliche Proposition** wird in VITRA
folgendermaßen repräsentiert:

$$(<relationenname>\ <LO>\ <RO>^+\,)$$

In dem Satz *Das Pendel ist nahe dem Schaft.*, z.B., ist die Grundbedeutung
des räumlichen Konzepts *nahe* eine Abstraktion von der konkreten Situation
und deshalb lediglich von einem Distanzparameter bezüglich der betrachteten

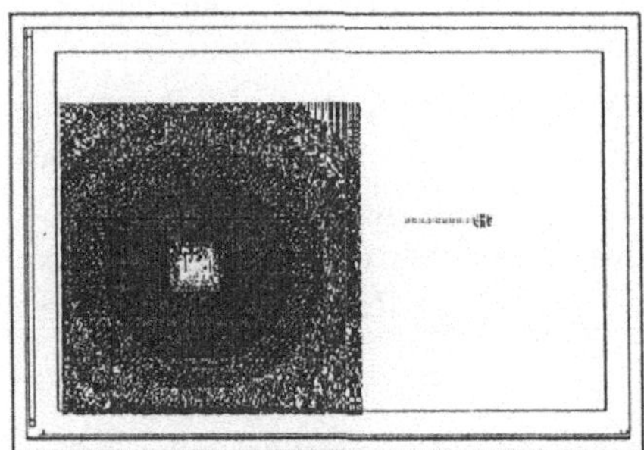

Abb. 3.

Objekte abhängig. Die Abhängigkeit
von solchen **essentiellen Parametern**
wird durch kubische Spline-Funktionen
definiert, die Werte zwischen 0 und 1
annehmen können – 1 steht für absolut
anwendbar, 0 für nicht anwendbar.
Diese Funktionen sind anpaßbar und
werden durch empirische Untersuchungen
validiert (siehe [7]). Zusammen mit RO-
abhängigen **Instantiierungsregeln** für
jede Instanz eines räumlichen Konzepts
wird eine Proposition kreiert, zu der ein Anwendbarkeitsgrad in Abhängigkeit
von der Position des LO bestimmt werden kann (siehe [6, 20]).

Die Anwendbarkeitsstruktur der gesamten Region wird als **Anwendbarkeitsregion** oder **Potentialfeld** bezeichnet. Abb. 3 zeigt einen Ausschnitt der
Anwendbarkeitsregion der räumlichen Proposition *(nahe Pendel Schaft)* zu o-
bigem Beispiel um das Referenzobjekt *Schaft*,[2] wobei das Pendel als zu lokali-
sierendes Objekt rechts im Bild zu erkennen ist. Dieser Ansatz zur Evaluation
räumlicher Relationen kann sowohl für zwei- als auch für dreidimensionale Do-
mänen angewandt werden. Wir unterscheiden drei Klassen statischer räumlicher
Relationen:

- **Topologische Relationen:** Diese Relationen sind lediglich von einer sogenannten **lokalen Distanz** abhängig, d.h. der Distanz zwischen LO und RO
  skaliert durch die Ausdehnung des ROs (z.B. *bei, nahe,...*).
- **Projektive Relationen:** Die Relationen *vor, hinter, rechts, links, über,*
  unter und *neben* hängen in erster Linie von dem **skalierten lokalen Abwei-**
  chungswinkel von ihrer kanonischen Richtung ab. Nach Retz-Schmitt [17]
  wird dieser entweder durch eine ausgeprägte Vorderseite des ROs vorgegeben
  (intrinsische Sichtweise) oder sie wird auf einen bestimmten Standort

---

[1] Hier können Idealisierungen genommen werden, da Menschen sich normalerweise
nicht um Details kümmern (siehe [6]).

[2] Dunklere Regionen entsprechen höherer Anwendbarkeit.

bezogen: ein anderes Objekt der Domäne (**extrinsisch**) oder ein allen Beteiligten bekannter Beobachterstandpunkt (**deiktisch**). Meist ist dieser Parameter hinreichend für die Berechnung der Anwendbarkeit einer solchen Relation. In manchen Fällen spielt jedoch die lokale Distanz ebenfalls eine Rolle zur Interpretation der Relation.

– **zwischen:** Diese Relation ist ein Sonderfall, der in VITRA als Kombination von *LO vor RO-1 gesehen von RO-2* und umgekehrt behandelt wird.

5 Aufgabenspezifikation

5.1 Schnittstelle zu KAMRO: Roboterkommandos

Eine Anwendung der natürlichsprachlichen Zugangskomponente zu KAMRO ist, wie oben erwähnt, die Aufgabenspezifikation. Dabei müssen natürlichsprachlich gegebene Anweisungen in Roboterbefehle umgesetzt werden. Für die impliziten Elementaroperationen *Pick* und *Place*[3] sehen diese Befehle beispielsweise folgendermaßen aus:

– **Pick:** Aufnehmen eines Objekts
  pick <Priorität> <Objektname> <Manipulator>
– **Place:** Plazieren eines Objekts
  - **placed:** Ablegen eines Objekts
    place <Priorität> <Objektname> placed <stabile Lage>
        <Orientierung> <Zielkoordinaten> <Bezugssystem>
  - **connected:** Fügen eines Objekts
    place <Priorität> <Objektname> connected
        <stabile Lage> <Art der Fügeoperation>
        <Orientierung> <Zielkoordinaten>
        <Name des Lochs> <Bezugssystem>

Nicht alle Parameter sind obligatorisch, da das Planungssystem in der Lage ist, eigenständig einige der benötigten Informationen zu ergänzen. Andere müssen von dem Dialogsystem ermittelt werden, da sie entscheidend für die Ausführung des Befehls sind und nicht ohne weiteres berechnet werden können: so spielt der Name der Objektinstanz, die Objekt der Handlung ist, in allen Befehlen eine große Rolle, bei *Place* muß zusätzlich noch das Ziel der Plazierungsoperation angegeben werden, bei *Place connected* sogar noch das Loch, das bei der Fügeoperation eine Rolle spielt.

5.2 Natürlichsprachliche Anweisungen

Eine natürlichsprachliche Anweisung kann in vielen unterschiedlichen Formen auftreten. Beispielsweise kann der Befehl *Pick spacer:2* sowohl im Imperativ,

---

[3] Hiervon gibt es zwei Ausprägungen, die danach unterschieden werden, ob das Objekt lediglich abgelegt oder gefügt werden soll.

Nimm den linken Bolzen!, als auch als Deklarativsatz formuliert werden, *Der linke Bolzen soll aufgenommen werden.* Als natürliche Form einer Anweisung liegt in dieser Arbeit der Schwerpunkt auf den Imperativsätzen.

Besteht ein solcher Satz lediglich aus dem Verb und einem Objekt (= Patient) mit seinem Artikel und, falls vorhanden, einem oder mehreren Adjektiven, soll er als **einfache Anweisung** bezeichnet werden. Die Erweiterung eines solchen Satzes durch eine oder mehrere Ortsangaben, um die Objekte näher zu beschreiben bzw. um beim Plazieren den Zielort zu umschreiben, wird dementsprechend **spezifische Anweisung** genannt. Diese beiden Arten können in KANTRA durch *und* kombiniert werden: die Befehle werden dann dem Planungssystem des Roboters zur Ausführungsplanung übergeben.

- **Einfache Anweisung:**
  EA := V Art (Adj)* O$_{akk}$,
  z.B. *Nimm die vordere Seitenplatte!*
- **Spezifische Anweisung:**
  SA := EA (P Art (Adj)* O$_{dat}$)* P Art (Adj)* O$_{akk}$,
      (P Art (Adj)* O$_{dat}$)*
  z.B. *Lege den Bolzen neben dem Pendel vor die hintere Seitenplatte!*
- **Kombinierte Anweisung:**
  KA := SA <und> SA,
  z.B. *Nimm die vordere Seitenplatte und lege sie zwischen das Pendel und den Schaft!*

Es gibt noch weitere Formen von Anweisungen, die später ebenfalls behandelt werden sollen: weitere Informationen in den spezifischen Anweisungen können, anstatt durch Präpositionalobjekte, auch in anderer Form gegeben werden, z.B. in Relativsätzen. In vielen Fällen wird auf den situativen Kontext bzw. den bisherigen Dialogverlauf bezuggenommen, so daß die zu interpretierende Äußerung nur in diesem Zusammenhang verstanden werden kann, also separat betrachtet **unterspezifiziert** ist, z.B. *Die Seitenplatte liegt bei dem Schaft. Nimm sie!.*

In der Kombination mehrerer Anweisungen sind die Einzelbefehle nicht immer unabhängig voneinander: es können **temporale Relationen** bestehen, wie etwa *Bevor du das Pendel aufnimmst, lege die Seitenplatte auf dem Tisch!*, oder auch **kausale Zusammenhänge**, aus denen Schlüsse über die Pläne des Roboters gezogen werden können (*Um den Bolzen einfügen zu können, muß die obere Seitenplatte entfernt werden.*) [5].

5.3 Interpretation der Anweisungen

Bei der Analyse einer Äußerung muß man insbesondere in der Lage sein, die darin vorkommenden Objekte korrekt zu identifizieren, da meistens keine eindeutigen Objektnamen benutzt werden. Nach Herskovits [8] werden räumliche Ausdrücke oft dazu benutzt, zum Zweck der Identifikation den Ort zu beschreiben, an dem sich das Objekt befindet. Sie müssen also durch eine Referenzsemantik mit der visuell-geometrischen Information des Roboters in Beziehung gesetzt werden (siehe [20]). Dies gilt auch für den Ort, an dem ein Objekt plaziert werden soll. Hierbei spielen Präpositionalobjekte sowie Adjektive eine entscheidende Rolle. Beispielsweise wird in dem Satz *Nimm den Bolzen zwischen dem Schaft und dem Pendel!* das Objekt vom Typ *Bolzen* durch das Präpositionalobjekt *zwischen dem Schaft und dem Pendel* näher bestimmt: eine eindeutige Identifikation der entsprechenden Instanz ist in vielen Fällen durch Interpretation der Semantik des Präpositionalobjekts möglich.

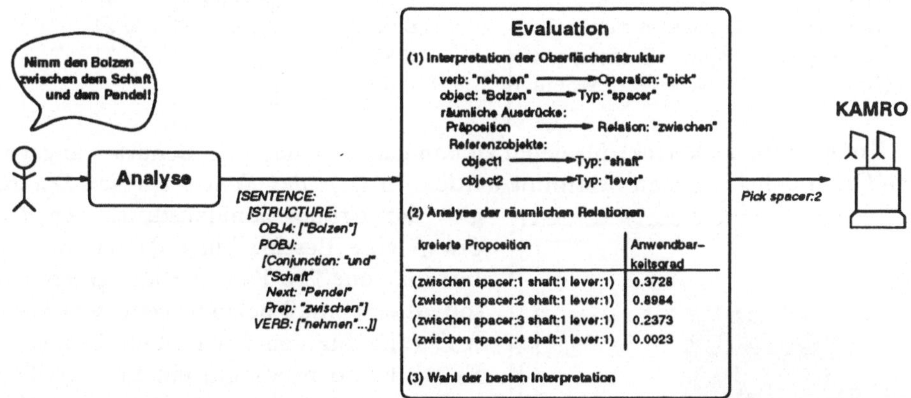

Abb. 4. Objektidentifikation durch ein nachgeschobenes Präpositionalobjekt

In Abb. 4 wird die Bearbeitung dieses Präpositionalobjektes verdeutlicht: zunächst wird die Äußerung durch einen Parser analysiert. Die erzeugte Oberflächenstruktur wird dann von der Evaluationskomponente interpretiert, d.h. die Operation (*Pick*) und der Objekttyp (*spacer* ist die Bezeichnung für den Typ Bolzen) werden identifiziert und der räumliche Ausdruck (*zwischen dem Schaft und dem Pendel*) wird in seine Bestandteile zerlegt (räumliche Relation und Referenzobjekte). Nun muß herausgefunden werden, für welche der vier Instanzen vom Typ *spacer* die Relation am ehesten gilt. Dazu wird für jede Instanz eine Proposition mit den

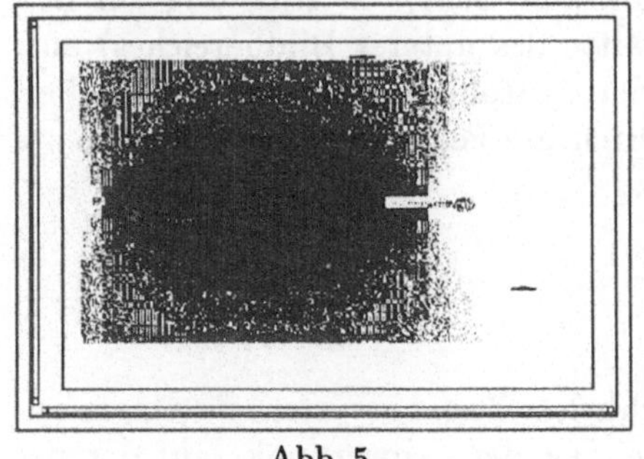

Abb. 5.

entsprechenden Parametern kreiert und deren Anwendbarkeitsgrad berechnet (siehe Abb. 5). Die bestmögliche Interpretation (hier hat spacer-2 den höchsten Wert) wird schließlich zur Generierung des Kommandos gewählt: *Pick spacer:2*.

Auch räumliche Adjektive[4] können zur eindeutigen Identifikation eines Ob-

---

[4] Selbstverständlich sind auch andere Arten von Adjektiven denkbar, z.B.

jekts genutzt werden: *Nimm den linken Bolzen!* Hierbei gehen wir davon aus, daß der *linke Bolzen* semantisch der am weitesten links befindliche vom Sprecher aus gesehen ist.[5] Nun wird paarweise für alle Objekte vom Typ Bolzen die Gültigkeit der Relation *links* überprüft. Für jede Instanz wird der Mittelwert der Anwendbarkeitsgrade der räumlichen Propositionen bestimmt, in denen sie die Rolle des zu lokalisierenden Objektes einnimmt. Das Objekt mit dem höchsten Gesamtanwendbarkeitsgrad, in diesem Fall ist das *spacer-2*, wird dann als *linker Bolzen* ausgewählt.

Relation	Anwendbarkeitsgrad	Objekt	Mittelwert
(*links* spacer-1 spacer-2 viewpoint)	0.95	spacer-1	0.92
(*links* spacer-1 spacer-3 viewpoint)	0.87	spacer-2	0.47
(*links* spacer-1 spacer-4 viewpoint)	0.95	spacer-3	0.21
(*links* spacer-2 spacer-3 viewpoint)	0.82	spacer-4	0.31
(*links* spacer-2 spacer-4 viewpoint)	0.62		
...	...		

Um ein Objekt korrekt plazieren zu können, muß der vom Benutzer angegebene Ort möglichst genau bestimmt werden. In *Lege das Pendel vor den Schaft!*

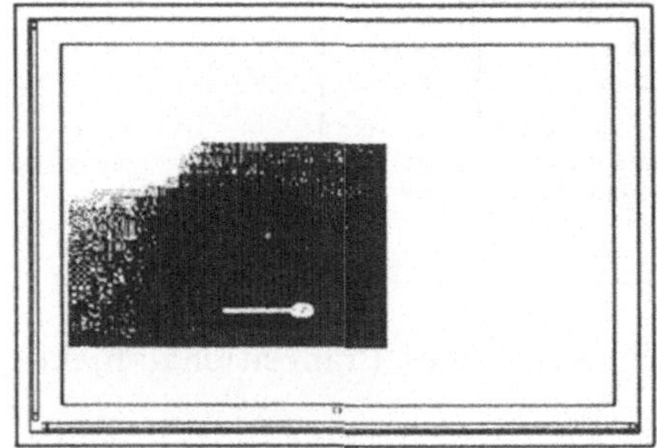

Abb. 6.

gibt der Präpositionalausdruck *vor den Schaft* eine Beschreibung davon, wo die Instanz vom Typ Pendel abgelegt werden soll. Hierzu muß bekannt sein, was diese Äußerung für den Instrukteur bedeutet. Es wird also wiederum ein Potentialfeld aufgebaut und dann nach Schirra [19] mit Hilfe des Gradientenverfahrens nach der maximaltypischen Position des Objekts im aktuellen Kontext gesucht. Das Potentialfeld kann also nicht nur die Anwendbarkeit einer Relation bewerten, sondern auch deren Typikalität. Im Beispiel dehnt sich das Feld vom Referenzobjekt *Schaft* in Richtung auf den bekannten Beobachterstandpunkt (in der Mitte des unteres Bildbereiches) aus. Die so errechnete Zielposition kann im generierten Roboterkommando angegeben werden: Ungenauigkeiten werden hierbei durch die Fehlererholungskomponente des Roboter-Planungssystems ausgeglichen.

6 Zusammenfassung

In diesem Artikel wurde ein natürlichsprachliches Zugangssystem zu einem autonomen Montageroboter vorgestellt. Dabei lag der Schwerpunkt auf der natürlichsprachlichen Spezifikation von Aufgaben an das System. Es wurde festgestellt, daß durch die Vielfalt an Formulierungen und durch den unterschiedlichen Informationsgehalt der Äußerungen das Problem entsteht, wichtige Information

---

Farbadjektive. Für diese muß jedoch eine eigene Semantik definiert werden.

[5] Andere Sichtweisen, wie beispielsweise *vom Roboter aus gesehen*, sind ebenfalls denkbar und können in KANTRA ebenfalls realisiert werden.

zur Generierung zugehöriger Roboterkommandos herauszufiltern. Dabei wurde insbesondere festgestellt, daß die Objektidentifikation und die Ortsbestimmung beim Plazieren und damit die Interpretation räumlicher Ausdrücke eine zentrale Rolle spielen.

7 Danksagung

Diese Arbeit wurde am Fachbereich Informatik der Universität des Saarlandes, Saarbrücken, Prof. Dr. W. Wahlster sowie am Institut für Prozeßrechentechnik und Robotik (IPR), Prof. Dr.-Ing. U. Rembold und Prof. Dr.-Ing. R. Dillmann, Fakultät für Informatik, Universität Karlsruhe, durchgeführt. Das Projekt ist Teil des Sonderforschungsbereichs Künstliche Intelligenz und wissensbasierte Systeme (SFB 314), gefördert von der deutschen Forschungsgemeinschaft (DFG).

Literatur

1. H. Asama. Distributed autonomous robotic system configurated with multiple agents and its cooperative behaviour. *Journal of Robotics and Mechatronics*, 4(3):199–204, 1992.

2. N. I. Badler, B. L. Webber, J. Kalita, and J. Esakov. Animation from instructions. In N. I. Badler, B. A. Barsky, and D. Zeltzer, editors, *Making Them Move: Mechanics, Control, and Animation of Articulaited Figures*, pages 51–93. Morgan Kaufmann, San Mateo, CA, 1991.

3. R. Bajcsy, A. Joshi, E. Krotkov, and A. Zwarico. Landscan: A natural language and computer vision system for analyzing aerial images. In *Proc. of the 9th IJCAI*, pages 919–921, Los Angeles, CA, 1985.

4. D. Chapman. *Vision, Instruction, and Action.* MIT Press, Cambridge, MA, 1991.

5. B. Di Eugenio. *Understanding Natural Language Instructions: A Computational Approach to Purpose Clauses.* PhD thesis, University of Pennsylvania, Philadelphia, PA, USA, December 1993.

6. K.-P. Gapp. Basic meanings of spatial relations: Computation and evaluation in 3d space. In *Proc. of AAAI-94*, Seattle, WA, 1994.

7. K.-P. Gapp. An empirically validated model for computing spatial relations. In I. Wachsmuth, C.-R. Rollinger, and W. Brauer, editors, *KI-95: Advances in Artificial Intelligence*, Berlin, Heidelberg, 1995. Springer.

8. A. Herskovits. *Language and Spatial Cognition. An Interdisciplinary Study of the Prepositions in English.* Cambridge University Press, Cambridge, London, 1986.

9. G. Herzog and P. Wazinski. Visual translator: Linking perceptions and natural language descriptions. *Artificial Intelligence Review Journal*, 8(2):175–187, 1994. Special Volume on the Integration of Natural Language and Vision Processing, edited by P. Mc Kevitt.

10. T. Längle, T.C. Lüth, G. Herzog, E. Stopp, and G. Kamstrup. Kantra - a natural language interface for intelligent robots. In *Proc. of the 4th International Conference on Intelligent Autonomous Systems*, Karlsruhe, Germany, 1995.

11. H. Lobin. Situierte agenten als natürlichsprachliche schnittstellen. Arbeitsberichte Computerlinguistik 3-92, Univ. Bielefeld, Germany, 1992.

12. T. C. Lüth, Th. Längle, G. Herzog, E. Stopp, and U. Rembold. Kantra: Human-machine interaction for intelligent robots using natural language. In *3rd IEEE Int. Workshop on Robot and Human Communication, RO-MAN'94*, pages 106–111, Nagoya, Japan, 1994.

13. T. C. Lüth and U. Rembold. Extensive manipulation capabilities and reliable behaviour at autonomous robot assembly. In *Proc. of IEEE Int. Conf. on Robotics and Automation*, San Diego, CA, 1994.

14. R. Moratz, H.-J-Eickmeyer, B. Hildebrandt, F. Kummert, G. Rickheit, and G. Sagerer. Integrating speech and selective visual perception using a semantic network. In *AAAI Symposium on Computational Models for Integrating Language and Vision*, Cambridge, MA, USA, November 10-12 1995.

15. B. Neumann. Natural language description of time-varying scenes. In D. L. Waltz, editor, *Semantic Structures*, pages 167–207. Lawrence Erlbaum, Hillsdale, NJ, 1989.

16. N. J. Nilsson. Shakey the robot. Technical Note 323, Artificial Intelligence Center, SRI International, Menlo Park, CA, 1984.

17. G. Retz-Schmidt. Various views on spatial prepositions. *AI Magazine*, 9(2):95–105, 1988.

18. T. Sato and S. Hirai. Language-aided robotic teleoperation system (larts) for advanced teleoperation. *IEEE Journal on Robotics and Automation (RA)*, 3(5):476–480, 1987.

19. J. R. J. Schirra and E. Stopp. Antlima – a listener model with mental images. In *Proc. of the 13th IJCAI*, pages 175–180, Chambery, France, 1993.

20. E. Stopp, K.-P. Gapp, G. Herzog, Th. Laengle, and T. C. Lueth. Utilizing spatial relations for natural language access to an autonomous mobile robot. In L. Dreschler-Fischer and B. Nebel, editors, *KI-94: Advances in Artificial Intelligence*. Springer, Berlin, Heidelberg, 1994.

21. M. C. Torrance. Natural communication with robots. Master's thesis, MIT, Department of Electrical Engineering and Computer Science, Cambridge, MA, 1994.

22. H. Tsukune, M. Tsukamoto, T. Matshisita, F. Tomita, K. Okada, T. Ogasawara, K. Takase, and T. Yuba. Modular manufacturing. *Journal of Intelligent Manufacturing*, 4:163–181, 1993.

23. S. Vere and T. Bickmore. A basic agent. *Computational Intelligence*, 6(1):41–60, 1990.

24. W. Wahlster. Natural language systems: Some research trends. In H. Schnell and N. O. Bernsen, editors, *Logic and Linguistics: Research Directions in Cognitive Science - European Perspectives, Vol. 2*, pages 171–183. Lawrence Erlbaum, Hillsdale, NJ, 1989.

25. W. Wahlster, H. Marburger, A. Jameson, and S. Busemann. Over-answering yes-no questions: Extended responses in a nl interface to a vision system. In *Proc. of the 8th IJCAI*, pages 643–646, Karlsruhe, FRG, 1983.

Sprachliche Steuerung behaviororientierter Systeme*

Steffen Förster & Kornelia Peters

Universität Bielefeld
Sonderforschungsbereich 360
Postfach 100131
33501 Bielefeld
e-mail: {foerster, conny}@coli.uni-bielefeld.de

Zusammenfassung Bei der natürlichsprachlichen Steuerung eines Roboters, der komplexe Montageaufgaben in dynamischen Umgebungen erfüllen soll, ergeben sich eine Reihe von Anforderungen, die typisch sind für eine handlungsorientierte Kommunikation. Vor allem soll ein schnelles Eingreifen in die vom Roboter aktuell ausgeführte Handlung ermöglicht werden. Außerdem soll das agierende System auf dirigierende Anweisungen und objekt- und aktionsbezogene Anweisungen situationsabhängig reagieren. Die dazu notwendige situative Interpretation von Sensorkonfigurationen wird mittels eines Behaviorsystems realisiert, das mit der Welt interagiert, also die Umwelt kontinuierlich wahrnimmt.

Einleitung

ı Projekt *Kommunizierende Agenten* sollen komplexe Montageaufgaben in dyımischen Umgebungen von einem Roboter erfüllt werden. Der Roboter soll ›m Benutzer steuerbar sein, d.h. er soll auf dirigierende Anweisungen (*„Dreh ch nach rechts!“*), auf objekt- und aktionsbezogene Anweisungen (*„Leg den 'ürfel auf die Leiste!“*) sowie auf eingreifende Anweisungen (*„Nein, den anːren!“*) situationsabhängig reagieren. Ein Teil dieser sprachlichen Anweisunın bezieht sich direkt auf die aktuelle Handlung bzw. greift unmittelbar in e Handlungsausführung ein. Ein anderer Teil setzt hingegen Handlungswisın auf höherem Abstraktionsniveau voraus. Dies legt es nahe, teilautonome ›steme mit hybriden Architekturen zu konzipieren, in denen einerseits die reːtive Ebene unmittelbar anzusprechen ist, andererseits aber auch durch deliːrative Verarbeitungsverfahren beeinflußt werden kann. Die Entwicklung eines ›rachlich steuerbaren Roboters kann deshalb nur in enger Verbindung mit der ıtwicklung entsprechender hybrider Architekturkonzeptionen erfolgen. Im Proːkt *Kommunizierende Agenten* entwickeln wir aus diesem Grund das hybride

Diese Arbeit und die Realisierung des Systems *CoRA* finden im Rahmen des Projektes *Kommunizierende Agenten* des Sonderforschungsbereiches 360 *Situierte Künstliche Kommunikatoren*, gefördert durch die Deutsche Forschungsgemeinschaft, an der Universität Bielefeld statt.

Agentensystem $CoRA^2$, bestehend aus einem deliberativen System und einem reaktiven behaviororientierten Basissystem (s. Abb. 1).

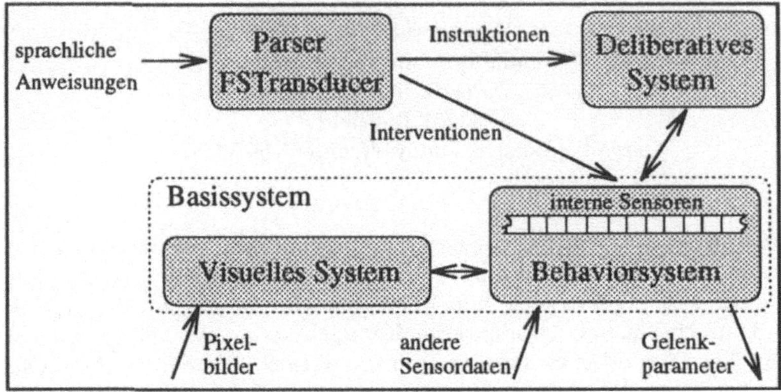

Abbildung 1. Die Architektur der hybriden Robotersteuerung $CoRA$.

Das Szenario des Sonderforschungsbereiches 360 ist gegeben durch die Erstellung eines Flugzeugmodells aus BAUFIX-Bauteilen[3] (s. Abb. 2). Es handelt sich bei diesen Teilen um verschiedenartige Holzobjekte, mit denen Konstruktionsaufgaben durchgeführt werden können.

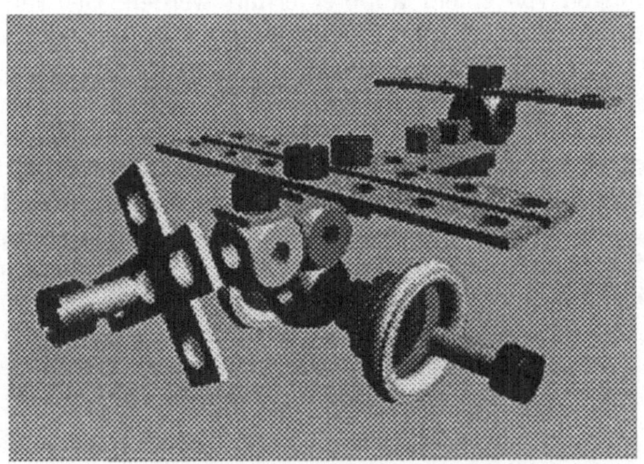

Abbildung 2. Das BAUFIX-Flugzeugmodell

---

[2] $CoRA$ – **Communicating Reactive Agent**
[3] **BAUFIX** ist ein eingetragenes Warenzeichen der Firma Heinz H. LORENZ GmbH, Geretsried.

Im folgenden wird zunächst das behaviororientierte Basissystem vorgestellt, das die unmittelbare Sensor-Aktuator-Kopplung realisiert und zusätzlich eine (mittelbare oder unmittelbare) sprachliche Steuerung erlaubt. Im Abschnitt 3 stellen wir die zwei Verarbeitungsweisen von natürlichsprachlichen Anweisungen und deren Ankopplung an das reaktive Basissystem dar. Im Anschluß wird diese Kopplung anhand der Verarbeitung einer Anweisungssequenz verdeutlicht.

2 Das Behaviorsystem

Bei der Verwendung eines behaviororientierten Systems in einer hybriden Architektur verlangt man eine Einschränkung der Autonomie aufgrund der Steuerung von außen, also direkt durch den Benutzer oder durch das deliberative System (vgl. Abb. 1). Man bezeichnet ein solches System als teilautonomes System. Ein teilautonomes behaviororientiertes System soll zum einen autonom hinsichtlich der Behandlung von Fehlersituationen und der Ausführung von Basisaktionen sein. Zum anderen soll das System auf Steuerung vom 'höheren' System reagieren.

Die Kopplung des behaviororientierten Basissystems mit dem deliberativen System und der Sprachkomponente erfolgt in $CoRA$ mithilfe *interner Sensoren* (s. Abb. 3). Die internen Sensoren erweitern die Klasse der Sensoren um solche Einheiten, die nicht Merkmale oder Ereignisse der externen Welt detektieren, sondern vielmehr zum einen interne Zustände des Behaviorsystems und zum anderen Steuerungsparameter der 'höheren' Komponenten abbilden. Das

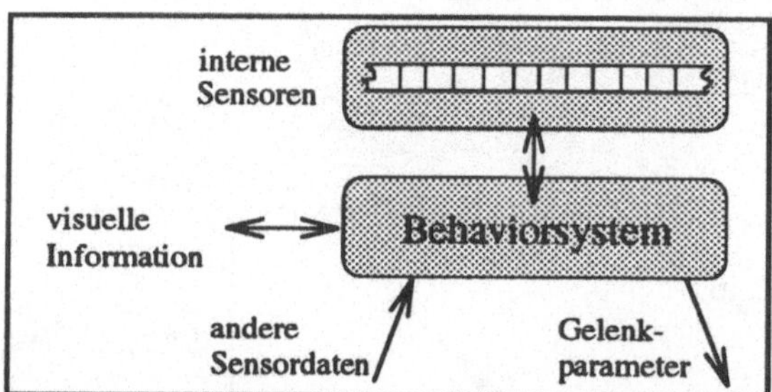

Abbildung3. Das Konzept der internen Sensoren zur Kopplung eines Behaviorsystems mit einem steuernden System

bedeutet für das Behaviorsystem keine Veränderung des Prinzips der direkten Sensor-Aktuator-Verknüpfung. Die Daten der internen Sensoren werden genau wie externe Sensordaten behandelt und fließen in gleicher Weise in die Einheiten des Behaviorsystems ein. Die internen Sensoren erlauben somit zum einen die direkte Beeinflussung des Behaviorsystems durch 'höhere' Komponenten. Zum anderen können sich die Einheiten des Behaviorsystems gegenseitig beeinflussen. Die Zustände des Behaviorsystems können auch vom deliberativen System zur Überwachung der Aktivität und zur zeitadäquaten Sequenzialisierung von Handlungen ausgenutzt werden.

Will man ein behaviororientiertes System von außen steuern und im Kontext Montagerobotik einsetzen, so ist neben der Bereitstellung einer geeigneten Schnittstelle (s. Abb. 3) die interne Strukturierung den Erfordernissen anzupassen (vgl. [Malcolm, C. *et al.*, 1989],[Malcolm, C., 1991]). Aus dem deliberativen System bzw. vom Benutzer erhält das Behaviorsystem objekt- bzw. aktionsbezogene Steuerungsparameter. Diese müssen umgesetzt werden in manipulatorspezifische Kommandos (Gelenkwinkel, etc.). Mit unstrukturierten behaviororientierten Systemen (z.B. *subsumption architecture* [Brooks, R.A., 1986], *dynamic approach* [Steels, L., 1992]) ist dies nicht ohne weiteres möglich.

Wir verwenden aus diesem Grund im Behaviorsystem eine modulare hierarchische Organisation. Die Einheiten, die die Umsetzung der Anweisungen des 'höheren' Systems leisten sind *Behaviormodule*. Sie bestehen wiederum aus *Behaviorroutinen*, die für die unmittelbare Sensor-Aktuator-Kopplung zuständig sind. Eine detaillierte Erläuterung des Behaviorsystems ist in [Förster, S. *et al.*, 1995] zu finden. In Abb. 4 ist ein Überblick über die Struktur des Behaviorsystems

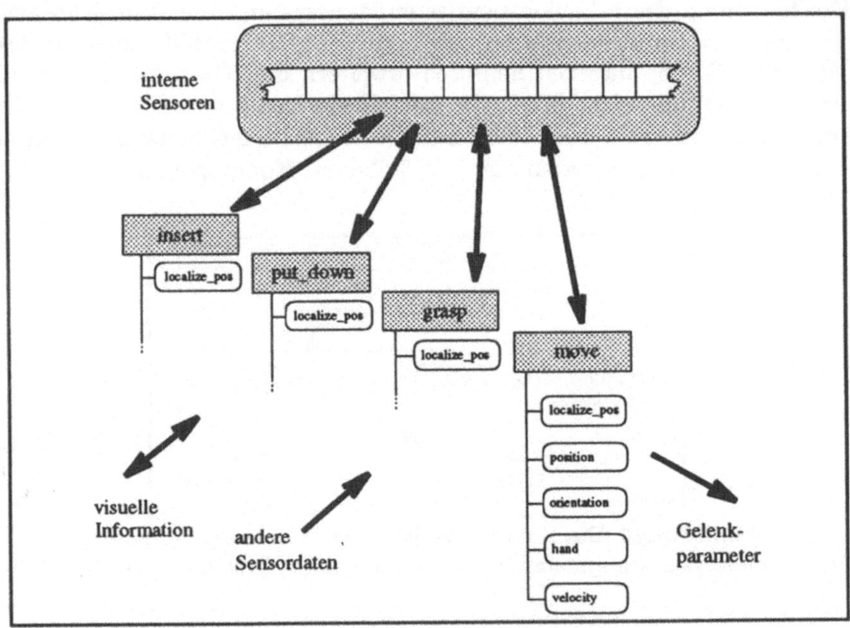

Abbildung4. Informationsfluß zwischen den Behaviormodulen und Behaviorroutinen des Behaviorsystems.

zu sehen. Der Informationsfluß im Behaviorsystem läuft über interne (System-) Sensoren. Mithilfe der internen Sensoren kann beispielsweise das Behaviormodul **grasp** die Funktionalität des Moduls **move** nutzen. Das ist so zu verstehen,

grasp durch die internen Sensoren einen 'Bewegungswunsch' vorgibt und **move**
diese Bewegung reaktiv, d.h. unter Berücksichtigung aller anderen Sensordaten
durchführt.

Jede Behaviorroutine hat neben einem unmittelbaren Sensorzugriff (z.B. auf
taktile Sensoren) Zugang zu visueller Information, der mithilfe eines aufgaben-
orientierten, integrierten visuellen Systems realisiert wird (vgl. Abb. 1). Jede Behaviorroutine kann spezielle Anfragen, die sich aus der aktuellen Aktivität der Routine ergeben, an das visuelle System stellen. Im visuellen System
wird dann mithilfe spezifischer visueller Routinen und visueller Operatoren (vgl.
[Ullman, S., 1984, Chapman, D., 1991]) eine Antwort erzeugt. Diese Art der visuellen Verarbeitung erlaubt eine situierte, selektive Wahrnehmung.

3 Verarbeitung natürlichsprachlicher Anweisungen

Bei der natürlichsprachlichen Steuerung eines teilautonomen Systems ergeben
sich eine Reihe von Anforderungen, die typisch sind für eine handlungsorientierte Kommunikation. Ein spezifisches Problem bilden Anweisungen, die sich
auf die aktuelle Aktion beziehen und einen unvollständigen Informationsgehalt
besitzen, d.h. eine elliptische Form haben. Weder für sich allein betrachtet noch
unter Zuhilfenahme des Diskurskontextes sind diese Anweisungen interpretier-
bar. Unter Einbeziehung des aktuellen Handlungs- und Wahrnehmungskontextes
können sie jedoch verarbeitet werden (vgl. [Peters, K., 1994]). Die Verwendung
solcher defizitären natürlichsprachlichen Anweisungen ermöglicht dem Benutzer
eines solchen Systems ein schnelles, effektives Eingreifen in laufende Aktionen des
Roboters. Die im System vorliegenden Informationen über die aktuelle Handlung
und vorliegende Sensordaten können dabei optimal ausgenutzt werden. Die unterschiedlichen Informationen werden durch das behaviororientierte Basissystem
integriert.

Die Anweisungen, die unmittelbar in die Handlungsausführung eingreifen,
bilden die Gruppe der Interventionen. Zu ihnen gehören auch einfache Anweisungen, deren Informationsgehalt zwar nicht defizitär ist, die jedoch nur elementare Aktionen spezifizieren. Interventionen beziehen sich auf die Bewegungsrichtung und -geschwindigkeit des Roboters (*„Dreh dich nach rechts! Nein, an-
dersrum! Langsamer!"*) oder auf einfache objektbezogene Aktionen (*„Nimm die
lange Schraube! Die rechte!"*). Anweisungen können als Interventionen verarbeitet werden, wenn sie ausschließlich Informationseinheiten beinhalten, die vom
Basissystem direkt verarbeitet werden können. Interventionen haben somit für
das Behaviorsystem den gleichen Status wie andere Sensordaten[4].

Mithilfe eines 'Finite State Transducers' (FST) werden die Interventionen
als gültiges Muster erkannt und die relevanten Informationseinheiten extrahiert.
Diese Informationseinheiten bilden die Schnittstelle zum Basissystem. Mit ihnen
werden die internen Sensoren gefüllt. Diese werden vom Behaviorsystem genauso
genutzt wie andere Sensordaten. Im Behaviorsystem findet die Integration von

---

[4] Zur direkten Verarbeitung sprachlicher Anweisungen durch ein reaktives System s.
auch [Chapman, D., 1991].

sprachlichen Daten, Wahrnehmungsdaten und Daten über die aktuelle Handlung statt. Damit sorgt es für eine situierte Interpretation der natürlichsprachlichen Anweisungen.

Der Aufbau der Schnittstelle zwischen Sprachverarbeitungskomponente und Basissystem ist zum einen davon abhängig, welche in der natürlichen Sprache ausgedrückten Informationen weitergeleitet werden müssen, um ein gewünschtes Verhalten des Roboters zu erreichen. Zum anderen besteht eine Abhängigkeit vom Aufbau und von den Fähigkeiten des Basissystems. D.h. es können nur solche Informationen sinnvoll die Schnittstelle füllen, die auch vom Basissystem verarbeitet werden können. Die Informationseinheiten, aus denen die Schnittstelle gebildet werden kann, sind verschiedenen Klassen zugeordnet. Die wichtigsten Klassen beziehen sich auf eine Aktion (`action`), eine Richtung (`direction`), die Geschwindigkeit (`velocity`), ein Objekt.(z.B. `obj_type`, `obj_colour`) oder einen Ort (z.B. `loc_rel`, `loc_obj_type`). Jede dieser Klassen entspricht jeweils einem internen Sensor. Es gibt also einen internen Sensor für die Aktion, einen für die Richtung, u.s.w. Innerhalb der Klassen gibt es jeweils eine Reihe von Werten, die gesetzt werden können, z.B. für Aktionen `move`, `grasp` u.s.w. oder für die Richtung `right`, `forward` u.s.w. Mit diesen Werten werden die internen Sensoren gefüllt. Die Schnittstelle besteht also aus Klasse-Wert-Paaren, die die relevanten Informationen der natürlichsprachlichen Anweisung beinhalten.

Auf diese Weise kann jedoch nur ein Teil der bei der natürlichsprachlichen Steuerung vorkommenden Anweisungen verarbeitet werden. Komplexere Anweisungen, Instruktionen genannt, können nicht direkt auf die Schnittstelle abgebildet werden, d.h die enthaltenen Informationen reichen nicht aus, um vom Basissystem direkt verarbeitet werden zu können. Sie werden deshalb mithilfe einer deliberativen Komponente verarbeitet, die schematisches Handlungswissen beinhaltet.

Aus Instruktionen wird zunächst durch einen Parser eine konzeptuelle Repräsentation aufgebaut. Mit ihr wird ein Aktionsschema ausgewählt und instanziiert. Aktionsschemata beinhalten Wissen über Handlungen, z.B. deren Vor- und Nachbedingungen, und Handlungssequenzen. Den Kern eines Aktionsschemas bildet die Dekomposition einer komplexen Aktion in Teilaktionen, die jeweils vom Basissystem verarbeitet werden können. Diese Teilaktionen und die dazugehörigen Informationen über Objekte oder Orte aus der Instruktion können wiederum auf die Schnittstelle zum Basissystem abgebildet werden. Aktionsschemata dienen also (im einfachen Fall) zur Sequenzialisierung von Teilaktionen und der damit einhergehenden Partitionierung von sprachlichen Daten.

4 Beispiel

Im folgenden soll anhand einer Anweisungssequenz die Verarbeitung von Interventionen verdeutlicht werden.
Die erste vom Benutzer gegebene Anweisung ist

„Bewege dich nach rechts!"

Diese wird vom FST als gültiges Muster erkannt und in eine Menge von Klasse-Wert-Paaren umgesetzt:

```
action      : move
object_type : hearer
direction   : right
```

Als relevante Informationseinheiten wird also die Aktion 'Bewegung' erkannt, ein zu bewegendes Objekt, der Hörer bzw. Adressat der Anweisung (also der Roboter), und die Richtung, in die das Objekt (der Roboter) zu bewegen ist. Mit den Werten werden die den Klassen entsprechenden internen Sensoren gesetzt, z.B. erhält der interne Sensor `action` den Wert 'm' für `move` (vgl. Abb. 5(a)). Dadurch wird das Behaviormodul `move` aktiv, sofern die Gesamtheit der vorliegenden Sensordaten dies erlaubt. Der Wert des internen Sensors `direction` wird von der Behaviorroutine `position` verwendet. Die Werte der internen Sensoren führen mit der Auswertung anderer Sensordaten zu einer situationsangepaßten Bewegung des Roboters nach rechts.

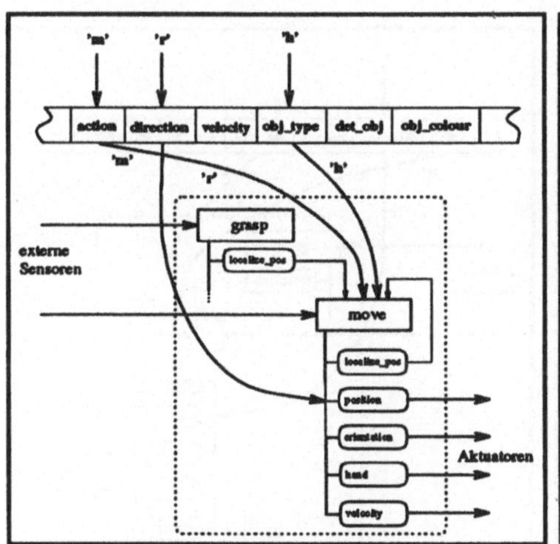

(a) *Bewege dich nach rechts.*

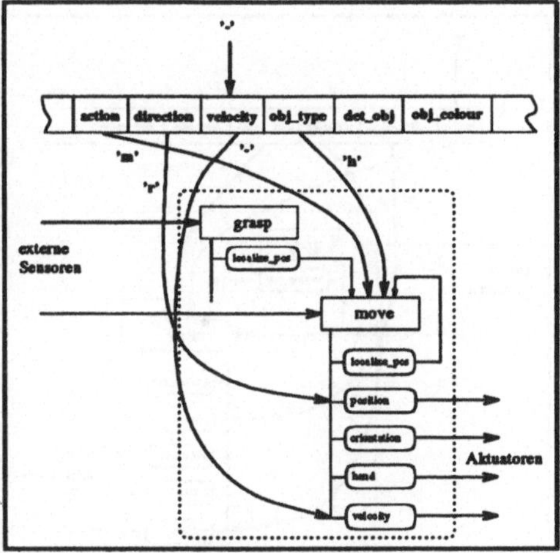

(b) *Langsamer.*

Abbildung5. Verarbeitung einer Anweisungssequenz, vgl. Anweisungen (1),(2)

Die nächste vom Benutzer geäußerte Intervention ist

„Langsamer!"

(2)

Der vom FST erzeugte Output ist

```
velocity : -
```

Mit dem Wert '-' wird der interne Sensor `velocity` belegt. Dieser wird von der Behaviorroutine `velocity` genutzt (vgl. Abb. 5(b)). Bei dieser Belegung des Sensors ergibt sich eine (relative, situationsabhängige) Geschwindigkeitsreduktion der aktuellen Bewegung. Der Informationsgehalt der Intervention *„Langsamer!"* ist für sich genommen defizitär. Es ist nicht klar, worauf sich die Verringerung der Geschwindigkeit bezieht. Sieht man die Äußerung jedoch in Bezug zur aktuellen Handlung, wird ihre Interpretation eindeutig. Dabei ist es unerheblich, ob die aktuelle Handlung vorher sprachlich initiiert wurde oder nicht. In den internen Sensoren liegen auch Informationen über die aktuelle Handlung vor, wenn diese aus einem autonomen Verhalten oder aus einer Aktivierung durch das deliberative System resultiert.
Wird die Intervention

$$\text{„Drehen!"} \tag{3}$$

geäußert, ändert sich die Bewegungsart. Die Richtung und die Geschwindigkeit der Bewegung bleiben gleich (vgl. Abb. 6(a)). Sie müssen deshalb vom Benutzer nicht erneut vorgegeben werden.

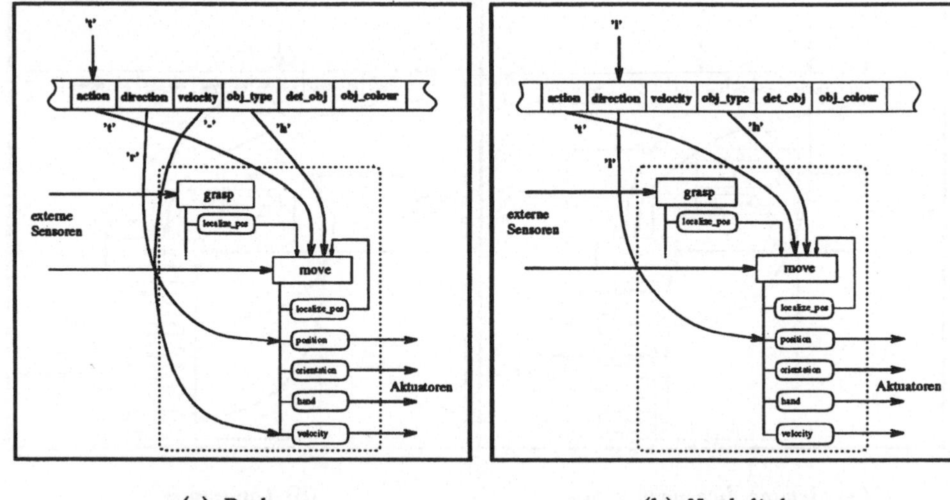

(a) *Drehen.*   (b) *Nach links.*

Abbildung 6. Verarbeitung einer Anweisungssequenz, vgl. Anweisungen (3),(4)

Eine Änderung der Bewegungsrichtung kann vom Benutzer z.B. durch die Anweisung

$$\text{„Nach Links!"} \tag{4}$$

initiiert werden. An das Basissystem wir die entsprechende Richtung weitergegeben:

`direction : left`

Die Änderung der Bewegungsrichtung wird vom Basissystem in die laufende
Aktion integriert (vgl. Abb. 6(b)).

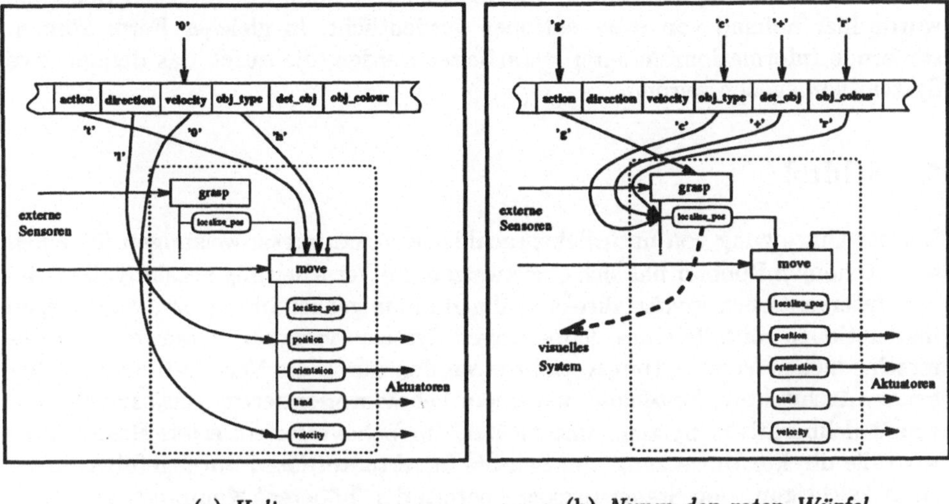

(a) *Halt.*   (b) *Nimm den roten Würfel.*

Abbildung7. Verarbeitung einer Anweisungssequenz, vgl. Anweisungen (5),(6)

Die Intervention

„Halt!"   (5)

wird z.Zt. in eine Herabsetzung der Geschwindigkeit auf Null übersetzt (vgl.
Abb. 7(a)). Dadurch wird jede Bewegung des Roboters gestoppt.
Auch die Anweisung

„Nimm den roten Würfel!"   (6)

kann als Intervention verarbeitet werden. Der Input an das Basissystem wird
gebildet aus folgender Menge von Klasse-Wert-Paaren:

```
action     : grasp
det_obj    : +
obj_colour : red
obj_type   : cube
```

Durch die Setzung des internen Sensors action mit dem Wert grasp wird das
Behaviormodul grasp aktiv (vgl. Abb. 7(b)). In der zu grasp gehörigen Behaviorroutine localize_pos werden die Informationen über das zu greifende Objekt genutzt. Mit den Werten aus den entsprechenden internen Sensoren wird in

Interaktion mit dem visuellen System das Objekt identifiziert. Bei Vorliegen der entsprechenden Objektdaten veranlaßt das Modul **grasp** mithilfe der internen Sensoren eine Bewegung in die entsprechende Richtung durch das Behaviormodul **move**.

Die Verarbeitung steuernder Informationen mithilfe der internen Sensoren wurde hier anhand von Interventionen verdeutlicht. In gleicher Form können steuernde Informationseinheiten verarbeitet werden, die durch das deliberative System vorgegeben werden.

5 Schluß

Bei der Umsetzung von natürlichsprachlichen Steuerungsanweisungen für einen teilautonomen Roboter hat sich eine zweigeteilte Verarbeitung als sinnvoll erwiesen. Interventionen greifen direkt in die Handlungsausführung ein, wohingegen Instruktionen mithilfe eines deliberativen Systems verarbeitet werden. Die unterschiedlichen Verarbeitungsverfahren werden durch die Verwendung einer hybriden Architektur, bestehend aus einem behaviororientierten Basissystem und einem deliberativen System, unterstützt. Im behaviororientierten Basissystem wird die direkte Umsetzung von Sensor- in Aktuatordaten durchgeführt, unter Berücksichtigung von Steuerungsparametern der 'höheren' Komponenten.

References

[Brooks, R.A., 1986] Brooks, R.A. A robust layered control system for a mobile robot. In *IEEE Journal of Robotics and Automation*, volume 2, 1, pages 14–23, 1986.

[Chapman, D., 1991] Chapman, D. *Vision, Instruction, and Action*. MIT Press, Cambridge, MA, 1991.

[Förster, S. *et al.*, 1995] Förster, S., Lobin, H., and Peters, K. Architekturkonzeption eines sprachlich steuerbaren Montageroboters. Technical Report 95/10, Situierte Künstliche Kommunikatoren, SFB 360, Universität Bielefeld, 1995.

[Malcolm, C. *et al.*, 1989] Malcolm, C., Smithers, T., and Hallam, J. An Emerging Paradigm in Robot Architecture. In *Intelligent Autonomous Systems 2*, Amsterdam, The Netherlands, December 1989.

[Malcolm, C., 1991] Malcolm, C. Behavioural Modules In Robotic Assembly. Technical report, Department of Artificial Intelligence, Edinburgh University, March 1991. Draft Teaching Paper.

[Peters, K., 1994] Peters, K. Natürlichsprachliche Steuerung eines behaviorbasierten Roboters. Technical Report 94/8, Situierte Künstliche Kommunikatoren, SFB 360, Universität Bielefeld, 1994.

[Steels, L., 1992] Steels, L. The PDL reference manual. Technical Report 92-5, VUB AI Lab, 1992.

[Ullman, S., 1984] Ullman, S. Visual Routines. In Jacques Mehler, editor, *Cognition*, volume 18, pages 97–159, 1984.

Springer-Verlag und Umwelt

Als internationaler wissenschaftlicher Verlag sind wir uns unserer besonderen Verpflichtung der Umwelt gegenüber bewußt und beziehen umweltorientierte Grundsätze in Unternehmensentscheidungen mit ein.

Von unseren Geschäftspartnern (Druckereien, Papierfabriken, Verpackungsherstellern usw.) verlangen wir, daß sie sowohl beim Herstellungsprozeß selbst als auch beim Einsatz der zur Verwendung kommenden Materialien ökologische Gesichtspunkte berücksichtigen.

Das für dieses Buch verwendete Papier ist aus chlorfrei bzw. chlorarm hergestelltem Zellstoff gefertigt und im pH-Wert neutral.